Uni-Taschenbücher 1306

UTB
FÜR WISSEN
SCHAFT

Eine Arbeitsgemeinschaft der Verlage

Birkhäuser Verlag Basel · Boston · Stuttgart
Wilhelm Fink Verlag München
Gustav Fischer Verlag Stuttgart
Francke Verlag München
Harper & Row New York
Paul Haupt Verlag Bern und Stuttgart
Dr. Alfred Hüthig Verlag Heidelberg
Leske Verlag + Budrich GmbH Opladen
J. C. B. Mohr (Paul Siebeck) Tübingen
R. v. Decker & C. F. Müller Verlagsgesellschaft m. b. H. Heidelberg
Quelle & Meyer Heidelberg
Ernst Reinhardt Verlag München und Basel
K. G. Saur München · New York · London · Paris
F. K. Schattauer Verlag Stuttgart · New York
Ferdinand Schöningh Verlag Paderborn · München · Wien · Zürich
Eugen Ulmer Verlag Stuttgart
Vandenhoeck & Ruprecht in Göttingen und Zürich

Georg Baudler
unter Mitarbeit von Marie-Theres Ex und Charlotte Foos-Queck

Korrelationsdidaktik: Leben durch Glauben erschließen

Theorie und Praxis der Korrelation
von Glaubensüberlieferung und Lebenserfahrung
auf der Grundlage von Symbolen und Sakramenten

Ferdinand Schöningh

Paderborn · München · Wien · Zürich

Prof. Dr. *Georg Baudler*, geb. 1936, Professor für Katholische Theologie und ihre Didaktik an der Pädagogischen Fakultät der Rheinisch-Westfälischen Technischen Hochschule Aachen.

CIP-Kurztitelaufnahme der Deutschen Bibliothek

Baudler, Georg:
Korrelationsdidaktik: Leben durch Glauben erschließen:
Theorie u. Praxis d. Korrelation von Glaubens-
überlieferung u. Lebenserfahrung auf d. Grundlage
von Symbolen u. Sakramenten / Georg Baudler.
Unter Mitarb. von Marie-Theres Ex u. Charlotte Foos-Queck. —
Paderborn; München; Wien; Zürich: Schöningh, 1984.
  (UTB für Wissenschaft: Uni-Taschenbücher; 1306)
  ISBN 3-506-99375-5
NE: UTB für Wissenschaft / Uni-Taschenbücher

© 1984 by Ferdinand Schöningh at Paderborn

Printed in Germany

Gesamtherstellung: Ferdinand Schöningh, Paderborn

Einbandgestaltung: Alfred Krugmann, Stuttgart

Inhalt

Vorwort

In den Jahren seit der Verabschiedung des Synodenbeschlusses zum Religionsunterricht in der Schule ist das von der Synode für diesen Unterricht beschlossene „Konvergenzmodell" überraschend einhellig zu einem Religionsunterricht nach der Didaktik der Korrelation von Lebenserfahrung und Glaubensüberlieferung ausgebaut worden. Dies liegt in der Konsequenz des Beschlusses und der Theorieansätze, die dem Beschluß vorausgingen (vgl. Kap. A. 1. „Zur Geschichte und inhaltlichen Entwicklung des Korrelationsbegriffs in der neueren Religionspädagogik"). Religionsunterricht soll den Schülern auf der Basis christlicher Tradition, sei es von dieser ausgehend oder auf diese hinführend, ein „Angebot an Bewältigungsmustern des Lebens" (Synodenbeschluß) für ihre gegenwärtigen und zukünftigen Lebenssituationen und Lebenserfahrungen machen.

Diese Zielsetzung ist klar und in ihren Grundzügen kaum bestritten. Um so mehr überrascht es, daß es unter dem vielfältigen Angebot an religionspädagogischer Literatur unserer Tage keine ausgearbeitete Didaktik und Methodik gibt, die dem Lehrer ausdifferenzierte und variable methodisch-didaktische Strukturen aufzeigt, in denen er Tradition als Bewältigungsmuster des Lebens auslegen und auf gegenwärtige Lebenserfahrung beziehen kann. Es fehlt ein griffiges Instrumentarium dieser Art.[1]

---

[1] Auch der von mir vorgelegte Band „Religiöse Erziehung heute. Grundelemente einer Didaktik religiösen Lernens in der weltanschaulich pluralen Gesellschaft" (UTB Nr. 898/1979) füllt diese Lücke nicht aus. Er beschreibt, wie der Untertitel sagt, die religionspädagogischen Grundbegriffe und Grundprinzipien, eben die „Grundelemente" (Religionsbegriff, Offenbarungsbegriff, analytisch-assoziative Übertragung, situativ-existentielle Konzentration des Glaubens usw.), die für eine Korrelationsdidaktik wichtig sind (wobei meine Beschäftigung mit dem Begriff des Symbols und meine Versuche einer Rückübersetzung theologischer Lehr-Traktate in Symbol-Komplexe, wie ich sie 1982 in dem UTB-Band 1180 „Einführung in symbolisch-erzählende Theologie" vorgelegt habe, mit hinzugenommen werden müssen); aber es fehlt noch die Ausfaltung möglicher didaktisch-methodischer Strukturen, in denen diese Prinzipien auf die Gestaltung

Dieses Desiderat sucht der vorliegende Band aufzuarbeiten. Er entwickelt dazu zwei fachdidaktische Strukturgitter; diese repräsentieren einerseits das christliche Glaubensfundament (einmal relativ offen in religionsgeschichtlich relevanten Gegenstandssymbolen und einmal in sakramentalen Handlungssymbolen); andererseits stehen diese symbolischen Entfaltungen des Glaubensfundaments in einer unmittelbaren, biblisch grundgelegten Wechselbeziehung zu Alltagsphänomenen und menschlichen Grunderfahrungen. Dem Lehrer, auch dem Katecheten und Seelsorger, wird so in Theorie und Praxis (bis hin zu erprobten und detailliert ausgearbeiteten Unterrichtsprojekten) gezeigt, wie er (mit Hilfe dieser Strukturgitter) Glaubensüberlieferung und gegenwärtiges Leben so aufeinander beziehen kann, daß sich daraus Bewältigungsmuster des Lebens ergeben. Auf diese Weise gewinnt er Kriterien für die konkrete Gestaltung korrelationsdidaktischer Lernprozesse (Findung von Lernzielen, profanen Impulsen und Medien, korrelierenden Überlieferungselementen).

Zuerst ist das sakramentendidaktische Strukturgitter entstanden.[2] Es lag schon seit längerer Zeit für mich auf der Hand, daß die Sakramente der Kirche, die seit ihrer Entstehung das Christus-Mysterium in das konkrete Leben des einzelnen Menschen hinein entfalten, so etwas wie die älteste „Korrelationsdidaktik" darstellen. Zur Ausarbeitung des gegenstandssymbolischen Strukturgitters haben mich eine Staatsexamensarbeit über religiöse Gegenstandssymbole von Marie-Theres Ex und ein im Katechetischen Institut des Bistums Aachen aufliegendes Unterrichtsmodell von Charlotte Foos-Queck zum Thema „Geisterfahrung durch Wasser und Wind" angeregt. Diese beiden Autorinnen haben deshalb an dem vorliegenden Band mitgearbeitet und ihre Anregungen eingebracht. Charlotte Foos-Queck hat dabei über die symboldidaktische Umarbeitung ihres Unterrichtsmodells hinaus auch das Instrumentarium des sakramentendidaktischen Strukturgitters in der Schulpraxis erprobt und validiert. Ich bin sehr dankbar für beider Mitarbeit.

konkreten Unterrichts bezogen und in Unterrichtsplanung und -durchführung umgesetzt werden können.

[2] Es wurde zuerst vorgestellt in Heft 3/1982 der Zeitschrift „ru. Zeitschrift für die Praxis des Religionsunterrichts" in meinen Beiträgen „ ‚Das Sakrament des Zigarettenstummels' (L. Boff)", „Gottesbegegnung im Lebensvollzug" sowie „Korrelation von Lebenssituation und Glaubensüberlieferung mit Hilfe sakramentaler Lebensvollzüge"; auf dem begrenzten Raum einer Zeitschrift mußte diese Darstellung jedoch notwendig unvollständig und fragmentarisch bleiben.

Das Buch hätte nicht entstehen können ohne den regen Austausch mit Religionslehrern und Fachleitern, wie ich ihn auf Fortbildungsveranstaltungen und anderen Tagungen pflegen konnte. Es ist nicht möglich, aus der großen Zahl von Anregungen einzelne Namen herauszugreifen. Ich danke allen, die mir auf diesem Wege geholfen haben.

Für die technische Betreuung des Manuskripts bin in meinen Helfern und Mitarbeitern im Seminar für Religionspädagogik an unserer Hochschule sehr zu Dank verpflichtet; besonders Frau Foos-Queck hat viel Zeit, Mühe und Engagement darauf verwendet, das Manuskript endgültig zu redigieren.

Ich wünsche, daß der Band den Religionslehrern in ihrer schweren und wichtigen Arbeit, dem Umgang mit christlicher Überlieferung im säkularisierten Gesprächsfeld, wirksam helfen kann.

Aachen, den 31. 10. 1983   *Georg Baudler*

A   Grundlegung

1. Zur Geschichte und inhaltlichen Entwicklung des Korrelationsbegriffs in der neueren Religionspädagogik

Zur Vorgeschichte des Korrelationsbegriffs in der Religionspädagogik

Die Verwendung des Begriffs „Korrelation" in der neueren Religionspädagogik hat eine lange Vorgeschichte. Er spielt schon eine wichtige, wenn auch oft nicht deutlich genug gesehene Rolle in der weitgespannten und umfangreichen religionspädagogischen Diskussion der frühen siebziger Jahre um die in einer weltanschaulich pluralen Gesellschaft richtige und notwendige Konzeption des Religionsunterrichts. Schon 1970 versucht W. G. Esser „Daseinsunterricht" und „Traditionsunterricht" als die zwei Grundtypen des Religionsunterrichts zu bestimmen und ausdrücklich in „Korrelation" zueinander zu bringen (Esser [Hrsg.], Bd. I, 1970, 226 ff.) und K. E. Nipkow versucht evangelischerseits einen „problemorientierten Religionsunterricht nach dem ‚Kontexttypus' " zu konzipieren, in dem problemorientierte Themen als „Kontexte" zu biblischen Inhalten stehen (Esser [Hrsg.], Bd. II, 1971, 38–52). 1971 bemühte sich Peter Jansen in einem Lehrplan für den katholischen Religionsunterricht an Grundschulen (dem sogenannten „Jansen-Plan"), dem er den Titel „Erfahrung und Glaube" gibt, gegenwärtige Lebenssituation und vergangene Glaubensüberlieferung als die zwei konstitutiven Größen des Religionsunterrichts zur Geltung zu bringen (Jansen, 1971). Auf evangelischer Seite nennt ebenfalls schon um diese Zeit K. Wegenast die Frage nach dem notwendigen Verhältnis von Lebensfragen und Glaubensüberlieferung „das Problem der Probleme" gegenwärtiger Religionspädagogik und Theologie (in: Der Ev. Erz. 3/1972, 102–125). Das auf 3 Bände angelegte, von E. Feifel u. a. herausgegebene Handbuch der Religionspädagogik versucht dann in seinem Theorieband (Bd. 1, 1973) den Erfahrungsbegriff genauer zu klären und dabei auch das Verhältnis von Glaube und Erfahrung näher zu bestimmen (E. Feifel, Die Bedeutung der Erfahrung für religiöse Bildung und Erziehung, ebd., 86–107; zu „Glaube und Erfahrung" 98–101); überlieferter Glaube zentriert sich hier schon im Glaubensfundament, das als „Erfahrungsmodell Jesus aus Nazareth" (ebd. 99) verstanden wird und auf je individuelle Weise (vgl. ebd. 100 unten) auf den Lernenden und sein Leben bezogen werden muß, damit so Glaube in menschlichen Erfahrungen wirksam werden kann.

Es ist zu dieser Zeit noch kaum von einer (kritischen) *Wechselwirkung* zwischen beiden Größen die Rede. Glaube und Leben werden entweder mehr additiv verbunden (z. B. im o. g. „Jansen-Plan") oder der Glaube ist gegenüber dem Leben die normierende Größe (z. B. im damals viel benutzten Religionsbuch „Wie wir Menschen leben" von G. Weber oder auch in den o. g. Ausführungen E. Feifels). Unter der Frage „Wie sollen Lebenssituation und Glaubensinhalt miteinander verbunden werden?" wandte ich mich 1973 sowohl gegen eine additive Verbindung beider Größen als auch gegen eine Verbindung, wonach die Überlieferungsgehalte unmittelbare Antworten auf gegenwärtige Lebensfragen geben oder als Beispiele richtigen ethischen Verhaltens eingeführt werden und plädierte statt dessen für eine hermeneutische *Durchdringung* beider Größen, in der die eine die andere aufhellt und zu neuem Verstehen bringt (Kat. Bl. 6/73 [c], 365–372). Im selben Jahr erschien der vom Deutschen Katecheten-Verein erarbeitete Zielfelderplan für die Sekundarstufe I, der erstmals mit Hilfe eines „didaktischen Strukturgitters" die Vermittlung von Lebenserfahrung und religiöser Überlieferung zu erreichen sucht. Sofern jedoch dieses Strukturgitter nicht fachwissenschaftlich, sondern allgemeindidaktisch strukturiert ist, kommt es darin noch zu keiner wirklichen Verzahnung theologischer Gehalte mit gegenwärtiger Lebenserfahrung der Schüler (näheres dazu unter Kap. A. 4.).

Günter Lange hat dann Ende 1974 in seinem vielbeachteten Beitrag Religion und Glaube, (in: Kat. Bl. 12/1974, 733–750) ein Strukturierungsmodell religionspädagogischer Lernprozesse vorgeschlagen, das nicht pädagogisch, sondern ontologisch-anthropologisch begründet ist. Er unterschied drei verschiedene Dimensionen der Wirklichkeitserfahrung, die vordergründig-„empirische", die existentiell-religiöse und die eigentlich christliche (abgekürzt x-y-z), und bestimmte die existentiell-religiöse Dimension als diejenige, in der die Glaubensüberlieferung (ż) und die gegenwärtige Lebenserfahrung (x, vertieft nach y) zueinander in ein dialogisch-kreatives Verhältnis treten können. Im Primarstufenplan dient dieses religionspädagogische Modell zwar nicht zur Gestaltung des didaktischen Strukturgitters, wohl aber ist es die Grundlage eines methodischen „Planungsrasters" (Grundlegung 135).

Vom Synodenbeschluß über den Zielfelderplan für die Grundschule zur Brixener Tagung über Korrelation

Mit den Auseinandersetzungen über den Sekundarstufe I-Plan und dem Langeschen Modell der mehrdimensionalen Wirklichkeit endet nach meiner Sicht der Dinge das, was ich als die „Vorgeschichte" der Korrelationsdidaktik bezeichnen möchte. Ihre eigentliche Geschichte beginnt nach meinem Verständnis der Zusammenhänge mit dem Beschluß der Würzburger Synode zum schulischen Religionsunterricht. In ihm kommt zwar der Ausdruck „Korrelation" nicht vor. Statt dessen aber ist die Rede von einer notwendigen „Konvergenz" pädagogisch-anthropologischer und theologisch-kirchlicher Begründungszusammenhänge in diesem Unterricht. Religionsunterricht wird genau und ausschließlich dort angesiedelt, wo diese beiden Bereiche sich überschneiden. Man spricht von einem Religionsunterricht nach dem „Konvergenzmodell" (vgl. bes. Gem. Syn. I, 132–138). Wenn also auch im Wortlaut des Beschlusses der Begriff „Korrelation" nicht vorkommt, so ist hier doch ein Religionsunterricht konzipiert worden, der die Ausbildung einer Korrelationsdidaktik konstitutiv verlangt.

Der Zielfelderplan für den katholischen Religionsunterricht in der Grundschule, der (wie schon der Zielfelderplan für die Sekundarstufe I) vom Deutschen Katecheten-Verein (nunmehr aber im Anschluß an den Würzburger Synodenbeschluß) erarbeitet wurde, stellt sich sehr grundsätzlich und dezidiert dieser Aufgabe. Es ist sein grundsätzliches Anliegen, zwei Pole zu vermeiden, die sich in der Geschichte der Religionspädagogik aber auch in der Geschichte der Theologie insgesamt als Fehlentwicklungen erwiesen haben: Einerseits ist dies die „offenbarungspositivistische Verhärtung" (Fuchs, in: Kat. Bl. 5/77, 371–377, hier 373). Sie versteht Offenbarung als ein System von Sätzen, von Wahrheiten und Normen, die von Gott dem Menschen mitgeteilt werden und denen gegenüber sich der

Mensch als blind ergebener „Befehlsempfänger" zu verhalten hat. Der neuscholastische Katechismusunterricht übersetzte ein solches Offenbarungsverständnis sehr geradlinig in religionspädagogische Praxis, während der sogenannte „kerygmatische Religionsunterricht", der grundsätzlich *auch* dem gegenwärtigen Menschen und seinen Erfahrungen kein Eigengewicht gegenüber der Offenbarung gab, dennoch das Verhältnis auflockerte, weil er Offenbarung nicht als System von Lehrsätzen, sondern als zu erzählende und lebendig je neu zu vergegenwärtigende *Geschichte* verstand und also den Menschen symbolhaft-ganzheitlich ansprach; aber er suchte eben nicht den Dialog, sondern die Anbetung.

Der andere Pol, den die Korrelationsdidaktik des Zielfelderplans für die Primarstufe zu vermeiden sucht, ist eine „kurzschlüssige Anpassung an den Zeitgeist" (Fuchs, ebd., 374). Diese Gefahr einer aufklärerisch-modernistischen Theologie hatte sich nach der sogenannten „curricularen Wende" des Religionsunterrichts zu Beginn der siebziger Jahre, die entsprechend der Curriculumrevision schulischen Unterrichts zentral die Lebenssituationen der Schüler in den Mittelpunkt stellte, als akute Gefahr des neueren Religionsunterrichts herausgestellt. Wie G. Stachel durch empirische Untersuchungen belegte (Stachel, 1976), hatte sich vielerorts der Religionsunterricht zu einem Lebenskunde- oder zusätzlichen Sozialkundeunterricht entwickelt, der individuelle und soziale Probleme der Schüler zu seinem zentralen Inhalt machte und nur gelegentlich, gleichsam zur „Untermalung" und zur Bestätigung humanwissenschaftlich erarbeiteter Lösungswege auch noch biblische Texte und Inhalte heranzog.

Zwischen diesen Fehlformen theologischen Denkens und religionspädagogischer Praxis sucht der Zielfelderplan für die Primarstufe den Korrelationsbegriff anzusiedeln und dadurch einen Religionsunterricht zu konstituieren, der diese beiden Pole vermeidet. Überliefertes Glaubensverständnis und heutige Erfahrungen sollen „so ‚verknüpft' und konfrontiert werden, daß sie in ihrer jeweiligen Besonderheit zur Geltung kommen und sich gerade nicht nur bestätigen oder ausschließen, sondern schöpferisch in Bewegung bringen" (Fuchs, ebd., 375). Dabei soll sowohl die Überlieferung als auch die heutige Situation je für sich als Frage- und Antwortgeschehen verstanden werden und zusammengebracht einen erneuten Frage- und Antwortprozeß auslösen. Glaubensüberlieferung und gegenwärtige Erfahrung stehen hier im Verhältnis des freien Dialogs zueinander. Die Grundlegung spricht von der „unbedingten Freiheit und ‚Widerständigkeit' " der Partner in diesem Dialog (Grundlegung, 1977, 18). Allerdings wird der Akzent dabei sehr stark darauf gelegt, daß in dieser Korrelation Glaubensüberlieferung als Offenbarung nicht „eingeebnet", abgeschwächt, „eingepaßt", bloß als „Aufhänger und austauschbares Anschauungsmaterial" benützt und so auf den Menschen und seine Erfahrungen hin „funktionalisiert" wird (ebd., 18). Die Verfasser des Plans schienen den oben genannten zweiten Pol, den es zu vermeiden galt, mehr zu fürchten als den ebenfalls zu vermeidenden ersten Pol.

Dennoch hat die Korrelationsdidaktik des Primarstufenplans Elemente des religionspädagogisch verstandenen Korrelationsbegriffs herausgearbeitet, die heute zentral und so gut wie unbestritten zu ihm gehören: daß Lebenserfahrung und Glaubensüberlieferung sich in der Auswahl und näheren Bestimmung der konkreten Unterrichtsinhalte gegenseitig filtern (Grundlegung 53/54, hier erscheinen beide Pole wirklich als gleichberechtigt); daß sich beide Korrelate dialogisch gegenüberstehen und sich gegenseitig durchdringen und erhellen („schöpferisch in Bewegung bringen"; ebd. 18); daß dabei christliche Überlieferung nicht den vordergründigen gegenwärtigen Lebensbedürfnissen angepaßt und so „funktionalisiert" werden dürfe; daß beides, Überlieferung und Leben, je für sich als Frage-Antwort-Geschehen zu gelten hat, so daß die Überlieferung nicht einfach Lebensfragen beantwortet (Frage-Antwort-Schema, s. o.), sondern im Leben neue Frage-Antwort-Prozesse anstößt.

Josef Quadflieg, einer der Mitverfasser des Plans, führt in einer Erläuterung die in dem Plan angelegte Korrelationsdidaktik schon in die Richtung einer symbolisch-typologischen Vernetzung von Glaubensüberlieferung und Lebenserfahrung, wie sie im vorliegenden Band erläutert werden soll (Quadflieg, in: Feifel [Hrsg.], 1977, 109–151): Das Thema „Ich bin im Recht" wird zunächst auf benachbarte Themen im Ich-Feld des Plans und dann auf verwandte Themen im Zielfeld „Wir" sowie im Zielfeld „Anschauungen und Meinungen" befragt und entfaltet und dann mit verwandten Themen im Zielfeld „Bibel" in Beziehung gesetzt. Dabei werden biblische Gestalten und Ereignisse des Alten und Neuen Testaments herangezogen, die in der Spannung Recht-Unrecht stehen; es wird die Art und Weise herausgearbeitet, wie diese Gestalten und Ereignisse die Situation bewältigen. Dabei ergeben sich durchaus verschiedene Bewältigungsmuster: Die Gestalt Johannes des Täufers ist dadurch charakterisiert, daß sie das Unrecht beim Namen nennt und dafür bereit ist, in den Tod zu gehen; die bekannte Salomo-Erzählung vom Rechtsstreit zweier Mütter um ihr Kind (1 Kön 3, 16–28) zeigt eine Bewältigungsfigur der Unrechtssituation, in der der Sieg der Liebe über das Recht und das dadurch bewirkte Nachgeben zur sinnvollen Bewältigung der Lebenssituation führt; an vielen „Jesusbeispielen" (ebd. 124 ff.) wird die typisch jesuanische Lebensfigur der engagierten Zuwendung zu den Rechtlosen herausgestellt. Biblische Überlieferung wird hier als erzähltes Frage-Antwort-Geschehen, als überlieferter Typus einer sinnvollen Lebensbewältigung, als „Lebensfigur", zur angesprochenen Lebenssituation des Schülers in Beziehung gesetzt und auf diese Weise schöpferisch mit ihr verflochten.

Auch Erich Feifel bringt im selben Band Glaube und Leben auf der Grundlage eines symbolischen Umgangs mit christlicher Überlieferung zur Vermittlung (Feifel, Symbolerfassung als Weg zur Glaubenserfahrung, in: ders., 1977, 11–43). Feifel geht von der grundlegenden Einsicht aus, daß der „Prozeß des Transzendierens", um den es zentral im Religionsunterricht geht (andere Ausdrücke dafür sind: Erschließung der Frage nach Gott, Erschließung der religiösen Wirklichkeitsdimension usw.) wesentlich dadurch erreicht werden kann, daß der Lernende in einen „Vorgang des Symbolisierens" hineingenommen wird. Gerade wo es um Erfahrung geht, wo „Welterfahrung" und „christliche Glaubensüberlieferung" miteinander vermittelt werden sollen, kann dies am besten dadurch geschehen, daß der Glaube symbolisch verstanden wird und die „Symbole des Glaubens" auf das gegenwärtige menschliche Leben bezogen werden, um darin ihre „humanisierende Wirkung" zu entfalten (ebd. 13, 20 f., 25). „Der Mensch Jesus von Nazareth" ist dabei das „Ursymbol des Glaubens" (ebd. 23). Es wird von diesem Ansatz, der dem in diesem Band vorgetragenen relativ nahekommt, unten noch weiter zu reden sein (Kap. A. 3.). Es lag sicher auch an der großen Abstraktheit der Feifelschen Ausführungen, daß sein Versuch, Symbolerfassung und Symbolbildung in die Diskussion um die notwendige Korrelationsdidaktik einzuführen, damals nicht weiter aufgegriffen wurde. Der Ansatz wurde auch zu wenig *ausdrücklich* auf die Korrelationsproblematik bezogen. Speziell die Frage, die in der Korrelationsdidaktik des Zielfelderplans für die Primarstufe im Mittelpunkt steht, wie nämlich Korrelation im Sinne einer gleichberechtigten Wechselbeziehung ohne „Funktionalisierung" der Glaubensüberlieferung möglich ist, wurde nicht vom Symbolansatz her beleuchtet.

Stärker als andere Versuche vorher haben die Verfasser des Zielfelderplans für die Primarstufe den Korrelationsbegriff auch aus der

Systematischen Theologie übernommen. Sie fanden ihn am deutlichsten in der Theologie Paul Tillichs vorgeprägt, wo sie freilich auch die Gefahr einer Anpassung des Glaubens an gegenwärtige Welterfahrung, die sie vom Religionsunterricht fernhalten wollten, angelegt sahen (vgl. Fuchs, 1977, 377, Anm. 2). Katholischerseits hatte Edward Schillebeeckx in der Systematischen Theologie das Korrelationsproblem behandelt und dabei besonders darauf hingewiesen, daß Glaubensüberlieferung nicht unmittelbar eine Antwort auf Lebensfragen des heute lebenden Menschen geben könne, dieser vielmehr in einem eigenen Frage-Antwort-Geschehen seine Antworten finden müsse, wobei Überlieferung diese Antwort-Suche anstoßen und strukturieren könne (Schillebeeckx, 1971, darin bes. das Kap. „Die Korrelation von menschlicher Frage und christlicher Antwort", 83—109).

Edward Schillebeeckx wurde deshalb als Hauptreferent zur Jahrestagung des Deutschen Katecheten-Vereins in Brixen 1979 eingeladen, die ganz unter dem Thema der Korrelation stand. Dabei nahm vor allem jene Fragestellung einen breiten Raum ein, die der Zielfelderplan für die Primarstufe noch offengelassen hatte, die Frage also, ob und wie eine Kritik an der Überlieferung von der Lebenserfahrung her möglich sei, ohne dadurch diese zu „funktionalisieren". Schillebeeckx Antwort war klar: Korrelation, sagte er, müsse „wechselseitig kritisch" sein (was auch schon der Zielfelderplan sagte, ohne aber die klare Konsequenz daraus zu ziehen) und dieser Begriff schließe ein, daß, auch wenn dies „wie eine Gotteslästerung" klinge, „Kritik aus neuen Erfahrungen am Evangelium sinnvoll möglich ist" (Schillebeeckx, in: Kat. Bl. 2/80, 84—95, wo sein Brixener Beitrag abgedruckt ist, hier 90). Dabei schränkte Schillebeeckx ein, daß „nicht das ‚Wort Gottes', sondern unser Sprechen über das Wort Gottes" ständiger Kritik und Prüfung bedarf; das Wort Gottes komme ja nie rein vor, sondern immer nur als ein „durch und durch menschliches, geschichtliches, sogar geographisch situiertes" Sprachgeschehen, das sein tragendes Fundament, den gekreuzigten und auferstandenen Messias Jesus, niemals adäquat versprachlichen kann und deshalb kritisierbar bleibt.

Kritisiert wird also nicht der im Gekreuzigten erscheinende Gott, sondern das, was Menschen einer bestimmten Zeit und Umwelt von dieser Gottesoffenbarung aufnehmen, die Art, wie sie sie interpretieren und weiter überliefern. Dies setzt freilich voraus — darauf ging Schillebeeckx jedoch nicht ein —, daß es mir auch als Mensch der heutigen Zeit, 2000 Jahre nach dem historischen Geschehen der

Kreuzigung Jesu, möglich ist, einen Zugang zum Glaubensfundament (zum gekreuzigten und auferstandenen Jesus) zu finden, der, wenn er gefunden *ist*, die notwendigen Vermittlungen hinter sich zurückläßt und als je unmittelbares Fundament *meines* Glaubens erfahren wird.

Zwar kann ich diesem gekreuzigten Jesus nur begegnen, weil und sofern seine Jünger ihn damals als lebendigen Christus erfahren haben, diese ihre Erfahrung bis in den Tod hinein bezeugten und dieses Zeugnis, sowie die Kunde von seinem Leben und Sterben, in der Gemeinschaft der an Jesus Glaubenden in grundsätzlich unverfälschter Weise bis heute und bis zu mir weiterüberliefert wurde. Sofern aber auf diesem Wege nicht nur eine satzhafte „Kunde" und ein worthaftes „Zeugnis" (geschweige eine diskursive „Lehre") an mich überliefert und weitervermittelt wurde, sondern ein lebendiger Mensch, jenseits der Todesgrenze von göttlichem Lebensatem neu beseelt und durchwirkt, kann es sein, daß dort, wo dieser lebendige Mensch durch die genannten und konstitutiven Vermittlungen auf mich trifft, ein „Funke" von ihm zu mir überspringt und dadurch eine unmittelbare Verbindung zwischen ihm und mir geschaffen wird, in der die genannten Vermittlungen, so wichtig und konstitutiv sie für das *Zustandekommen* der Begegnung sind, relativiert und zurückgelassen werden. Zwar kann sich ein solches von Mensch zu Mensch sich ereignendes „Überspringen" der das Leben tragenden Inspiration, bezogen auf die Begegnung mit dem gekreuzigten Jesus, sicher immer nur punktuell ereignen, so daß der Mensch, von diesem Punkt ins Alltagsleben zurückgekehrt, immer wieder neu jener Vermittlungen bedarf, die ihn zu diesem Punkt geführt haben. Aber dort und zu dem Zeitpunkt, wo der überspringende Funke in selbstevidenter Helligkeit und Stärke gegeben ist, kann ich von der (relativen) Unmittelbarkeit der Begegnung aus und aufgrund des je *eigenen* Zugangs zum Glaubensfundament, der mir darin erschlossen ist, andere Zugänge und deren Entfaltungen im Leben, auch biblisch überlieferte, kritisieren und nach eigenen Wegen suchen, die dieses Glaubensfundament in *mein* Leben einstiften und es *darin* entfalten. Wem dies zu „mystisch" klingt, der möge sich an den bekannten Satz Karl Rahners erinnern: Der Christ der Zukunft wird entweder ein Mystiker sein oder er wird nicht mehr sein.

In dieser theologischen und gleichwohl religionspädagogisch höchst relevanten Frage, ob Überlieferung von Lebenserfahrung aus kritisierbar sei, wurden sich die Tagungsteilnehmer in Brixen nicht einig. Günter Lange nennt sie in seiner Zusammenfassung der Tagungsgespräche die „Frage der Fragen" einer Korrelationsdidaktik (Lange, in: Kat. Bl. 2/80, 151—155, hier 152). Er formuliert sie in immer neuen Wendungen: Können gegenwärtige Erfahrung und Glaubensüberlieferung „wirklich zwei gleichberechtigte ,Quellen' der Theologie" und eines auf christlicher Theologie basierenden religionspädagogischen Lernprozesses sein? Kann es vorkommen, daß „die Erfahrung die gebende und die Überlieferung die nehmende Seite ist?" (ebd.). Günter Lange selbst hält diese Frage als noch für zu wenig geklärt, um die religionspädagogische Praxis auf diesen spezifischen Begriff der Korrelation aufzubauen. Er plädiert dafür, für die Praxis „Korrelation" lediglich in dem Sinne zu verstehen, daß sich Glaubensüberlieferung und Erfahrungskontexte gegenseitig erhellen und durchdringen müssen. Dabei müsse aber die Glaubensüberlieferung eine übergeordnete Autorität bleiben. Sie sei gleichsam das „Standbein" des Glaubensvermittlers, das als solches fest und unverrückbar steht; demgegenüber bildeten die vielfältigen menschlichen Erfahrungen das „Spielbein", mit deren Hilfe die Glaubensüberlieferung erhellt und neu angeeignet wird, wobei diese die menschlichen Erfahrungen kritisch befreiend erleuchtet und deutet. Lange sieht nur diesen Korrelationsbegriff durch den Synodenbeschluß sanktioniert, nicht aber den eigentlichen einer wechselseitig kritischen Beziehung beider Größen zueinander (ebd. 152/153).

Neue Perspektiven und weitere Präzisierungen

Anläßlich meiner Mitarbeit an der Festschrift zum 75. Geburtstag von Karl Rahner (vgl. Baudler, 1979 (b) in: Vorgrimler [Hrsg.], 1979, 35—50) ist mir klar geworden, daß sich die neuere Religionspädagogik sowohl in der Frage des Religionsbegriffs als auch in der Korrelationsproblematik zumindest katholischerseits genauso gut auf Karl Rahner berufen kann, als sie sich bislang auf Paul Tillich berufen hat. Zwar werden bei Rahner die Begriffe „Religion" und „Korrelation" im Unterschied zur Systematischen Theologie Paul Tillichs als solche nicht ausdrücklich thematisiert; dennoch stehen die Fragen und Inhalte, die mit diesen beiden Worten angezielt sind, im Zentrum des Rahnerschen theologischen Denkens. Was die Frage der Korrelation betrifft, um die es hier hauptsächlich geht, so ist diese Frage bei Karl Rahner in der althergebrachten katholischen Terminologie unter den Kategorien „Natur" und „Gnade" erörtert. Es läßt sich aufzeigen, daß die neuscholastische strenge Trennung von Natur und Übernatur, also von göttlicher Offenbarung und menschlichem Leben – Karl Rahner nennt dies „Extrinsecismus" – zu jenem „erstarrten Offenbarungspositivismus" führte, der oben als der eine Pol beschrieben wurde, den eine Korrelationsdidaktik zu vermeiden sucht. Es ist hier nicht möglich, den Weg nachzuzeichnen, der von dieser offenbarungspositivistischen Position über J. A. Jungmann, über K. Rahners „Hörer des Wortes" sowie über seine spätere Offenbarungs- und Gnadentheologie und über das II. Vatikanische Konzil zum gegenwärtigen und möglichen zukünftigen Offenbarungsverständnis führt und wie sich von daher ein Religionsunterricht und eine Katechese nach dem Modell der Korrelation rechtfertigen läßt (dies ist ausgeführt im o. g. Beitrag zur Rahner-Festschrift, sowie im Schlußteil meines Bandes „Religiöse Erziehung heute", 1979 [a], 212–237).

Worauf es in unserem Zusammenhang ankommt, ist folgendes: Karl Rahner hat, beginnend mit seinem frühen religionsphilosophischen Werk „Hörer des Wortes" (1940) versucht, den oben genannten neuscholastischen „Extrinsecismus" im Verhältnis von Natur und Gnade zu überwinden; er sah darin das größte Hindernis für eine Aussöhnung der Theologie mit dem in der Neuzeit erwachten Selbstverständnis des Menschen als eines eigenverantwortlichen Subjekts, das im Denken und Handeln zur Freiheit berufen ist. Dieses, gerade auch in der biblischen Tradition vorgeprägte Bild des Menschen, das sich in der Neuzeit an kirchlichen Institutionen und Traditionen vorbei neue Geltung verschafft, muß von vornherein zerbrechen, wo entsprechend dem neuscholastischen Offenbarungsverständnis der Mensch zum Befehlsempfänger von Normen und Wahrheiten degradiert wird, die ihm und seinem Wesen im Grunde fremd und willkürlich aufgesetzt sind. Rahner dagegen interpretiert, sich auf Thomas von Aquin stützend (zuerst in: ders., Geist in Welt, [2]1954, dann in „Hörer des Wortes", [2]1963, bes. 58 ff. u. ö.), den Menschen als das Wesen, das sich in seiner konkreten Existenz von innen heraus auf den unendlichen Gott verwiesen erfährt und also in einer Dynamik steht, die unmittelbar auf Gnade und Offenbarung hingeordnet ist. Der Grund für diese in der Selbsterfahrung zu entdeckende „Transzendenzdynamik" (wie W. G. Esser dieses Existential des Menschen nennt; vgl. ders., 1973, 153 ff., allerdings ohne Berufung auf Rahner), liegt darin, daß sich im Verständnis der ganzen Bibel des Alten und Neuen Testaments der Heilswille Gottes auf jeden konkreten Menschen erstreckt, also *jeder* Mensch zum Leben in Gott berufen ist. Diese Berufung, sagt Rahner, wäre nicht die wirksame Tat des biblischen Gottes und seines Lebensatems, würde sie nur gleichsam *über* dem Leben des Menschen schweben, nicht aber dessen existentielle Erfahrung prägen und zuinnerst bestimmen.

Rahner spricht in diesem Zusammenhang in der alten scholastischen Terminologie von einem dem Menschen gnadenhaft eingesenkten „übernatürlichen Existential". Diese Rede ist öfter (z. B. von P. Eicher 1977, 396) als bloßes theoretisches Konstrukt kritisiert worden. Man mag zu diesem Wort stehen, wie man will; dennoch ist die gesamte anthropologische Wende der Theologie, wie sie eben von Karl Rahner initiiert wurde und im II. Vatikanischen Konzil ihren geschichtlichen Ausdruck fand, nicht denkbar ohne das von Rahner erarbeitete Selbstverständnis des Menschen: Wir sind Subjekt im Sinne der neuzeitlichen Freiheitsgeschichte, weil wir im gekreuzigten und neu lebendigen Jesus aus Nazareth zu Töchtern und Söhnen Gottes berufen sind. Wo wir deshalb, und sei es in der „banalsten Tätigkeit unseres Daseins, im profanen Umgang mit irgendwelchen Wirklichkeiten ... unser Dasein treiben", können wir überall, „vielleicht namenlos aber wirklich", die ursprüngliche Erfahrung Gottes machen (Rahner, 1976, 138). Natürlich kann diese Erfahrung in besonderen Situationen und Konstellationen verdichtet sein — „in der Erfahrung des Todes, einer radikalen Gültigkeit der Liebe usw." (ebd.) — und dabei deutlicher als sonst in das Bewußtsein des Menschen treten.

Hier ist innerhalb der katholischen Traditions- und Theologiegeschichte der Tillichsche Begriff von der Religion als dem „unbedingten Anliegen" des Menschen, der in den Synodenbeschluß Eingang gefunden hat, deutlicher vielleicht noch und religionspädagogisch relevanter als bei Paul Tillich herausgearbeitet. Gleichzeitig ist dadurch die oben genannte „Frage der Fragen" der Korrelationsdidaktik (G. Lange), nämlich die Frage, ob Offenbarung vom Menschen her kritisierbar sei, einer Lösung näher geführt. Denn es ergibt sich aus dieser Sicht, daß jeder konkret lebende Mensch, und sei es der scheinbar noch so abgestumpfte Hauptschüler, in einer vielleicht sehr verschütteten Tiefe seiner Existenz von demselben göttlichen Lebensatem durchweht und bewegt ist, der Jesus aus Nazareth beseelte und ihn zur unüberbietbaren Gottesoffenbarung werden ließ. Wo deshalb, und sei es noch so punktuell und momentan, angeregt durch ein aufwühlendes Erlebnis, durch ein Bild, durch eine Geschichte, durch ein Spiel, diese Verschüttungen aufbrechen, vielleicht nur für eine Blitzlichtsekunde der Vorhang sich auftut, der sich sonst dumpf über das Empfinden und Denken legt, dort kann der Mensch, auch der Hauptschüler, vielleicht nur ganz intuitiv und mit verdunkeltem Bewußtsein, eine unmittelbare Beziehung zum gekreuzigten Jesus als dem christlichen Glaubensfundament gewinnen, die es ihm ermöglicht, in einer gleichsam *immanenten Kritik* einzelne biblische und dogmatische Aussagen von diesem Fundament her zu kritisieren.

Ich vermute, daß bei manchen Jugendlichen, die sich heute in großer Zahl hinter das Schlagwort „Jesus ja — Kirche nein" stellen, ein Vorgang dieser Art stattgefunden hat. Wenn man diesen Jugendlichen rational und historisch aufzeigt, daß wir ja heute kein Evangelium und keinen Jesus hätten, wenn er uns nicht durch die Kirche überliefert wäre, wissen sie darauf zwar nichts zu antworten, verbleiben aber doch in ihrer existentiell-kritischen Haltung, die sich auf eine unmittelbare Intuition des Jesus der Evangelien, wie sie ihn verstehen, beruft. Ist das *nur* Borniertheit? Heilige Schrift und kirchliche Tradition sind ja aus dem göttlichen Lebensatem Jesu herausgewachsen und wenn und wo der Mensch selbst unmittelbar von diesem Atem erfaßt wird (der Funke auf ihn überspringt), kann er, auch als Kind und als vielleicht wenig gebildeter Jugendlicher, ein grundsätzlich gleichwertiger, auch zur Kritik berechtigter Partner dieser Überlieferung sein.

An dieser Stelle wird die Wichtigkeit dessen deutlich, was E. Feifel schon 1973 im Handbuch der Religionspädagogik und später nochmals anhand seines oben erwähnten Symbolansatzes als für den erfahrungsorientierten religionspädagogischen Lernprozeß wesentlich herausgestellt hat: „Wenn Erfahrung konkret, singulär, individuell ist, dann erfahre ich nicht *den* Glauben, sondern *meinen* konkreten Glauben, der jeweils an den Lebenssituationen und Konflikten, die er bewältigt, wächst" (Feifel, Bd. I, 1973, 100). Glaubenssymbole dürfen nicht zu einer objektiven „gegenständlichen Welt" werden, sondern müssen auf den einzelnen konkreten Menschen und seine je eigene Welterfahrung bezogen bleiben, sonst verlieren sie ihre (Leben aufschließende) Wirklichkeit (Feifel, 1977, 18).

Auf das Korrelationsproblem bezogen, besagt dies: Die gesuchte (und — mehr oder weniger — geglückte) Korrelation kann nicht *objektiv* dargestellt („bewiesen", „abgeleitet" usw.) werden, sondern muß *subjektiv*, vom jeweiligen Schüler auf je seine Weise gefunden, zum Ausdruck gebracht und im intersubjektiven Austausch vergewissert und geklärt werden. Diese grundlegende Gesprächsregel der

Korrelationsdidaktik (vgl. Baudler, 1982, 62 ff.) ist noch keineswegs in das allgemeine didaktische Bewußtsein des Religionslehrers gedrungen. In einer weltanschaulichen pluralen Gesellschaft, wie sie exemplarisch in der im Religionsunterricht versammelten Schülergruppe gegeben ist, kann und darf ich nicht *didaktisch voraussetzen* (das würde Vereinnahmung bedeuten), daß die Gruppe als ganze gleichermaßen und in gleicher Intensität in der religiösen Wirklichkeitsdimension steht und also alle auf je gleiche Weise korrelationsfähig sind. Eine thematisierte Lebenserfahrung im Licht eines Glaubenssymbols zu sehen und sich dadurch umgekehrt das Glaubenssymbol intuitiv-ganzheitlich anzueignen, kann in einer weltanschaulich pluralen Lerngruppe, wenn überhaupt, immer nur der einzelne auf je seine — abgeschwächte oder intensivere — Art und Weise, von seiner je eigenen, durch Unterrichtsimpulse freigelegten Transzendenzdynamik aus. Indem er dann diese *seine* „disclosure" (Ramsey, vgl. dazu Baudler, 1973 (b), 13—33), also seine je eigene (mehr oder minder starke) Enthüllungserfahrung, den anderen (mehr oder weniger unbeholfen) mitteilt (möglicherweise verschlüsselt: in einer Zeichnung, einer Erzählung aus seinem Leben, einem Schlager, den er besonders liebt usw.), verwirklicht sich genuin theologische Rede und lebendige Weitergabe christlicher Überlieferung. Dies kann aber nur bedeuten, daß der Schüler, der diese Erfahrung macht, ebenso wie der Lehrer bei dem sich diese Erfahrung als innere Haltung stabilisiert hat und zu einer inneren Überzeugung geworden ist, z. B. *nicht* in der Klasse sagt: „*Wir Menschen* sind alle von Gott geschaffen" oder noch satzhaft-objektivierter: „Die Menschen sind von Gott geschaffen"; vielmehr darf er in solcher Rede zunächst nur von sich selbst sprechen, in der Hoffnung, daß andere diese Rede verstehend aufgreifen und mit eigenem Erfahrungsgehalt füllen, so daß dadurch eine *intersubjektive Vergewisserung* entsteht. Er muß also, auf das genannte Beispiel bezogen, sagen: „*Ich* weiß mich, empfinde mich, erfahre mich als von Gott geschaffen", d. h. von einem persönlich bergenden Daseinsgrund ins Leben gerufen und getragen.

Wenn diese Grundregel der Korrelationsdidaktik im Religionsunterricht wirklich beachtet würde, würde sich das Klima dieses Unterrichts entscheidend ändern. Wo sie befolgt wird, *könnten* die Schüler nicht mehr jenes immer noch weit verbreitete unangenehme Gefühl haben, im Religionsunterricht würde ihnen eine tradierte und veraltete Sicht des Menschen und der Welt vorgesetzt, mit der sie nichts anfangen können und wollen; sie würden dann vielmehr von

diesem didaktischen Ansatz her gar nicht einer bestimmten „Welt-
sicht" oder „Ideologie", eben keinen Lehren, Sätzen und Aussagen
begegnen, sondern zuerst dem anderen als *Menschen*, der von seiner
subjektiven Erfahrung her spricht und sich mitteilt. Erst wo dieses
Empfinden die Atmosphäre des Unterrichts prägt, kann ein Religionsunterricht nach der Didaktik der Korrelation wirken. Wenn
und wo dann innerhalb dieser Korrelationsarbeit Kritik an christlicher Überlieferung auftaucht, ist nicht die objektive, allgemeine
Geltung einer geoffenbarten Glaubenswahrheit (etwa daß die Menschen von Gott geschaffen sind) mit einem eben solchen objektiven,
satzhaften Anspruch „geleugnet", vielmehr ist nur gesagt, daß ich,
der Schüler Hans Meier, mich hier und heute und angesichts der im
Unterricht erörterten Fragen nicht als Wesen empfinden und
verstehen kann, das — um im obigen Beispiel des Symbols Schöpfung zu bleiben — von einem gütigen Vater ins Leben gerufen und
von ihm getragen und erhalten ist. Entsprechend diesem grundlegenden Korrelationsprinzip sind in den folgenden Unterrichtsbeispielen immer wieder Impulse eingebaut, welche die Schüler zu
subjektiven Äußerungen anregen wollen (z. B. Briefe an das Wasser,
an den Wind, vorgegebene Arbeitsblätter, die zu individuellen
Äußerungen auffordern, vgl. z. B. das Arbeitsblatt M 9 im Unterrichtsbeispiel „Freiheit und Angst" u. a.).
In den Vorschlägen und Unterrichtsbeispielen aus Religionsunterricht und Katechese, wie ich sie 1979 (also unmittelbar im Anschluß
an die Brixener Tagung) in dem Band „Religiöse Erziehung heute",
geordnet nach den beiden prinzipiell möglichen Korrelationswegen
„Von der Überlieferung zur Lebenssituation" und „Von der Lebenssituation zur Überlieferung", vorgestellt habe, versuche ich mit den
Stichworten „analytisch-assoziative Übertragung" (für den ersten
Weg) und „situativ-existentielle Konzentration des Glaubens" (für
den zweiten Weg) didaktische Gestaltungsprinzipien zu gewinnen,
welche die Grundregel von der notwendigen Subjektivität religiöser
Rede im Korrelationsgeschehen voraussetzen und zur Anwendung
bringen: Der (vorher in gemeinsamer Arbeit analysierte) Bibeltext
weckt ja beim Schüler *je eigene* Assoziationen, von denen her der
Schüler dann vergleichend die Brücke zum Bibeltext zurück schlagen muß („Bibeldidaktisches Viereck"); hier wird die in Brixen von
verschiedener Seite erhobene Forderung realisiert, daß jeder Schüler
selbst korrelieren lernen und eine je eigene Korrelationskompetenz
gewinnen muß (M. Raske, in: G. Lange, 1980, 154). Der zweite Weg,
der von der Lebenssituation ausgeht, sucht sich dem Glaubensfunda-

ment durch eine Art „Kurzformel des Glaubens", wie sie aus der jeweiligen Situation gewonnen wird, zu nähern, also in einem Bekenntnis, das in einer weltanschaulich pluralen Lerngruppe letztlich immer nur der einzelne für sich vollziehen (oder nicht vollziehen) kann.

Auf eine sehr überzeugende Weise finde ich dieses Prinzip der Korrelationsdidaktik auch in den Vorschlägen und Unterrichtsbeispielen verwirklicht, die Harald Lang unter dem Titel „Religiöse Dimensionen der Alltagserfahrung" in den „Katechetischen Blättern" (Heft 4/82, 274—281) vorgestellt hat. Eine wirkliche Alltagssituation, wie z. B. das Warten auf das Schulende (also eine Situation, die in der Lerngruppe selbst aktuell gegeben sein kann), wird mit anderen Situationen ähnlicher Art zusammengehalten und dabei auf das verschiedenartige existentielle Empfinden in den verschiedenen Situationen reflektiert (z. B. in der Gegenüberstellung „Warten auf das Schulende" und „Warten auf die Eltern"). Es ist wichtig, daß die Schüler eine möglichst große Zahl solcher „Wartesituationen" artikulieren und entsprechend ihrem je eigenen subjektiven Empfinden unter gemeinsame Gruppen bündeln. Ferner sollen sie versuchen, die Verschiedenartigkeit dieser Wartesituationen zu versprachlichen. Durch solche Übungen, die bei ganz banalen Alltagserfahrungen ansetzen (vgl. oben S. 23 das Zitat Karl Rahners aus dem „Grundkurs des Glaubens"), wird die existentielle Lebensdynamik beim Kind freigelegt (der es durchwehende göttliche Lebensatem Jesu), und es wird fähig, diesen selben Lebensatem, d. h. den eigentlichen Gehalt auch der biblischen Überlieferung, zu verstehen: Wenn der Lehrer nun mit Hilfe einer Konkordanz, wie Lang das vorschlägt, einige Stellen aus dem NT bzw. AT zusammenstellt und die Schüler fragt, wie diese biblischen Wartesituationen sich zu den vorher besprochenen verhalten, dann könnte durchaus dem einen oder anderen Schüler aufdämmern, daß das Existenzgefühl, mit dem er auf die abwesenden Eltern oder auf den lange ersehnten Telefonanruf eines Freundes wartet, von derselben Lebensdynamik beseelt ist, in der die Israeliten auf ihren Messias warten. Ja es könnte sein, daß ihm einfühlend klar wird, daß das Warten der Juden auf den Messias sein eigenes Warten auf die Eltern und auf den Telefonanruf einschließt und umgreift, so daß in der biblisch ersehnten und erwarteten Ankunft des Messias alle menschlichen Wartesituationen aufgehoben sind und darin einen gebündelten Ausdruck, ein treffendes Symbol, finden. Biblische Wartesituationen erscheinen als mögliche „Kurzformeln des Glaubens" (als Symbolum) für die gegenwärtige Situation des Wartens. Solche Einsichten, das wird auch bei Lang deutlich, können von der ganzen Anlage dieses Unterrichts her nicht als objektive Erkenntnis, sondern müssen als subjektives Empfinden, als je eigenes, neu gefundenes „Lebenswissen" (Zulehner) artikuliert werden.

Im Zusammenhang mit der Revision des Zielfelderplans für die Sekundarstufe I (die wegen der dort noch weitgehend fehlenden Korrelationsdidaktik bald als notwendig erschien) und im Zuge der Rezeption dieses Plans in den verschiedenen Bundesländern, erfuhr der Korrelationsbegriff weitere Klärungen: In einem Entwurf für die Grundlegung eines Lehrplans für die Sekundarstufe I für katholische Religionslehre an Gesamtschulen in Nordrhein-Westfalen geht Gottfried Bitter neu auf den Korrelationsbegriff ein. Dabei neigt er stärker als Günter Lange dazu, eine Gleichwertigkeit beider Korrelate und eine wirklich kritische Wechselbeziehung von Erfahrung und Überlieferung im Korrelationsbegriff zu verankern. „‚Eine Korrelation herstellen' heißt dann zeigen, daß sich beide Größen zu einer gemeinsamen Thematik sowohl wechselseitig in Frage stellen, sowie sich schließlich beide verändern: bewährt, durchschaut, besser verstanden aus dem Dialog hervorgehen" (Bitter, in: Kat. Bl. 5/81, 345); es fehlt freilich auch hier noch die grundsätzliche Klärung der Frage, ob beide Größen auch kritisiert, korrigiert und variiert „aus dem Dialog hervorgehen" können. Auch Bitter wendet sich in diesem Zusammenhang gegen die Gefahr, christliche Glaubensüberlieferung nach dem Kriterium „Was habe ich davon" auf den Menschen und seine Erfahrungen hin zu „funktionalisieren". Aber er bringt einen neuen Gedanken ins Spiel, indem er sagt, daß die besondere Qualität von Glaubensüberlieferung, „Offenbarung" zu sein, dieser und den sich in ihr aktualisierenden Erfahrungen nicht von vornherein zugesprochen werden dürfe, diese Glaubensüberzeugung vielmehr ihren Offenbarungscharakter für den konkreten Schüler „immer wieder erst neu zu erweisen" habe (ebd. 345, vgl. auch 344). Damit bringt auch G. Bitter einen dynamischen Offenbarungsbegriff in die Diskussion, der auf den Menschen als Subjekt bezogen ist und im Grunde die oben dargestellte Rahnersche Sicht des Menschen als des positiv auf Gott hingerichteten Wesens („Hörer des Wortes") voraussetzt.

In diesem Zusammenhang ist die Frage Michael Raskes wichtig, ob in der Korrelation die *gesellschaftskritische Intention* der vielfältigen biblischen Glaubenszeugnisse unverkürzt zum Zuge kommt" (Raske, in: Kat. Bl. 5/51, 346—350, hier 346). Bedeutet nicht die oben erörterte Notwendigkeit einer je subjektiven Aneignung der Glaubensüberlieferung im Korrelationsprozeß eben eine Individualisierung der Überlieferung und damit den Verlust ihres gesellschaftskritischen Potentials? Hier ist jedoch zu sehen, daß die im Korrelationsgeschehen vorausgesetzte Subjektivität grundsätzlich verschieden ist von jenem egoistischen Heilsindividualismus, der in dem Satz „Rette deine Seele" zum Ausdruck kam und gegen den Johann Baptist Metz 1968 in seiner „Politischen Theologie" zu Felde gezogen ist (Metz, 1968). In der Korrelationsdidaktik geht es nicht darum, daß der einzelne je für sich, vielleicht sogar konkurrierend zum anderen, verbissen an seinem Heil arbeitet, sondern darum, daß er als Subjekt im Sinne eines freien Gesprächspartners in einen offenen und schöpferischen Dialog mit Überlieferung tritt und sich in diesem Dialog ebenso konstitutiv mit anderen austauscht. Es realisiert sich so in der Korrelationsdidaktik jenes „solidarische Subjektwerden" der Menschen vor dem biblisch überlieferten Gott, es verwirklichen sich jene „subjektkonstituierenden" und „identitätsbildenden" Elemente jüdisch-christlicher Tradition, es ereignet sich jener „Kampf um das Subjekt", den J. B. Metz als das Hauptanliegen einer „Praktischen Fundamentaltheologie als Politischer Theologie des Subjekts" beschreibt (Metz, 1977, 57 ff.). Korrelationsdidaktik, sofern sie nicht „eine in sich feststehende ausformulierte *Lehre* zu Lebenserfahrungen in Beziehung bringt" (Raske, 346), sondern jene Glaubenssymbole, in denen sich die biblische Befreiungs- und Erlösungsgeschichte des Volkes Israel und des Gottmenschen Jesus aus Nazareth verdichtet haben, dem Schüler zur freien, schöpferischen Aneignung aufbereitet, arbeitet konstitutiv an der Subjektwerdung des Menschen und kämpft dadurch in der Kraft des prophetischen und jesuanischen Lebensatems gegen alle Strömungen und Tendenzen, die den Menschen zum bloßen Objekt, sei es einer politischen Herrschaft, eines Konsummechanismus oder einer Leistungsideologie zu versklaven suchen.

Wichtig ist dabei freilich, daß alle Glaubenssymbole, die zur Korrelation angeboten werden, auf ihr Zentrum, den gekreuzigten Jesus als den lebendigen Messias, zurückbezogen bleiben. Denn kritisch befreiende Theologie ist stets eine Kreuzestheologie; erst der *Gekreuzigte* als lebendiger Messias ist jenes Ursymbol christlichen Glaubens, das eine jede Herrschaft des Menschen über Menschen, die diese zu Objekten versklavt und nicht selbst Subjekt sein läßt, von Grund auf kritisiert. Von diesem Gesichtspunkt geleitet, habe ich 1982 versucht, die christliche Lehrüberlieferung in ihren hauptsächlichen Zügen in einen Kosmos von Symbolen zurückzuübersetzen, der sein Zentrum im gekreuzigten Messias Jesus hat (Baudler, Einführung in symbolisch-erzählende Theologie. Der Messias Jesus als Zentrum der christlichen Glaubenssymbole, Paderborn 1982). Dieser Arbeit lag die Überzeugung zugrunde, die im folgenden Abschnitt näher entfaltet werden soll, daß nämlich Korrelationsdidaktik neben der Subjektivitäts-Regel noch einer „Symbol-Regel" bedarf, d. h., daß die Korrelate der Korrelationsdidaktik, wenn sie einander dialogisch frei lassen, und schöpferisch einander in Bewegung bringen sollen, immer als *Symbole* zueinander in Beziehung treten müssen.

Diese schon von Erich Feifel (wenn auch von ihm noch nicht ausdrücklich unter dem Gesichtspunkt einer Korrelationsdidaktik) artikulierte Einsicht wird neuerdings auch von Werner Simon weiter ausgeführt (Simon, bes. 338–430). Er bestimmt die „Inhalte religiösen Lehrens und Lernens als Symbole religiöser Erfahrung" und zeigt auf, daß einerseits die religiöse Erfahrung und andererseits die überlieferten christlichen Glaubensinhalte eine Symbolstruktur besitzen. Eine „Symboldidaktik" steht dann „vor der doppelten Aufgabe: einerseits den Sinn überkommener Symbole zu erschließen und für gegenwärtige Lebenssituationen fruchtbar werden zu lassen, andererseits den in gegenwärtigen Lebenssituationen erfahrenen Sinn zu erheben und so Gestalt gewinnen zu lassen, daß die übersituative Bedeutsamkeit dieser Erfahrungen und damit ihr Symbolwert sichtbar wird" (ebd. 392). Hier ist grundsätzlich, wenn auch noch ohne Berücksichtigung der Lernsituation (vgl. unten Kap. A. 3.) die „Symbol-Regel" der Korrelationsdidaktik artikuliert. Simon arbeitet dann „,Gestalten' christlich-motivierten Handelns", „Bekenntnissymbole" und „Riten als Symbolhandlungen" als Form christlicher Glaubenssymbole heraus und zeigt auf, wie diese die gegenwärtige menschliche Erfahrung gestalten können. Erich Feifel folgend sieht er dabei die zentrale Aufgabe in dem didaktischen Bemühen, gegenwärtige Erfahrung und überlieferte Glaubenssymbole einander so zuzuordnen, „daß menschliche Erfahrung zur Glaubenserfahrung wird" (ebd. 392, im Anschluß an Feifel). Damit aber ist, ebenso wie bei Feifel, die spezifische Lernsituation des schulischen Religionsunterrichts im Unterschied zur gemeindlichen Katechese außer acht gelassen. Es kommt darauf an, auf der Basis einer symbolisch verstandenen Glaubensüberlieferung religiöse Lernstrukturen zu bestimmen, die ihren Ort spezifisch in einer weltanschaulich *pluralen* und säkularisierten Lerngruppe haben und dementsprechend dem einzelnen Schüler in dieser Lerngruppe ein je eigenes schöpferisches Verstehen dieser Symbole (das auch bei deren Ablehnung gegeben sein kann) ermöglichen. Dieser Aufgabe stellt sich in besonderer Weise der vorliegende Band.

2. Zum Inhalt des Symbolbegriffs (Ex/Baudler)

Der im vorigen Abschnitt versuchte (gewiß fragmentarische) Überblick über die Geschichte und inhaltliche Entwicklung des Korrelationsbegriffs in der neueren Religionspädagogik hat ergeben, daß die „Frage der Fragen" der Korrelationsdidaktik (G. Lange) dann einer Lösung nähergebracht werden kann, wenn Korrelation als *wechselseitig* kritische Verflechtung von Glaubensüberlieferung und Lebenserfahrung nicht satzhafte und lehrhafte Aussagen mit „objektiven" Lebensfragen gegenwärtiger Menschen (im Grunde nach dem Frage-Antwort-Schema) in Verbindung bringt, sondern in Symbol und Figur verdichtete biblische Befreiungs- und Heilsgeschichte auf Symbole und Figuren gegenwärtigen Lebens bezieht (Weg von der Überlieferung zum Leben) oder gegenwärtige Sinn- und Lebensfiguren im Lichte jener überlieferten Typen und Symbole zu sehen versucht (Weg vom Leben zur Überlieferung). Das Symbol ist das konstitutive Medium der Korrelationsdidaktik. In welchem Sinne soll es dabei verwendet werden, durch welche Merkmale, Funktionen und Unterscheidungen ist es gekennzeichnet? Dieser Frage gelten die Ausführungen dieses Abschnitts.

Zur Etymologie und Geschichte des Begriffs „Symbol"

Der Begriff „Symbol" geht über das lateinische „symbolum" auf das griechische „sýmbolon" zurück. Diesem Substantiv „sýmbolon" und einer Fülle ihm verwandter Begriffe liegt das griechische Verb „symbállein" zugrunde, dessen drei Hauptbedeutungen:

1. vereinigen, das Getrennte zusammenbringen
2. mit jemandem zusammentreffen und
3. interpretieren, vergleichen

sind. — Daß die Griechen aus dem Verb „symbállein" ein Substantiv bildeten, ist bedeutungsvoll. Es beweist, daß man ein Wort benötigt, das der Träger eines Begriffs sein sollte, da die Umschreibung durch einen Satz aufgrund der häufigen Anwendung zu umständlich gewesen wäre (Schlesinger, 1967, 7—9).

So entstand das Substantiv „sýmbolon", das im ursprünglichen griechischen Wortsinn ein Erkennungszeichen bedeutet, das eine innere Verpflichtung, einen Vertrag, eine bestimmte Weise der

Begegnung und Gemeinschaft enthält, darstellt und aktualisiert. Diese Wortwahl stützt sich auf einen im ganzen Altertum üblichen Brauch: Unter Freunden, Geschäftsteilhabern usw. war es bei einer Trennung auf ungewisse Zeit Sitte, irgendeinen Gegenstand, z. B. eine Spielmarke (Astragolon), einen Ring, ein Täfelchen oder ähnliches in zwei Hälften zu brechen, von denen jeder Partner eine an sich nahm, um sich später wiederzuerkennen — einen Boten auszuweisen oder auch, um nach vielen Jahren an den nahtlos zueinander passenden Bruchflächen die Verbundenheit mit den Vorfahren zu beweisen (Wisse, 1963, 3–8). Es ist jedoch wichtig zu beachten, daß bei dieser Handlung nicht der Akt des Zusammenfügens als Symbolon bezeichnet wurde. Notwendig war die vorhergegangene Verabredung der Freunde, daß diese an sich unbedeutende Scheibe ein Ausweis, ein Symbol für ihre Gastfreundschaft sein sollte. Erst durch die gegenseitige Gabe wurden in der jeweils dem Freund sichtbaren Ringhälfte die Gefühle der Freundschaft und Geborgenheit zu dem vielleicht tausend Kilometer weit entfernten anderen Menschen ganzheitlich erfahren und gegenwärtig gemacht. So wie die beiden Ringhälften sich nahtlos zusammenfügen lassen und eigentlich zusammengehörten (vgl. griech. symbállein: zusammenfügen), so fühlt der Betrachter der Ringhälfte sich dem Freund zugehörig und nahe.

Aus dieser ursprünglichen Bedeutung von Symbolon als Zeichen für einen gemeinten, meist geistigen Sachverhalt, leiteten sich noch andere Sinngehalte her. Ebenfalls in die Zeit des klassischen Altertums fällt die Benutzung des abgeleiteten „Symbola" im Sinne von Quittung, Soldmarke, auch taucht es bereits in der Fachsprache der Mathematiker und Juristen auf.

Eine eigene Bedeutung hat das Symbolon in der Sprachtheorie des Aristoteles. Er bezeichnet nicht nur die Sprache als Ganzes, sondern auch die einzelnen Worte als Symbola, die erst durch willkürliche Bedeutungszuweisungen Geltung bekommen. Diese Symbol-Zeichen sind nur in Ausnahmefällen echte Symbola im ursprünglichen Sinn, also nur dann, wenn sie als sinnlich-erfahrbare Dinge für andere, nicht gegenwärtig und doch erfahrbare Wirklichkeit stehen (Wisse, 1963, 10).

Schon bald wurde das Zeichen, das zur Erkennung gedient hatte, als Anerkennung verwendet. So bezeichnete man später mit Symbolon alle Abzeichen, die die Mächtigen eines Reiches trugen und die ihre Macht repräsentierten. In der weiteren Entwicklung weitete sich der Begriff immer mehr aus; als Symbola wurden auch Unterpfande,

Ausweise, Steuerquittungen, chemische Zusammensetzungen u. a. bezeichnet.

In der frühen christlichen Kirche wird das Glaubensbekenntnis „Symbolum" genannt. Das Wort taucht im Konzil von Laodicaea im 4. Jahrhundert auf und wird als „Erkennungszeichen", an dem der wahre Glaube erkannt werden kann, verstanden; nicht aber als unveränderbare Glaubensregel (Camelod 1973, 192). Über diese Glaubensbekenntnisse (als Erkennungszeichen des Christen gegenüber Juden und Heiden) hinaus, wurde im religiösen Bereich unter Symbolum schon früh auch ein heilsmächtiges Zeichen verstanden, in dem das Göttliche gegenwärtig erfahren wurde. In allen Religionen auch noch der heutigen Zeit findet man eine ausgeprägte Symbolik, auch wenn sie oft nicht mehr verstanden und als sinnträchtig erfahren wird.

Im modernen Sprachgebrauch findet das Wort „Symbol" eine relativ häufige Verwendung. Dabei wird vieles, was irgendwie geheimnisvoll über sich hinausweist — und sei es auch nur scheinbar — mit „Symbol" bezeichnet. Auch im wissenschaftlichen Sprachgebrauch, wie z. B. in der Philosophie, den Naturwissenschaften, der Kunst, der Psychologie, der Soziologie usw. wird das Wort häufig verwendet. So versteht z. B. Cassirer (Cassirer, 1953, Bd. III) Symbole als Produkte des Geistigen, und alle Gebiete „geistiger Schöpfungen" werden zu „symbolischen Formen" des Geistes, wobei dann nicht mehr nach dem Sinn und der Bedeutung eines einzelnen Symbols gefragt werden könne. Für die Korrelationsdidaktik ist es wichtig, das allzuweite Bedeutungsspektrum des Wortes Symbol näher einzugrenzen und auf den aufgezeigten ursprünglichen Bedeutungsgehalt zurückzugehen.

Abgrenzung des Begriffs „Symbol" zu den angrenzenden Begriffen: Zeichen, Klischee, Bild — Sinnbild

Zeichen

Trotz der Bemühungen der zeitgenössischen Philosophie, Klarheit in der Verwendung des Symbolbegriffs zu gewinnen, liegen die Ansichten noch weit auseinander. Die Mehrzahl der Fachleute stimmt jedoch darin überein, daß z. B. zwischen Zeichen und Symbol unterschieden werden muß; doch die Meinungen, worin die einzelnen Unterschiede liegen, sind gegensätzlich. Der Absicht dieser Arbeit kommt die Symbolbestimmung durch Paul Tillich

entgegen. In seiner Sicht haben „Symbole mit Zeichen ein wesentliches Merkmal gemeinsam: sie weisen auf etwas hin, was außerhalb
ihrer selbst liegt" (Tillich, Bd. VIII, 139). Doch sind Zeichen eindeu-
tige Verweise, Produkte von Vereinbarungen, die willkürlich abän-
derbar und ersetzbar sind. Zeichen haben im Gegensatz zu Symbolen keinen Anteil an dem, worauf sie hinweisen. Die rote Verkehrs-
ampel weist ohne innere Beziehung und ohne Anteilnahme am
Geschehen eindeutig auf etwas hin: „Anhalten!". Da dies eine auf
bloßes äußeres Verhalten zielende willkürliche, menschliche Übereinkunft ist, kann diese grundsätzlich jederzeit abgeändert werden.
Anders steht es mit Symbolen. Symbole partizipieren am Symbolisierten, haben einen gewachsenen, lebendigen, aus sich heraus
sprechenden Eigenwert und sind deshalb nicht beliebig austauschbar
(Beispiel: Wasser bei der Taufe). Man könnte also sagen, daß Symbole geboren werden und sterben, während Zeichen eingeführt und
wieder entfernt werden können. Das Verhältnis zwischen Zeichen
und Bezeichnetem ist enger, eindeutiger, gefühlsmäßig neutral und
genau abgrenzbar. Zeichen sind in ihrer Verweisfunktion starr.
Da jedoch z. B. die Mathematiker den Ausdruck „Symbol" für das
mathematische Zeichen verwandt haben und dadurch die Klärung
der Begriffe sehr erschwert haben, sollte man diesen logischen
„Symbolen" zumindest ein Beiwort geben, und sie z. B. „diskursive
Symbole" nennen, wie es der Philosoph John Randall vorschlug
(Tillich, Bd. V, 237).

Klischee

Mit der Abgrenzung des Klischees gegenüber dem Symbol haben
sich besonders Scharfenberg und Kämpfer befaßt (Scharfenberg
u. a., 1980, 61—80). Sie sprechen von einer für die psychische und
physische menschliche Gesundheit notwendigen symbolischen
Kommunikation, wenn der Mensch fähig ist, sich selbst in anderen
und anderem wiederzufinden und dieses Gegenüber als Symbol zu
erfahren. Kann der Mensch sich aber von diesem Symbol nicht
mehr distanzieren, nicht mehr spielerisch mit ihm umgehen und es
somit verändern, erstarrt es zum Klischee. Es besteht zwar die
Möglichkeit, dieses aus einem Symbol entstandene Klischee zu
resymbolisieren, jedoch nur, indem der entstandene neurotische
Kommunikationsprozeß wieder in eine symbolische Interaktion
verwandelt wird.
Auch Symbole der Tradition können zu Klischees werden, was sich
daran zeigt, daß durch sie Freiheit verhindert und Zukunft ver-

schlossen wird; beim Symbol wäre das genaue Gegenteil der Fall. Da
das Klischee nicht aus sich selbst heraus spricht, kommt es zu einem,
zwar emotional besetzten, jedoch vom Menschen unverstandenen,
ritualisierenden und routinehaften Umgang mit ihm. Kirchliche
Trauungs- oder Beerdigungsriten werden beispielsweise heute von
vielen Menschen klischeehaft verwendet. Man hat das „dunkle
Gefühl", solche Lebensumbrüche mit „etwas Religiösem" umhüllen
zu müssen, ohne den Zusammenhang der Worte und symbolischen
Handlungen mit dem Geschehen plausibel zu sehen und innerlich
mitzuvollziehen. Es wird ein Ritus übergestülpt.
Dem Menschen Sinn bringende, Gegenwart erschließende und
Zukunft stiftende Funktion kann so das Klischee im Gegensatz zum
Symbol nicht übernehmen.

Bild — Sinnbild

Ein Bild kann zum Symbol werden, ist es aber nicht aus sich selbst
heraus, denn dazu fehlt ihm die dem Symbol wesenseigene Kraft,
eine nicht sinnlich gegenwärtige aber erfahrbare Wirklichkeit
auszudrücken. Die einfachste Art des Bildes, das Abbild, stellt doch
nur verkleinert das vor, was es selber ist, gerade wenn es eine getreue
Abbildung des Urbildes ist. Sollte es zum Symbol werden, müßte
eine Gemeinschaft von Menschen in ihm etwas anderes, als es selbst
unmittelbar vorstellt, erleben, auf das es verweist und das es erfahrbar macht. Das Bild spricht jedoch durch seine große Anschaulichkeit den ganzen Menschen an, wodurch es sich dem Symbol stark
nähert (Wisse, 1963, 32).
Häufig, besonders in der Umgangssprache, wird das Symbol mit
dem „Vorbild" verbunden. Doch auch hier trifft eine allgemeine
Gleichsetzung nicht zu. Ein großer Mensch, dessen Leben auch
nach seinem Tod noch von der Nachwelt als beispielhaft empfunden
wird, ist darum noch kein Symbol, sondern eben Vorbild oder
Beispiel; er kann jedoch zum Symbol werden, wenn sich in ihm und
in seinem Leben eine tiefere Wirklichkeit enthüllt und erfahrbar
macht, die ihn und seine konkrete Lebensgestalt überschreitet.
Schwieriger und umstrittener ist die Frage nach dem Verhältnis von
Symbol und „Sinnbild". Mit „Sinnbild" wird das Symbol häufig im
Deutschen übersetzt. Doch Wisse weist auf die Unterschiede hin.
Während sich das Symbol mehr an das Emotionale im Menschen
wendet, sei das Sinnbild stärker auf das Rationale und Intellektuelle
hingerichtet. Das Sinnbild muß erst rational als solches erkannt
werden, bevor es zur Erkenntnis des Versinnbildeten kommt. Beim

Symbol erfolgt diese Rationalisierung nicht; im unmittelbaren Erleben des Symbols wird zugleich das Symbolisierte erfahren (Wisse, 1963, 33–35).

Das hier Gemeinte und die Gegenposition zu anderen Fachleuten läßt sich am Beispiel der Nationalfahne gut verdeutlichen: Die

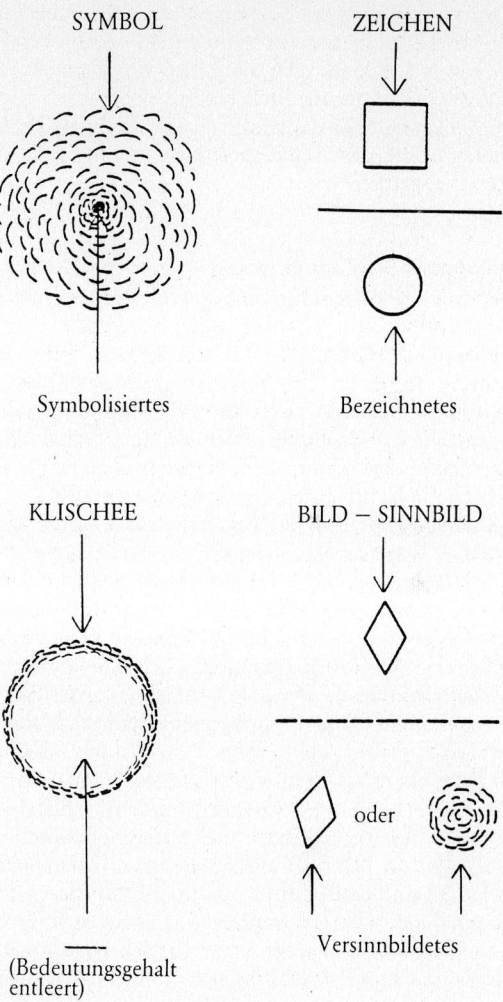

SYMBOL   ZEICHEN

Symbolisiertes   Bezeichnetes

KLISCHEE   BILD – SINNBILD

oder

(Bedeutungsgehalt entleert)   Versinnbildetes

Deutschlandflagge (Farbstreifen: schwarz − rot − gold) ist durch
Übereinkunft entstanden und muß zunächst rational erlernt und
erkannt werden, bevor das Versinnbildete (der Staat und die Nation
Deutschland und seine Entwicklung seit 1848) für die Emotion *oder*
nur für den Verstand deutlich wird. Nach Wisse wären deshalb z. B.
Flaggen als Sinnbilder zu bezeichnen. Tillich dagegen operiert mit
einem weiteren Symbolbegriff. Er bemerkt zwar die Schwierigkeiten,
zieht aber keine Konsequenzen in Form einer begrifflichen Differen-
zierung. So sagt er: „Alle übrigen Symbole stehen . . . für etwas, das
außer der ideellen Bedeutung auch eine unsymbolisch-gegenständ-
liche Existenz hat; so etwa die Fahne . . ." (Tillich, Bd. 5, 197).
Das Gesagte soll durch die vorangegangene graphische Darstellung
zusammengefaßt werden.

Wesensmerkmale des Symbols
(unter besonderer Berücksichtigung des religiösen Symbols)

Um die ursprüngliche Genauigkeit des Begriffs des Symbols wieder
herzustellen, unterscheidet Tillich in Anlehnung an den Philoso-
phen John Randall zwischen „diskursiven" (siehe unter „Zeichen")
und „repräsentativen" Symbolen. Diese letzteren sind für ihn die
„echten" Symbole, er schreibt ihnen verschiedene konstitutive
Merkmale zu (Tillich, Bd. 5, 187−244; VIII, 139−144).
Das erste und fundamentale Merkmal ist die *Uneigentlichkeit*, die
Eigenschaft, über sich hinauszuweisen. Dabei weist es nicht nur über
sich selbst, sondern auch über alles gegenständlich und empirisch
Feststellbare hinaus und bewirkt, indem es so auf Transzendenz
hinweist, den religiösen Erschließungscharakter des Symbols. Das
Entscheidende am Symbol ist also nicht es selbst, sondern das, was
es symbolisiert, also das im Symbol Gemeinte. Verliert das Symbol
seinen Verweischarakter, indem es mit dem Symbolisierten nahtlos
identifiziert wird, so entsteht nach Paul Tillich Götzendienst,
Idolatrie. Scharfenberg und Kämpfer sprechen dann von Klischee-
bildung (siehe unter „Klischee"). Symbol und Symbolisiertes müssen
also klar voneinander unterschieden − aber nicht getrennt − werden.
Die *Anschaulichkeit* ist das zweite Wesensmerkmal der Symbole. Es
besteht darin, daß im Symbol durch sinnlich Erfahrbares Dimensionen der Wirklichkeit eröffnet werden, die sonst verschlossen bleiben, da sie in ihrem Wesen nicht sinnlich erfahrbar sind. Dies sind
Tiefendimensionen unseres eigenen Seins, alles das, was den Men-

schen ausmacht, seine Bedeutung, Existenz, seine Ziele, also alles, was ihn „unbedingt angeht".

In besonderem Maße gilt diese Eröffnungsfunktion im religiösen Bereich. Wo es um die Beziehung des Menschen zu Gott geht, zum Transzendent-Unbedingten, sind wir — nach Tillich — ausschließlich und unersetzbar auf Symbole angewiesen. Symbole übernehmen eine Brückenfunktion, sie werden für uns zum Weg vom Bedingten zum Unbedingten. Sie ermöglichen uns das Hindurchblicken durch das Vordergründig-Konkrete. Die so gemachten Erfahrungen, in denen das Ganze des menschlichen Lebens in verdichteter Form plötzlich anschaubar wird, lassen sich durch keinen anderen Weg ermöglichen.

Bedenkt man dies, so wird die Absurdität des Ausspruchs: „Dies ist ja *nur* ein Symbol!" bewußt und zugleich erkennt man, daß ein diskursives Sprechen weniger geeignet ist, Ganzheitserfahrungen auszudrücken und zu erfassen als ein symbolisches Sprechen. Dabei kann alles, Gegenstände aller Art, aber auch Texte, Ideen, Musikstücke, Worte, Tiere, Menschen und Pflanzen zu einem Symbol werden, sobald durch diese Wirklichkeit sonst verborgene Züge des Seins und Lebens offenbar werden.

Ein weiteres Wesenselement der Symbole ist ihre *Selbstmächtigkeit*. Sie bezeichnet die dem Symbol typische Macht und Kraft, von sich selbst her sprechen zu können. Es hat einen gewachsenen, lebendigen, nicht *er*-fundenen sondern *ge*-fundenen Kern und kann deshalb auch nicht wie das Zeichen willkürlich ausgetauscht werden: es trägt eine gewisse Notwendigkeit in sich. Symbole kann man nicht beliebig „machen" und produzieren.

Dies hängt mit ihrer Entstehung und Verankerung im Unbewußten (das bekanntlich nicht durch Verstand und Wille manipulierbar ist) des oder der Menschen zusammen, in dem Empfindungen, Erfahrungen, Interaktionen usw. sich in einer bestimmten sinnlich erfahrbaren Wirklichkeit verdichten und in dieser immer wieder neu erfahren werden. Diese „Findung" eines Symbols kann dadurch geschehen, daß mehrere Menschen bei der Begegnung mit der symbolträchtigen Wirklichkeit in ähnlicher Weise eine tiefere Dimension ihres Seins und Lebens erfahren. Doch kann ein Symbol auch durch einen einzelnen entstehen, z. B. durch einen Künstler oder einen Propheten, und dann von einer Gemeinschaft übernommen werden.

Das Symbol stirbt oder erstarrt zum unverständlichen, leeren Klischee, wenn diese innere Beziehung zwischen Mensch und

Symbol oder zwischen Symbolträger und Symbolisiertem aufhört,
seine Wirkung verliert oder wenn die Wirklichkeit, in der es entstand, nicht mehr existiert. Das Symbol vermag dann nichts mehr
auszusagen. Es gibt demzufolge keine Symbole an sich, sondern
immer nur in der Beziehung zum Erleben und Erfahren des Menschen.

Wie ausdrucksstark und lebendig ein Symbol für den Menschen ist,
entscheidet die *Angemessenheit* oder die „Güte" des symbolischen
Materials für das im Symbol Gemeinte. Man kann also in der
Qualität, in der Wertigkeit, eine Hierarchie von Symbolen unterscheiden. Diese ist jedoch nicht starr und unveränderlich; vielmehr
ändert sich die Bewertung verschiedener Symbole durch den einzelnen Menschen oder durch Gemeinschaften (z. B. religiöser Art) im
Laufe der Zeit. Außer der Angemessenheit hat auch die *„Authentizität"* Einfluß auf die Selbstmächtigkeit des Symbols. Ist das Symbol
fähig, eine lebendige Erfahrung auszudrücken und intensiv zu
vermitteln, so bezeichnet man es als authentisch. Nur der Verlust
dieser Erfahrungsgrundlage, nicht aber empirische Kritik oder
Willkür, können das Symbol unwirksam machen.

Die Authentizität und Angemessenheit sind somit Kriterien für die
„Wahrheit" von Symbolen. Je wahrer ein Symbol ist, um so mehr
widersteht es der Verabsolutierung, der wörtlichen Interpretation
und Idolatrie und um so lebendiger ist seine Ausdrucksstärke.

Ein weiteres Merkmal der Symbole ist ihre Gemeinschaftsbedingt-
heit, von Tillich wird sie *Anerkanntheit* genannt. Wie bereits erwähnt, entsteht ein Symbol dadurch, daß ein Mensch in einem
anschaulichen Phänomen oder in einem sinnlichen Sachverhalt
einen angemessenen Ausdruck für das erlebte Transzendente erfährt.
Andere Menschen erkennen dieses aufgrund ähnlicher Erfahrungen
an, und durch diese Anerkennung wird das gegenständliche oder
sinnliche Objekt zum Symbol. So ist das Symbol zugleich Resultat
von Sozialakten, als auch die Bedingung für die Möglichkeit von
Interaktionen (Scharfenberg u. a., 1980, 100).

Diese Anerkanntheit der Symbole, ihr soziales Eingebettetsein, wird
auch dadurch erleichtert, daß sie in sich selbst einsichtig sind. Das
Symbol hängt ja mit dem Symbolisierten zusammen, es benötigt
zum Verständnis nicht wie das Zeichen einen rationalen Aufweis.
Jedes repräsentative Symbol partizipiert an der Wirklichkeit, auf die
es hinweist, auf zwei verschiedene Weisen: einerseits, sofern die
Wirklichkeiten des Symbols und des Symbolisierten verwandt sind

und andererseits sofern durch das Symbol das Symbolisierte erfahrbar wird.

Ob Tillich in bezug auf das religiöse Symbol eine wirkliche seinshafte Teilnahme am Symbolisierten meint, womit das Symbol selbst zum Göttlichen würde, oder ob er nur die logische Partizipation an der Bedeutung des Symbolisierten ausdrücken wollte, ist nicht eindeutig feststellbar (Wisse, 1963, 167–170).

Aus dem bisher Gesagten ergibt sich, wie wesentlich das Symbol es mit unserem Menschsein zu tun hat. Man hat es mit Recht ein „Urwort des Menschen" genannt. Lange bevor es Schriftzeichen gab, äußerte sich menschliches Denken schon in Symbolen, die gemeißelt in Stein für uns noch heute zugänglich sind. Und auch heute noch führt uns das symbolische Sehen dort weiter, wo Verstand und planvolles Gestalten versagt oder fragwürdig wird. Deshalb möchte ich abschließen mit jener Einsicht Goethes, der schon erkannt hatte, daß sich das Wahre, mit dem Göttlichen identisch, niemals von uns direkt erkennen läßt; wir schauen es nur im Abglanz, im Symbol, wir werden es gewahr als unbegreifliches Leben und können doch dem Wunsche nicht entsagen, es zu begreifen.

Funktionen des Symbols
(unter besonderer Berücksichtigung des religiösen Symbols)

Bei der Darstellung der Wesensmerkmale wurden bereits einige Symbolfunktionen deutlich. Die wohl wichtigste Funktion ergibt sich aus dem Wesensmerkmal der Anschaulichkeit: Symbole eröffnen Wirklichkeitsschichten, die sonst verborgen sind und auf keine andere Weise sichtbar gemacht werden können. Man könnte dies „Brückenfunktion" oder „Erkenntnisfunktion" nennen.

So ist es verständlich, wenn Tillich sagt: „Glaube als der Zustand des Ergriffenseins von dem, was unbedingt angeht, kennt keine andere Sprache als die des Symbols" (Tillich, VIII, 142).

Durch diese Funktion wird aber auch ihr ambivalenter Charakter deutlich, denn die Erschließung von Tiefendimensionen kann sowohl eine stabilisierende, integrierende und heilende Kraft hervorrufen, aber auch Depressionen, Angst und Fanatismus erzeugen. Politische Symbole, z. B. das des „Führers", und religiöse Symbole, wie das eines Moloch-artigen Gottes (Das Unheil, das ein solches Gottesbild anrichten kann, wird von Tilman Moser [Moser, 1976] drastisch beschrieben) zeigen, daß man die Macht der Symbole auch hinsichtlich ihrer schädlichen Wirkung nicht überschätzen darf. Doch diese mögliche Gefahr darf die Menschen nicht dazu verleiten, ohne Symbole auskommen zu wollen. Denn, wie ich bereits erläuterte, entstehen die Symbole im Unbewußten des Menschen. Würde man versuchen, diese Ausdrücke des Unbewußten zu verdrängen, wäre der Individuationsprozeß des Menschen, das Finden seines individuellen Selbst, unmöglich gemacht, da hierzu eine Vermittlung und gegenseitige Ergänzung von Unbewußtem und Bewußtem notwendig ist (Jung, [13]1981, 149 f.). Erfahrungen mit Symbolen machen bedeutet, ganzheitlich in diesen Erfahrungen den Alltag, die Gegenwart und Vergangenheit zu transzendieren und zugleich eine zukunftsstiftende und antriebgebende Kraft mit allen menschlichen Sinnen zu verspüren (Ricoeur, 1971, 396).

Symbole vermitteln also nicht Lehren, sondern Sinnmöglichkeiten, indem das „Ganze" in ein Symbol integriert wird, die Vielfalt auf eine einzige Situation zurückgeführt und dadurch zugleich transparent gemacht wird. Was die Logotherapie V. E. Frankls (Fabry, [2]1980) das „existentielle Vakuum" nennt, die innere Leere des Menschen, wird durch solches Symbolerleben gefüllt und dadurch werden existentielle Heilungskräfte im Menschen freigesetzt. Besonders im religiösen Symbol kann der Sinn für das Ganze, das Verbindende der Lebensbereiche verdichtet werden. Dadurch findet der Mensch gleicherweise einerseits innere Geborgenheit und Ruhe, wie er sich andererseits zu Freiheit und verantwortlichem Tun motiviert fühlt.

Diese Orientierungs- und Erschließungsfunktion kann das Symbol jedoch nur leisten, wenn es zu einem sprachlichen Austausch über das Symbolisierte kommt. Situation und Symbol drängen zur Sprache, zum Erfahrungsaustausch in der Kommunikation mit anderen. Kommt es nicht zu einem Austausch des im Symbol Erfahrenen, so ist die Gefahr groß, daß dieses zum Klischee erstarrt; kommt es nicht zu einem Umgang mit Symbolen, so ist die psychische und physische Gesundheit des Menschen gefährdet. Es kommt zu Verdrängungen, zur Entfremdung, schließlich zu Neurosen. Scharfenberg und Kämpfer (Scharfenberg u. a., 1980) haben dies an Fallbeispielen deutlich gemacht, dabei auch aufgezeigt, daß Glaubenssymbole aufgrund ihrer integrativen Kraft fähig sind, menschliche Grundambivalenzen aufzuheben, Grundstrukturen auszudrükken, Konflikte bewußt zu machen, sie zu bearbeiten und zu lösen. Zu diesem Ziel führt nur eine aktive Auseinandersetzung mit

Symbolen, weder passiv konsumierte Therapien, noch rein kognitiv aufgenommene Glaubenswahrheiten und religiöse Überzeugungen. Symbole können nicht wie Tabletten von außen verabreicht werden. Sie müssen in der Kommunikation mit Welt und Menschen *gefunden* und verinnerlicht werden. Dabei geschieht eine Art „disclosure", eine Erfahrung, bei der es „wie Schuppen von den Augen fällt" und sich der einende Hintergrund der Dingwelt erschließt (Der Begriff „disclosure" — Enthüllungserfahrung — stammt aus dem Hauptwerk des anglikanischen Sprachtheologen I. T. Ramsey, Religious Language [2]1963). Um solchem Sinnerleben Dauer zu verleihen, muß das einzelne Symbol (z. B. ein Baum, der als Symbol von Bergung und Stärke erfahren wird) in eine offene, bewußte, von einem Integrationszentrum gehaltene Symbol*welt* eingebettet sein (vgl. Baudler, 1982, 70—84). Die Notwendigkeit einer solchen individuellen, bewußten Symbolwelt mit einem Integrationszentrum, in dem sich wiederum alle Symbole in einem zentralen und tragenden „Kernsymbol" verdichten, ist bisher weitgehend übersehen worden. Bei einem Menschen, der sich als Christ versteht, wäre dieses Symbolzentrum der gekreuzigte und als Messias lebendige Jesus aus Nazareth als Inbegriff menschlich-göttlichen Heils und menschlicher Vollkommenheit: das Ursakrament des Glaubens (vgl. 2. Teil des Buches).

Zwei Grundtypen des religiösen Symbols: Gegenstands- und Handlungssymbole

Wie oben schon dargelegt, gibt es eine Vielzahl von Möglichkeiten, Symbole zu differenzieren und verschiedene Symbolarten zu unterscheiden.

Für die jüdisch-christliche Tradition ist besonders die Unterscheidung in *Gegenstands- und Natursymbole* einerseits und in *Handlungssymbole* andererseits wesentlich und grundlegend. Erst wenn der Unterschied zwischen diesen beiden Arten des religiösen Symbols bewußt ist, kann die Bedeutung der christlichen Symbole in ihrer Besonderheit erfaßt werden.

Menschen aller Zeiten, Rassen, Kulturen und Religionen haben bestimmte Naturelemente und Gegenstände (z. B. Feuer, Wasser, Berge, Steine, Bäume usw.) als Symbole für das Göttliche verstanden und verehrt. Angefangen von archaischen bis zu hochentwickelten Religionen erfuhren Menschen in diesen natürlichen, zur profanen

Welt gehörenden „Gegenständen" eine Macht, die sinnbildhaft ausdrückte, wonach sie sich zutiefst sehnten und worin sie ihren Lebenssinn spürten. Diese Transzendenzerfahrungen entstanden durch den täglichen Umgang wie durch meditative Anschauung dieser profanen und zugleich „ganz anderen" Gegenstände und wurden gefestigt im sozialen Austausch dieser Erfahrungen. Durch diese Naturelemente erfuhr der Mensch seine Verwiesenheit auf eine zunächst noch unbestimmbare Transzendenz. Aufgrund ihrer zeitlichen Unabhängigkeit und ihrer Universalität könnte man diese Symbole als „Ursymbole der Menschheit" bezeichnen. (vgl. H. Kirchhoff [Hg.], Ursymbole, 1982) Konstitutives Element dieser Gegenstandssymbole ist die mögliche Vergegenwärtigung des Göttlichen allein durch die *Anschauung* des Symbols.

Andere Gottessymbole, so z. B. das alttestamentliche Gottessymbol, sind nicht durch die *Anschauung* bestimmter Gegenstände erfahrbar, sondern allein durch das *Hören* und Nacherleben einer Geschichte, die von einer Handlung erzählt, in der sich das Göttliche offenbart. Wer verstehen will, wer „Jahwe" ist, darf kein Bild betrachten, sondern muß die Geschichte des Volkes Israel und das Wirken Jahwes in dieser menschlichen Geschichte zu sich sprechen lassen und verinnerlichen. Für einen Juden kann z. B. die Wüste als Naturelement nicht unmittelbar ein Symbol für Jahwe sein. Erst durch den erinnernden Nachvollzug der im AT beschriebenen Wüstenerfahrung des Volkes Israel (Aufbruch zur Freiheit in der Wüste, in der sich die Israeliten von Jahwe geführt, geborgen und motiviert fühlten) und der erfühlten Affinität dieses Lebensraums zu Jahwe, der „aus nichts" Welt und Leben erschafft, kann die Wüste sekundär religiöse und damit symbolische Bedeutung auch für Juden und Christen gewinnen.

Dieses Beispiel macht deutlich, daß die Geschichte es nicht vermag, ein archaisches Symbol von Grund auf umzuwandeln; sie fügt statt dessen dauernd neue Bedeutungen hinzu; doch diese zerstören nicht die Struktur des ursprünglichen Gegenstandssymbols. Vielmehr wird das Natur- und Gegenstandssymbol in das Handlungssymbol (z. B. die Befreiung der Mosessippe aus Ägypten und die Wüstenwanderung) eingefügt und vertieft dessen Symbolqualität. Da das Gegenstandssymbol eine eigene Macht, eine Güte und Offenbarungsqualität besitzt, kann es im Zusammenhang mit einer geschichtlichen Handlung Träger einer sakralen Mächtigkeit werden (z. B. Wasser als konstitutives Element der Taufe in Zusammenhang mit dem Lebensbeginn oder der Entscheidung eines Menschen zum christlichen Glauben). Es besteht also eine sachlich notwendige, keine willkürliche, rein rationale oder bloß traditionelle Verbindung von Gegenstands- und Handlungssymbol. Deshalb können weder Gegenstands- noch Handlungssymbole „produziert" werden, sondern sind Ergebnisse geschichtlicher Entwicklungen.

Die Unterscheidung zwischen Natur- bzw. Gegenstandssymbolen und Handlungssymbolen bedingt, bezogen auf die Religiosität des Menschen, auch die Unterscheidung zwischen Natur- und Geschichtsreligion. So ist im Gegensatz zur Geschichtsreligion des Judentums z. B. der Hinduismus weitgehend eine Naturreligion. Hier werden die als göttliche Manifestationen erfahrenen „Gegenstände" (z. B. heilige Bäume und Tiere) nicht zu speziellen geschichtlichen Ereignissen und Handlungen in Beziehung gesetzt, die auf einen Gott als Lenker der Geschichte verweisen, sondern werden *in* der Natur- oder Gegenstandsform, in der sie vorgefunden werden, als göttlich verehrt.

Das Christentum ist ein Kind der jüdischen Geschichtsreligion. Der Gott Jesu, sein „abba", war der erzählte Jahwe des AT. Im gekreuzigten Jesus, der als lebendiger Messias erfahren wurde, ereignete sich eine neue , fortan nicht mehr zu übertreffende Offenbarung dieses Gottes. Entsprechend seiner Vorgeschichte im Judentum ist dieses christliche Gottessymbol — der am Kreuz hängende Jesus als Messias — kein Symbol, das wie Sonne und Wasser oder wie eine lichthafte Menschengestalt (z. B. Apollo) allein durch eine meditierende Anschauung zum Sprechen kommen und Gott offenbaren kann. Vielmehr muß, wer dieses paradoxe Gottessymbol verinnerlichen und verstehen will, zunächst die *Geschichte* vom Leben und der Botschaft dieses Menschen Jesus aus Nazareth hören; er muß nachempfinden, wie sich als *Konsequenz* dieses Lebens dieser Tod ergibt und gleichzeitig auch (in der Auferstehung) überwunden wird. Nur so kann der Mensch in dieser am Kreuz hängenden Elendsgestalt ein Gottessymbol erspüren, das in dieser seiner Paradoxie alle anderen Gottessymbole überbietet und überstrahlt.

Es bildet symboltheoretisch eine Art Grenzwert im Symbolerleben. Denn wo seine „Eigenmächtigkeit" erfahren wird (vgl. oben Kap. Wesensmerkmale des Symbols), wird unmittelbar das im Symbol Gemeinte, das Symbolisierte selbst, erfahren. Es hat keine Mächtigkeit, die „uneigentlich" wäre (vgl. das erstgenannte Wesensmerkmal der „Uneigentlichkeit") und von der ich abstrahieren müßte, um mich zum eigentlich Gemeinten verweisen zu lassen. Der Gekreuzigte ist ja als solcher — als „empirische Wirklichkeit" genommen,

Ausdruck absoluter Sinnlosigkeit, ja Sinnwidrigkeit. Wo jemandem *dennoch* Sinn und Tröstung, lebendig-leibhaftiges Leben, aus und in dieser Gestalt begegnen, erfährt er unmittelbar Gott selbst. Darum kann ein Thomas — nachdem er sich vergewissert hat, daß der Erscheinende der Gekreuzigte ist (Joh 20, 35: „Wenn ich an seinen Händen nicht die Nagelwunden sehe ...") — vor dieser Gestalt niederfallen und sagen „Mein Herr und mein Gott" (Joh 20, 28). Das Gottessymbol des Gekreuzigten kann nicht zum Götzenbild werden; in ihm erreicht die Partizipation des Symbols am Symbolisierten (vgl. oben: die Abgrenzung des Symbols zum „Zeichen") einen so hohen Grad, eben den Grenzwert, daß für die Praxis des Betens, Denkens und Fühlens Symbol und Symbolisiertes zusammenfallen: Der Gekreuzigte bringt, ohne aufzuhören, der Gekreuzigte zu sein (also „unvermischt", wie das Konzil von Chalzedon sagt) als Lebendiger die göttliche Wirklichkeit *völlig unverstellt, total transparent* („ungetrennt", „wesenseins", sagt Chalzedon, vgl. Neuner-Roos, Nr. 252, [10]1971) zur Erscheinung; er hat ja nichts Eigenes, kein eigenes Ansehen mehr, das die in ihm erscheinende göttliche Wirklichkeit verdunkeln könnte und von der ich deshalb im Symbolerleben abstrahieren müßte, um Gott zu erfahren.

Im Abschnitt über die Sakramente (Kap. C. 1.1) wird diese Eigenart des gekreuzigten und auferstandenen Jesus als des „Ursakraments" christlichen Glaubens noch weiter ausgeführt. Dabei wird auch deutlich werden, daß er vornehmlich nicht als Gegenstandssymbol, sondern als geschichtliches Handlungssymbol verstanden werden muß. Dementsprechend sind auch die auf ihn zurückweisenden Symbole in erster Linie Handlungssymbole, deren Symbolgehalte durch Gegenstandssymbole vertieft und im Ausdruck unterstützt werden. So ist z. B. das Gegenstandssymbol „Brot" integraler Teil des christlichen Handlungssymbols „Eucharistie" bzw. „Abendmahl", also einer Handlung des gemeinsamen Essens und Trinkens, die in einer bestimmten Form und „Figur" ausgeführt und vollzogen wird (vgl. vorne Kap. C. 1.2). Der Nachvollzug dieses Symbols gleitet ins Magische ab, wenn er nur das Brot als solches, nicht aber die mit dem Brot erfolgende (und erzählte) *Handlung* im Blick behält.

An den Beispielen „Wasser" und „Wind" soll im folgenden deutlich werden, daß sie als Gegenstandssymbole vielfältige und für das religiöse Empfinden wichtige Symbolgehalte beinhalten, jedoch ihre spezifisch christliche Symbolik erst dort gewinnen, wo sie Teil des geschichtlichen Handlungssymbols „Taufe" bzw. „Firmung" (im

Sinne eines begeisterten Aufbruchs, Neuanfangs in Richtung Gottesreich) werden. In dieser Integration von Natur- und Handlungssymbol besitzt das Christentum grundsätzlich die Fähigkeit, die religionsgeschichtliche Differenz zwischen Geschichts- und Naturreligion zu überwinden, indem, bedingt durch das Symbolzentrum des gekreuzigten Jesus und von ihm ausgehend das begeisternde Hören und hörende Vernehmen von Geschichte mit der meditierenden Anschauung und Internalisierung natürlicher symbolhaltiger Gegebenheiten verbunden werden kann.

Handlungssymbole entstehen in einer speziellen geschichtlichen Situation, in der Menschen in ihrem Handeln eine göttliche Wirklichkeit erfahren. Durch erzählerische und rituell-dramatische Wiederholung dieser kommunikativen Handlungen suchen die Menschen immer neu die geschehene Gotteserfahrung zu vergegenwärtigen und zu verinnerlichen. Aufgrund solcher Wiederholungen und der mit ihnen verbundenen religiösen Erfahrung gewinnen diese Vollzüge Symbolcharakter. Dadurch entsteht ein Gefühl der Zusammengehörigkeit; Vergangenheit und Tradition werden aktualisiert und Perspektiven für zukünftiges geschichtliches Handeln gewonnen.

Für den einzelnen Menschen stellt der Umgang mit Handlungssymbolen einen je neuen Anspruch des Göttlichen dar und gibt seinem Handeln neue Impulse. Sie beinhalten einen stärkeren Motivationscharakter (zum Aufbruch, zum Engagement usw.) als es bei der Internalisierung von Gegenstandssymbolen der Fall ist. Diesen Anspruch und diese Motivation verspürt jedoch nur der, der eine Verbindung zu der Ursprungsgeschichte dieses Symbols ziehen kann, denn diese gehört wesentlich und untrennbar (als deren geschichtlicher Kern) zu den christlichen Handlungssymbolen.

Hier wird auch deutlich, daß bei Handlungssymbolen grundsätzlich eine geringere Differenz zwischen Symbol und Symbolisiertem besteht als bei Natur- und Gegenstandssymbolen. Ein vorfindbarer Fels steht in einer größeren Differenz zum göttlichen (das sich hier in der Festigkeit und Unveränderlichkeit des Steins ausdrückt), als die Befreiung der versklavten Mosessippe aus Ägypten, die unmittelbar als „Geschenk der Stunde" und als Geschenk einer die Geschichte lenkenden Macht erfahren wird. Dieses deutlichere „Von-sich-aus-Sprechen" der Handlungssymbole, die dann sekundär zu ihrer Vertiefung Gegenstandssymbole in das Erinnerungsgeschehen integrieren (Wüste, ungesäuertes Brot usw.), verringert zugleich die Gefahr der Vergötzung im Umgang mit diesen Gegenstandssymbolen (wie umgekehrt die Einbeziehung von Gegenstandssymbolen die symbolische Bedeutungstiefe des je neu erzählten und vergegenwärtigten Geschehens offenhält).

Da jede im Symbol geoffenbarte Wahrheit auf subjektiven Erfahrungen beruht, und also nicht restlos als rational erkennbarer Sachverhalt objektiv „festgestellt" werden kann, bedeutet die dargestellte Unterscheidung und Charakterisierung von Gegenstands- und Handlungssymbolen keine objektive Höherbewertung des einen vor dem anderen. In beiden kann die absolute Wahrheit der göttlichen Wirklichkeit aufleuchten.

3. Korrelation und Symbol

Die Grundfrage der Korrelationsdidaktik, ob Glaubensüberlieferung als Offenbarung von der Lebenserfahrung aus kritisierbar ist, läßt sich nur dann bejahend lösen, wenn erstens diese Überlieferung nicht als satzhafter Lehrinhalt, sondern als symbolisch-figürlicher Sinngehalt in das Korrelationsgeschehen einbezogen wird und es zweitens auch auf dem Feld der Lebenserfahrung nicht primär um Fragen geht, die nur nach klugen Lösungsstrategien verlangen, sondern in denen die Sinnfrage, d. h. die Frage nach dem Ganzen meines Lebens und meiner Welt, mitschwingt, dieses Ganze also in der thematisierten Lebenserfahrung seinen symbolischen Ausdruck findet. Nur so ist Korrelation als subjektkonstituierender und also widerständig-freier Dialog möglich, in dem auch ein aus dem Subjekt kommendes und im Subjekt und seiner individuellen Lebenserfahrung begründetes „Nein" zu bestimmten Glaubenssymbolen (oder deren Aspekten) nicht die objektive Wahrheit (die *auch* im Glaubenssymbol enthalten ist) als solche in Frage stellt oder „leugnet".

Das Korrelationsgeschehen bietet nur sehr mittelbar und am Rande Raum für einen diskursiven Streit um abstrakte „objektive" Wahrheiten, wie er etwa innerhalb der Philosophie und Wissenschaftstheorie ausgefochten wird und dort auch äußerst wichtig ist. Eine Berührung mit christlicher Überlieferung, die aufgrund der Lernsituation (weltanschaulich plurale Lerngruppe, Schule für alle) notwendig eine gewisse Distanz einschließt und überhaupt erst einmal die grundsätzliche Sinnhaftigkeit, d. h. die *Sprachqualität* der Überlieferungsgehalte, erschließen soll, muß primär und zentral eine „symbolische Interaktion" mit diesen Inhalten anzielen, nicht deren „Diskussion". Korrelationsdidaktik ist Symboldidaktik.

Schon Günter Lange hat dies in seiner Zusammenfassung der Gespräche auf der Brixener Tagung zum Thema Korrelation gesehen. Die mit dem Stichwort der Korrelation gegebene Fragestellung, sagt er, lasse sich auf folgende Frage zurückführen: „Wie ernst darf der überkommene Glaube beim Eingehen auf die menschlichen Erfahrungen diese nehmen? *Wie weit darf er seine überlieferte satzhafte Form riskieren* im Einlassen auf neue Erfahrungen? („Zwischenbilanz zum Korrelationsprinzip", Kat. Bl. 2/80, 153; Hervorhebung von mir). Dabei antwortet auch Lange: „Daß er sie (diese Erfahrungen) ernstnehmen muß, steht nicht mehr zur Debatte" (ebd.); ich füge aufgrund der oben (Kap. A. 1) erörterten Rahnerschen Sicht des Menschen als eines „Hörers des Wortes" hinzu: Der Glaube darf und muß diese Erfahrungen so ernstnehmen wie sich selbst, weil sie, sofern sie im Subjekt gründen und in ihnen das Ganze des Lebens symbolisch zum Ausdruck kommt, vom selben göttlichen Lebensatem beseelt sind wie er, der Glaube selbst.

Das aber bedeutet, daß christlicher Glaube heute die in Jahrhunderten einer christlich homogenen Gesellschaft geprägten — und dort notwendig lehrhaften — Sätze und Aussagen in der neuen, weltanschaulich pluralen Lernsituation an den einzelnen und seine Lebenserfahrung freigeben kann und muß, wobei sie sich notwendig in andere Sprachformen übersetzen: nämlich in Formen symbolisch-figürlicher Rede, die der adäquate Ausdruck des Subjekts sind. Ich habe an anderer Stelle zu zeigen versucht, daß es sich bei einer solchen Übersetzung eigentlich um eine *Rückübersetzung* handelt, also um den Versuch einer Wiedergewinnung ihres ursprunghaften Sinns, sofern am Ursprung christlichen Glaubens die Selbstoffenbarung Gottes im gekreuzigten Jesus nicht in satzhaft-lehrhafter, sondern in symbolisch-figürlicher Weise geschah und zunächst assoziativ und erzählerisch aufgegriffen wurde (vgl. Baudler, 1982, bes. 32 ff., 85 ff., 117–258). Der Begriff der „Rückübersetzung" ist dabei von Biser (1980) in die gegenwärtige theologische Diskussion eingeführt worden. Biser bezeichnet mit diesem Begriff die Rückführung christlicher Überlieferung in jenen vorliterarischen Raum, in dem sie entstanden ist und in dem das lebendige Wort konkreter einzelner Menschen, nicht aber der schriftlich fixierte Lehrsatz und der schriftlich fixierte Bericht das Medium der Bildung und Weitergabe von Tradition war.

Resymbolisierung überlieferter Lehrgehalte als „Rückübersetzung" (E. Biser)

Auf einem theologischen Tag unter dem Thema „Wort und Schrift", zu dem Eugen Biser im Sommer 1983 nach Kehlen am Bodensee eingeladen hatte, wurden im interdisziplinären Gespräch zwischen Literaturwissenschaftlern und Linguisten einerseits und Exegeten, systematischen Theologen und Religionspädagogen andererseits die konstitutiven Unterschiede herausgearbeitet, die zwischen einer schriftlichen und einer mündlichen Aussage bestehen und auf die frühen Glaubensaussagen bezogen (eine Dokumentation der besonders auch unter religionspädagogischen Gesichtspunkten sehr wichtigen Tagung ist bisher leider noch nicht erschienen). Dabei ergab sich: Sprache, ursprünglich dialogisch strukturiert, vermittelt als Medium gemeinschaftlicher Orientierung dem Menschen Handlungsmuster und Sinnerlebnisse (G. Ickler, München). Diese Urfunktion menschlicher Sprache verlangt eigentlich das mündlich gesprochene Wort, das noch konstitutiv mit seinem Sprecher verbunden ist und in dem sich der Sprecher als Person dem Hörer mitteilt: das Wort ist hier noch unmittelbarer Ausdruck, Symbol, der Person. Nur als solches kann es auch therapeutische Wirkung haben (F. Schäfer, Heidelberg).

Dabei ist diese Individualität und Subjektivität des gesprochenen Wortes nicht ein Hindernis, sondern die Vorbedingung für die Bildung einer Traditions- und Rezeptionsgemeinschaft (Ickler). Diese entsteht, indem mehrere Subjekte in jenen subjektiven Ausdruck einstimmen, den eine Person vorartikuliert, wobei sie sich aber selbst ebenso als Subjekte äußern und den vorgegebenen Ausdruck entsprechend variieren; das vom Vorredner gesprochene Wort setzt nur den *eigenen* subjektiven Ausdruck, das eigene Sprachsymbol frei, leistet gleichsam „Geburtshilfe" für den eigenen Ausdruck und die eigene Äußerung der Person.

Im Zusammenklingen der Sprachsymbole und der in ihnen enthaltenen Handlungsmuster und Sinnerlebnisse entsteht im Urchristentum das gemeinsame „Symbolon", die gemeinsame Bekenntnisformel. Diese ist also von ihrer Entstehung her nicht ein objektiver Lehrsatz, der aufgrund genauer Beobachtung und logisch-schlüssiger Folgerung gewonnen wurde, sondern das Ergebnis einer geglückten symbolischen Interaktion. Es ist das gemeinsame Symbol, in dem sich die einzelnen symbolischen Sprechakte (mehr oder weniger) aufgehoben fühlen und in dem die Sprecher deshalb (immer auch in subjektiv abgestufter Identifikation), also in mehr oder weniger starker „Teilidentifikation") einen gemeinsamen Ausdruck ihres Denkens und Fühlens und der für sie geltenden Handlungsmuster und Sinnerlebnisse sehen können.

Wo solche Symbola dann schriftlich fixiert werden, besteht die Gefahr, daß sie als „objektive Wahrheiten", als Lehrsätze, fungieren, die unmittelbar — ohne die konstitutive Vermittlung der Subjekte und ihres Denkens und Fühlens — Wirklichkeit beschreiben und festhalten. Größere religiös homogene Gesellschaften und Institutionen können freilich nur auf eben diese Art entstehen und bestehen. Das Symbolum als persönlicher Ausdruck (Symbol) einer Person oder Personengruppe, wird dann zur „regula fidei", zur objektivierten Glaubensregel, die den Menschen dieser homogenen Gesellschaft vorge-*schrieben* wird und dadurch den Zusammenhalt und das Fortbestehen dieser Gesellschaft (immer auch mit Hilfe äußerer Macht) bewirkt.

Dies ist in Zeiten einer religiös homogenen Gesellschaft konstitutiv notwendig. Dort jedoch, wo sich die Gemeinschaft der Glaubenden nicht als die Basis einer konkreten politischen Gesellschaftsordnung versteht, sondern als eine der religiösen Gruppen innerhalb einer religiös pluralen Gesellschaft und als solche Gruppe mit anderen Gruppen in einen freien und frei lassenden Dialog eintreten will, gilt es, sich auf den Ursprung dieser Lehraussagen im Gottessymbol des gekreuzigten und auf neue Weise lebendigen Jesus zurückzubesinnen. Nicht zufällig hat das Zweite Vatikanische Konzil die Notwendigkeit dieser Rückbesinnung auf das „Glaubensfundament" gerade in jenem Dokument festgestellt, in dem es um das Gespräch mit Andersgläubigen geht: nämlich im Ökumenismusdekret (Art. 11, Rahner/Vorgrimler, Kleines Konzilskompendium, 1968, 240). Für diese religiös plurale Gesprächssituation, die sich ähnlich im Religionsunterricht findet, hat das Konzil daran erinnert, „daß es eine Rangordnung oder ‚Hierarchie' der Wahrheiten gibt, je nach der verschiedenen Art ihres Zusammenhanges mit dem Fundament des christlichen Glaubens" (ebd.). Dies ist nach Rahner/Vorgrimler „eine der wirklichen Großtaten des Konzils" (ebd. Einleitung, 22). Es erinnert die Christenheit daran, daß die „Wahrheiten der katholischen Lehre" nicht je für sich bestehen, sondern aus ihrem Zusammenhang mit dem „Christusmysterium" heraus verstanden werden müssen.

Sie sind Entfaltungen dieses Mysteriums, das als solches Symbolqualität besitzt: Denn dieses „Mysterium Gottes", wie Paulus schreibt (Kol 2,2) ist ein „sacramentum"; so übersetzt die „Itala", die älteste lateinische Bibelübersetzung, das Wort: ein Symbol, das Gott erschließt. Als solches wird es zuerst auch in Symbolen (Vater, Sohn, „Wind" [pneuma]) und Symbolhandlungen (Untertauchen in Wasser, „Brotbrechen in den Häusern") entfaltet und mit dem Leben verbunden.

Erst in späterer Zeit, besonders in den Zeiten einer das Abendland umspannenden christlich-homogenen Gesellschaft, erfolgt diese Auslegung in lehrhaften Sätzen und Traktaten, die schließlich, besonders durch Thomas von Aquin, in ein logisch schlüssiges und in sich widerspruchsfreies Lehrgebäude zusammengefügt wurden.

Verfolgt man jedoch das in diesen Traktaten Gesagte auf seine Wurzeln und Ursprünge im neutestamentlichen und frühkirchlichen Entstehungsraum, wird ein für das menschliche Denken, Leben und Handeln konstitutiver Symbolgehalt deutlich, der diese Lehrtraktate mit dem Glaubensfundament, der Jesusgestalt, verbindet. Diese in der weltanschaulich pluralen Gesprächssituation notwendige Rückführung ausdifferenzierter Lehrtraktate auf ihren symbolischen Grundgehalt ist notwendig, damit diese Überlieferungsgehalte in ein Korrelationsgeschehen der oben beschriebenen Art eingebracht werden können.

Ich halte als katholischer Theologe und Religionspädagoge (im Unterschied zu vielen meiner evangelischen Kollegen) auch die Einbeziehung dieser Lehrtraditionen neben der Bibel für notwendig, weil in ihren Gehalten, wenn sie auf ihren durchwegs sehr einfachen Symbolgehalt zurückgeführt sind, das Glaubensfundament noch wesentlich kompakter, überschaubarer, „systematischer" und damit leichter auf gegenwärtiges Leben übertragbar, ausgelegt ist als in den oft allzu vielfältigen Sinn-Figuren der biblischen Texte. In dem Band „Einführung in symbolisch-erzählende Theologie" (1982) habe ich im Hauptteil des Buches unter der Überschrift „Vom theologischen Traktat zum Symbolgeflecht" eine solche Rückführung der wichtigsten katholischen Lehrtraditionen auf ihre symbolischen Gehalte versucht (S. 117–258); weiter unten, in der Darlegung des sakramentendidaktischen Strukturgitters (Kap. C. 2.3) gebe ich Hinweise, wie damit korrelativ im Religionsunterricht gearbeitet werden kann.

**Beispiele resymbolisierter Glaubensgehalte
(aus den Beispielen durchgeführten Unterrichts
in Kap. B. 3. und C. 3.)**

An einigen Beispielen aus den unten beschriebenen Unterrichtsprojekten soll die für das Korrelationsgeschehen notwendige symbolische Fassung überlieferter (hier biblischer) Glaubensgehalte veranschaulicht werden. Dabei ist es wichtig, sich an die oben erarbeiteten Wesensmerkmale und Funktionen des Symbols zu erinnern: an die Merkmale der Uneigentlichkeit, Anschaulichkeit, an ihre Anerkanntheit und ihre in Angemessenheit und Authentizität zum Ausdruck kommende „Selbstmächtigkeit", sowie an die durch diese Merkmale bedingte wesentliche „Brückenfunktion", die dem Symbol zukommt (vgl. oben Kap. A. 2.).

Die Taufe Jesu am Jordan, um das Unterrichtsprojekt „Geisterfahrung durch das Symbol Wasser" (Kap. B. 3.1) aufzugreifen, hat innerhalb der synoptischen Evangelien „eigentlich" die Funktion, den Anfang des Wirkens Jesu zu beschreiben. Als Erzählelement ist diese Perikope aber nicht auf diese strukturale Funktion festgelegt, sondern hat Symbolqualität: Sie zeigt das Wesen der Jesusgestalt, sofern dieser in seinem Wesen konstituiert ist durch sein Geliebtsein vom Vater, sein Einssein mit ihm, und durch den belebenden Gottesatem, der in der Taufe am Jordan auf ihn herabkommt. Indem die Perikope (in einem „uneigentlichen" Sinne) als symbolische Verdichtung der Jesusgestalt in den Unterricht eingebracht wird (also seine Bedeutungsgrenze fließend ist), ist es auch möglich, diese symbolisch-figürliche Repräsentation der Jesusgestalt mit den ebenfalls symbolisch verdichteten Erfahrungen zu verknüpfen, welche die Kinder in ihrer Begegnung mit dem Wasser machen. Konstitutiv ist dabei die Anschaulichkeit der Szene, die durch die andeutende Federzeichnung von Peter Roland Litzenburger, mit der die Lehrerin arbeitet, unterstützt wird. In Bild und Text wird so den Schülern eine Szene vor Augen gestellt, die — gerade innerhalb der Thematik „Wasser", mit der die Schüler umgehen — aus sich selbst heraus den Schüler anspricht und zur Assoziation mit den eigenen Wassererfahrungen einlädt. Ihre Anerkanntheit schließlich finden alle biblischen Symbole in der wirkungsgeschichtlichen und kulturgeschichtlichen Bedeutung, welche die biblisch-christliche Überlieferung für unsere Kultur und unseren Lebensraum besitzt.

Die Sterbeworte Jesu im Lukasevangelium (Lk 23, 46), bilden „eigentlich" die lukanische Interpretation des von Markus erzählten Todesschreies Jesu und sind so ein relativ kleiner Teilaspekt der Passionsgeschichte. Dennoch ist es auch hier möglich (in einem „uneigentlichen" Sinne), in dieser Szene das Wesen der Gestalt Jesu versinnbildet zu sehen, der im Kern seiner Person die vom göttlichen Lebensatem getragene Selbsthinhabe an den Vater ist. Erst in dieser figürlich-symbolischen Sicht der Szene wird auch ihre mögliche Verbindung zum alttestamentlichen „Adlerspruch" (Ex 19, 4) sichtbar, obwohl vom Wortlaut her beide Texte „eigentlich" nichts miteinander zu tun haben (um so mehr jedoch in der in beiden Texten zum Ausdruck kommenden Lebensfigur des Getragenseins). Diese Unabgegrenztheit der figürlich-symbolisch verstandenen Szene ermöglicht es dann auch, sie mit den Atemerfahrungen der Schüler kreativ in Verbindung zu bringen. Da die Anschaulichkeit der überlieferten Szene an sich gering ist (es handelt sich eben um die Interpretation eines Todesschreies), hat die Lehrerin den alttestamentlichen Spruch von Jahwe, der sein Volk „auf Adlersflügeln" trägt, mit hinzugenommen, um die Anschaulichkeit des überlieferten Glaubenssymbols zu verstärken. In dieser Zusammenstellung und als Interpretation der letzten Worte eines Sterbenden gewinnt die Szene eine Selbstmächtigkeit, die auf die Schüler einwirkt und sie zur Rückantwort motiviert (vgl. auf dem Arbeitsblatt M 8 des Unterrichtsprojekts „Geisterfahrung durch das Symbol Wind", Kap. B. 3.2 die Aufforderung, Sätze an diesen Jesus, der mit diesen Worten stirbt, zu formulieren).

In dem Unterrichtsprojekt „Freiheit und Angst" (Kap. C. 3.1) wird diese Szene entsprechend der höheren Altersstufe nicht mehr mit dem Adlerspruch in Verbindung gebracht, sondern mit Jesu Verlassenheit am Kreuz und seiner Angst am Ölberg konfrontiert. Auch in dieser Zusammenstellung wird erreicht, daß der relativ unanschauliche Teilaspekt der Passionsgeschichte zu einer symbolisch-figürlichen Verdichtung der Gestalt Jesu wird, der im Kern seiner Existenz durch sein Dennoch-Vertrauen, durch seine Liebe zum Vater, in der er Verlassenheit und Angst überwindet, charakterisiert ist. In dieser „uneigentlichen", aber treffenden symbolischen Qualität der Szene ist deren Eingegrenztheit in einen bestimmten Textzusammenhang und in eine bestimmte, zweitausend Jahre zurückliegende Geschichte überwunden und sie kann in Beziehung gesetzt werden zur Lebenssituation der jungen Menschen, die vor einer ebenfalls dunklen Zukunft stehen.

Das Hohelied der Liebe aus dem 1. Korinther-Brief des Apostels Paulus, das in das Unterrichtsprojekt „Geborgenheit und Sexualität" (Kap. C. 3.2) eingebaut ist, ist ein Lobpreis der Liebe, der „eigentlich" die zerstrittenen Gemeindemitglieder von Korinth dazu ermahnen will, ihre Streitigkeiten und Spaltungen zu überwinden und das Charisma der Liebe vor allen anderen Gnadengaben hochzuschätzen. Sofern dieses Charisma jedoch unmittelbar und zentral auch das Charisma Jesu aus Nazareth ist, der „Wind" und „Lebensatem", der ihn beseelt und bewegt, kann auch es als symbolische Repräsentation der Jesusgestalt (dessen, was diese Gestalt im Tiefsten bewegt) gelten. Wichtig für diese symbolische Verwendung ist dabei die liedhaft-lyrische Form, in der der Text überliefert ist. Vor allem diese Form ermöglicht es, den Text aus dem übrigen Zusammenhang des Briefes herauszunehmen und als Verdichtung dessen, was die Jesusgestalt bewegt (und so des christlichen Glaubensfundaments) zu verstehen. So erst kann der Text auch auf die erotisch getönte Liebe zwischen Mann und Frau bezogen werden, obwohl er „eigentlich", d. h. im Zusammenhang des Korinther-Briefes und als Darstellung des christlichen Charismas, kaum etwas mit dieser zu tun hat. Sofern jedoch die Beziehung zwischen Mann und Frau zu den menschlichen Grunderfahrungen gehört, in denen sich die Jesusgestalt (und das, wovon diese zentral bewegt wird) ausprägen soll, ist eine symbolisch-figürliche Verflechtung der im Unterrichtsprojekt vorgestellten Art durchaus möglich. Vor allem die dichterische Sprachgestalt bewirkt dabei, daß der Text aus sich selbst heraus spricht, also „selbstmächtig" im Sinne des Symbolbegriffs ist.

Der Ursprung des christlichen Glaubens als Korrelationsgeschehen

Die heutige weltanschaulich plurale Gesprächssituation (wie sie konstitutiv im Religionsunterricht an der weltanschaulich pluralen Schule gegeben ist) verlangt die Rückbesinnung auf den Entstehungsraum christlicher Überlieferung und auf den ursprünglichen Sprach- und Symbolcharakter der christlichen Traditionselemente. Die Entstehung und ursprüngliche Weitergabe der christlichen Tradition ist dabei mit einem noch zu beschreibenden Unterschied *selbst* als Korrelationsgeschehen im Sinne des oben erörterten Korrelationsbegriffs (Kap. A. 1.) zu verstehen und zu beschreiben: Menschen hatten sich in ihrer Sehnsucht nach dem ihrem Volk verheißenen Messias und dem von diesem aufzurichtenden Gottesreich dem religiösen Wanderlehrer Jesus aus Nazareth angeschlossen und hatten tiefe und befreiend-beglückende Erfahrungen mit diesem Menschen gemacht. Die Erfahrung, daß dieser ihr „Meister" schließlich hilflos einen grausamen und blutigen Hinrichtungstod am Kreuzesgalgen starb, überlagerte dann die vorherigen positiven Erfahrungen und schien diese als Täuschung zu entlarven. Weitere Erfahrungen jedoch, in denen ihnen dieser Gekreuzigte als auf neue Weise lebendig und Trost und Frieden stiftend begegnete, bewegten diese Menschen neu und ließen sie nach einem Ausdruck für das suchen, was ihnen im Ganzen dieser Jesusgestalt gegeben war und sie bewegte.

Christentum und christliche Überlieferung entstand in dieser damaligen, damals „gegenwärtigen Erfahrungssituation" der ersten Jünger dadurch, daß diese Juden waren und als solche auf ihre religiöse Überlieferung zurückgreifen konnten, um ihre gegenwärtige Erfahrung damit zu konfrontieren und sie im Dialog mit ihr benennen und bewältigen zu können. Es wäre kein Christentum entstanden, wenn die Jünger nach dem Tode und den Erfahrungen vom neuen Lebendigsein des Gekreuzigten nicht das Alte Testament als Dialogpartner gehabt hätten, der es ihnen ermöglichte, ihre gegenwärtige Erfahrungssituation in schöpferisch-freier Übernahme alttestamentlicher Bilder und Symbole auszudrücken und ihr dadurch erst geschichtliche Wirksamkeit zu verleihen. Auf diese Weise entstand neben vielen anderen Bekenntnisformeln ähnlicher Art das Grund- und Urbekenntnis des Christentums, das Bekenntnis zum gekreuzigten Jesus als dem verheißenen und erwarteten *Messias* („Christus").

Das Wort „Messias" ist dabei nicht als diskursiver Begriff, sondern als *Symbol* zu verstehen. In diesem Wort verdichtete sich die tiefe, seit Jahrhunderten unerfüllt gebliebene und doch ungebrochene Sehnsucht des jüdischen Menschen nach Glück, Friede, Gerechtigkeit, Freiheit, Heil und Ganzheit. Dieses Wort und die mit ihm verbundenen Vorstellungen waren Symbol dieser Sehnsucht und Erwartung; in ihm kam diese Sehnsucht zu sich selbst und fand sie ihren Ausdruck.

Es ist dabei deutlich zu sehen, wie die oben (in Kap. A. 2.) beschriebenen „Merkmale" und „Funktionen" des Symbols zusammenspielen, um dieses Urbekenntnis christlichen Glaubens hervorzubringen: Die Messiasvorstellung ist in ihrer Anwendung auf Jesus in gewisser Weise *uneigentlich*. Der Jude Ben-Chorin sagt aus seiner fundierten und existentiellen Kenntnis alttestamentlich-jüdischer Tradition heraus über Jesus: Einen solchen Messias haben wir nicht erwartet und er ist uns auch nie verheißen worden (vgl. Ben-Chorin, 1967, 11—13). Die schöpferisch-freie Durchdringung von damals gegenwärtiger Lebenssituation und alttestamentlicher Überlieferung bestand in der Geburtsstunde des Christentums darin, daß es den ersten Jüngern gelang, unter dem Eindruck der Gestalt Jesu und der Erfahrung seines todesjenseitigen Lebendigseins das Verheißungsvolle und Strahlende der Messiasgestalt mit der Leidensgestalt des gekreuzigten Jesus zusammenzudenken und zusammenzufühlen; dies war der primäre Schöpfungsakt christlichen Glaubens und christlicher Überlieferung.

Wie jedes Symbol ist das Messiassymbol ferner durch *Anschaulichkeit* geprägt. Er ist der zweite David, der als König in Israel einzieht und das alte Reich Israel neu wiederherstellt oder (in der apokalyptischen Version) der auf den Wolken des Himmels kommende oder aus den Fluten des Meeres aufsteigende Menschensohn, der seit den Urzeiten der Schöpfung für diese Stunde bei Gott aufbewahrt ist. In solchen anschaulichen Bildern fließt die *unendliche Bedeutung* zusammen, die die ersten Christen ihrem Jesus zuerkannt, und zuletzt im Messiassymbol („Christus") ausgedrückt haben.

Das Messiassymbol besitzt ferner eine starke *Selbstmächtigkeit*. Es versammelt in sich wie in einem Brennpunkt die gesamte prophetische Überlieferung des Volkes Israel. Gesetz und Propheten sind „erfüllt", wenn der Messias kommt. Verbunden mit dieser Selbstmächtigkeit ist die Anerkanntheit dieses Symbols; es gab wohl keinen Juden der Zeit Jesu, der dieses Symbol nicht kannte und seine Heils- und Lebenssehnsucht mit ihm verband. Es hat das Denken und Empfinden der Israeliten geprägt. In dieser Selbstmächtigkeit und Anerkanntheit des Messiassymbols lag für die ersten Christen der Impuls, es auf ihre gegenwärtige Erfahrungssituation zu beziehen und es — anders als Ben-Chorin — als den *angemessenen* Ausdruck dieser Situation und ihrer Erfahrung zu empfinden.

Indem das Messiassymbol diese seine Symbolmerkmale zur Geltung bringt, erfüllt es die grundlegende Funktion, die das Symbol von seinem Wesen her besitzt; sie wurde oben (A. 2.) als „Brückenfunktion" beschrieben: Es bindet unterschiedlich qualifizierte Erlebnisgehalte zusammen, so z. B. die unterschiedlich qualifizierten Erlebnisse mit dem Wanderlehrer Jesus, dem sterbenden Jesus und dem auferstandenen Jesus oder — auf das Symbolerleben selbst bezogen — die genannten sehr unterschiedlichen Erlebnisgehalte des Messias als eines strahlenden und sieghaften Befreierkönigs und des leidenden Gottesknechts, der bei Jesaja als Sinnfigur vorgebildet war und den Sinngehalt der Passion Jesu ausdrücken und sichtbar machen konnte. Das Messias-Symbol eröffnet in dieser Zusammenbindung Wirklichkeitsschichten, die sonst verborgen blieben. Dabei vermittelt es, wie hier gut zu sehen ist, nicht Lehren, sondern Sinnmöglichkeiten. „Jesus ist der Messias (Christus)" ist nicht ein Lehrsatz, sondern ein subjektives, intersubjektiv bestätigtes und so weitergegebenes Bekenntnis, worin Menschen ausdrücken, daß sie in eben diesem Jesus die höchste denkbare Fülle von Sinn und Erfüllung gefunden haben.

Dabei kann das Symbol, hier das Messiassymbol, diese seine Funktion nur erfüllen, wenn es zu einem sprachlichen Austausch (eben der intersubjektiven Vergewisserung und Bestätigung), kommt und in diesem sprachlichen Austausch das Subjekt je für sich zu diesem Symbol „findet", zu ihm durchstößt, und dies in der Gemeinschaft zum Ausdruck bringt; das Messiassymbol als angemessener Ausdruck dessen, was in Jesus begegnet, kann niemandem „verabreicht", niemandem vorge-*schrieben* werden; jeder einzelne der in der urchristlichen Situation Lernenden muß die zu findende Korrelation selbst vollziehen. Auch für die Geburtsstunde des Christentums gilt also: Korrelation als dialogische, freie und schöpferische, subjektkonstituierende Verflechtung von gegenwärtiger Lebenssituation und vorgegebener Überlieferung kann nur gelingen, wenn diese Überlieferung nicht als Lehraussage, sondern als symbolischer Ausdruck, als anschaubare selbstmächtige und anerkannte „Sinnfigur" vorgegeben ist und als angemessener Ausdruck der neuen Erfahrung empfunden und aufgegriffen wird.

Religiös homogene und religiös plurale (bzw. säkularisierte) Korrelationssituation

Bei dieser Rückbesinnung auf den Ursprung des christlichen Glaubens in einem Korrelationsgeschehen darf freilich der Unterschied nicht übersehen werden, der zwischen der damaligen Situation und der heutigen (speziell im schulischen Religionsunterricht) besteht. Denn die beschriebene Jüngergemeinde, die ihre so schwer bewältigbare Erfahrung mit Jesus aus Nazareth in einer kreativen Neuerfassung des überkommenen alttestamentlichen Messias-Symbols deutete und dadurch Kirche und Christentum gründete, war eine religiös-homogene Gesprächsgruppe. Sie bestand aus Menschen, die in den zentralen religiösen Überlieferungen des Judentums, dem Gott „Jahwe von Ägypten her", seinem Wirken in den Propheten, in der Rückerinnerung an den großen König David und in den messianischen Verheißungen ihres Volkes eine gemeinsame Symbolwelt besaßen, die ihnen von Kindheit an vertraut war und ihr Denken und Fühlen bestimmte. Hinzu kommt auch eine starke Homogenität auf der Erfahrungsseite; sie hatten ja alle gemeinsam die beschriebenen Erfahrungen mit Jesus gemacht und standen gemeinsam vor der Aufgabe, sie zu bewältigen, sie in ihren Denk- und Verstehenshorizont einzuordnen und ihnen dadurch einen Sinn zu geben. Nur in dieser oder einer ähnlich homogenen Lernsituation kann aus dem Korrelationsgeschehen unmittelbar eine allen gemeinsame Glaubenserfahrung erwachsen und der Weg zu dieser Glaubenserfahrung als „Symbolerfassung" (vgl. Feifel, 1977, 11–43) beschrieben werden. Diesen konstitutiven Unterschied, der zwischen dem Korrelationsgeschehen in einer religiös homogenen und in einer weltanschaulich

pluralen bzw. säkularisierten Lerngruppe besteht, haben Erich Feifel
(ebd.) und ihm folgend weitgehend auch Werner Simon (Simon,
1983, bes. 338–421) übersehen. Es geht dabei um die Unterscheidung von schulischem Religionsunterricht und gemeindlicher
Katechese, auf die unter methodisch-didaktischem Aspekt im
Zusammenhang des sakramentendidaktischen Strukturgitters näher
einzugehen ist (vgl. unten Kap. C, 2.4). Doch es gilt hier schon zu
sehen, daß die Art und Weise, wie Symbolbildung, Symbolerfassung
und Korrelation ineinander spielen, verschieden ist, je nach der
Homogenität oder Pluralität der Gruppe, in der dieses Zusammen-
spiel erfolgt.

Werner Simon beschreibt im Anschluß an Paul Wehrle (ders., 1980,
12 f.) und Erich Feifel (a. a. O.) die Aufgabe der Korrelationsdidaktik
als einer Symboldidaktik auf folgende Weise: Sie hat die „doppelte
Aufgabe: einerseits den Sinn überkommener Symbole zu erschließen und für gegenwärtige Lebenssituationen fruchtbar werden zu
lassen; andererseits den in gegenwärtigen Lebenssituationen erfahrenen Sinn zu erheben und so Gestalt gewinnen zu lassen, daß die
übersituative Bedeutsamkeit dieser Erfahrungen und damit ihr
Symbolwert sichtbar wird" (Simon, 1983, 392). Hier ist richtig
gesehen, daß in der Korrelationsdidaktik beide Korrelate in symbolischer Form aufeinandertreffen müssen, wobei die Lebenssituation
zum Symbol verdichtet werden muß (Symbolbildung, Symbolschöpfung), während das überkommene Glaubenselement in seiner
(nicht lehrhaften, sondern) symbolischen Bedeutung zu erfahren ist
(Symbolerfassung). Tatsächlich stehen also, wie Simon schreibt,
Symbolschöpfung und Symbolerfassung in einem „komplementä-
ren Zusammenhang" innerhalb des Korrelationsgeschehens (ebd.).
Die oben zitierte Beschreibung der Aufgabe einer Korrelationsdidaktik als einer Symboldidaktik beschreibt aber nicht hinreichend
genau, wie dieser „komplementäre Zusammenhang" zwischen Symbolschöpfung (auf der Erfahrungsseite) und Symbolerfassung (auf
der Überlieferungsseite) näherhin strukturiert ist. Denn um „den in
gegenwärtigen Lebenssituationen erfahrenen Sinn erheben" und in
symbolisch verdichteter Gestalt sichtbar zu machen, muß ich,
zumindest als Anreger und Gestalter des Lernprozesses, schon
vorgängig wissen, was „Sinn" für mich ist, und in welchen Lebensfiguren und Lebensgestalten er sich authentisch repräsentiert. Dieses
für den Religionslehrer konstitutive Wissen kann ich aber nur aus
einer religiösen oder weltanschaulichen Tradition schöpfen. Der
„Sinn überkommener Symbole" und die Gestaltungen, in denen er

sich ausdrückt, muß mir also schon bekannt sein, wenn ich Lernprozesse planen und gestalten will, die Lebenssituationen und Lebenserfahrungen zu Sinnsymbolen verdichten. Die Erschlossenheit überkommener Glaubenssymbole als Sinn- und Lebensfiguren ist die
Voraussetzung für die Planung und Gestaltung von Lernprozessen,
in denen sich Lebenssituationen symbolisch zu Sinnfragen und
Sinnerfahrungen verdichten. Dies ist der Grund für die notwendige
Rückbindung auch des schulischen Religionsunterrichts an die
christliche Glaubenstradition und ihre Träger.
Dies vorausgesetzt, gilt es das Lerninteresse einerseits in der religiös
homogenen und andererseits in der religiös-pluralen, bzw. säkularisierten Lerngruppe zu reflektieren und zu unterscheiden. Die
religiös-plurale Lerngruppe (wie sie konstitutiv im schulischen
Religionsunterricht gegeben ist) muß sich zwar als hermeneutische
Vorbedingung auf eine religiöse Tradition einlassen, um von ihr her
Strukturierungshilfen und Strukturierungsmodelle für die Entdek-
kung von Sinnfiguren und Bewältigungsmustern des Lebens zu
gewinnen. Dies geschieht aber hier *hypothetisch.* Das auf solche Weise
gefundene Bewältigungsmuster des Lebens, der so entdeckte Lebenssinn, werden, wenn sie mit Hilfe überlieferter Symbole sichtbar
werden, erst vom einzelnen daraufhin überprüft, ob er sie von
seinem subjektiven Lebensgefühl und seinen existentiellen Lebenserfahrungen her für sein Leben übernehmen kann oder nicht. Im
einen wie im anderen Fall hat dabei Erschließung der religiösen
Wirklichkeitsdimension und Erschließung der Frage nach Gott (auf
der Basis christlicher Überlieferung) stattgefunden. Lernprozesse
dieser Art fasse ich in dem Ausdruck „Leben durch Glauben erschließen" zusammen. Da es im vorliegenden Band hauptsächlich
um Lernprozesse dieser Art gehen soll, bildet dieser Ausdruck den
Titel des Buches.
Erst in der Lerngruppe, die so weit religiös-homogen ist, daß sie sich
nicht nur hypothetisch, sondern *existentiell,* in Vertrauen und
Hoffnung, auf christliche Überlieferung einläßt, kann es darum
gehen, das Symbolisieren der gegenwärtigen Lebenssituationen und
die überkommenen Glaubenssymbole einander so zuzuordnen,
„daß menschliche Erfahrung zur Glaubenserfahrung wird" (Simon,
1983, 392, im Anschluß an Feifel, 1977, 11—43, 22). Dieser Lernprozeß, den Feifel und Simon fast ausschließlich beschreiben, muß
deshalb, von der anders strukturierten Lerngruppe aus, gesondert
betrachtet und vom Lernprozeß der oben genannten Art unterschieden werden. Erst in dieser Lerngruppe kann gezielt daran gearbeitet

werden, mehr oder weniger systematisch und mit existentiellem
Interesse immer tiefer in die überkommene Symbolwelt einzudringen, „den Sinn überkommener Symbole zu erschließen und für
gegenwärtige Lebenssituationen fruchtbar werden zu lassen" (Simon,
ebd.). Erst in dieser Lerngruppe kann es darum gehen, von immer
neuen Lebensphasen und Lebenssituationen aus den überkomme-
nen Glauben tiefer zu verstehen und in der eigenen menschlichen
Erfahrung wirksam werden zu lassen (Feifel, 1977, 11, Simon, 1983,
392). Das lebensgeschichtlich voranschreitende, immer tiefer in das
Glaubensmysterium eindringende Erfassen der jüdisch-christlichen
Symbolwelt und ihres Zentrums, des Christus-Mysteriums, also die
„Symbolerfassung" vom eigenen Leben und der eigenen Lebensgeschichte her, d. h. die Aufgabe, nicht Leben durch Glauben, sondern
Glauben durch Leben zu *erschließen,* ist ein lebenslanger Lernprozeß,
der erst im Sterben seine Erfüllung und sein Ziel findet. Hilfen und
Anregungen zu diesem Lernprozeß zu geben, ist Aufgabe der
gemeindlichen Katechese. „Glauben durch Leben erschließen"
müßte deshalb ein Buch heißen, das Korrelationsdidaktik auf die
Gemeindekatechese hin entfaltet.

Symbolisierung der gegenwärtigen Lebenserfahrung
(mit Beispielen aus den Unterrichtsprojekten)

Die Glaubensüberlieferung hat in religiös pluralen Lerngruppen
durchaus eine Hilfsfunktion. Diese besteht zwar ganz und gar nicht
darin, Menschen in gegebenen Lebenssituationen einfach zu bestätigen und sich ihren Bedürfnissen anzupassen (vgl. oben die Auseinandersetzungen um den Korrelationsbegriff: Kap. A. 1., z. B. Bitter,
1981, 345), wohl aber darin, ihnen die (christlich möglichen) Sinnfiguren und Sinndimensionen ihres gegenwärtigen Lebens (und
dadurch die religiöse Wirklichkeitsdimension, die Frage nach Gott)
zu erschließen. Gleichzeitig bedeutet das eine Hilfestellung im
Erhalten und Erlernen der Fähigkeit, Leben (und ansatzweise auch
Überlieferung) in symbolischer Verdichtung (eben in Sinnfiguren)
zu sehen und zu erfahren und in solchen Symbolen mit anderen
Menschen zu kommunizieren.
Der Psychologe und Pastoraltheologe Joachim Scharfenberg hat
aufgezeigt, daß Menschen krank werden, wenn sie die Fähigkeit
verlieren, die Sprache als Symbolgeflecht zu handhaben und sie statt
dessen wortwörtlich verstehen. Der Endzustand einer solchen

Erkrankung ist die Schizophrenie, wo „die Möglichkeit des symbolischen, metaphorischen Gebrauchs der Sprache völlig verlorengeht und die Sprache bitterernst genommen wird und alles Spielerische aus ihr verbannt wird. Der Kranke ist dann gleichsam besessen von den Vorstellungen, die die Sprache übermittelt" (Scharfenberg/ Kämpfer, 1980, 27). Er hat dann nicht mehr die Möglichkeit, gesprochene Worte als zunächst für ihn „uneigentlich" zu nehmen und von diesem freilassenden Ausgangspunkt aus in eine schöpferische Verbindung zu ihnen zu treten. Die teilweise schweren neurotischen Störungen, in die der Mensch aufgrund einer falsch angesetzten religiösen Sozialisation gelangen kann (vgl. Moser, Gottesvergiftung, 1976; sowie Richter, Der Gotteskomplex, 1979), sind darauf zurückzuführen, daß die christliche Überlieferung nicht mehr in ihrem ursprünglichen symbolischen Gehalt, sondern als satzhafte, „wortwörtliche" Wahrheit verstanden und aufgenommen wurde. Wo beispielsweise „Hölle" nicht mehr als Bild und Symbol, sondern als Beschreibung eines den Menschen bedrohenden real existierenden Zustandes verstanden und internalisiert wird, muß diese „Lehre" den Menschen, der sensibel ist, krank machen. Dies gilt umgekehrt auch für die positiven Symbole, die „wortwörtlich" verstanden, den von H. E. Richter beschriebenen „Allmachtswahn" hervorrufen. Korrelation im oben erarbeiteten Sinne ist dagegen, soll dieser Sinn zur Geltung kommen, vom Ansatz aus eine symbolische Kommunikation und Interaktion. Dies gilt, wie schon mehrfach angemerkt, nicht nur für das Korrelat der Überlieferung, sondern auch für das andere Korrelat, für den gegenwärtig lebenden Menschen und seine Situation. Gerade im Religionsunterricht muß der Schüler von Alltagserfahrungen her angesprochen werden (vgl. die oben erwähnten Beispiele von Harald Lang aus den Kat. Bl. 4/82). Solche Alltagssituationen sind aber zunächst, in der Art wie der moderne Mensch sie durchlebt, im allgemeinen nicht mit religiöser Überlieferung korrelierbar. Sie blenden nämlich die existentielle, für das Religiöse offene Dimension menschlichen Lebens aus: der Mensch ist in ihnen ein funktionierendes Wesen. Aber die Decke, die diese „empirische" Daseinsdimension von der existentiellen trennt, ist trotz der Verhärtungen, die der Religionslehrer oft feststellt, doch an vielen Stellen relativ dünn. Das Leben selbst arbeitet ja mit seinen in Freude und Leid sich äußernden Wechselfällen ständig daran, daß diese Decke immer wieder zerbricht und der Mensch in die existentielle Dimension seines Daseins gelangt. In der Gemeindekatechese und besonders im seelsorgerischen Einzelgespräch kann der Mensch oft unmittelbar von solchen „Durchbrüchen" her angesprochen werden und ist dann auch unmittelbar korrelationsfähig.

Im schulischen Religionsunterricht aber muß der Religionslehrer durch sorgfältig ausgewählte Impulse (Texte, Lieder, Bilder, Spiele, Kurzfilme usw.) an einer existentiellen Vertiefung der durch das jeweilige Thema angesprochenen und gebündelten Lebenserfahrungen der Schüler arbeiten. Der Nutzen der beiden korrelationsdidaktischen Strukturgitter, die in den folgenden Teilen des Buches vorgestellt werden, besteht hauptsächlich darin, dem Lehrer Kriterien und Hilfen an die Hand zu geben, solche Impulse auszuwählen und zielgerecht mit ihnen umzugehen. In diesen Impulsen — das ist ihre didaktische Funktion — wird dem Lernenden ein Symbol angeboten, in dem er die thematisch angesprochene Lebenserfahrung in einer verdichteten und auf das Existentielle hin vertieften Weise sehen und sich damit identifizieren kann.

Der Schüler, der unter dem Themenkomplex „Freiheit und Angst" (vgl. das Unterrichtsbeispiel in C. 3.1) nicht nur davon redet, daß er davor Angst hat, nach Schulabschluß vor einen Firmenchef zu treten und ihn um eine Lehrstelle zu bitten, sondern in einem Rollenspiel diese Situation durchspielt, kann dadurch ganz plötzlich die existentielle Dimension dieser seiner Angst erfahren und im Ausdruck des Spiels symbolisch vergegenwärtigt sehen. Auch wenn er sich mit der Erzählung „Der Schritt zurück" von Annette Rauert identifiziert und so die Angst des Schülers auf dem 5-Meter-Sprungbrett mit- und nacherlebt, die in dieser Geschichte literarisch zur Daseinsangst verdichtet ist, erlebt er das Phänomen Angst in einer Dimension, die existentiell ist und in der sie deshalb mit christlichen Überlieferungsgehalten korrelierbar ist. Solche Spiele, Texte, Bilder usw. tragen dabei deutlich die oben (Kap. A, 2.) herausgestellten Wesensmerkmale des Symbols: Sie sind „uneigentlich", denn der Schüler steht nicht *in Wirklichkeit* vor dem Lehrherrn und nicht *tatsächlich* auf dem 5-Meter-Brett. Dennoch sind diese Situationen nicht in einer abstrakten und distanzierten Weise zur Sprache gebracht, sondern so, daß sich der Schüler anschaulich in sie hineinversetzen, sich mit ihnen identifizieren kann. Diese durch die Dynamik des Spiels oder durch die Dynamik der literarischen Sprache vermittelte Anschaulichkeit gibt der Szene gleichzeitig eine gewisse Authentizität, sie bewirkt, daß der Schüler selbstmächtig von ihr angesprochen und betroffen wird.

Im Unterrichtsprojekt „Geborgenheit und Sexualität" (Kap. C. 3.2) werden die zuerst kognitiv und phänomenologisch erarbeiteten

Phänomene Freundschaft, Geborgenheit und Vertrauen durch das Vertrauensspiel „Blind führen" in die existentielle Dimension hinein vertieft. Die Erfahrung, in der Dunkelheit von der Hand eines Mitmenschen geführt zu werden und die damit verbundenen Gefühlsaspekte finden im Symbol der Hand einen Kritallisationspunkt, der sie verdichtet und über das aktuelle gegenwärtige Spiel hinausweist, dieses zum Symbol ausbildet. Zwar ist „eigentlich" das Ganze nur ein Spiel — er bräuchte nur die Binde von den Augen zu nehmen, dann wäre er nicht mehr auf die führende Hand des anderen angewiesen — aber in dem Maße, als der Lernende sich auf das Spiel einläßt und es mitspielt, wird die Spielsituation transzendiert und die führende Hand des Mitschülers zum Symbol einer letztlich unbegrenzten, umgreifenden Geborgenheit. Wieder bewirkt die konkrete Spürbarkeit und „Anschaulichkeit" der Hand, ihre Wärme, ihr Fingerdruck, zusammen mit der Dynamik des Spiels, daß das Symbol authentisch und selbstmächtig aus sich heraus den Schüler auf seine tieferen Gefühlsdimensionen hin anspricht.

Ähnlich werden in den Grundschulbeispielen konkrete Wasser-, bzw. Atemerfahrungen durch spielerische und meditative, sowie durch literarische Impulse so verdichtet, daß sie zum Symbol eines existentiellen Lebensgefühls werden. Dies geschieht beispielsweise durch den Auftrag, die Gefühle zu beschreiben, die Schüler beim Schwimmen im Wasser und beim bewußten Aus- und Einatmen haben, sowie durch die literarischen Impulse des Unkenmärchens, das die Schüler für das Geheimnisvolle des Wassers sensibilisiert (vgl. das Medium M 4 a und b im Unterrichtsbeispiel Kap. B. 3.1), bzw. durch den Brief des jugoslawischen Soldaten an sein noch ungeborenes Kind, der unmittelbar Atmen mit Leben in Beziehung bringt (vgl. M 6 aus dem Unterrichtsbeispiel in Kap. B. 3.2). Im Wasser schwimmen und Ein- und Ausatmen sind „eigentlich" empirische, physikalisch-biologische Phänomene. Durch die Art jedoch, wie die Lehrerin im Religionsunterricht mit diesen Phänomenen umgeht, gewinnen sie eine Tiefendimension und werden zum Symbol des Lebens im Ganzen, das vom Geheimnis, von Leben und Tod umgriffen ist. Wieder bewirkt einmal die Anschaulichkeit, d. h. das konkrete Umgehen mit Wasser und mit Atem und zweitens die literarische Vertiefung und die durch sie gegebene Sprachdynamik, daß das Symbol authentisch, „selbstmächtig" aus sich heraus den Schüler anspricht.

Auch die oben herausgearbeitete wesentliche *Brückenfunktion* der Symbole kann an diesen Beispielen deutlich werden: Die aufgezeigten spielerischen bzw. literarischen Verdichtungen der Lebenssituation schlagen die Brücke aus der empirisch-phänomenologisch gegebenen Alltagswelt, in der etwa nur *über* Angst geredet wird und Wasser als chemische Substanz (H_2O) begegnet, in tiefere Gefühls- und Lebensschichten, eben in jene Dimension, wo der Mensch, um mit Karl Rahner zu sprechen, „sein Dasein treibt" und wo er, auch wenn er meilenweit davon entfernt ist, dies zu sehen und einzugestehen, von demselben göttlichen Lebensatem bewegt und umgetrieben wird, der einen Jesus aus Nazareth zu dem gemacht hat, der er ist und dadurch christliche Überlieferung hervorgebracht hat. Auf diese Weise ist deshalb dann auch die Dimension erreicht, von der aus der Mensch als selbst begnadeter und „inspirierter" in eine wirklich *kritische* Korrelation zu den inspirierten Überlieferungsgehalten der Bibel treten kann, weil in solcher Begegnung dann nicht Natur und Übernatur, menschlicher Natur und göttlich-gnadenhafte Offenbarung aufeinander treffen, sondern der Dialog *innerhalb* jener Lebensdynamik geschieht, die durch den in der Bibel verkündeten allgemeinen Heilswillen Gottes gnadenhaft konstituiert ist.

Deshalb gehört auch diese im Symbol geschehende Verdichtung und Vertiefung der gegenwärtigen Lebenssituation des Menschen, die Symbolbildung und Symbolschöpfung auf der Seite der menschlichen Erfahrung, zu den Grundregeln der Korrelationsdidaktik. Nur wo das im Symbol verdichtete und vertiefte gegenwärtige Leben und das auf seinen figürlich-symbolischen Gehalt zurückgeführte Überlieferungselement einander begegnen, ist eine Korrelation im eingangs beschriebenen Sinne möglich. Im schulischen Religionsunterricht kommt es dabei darauf an, das Leben in seinen Sinndimensionen durch überkommene Glaubenssymbole zu erschließen (dabei immer wieder diese auch als solche aufzudecken und zur Sprache zu bringen), während es das Ziel katechetischer, Glauben vertiefender und aufbauender Lernprozesse ist, den ganzen Kosmos der Glaubenssymbole in ihrem letztlich unauslotbaren Gehalt durch Verbindung mit Lebenserfahrung Schritt für Schritt bis hin zum Tode immer tiefer auszuloten und zu erschließen.

Die Intensität, in der sich in der weltanschaulich pluralen Lerngruppe beim einzelnen das Leben auf der Basis christlicher Überlieferung in seiner Sinnhaftigkeit, in seinen sinnspendenden Figuren und Bewältigungsmustern erschließt, und insbesondere, ob und mit welcher Intensität er diese christlichen Bewältigungsmuster des Lebens als solche, d. h. als Glaubenssymbole, ergreift und existentiell bejaht, sich und sein Leben ganz in sie hineingibt, hängt von Fakto-

ren ab, die der Lehrer in dieser Lerngruppe nicht mehr in der Hand
hat. Dennoch leisten Lernprozesse der beschriebenen Art Entschei-
dendes und Wichtiges gleichermaßen an der humanen wie an der
religiösen Erziehung des Kindes und des jungen Menschen: Er wird
durch sie von immer neuen Ansätzen und Lebenssituationen aus in
ein Korrelationsgeschehen hineingestellt, das ihm gleichermaßen die
Möglichkeit einer existentiellen Begegnung mit christlichen Glaubenssymbolen erschließt, als ihm auch die Möglichkeit eröffnet, sein
Leben in symbolischer Verdichtung zu erfahren und dadurch in
symbolischer Interaktion mit Welt und Mitmenschen zu leben. Ein
Unterricht dieser Art erfüllt dadurch den Auftrag des Synodenbeschlusses: Ein Schüler, der über mehrere Jahrgangsstufen hinweg
solche Lernprozesse durchlief, wird einer religiösen Daseinsdeutung
nicht mehr verständnislos gegenüberstehen; der Religionsunterricht
hat für ihn die Sinnfrage und damit die Frage nach Gott geweckt und
artikuliert, er hat ihn vertraut gemacht mit dem, was christlicher
Glaube für das Leben bedeuten kann und ihn dadurch zu persönlicher Entscheidung in Auseinandersetzungen mit Konfessionen
und Religionen, mit Weltanschauungen und Ideologien befähigt;
auch geht von solchem Unterricht eine gewisse Motivation dazu aus,
tiefer in die christlichen Überlieferungsgehalte einzudringen, als dies
im schulischen Religionsunterricht möglich ist und sich im Leben
und Handeln von ihnen prägen und bestimmen zu lassen (vgl. die
Zielerklärung des Synodenbeschlusses, Gem. Syn. I, 140).

Exkurs:

Symbolisch-figürlicher Umgang mit biblischer Überlieferung (typologische Schriftauslegung)

Wir kennen heute fast ausschließlich einen theologisch, d. h. wissenschaftlich vermittelten Umgang mit christlicher Überlieferung. Es war historisch notwendig, den Bedeutungsgehalt und die adäquate Weitergabe der christlichen Überlieferungselemente wissenschaftlich zu erforschen und zu reflektieren. Andernfalls hätte das Christentum in unserer heutigen, durch Wissenschaft und Technik bestimmten Welt keine Lebensberechtigung mehr. Dennoch kommt die theologische Wissenschaft heute von sich selbst her an einen Punkt, wo sie sich auf den ursprünglich *nichtwissenschaftlichen* Charakter dieser Überlieferungsgehalte und Überlieferungselemente besinnen muß. Es gilt in wissenschaftlich reflektierter und begründeter Weise, diesen ursprünglich nichtwissenschaftlichen Gehalt christlicher Überlieferungsgehalte neu zum Sprechen zu bringen.

Die Begründer des Christentums waren keine Wissenschaftler, sondern Fischer und Handwerker. Ihr Denken verlief deshalb weniger in den Bahnen gegenständlich-logischen Denkens als vielmehr assoziativ, im Aufdecken und Nachempfinden symbolisch-figürlicher Entsprechungen. Arbeiten über die sogenannte „typologische Deutung" des Alten Testaments im Neuen haben gezeigt, daß diese Art des Umgangs mit dem Alten Testament „die im Schriftgebrauch des Neuen Testaments vorherrschende und für ihn charakteristische Deutungsweise" ist (Goppelt, 1939, unveränd. Nachdr. 1966, 239). Nach Goppelt vollzieht sich die urchristliche Traditionsbildung „weithin mit geradezu ständiger Bezugnahme auf die Schrift, welche dabei durchaus nicht eine Sammlung von Belegstellen, sondern lebendiges, im Gedächtnis und im Herzen gegenwärtiges Wort war" (ebd.). Im Gedächtnis und im Herzen waren dabei den ersten Christen nicht feste Begriffe und Fakten gegenwärtig, sondern eben jene *Sinnfiguren,* in denen sich das, was Jahwe ist, geschichtlich erschloß. Sofern eben dieser Jahwe in Jesus aus Nazareht in höchster und unüberbietbarer Weise zur Offenbarung kommt, erfüllen sich in ihm, in seinem Leben und Wirken eben diese Lebens- und Sinnfiguren in überbietender (und selbst unüberbietbarer) Weise. Jesus ist *der* Prophet, er erfüllt und überbietet prophetisches Leben und Wirken; Jesus ist nicht nur der „Sohn Davids" sondern, sofern er die Lebensfigur des alttestamentlichen Königs nicht nur erfüllt sondern auch überbietet, „Herr" über ihn (vgl. Mk 12, 35—37 a); er ist der „zweite Adam", der aus der Knechtschaft der Sünde und des Todes, wie sie der erste Adam gebracht hat, befreit (Röm 5, 12—21; Hebr 2, 14 ff. u. ö.); er ist der von Jesaja in den Gottesknechtsliedern beschriebene leidende Gerechte, der viele gerecht macht (Röm 3, 26 u. ö.) Goppelt zeigt auf, daß die gesamte Passionsgeschichte in symbolisch-figürlichen Anklängen an die Gestalt des leidenden Gottesknechts erzählt ist: (ebd. 120 ff.); auch in der Bildung der urchristlichen Gemeinde bildet sich (etwa im Festhalten an den 12 Aposteln) die alttestamentliche Berufung des Zwölfstämmevolkes ab und diese neue Heilsgemeinde hat ihren Ursprung wie die erste im Paschah-Mahl, das den Aufbruch aus Ägypten einleitete.

Es würde zu weit führen, die Analogien und typologischen Entsprechungen näher auszuführen. Eine wissenschaftliche Theologie, die sich nicht mehr als Dienst an der immer neuen Erschließung und lebendigen Weitergabe der im alten Bund und in Jesus erfolgten Gottesoffenbarung versteht, sondern sich als Selbstzweck begreift, kann mit solchen symbolisch-figürlichen Entsprechungen wenig anfangen. Sie wirft dieses Denken in einen Topf mit jenen willkürlichen Allegorisierungen, die sich im Mittelalter als Auswucherung dieses Schriftgebrauchs herausgebildet haben. Dabei ist die genuine Typologie relativ deutlich von der Allegorie abzugrenzen. In der Typologie werden erzählte Personen, Handlungen und Ereignisse oder beschriebene Einrichtungen als vorbildliche Darstellungen (d. h. „Typen") kommender und zwar vollkommenerer und größerer geschichtlicher Gegebenheiten aufgefaßt. In den vergangenen und erzählten Begebenheiten (Personen, Handlungen, Ereignissen) ist symbolisch-figürlich die kommende (bzw für die Gegenwart gekommene) Gegebenheit vorgebildet; dabei kann die Vor-Abbildung auch in einer Art Negativ-Figur, d. h. als Anti-Typ erfolgen (z. B. Adam — Christus). Bei der allegorischen Auslegung dagegen wird nicht eine geschichtliche Begebenheit (Person, Handlung, Ereignis, Einrichtung) *als ganze* symbolisch-figürlich auf die zukünftige geschichtliche Begebenheit übertragen, vielmehr werden einzelne Elemente, einzelne Begriffe und Wendungen herausgenommen und als solche Stück für Stück auf eine Begebenheit zukünftiger Art übertragen. So liegt z. B. eine Allegorie vor, wenn Paulus im Galater-Brief von den

zwei Söhnen Abrahams erzählt, von denen der eine als „Sohn der
Sklavin" (Gal 4, 23) und der andere als „Sohn der Freien" geboren
wird, und dabei dann den „Sohn der Sklavin" als Bild für das Alte
Testament und den „Sohn der Freien" als Bild für das Neue Testa-
ment darstellt. Hier sind *Einzelelemente* einer zusammenhängenden
Begebenheit (nämlich der Erzählung, wie Abraham Nachkommen
erhält) herausgenommen und in freier gedanklicher Kombinatorik
anderen geschichtlichen Größen zugeordnet worden (vgl. zu dieser
Allegorie Biser, 1970, 153). Dagegen sind bei den oben erwähnten
Typologien die geschichtlichen Begebenheiten, etwa die Gestalt
eines Propheten Elias, *als ganze* in ihrem symbolisch-figürlichen
Ausdrucksgehalt auf eine künftige Begebenheit, nämlich das Leben
und Wirken Jesu aus Nazareth, übertragen.
Dieses Denken in symbolisch-figürlichen Entsprechungen ist jene
Denk- und Sprachform, welche die amerikanische Sprachphiloso-
phie in kritischer Fortentwicklung der von Wittgenstein und der
Wiener Schule angestoßenen Sprachanalyse als „präsentative"
Sprachform bezeichnet und der diskursiven Denk- und Sprachform
gegenüberstellt (vgl. Langer, [4]1965, bes. 86—109). Dabei hat man
erkannt, daß diese nicht-diskursiven sondern präsentativen Formen
des Ausdrucks die Logik künstlerischer Aussagen bilden, also etwa
lyrische Verse oder eine Bachsche Fuge nach ihr gebildet sind, und
daß solchen Ausdrucksformen eine hohe Rationalität und Intellek-
tualität eignet. In ihnen wird keineswegs bloß etwas Unbestimmtes
und Zerfließendes ausgesagt, vielmehr eine Beziehung zum Ausdruck gebracht, die so komplex ist, daß diskursive Sprachformen zu
grobe Werkzeuge sind, um diese Beziehung auszudrücken. In den
gegenwärtigen Versuchen, die narrative und ästhetische Dimension
der Theologie und der christlichen Überlieferung wieder gebührend
zur Geltung zu bringen, liegt eine Rückbesinnung auf diese Denk-
form vor, die konstitutiv am Ursprung christlicher Überlieferung
steht. (In meinem Versuch „Wahrer Gott als wahrer Mensch. Entwürfe zu einer Narrativen Christologie, 1977, versuche ich auf diese
Weise, das Wesen der narrativen Sprache zu bestimmen: vgl. 12—17).
Man hat in der Neuzeit streng zwischen literarischen und künstleri-
schen Äußerungen einerseits und dem logisch-diskursiven Denken
andererseits unterschieden und nur noch dem letztgenannten
Bereich die Möglichkeit der Erkenntnis von Wahrheit zugebilligt,
während man den erstgenannten Bereich dem Emotionalen zuord-
nete. Die Geschichte dieser Mißachtung der Erschließungskraft und
damit des möglichen Wahrheitsgewinns auch durch nicht-diskursi-

ves, sondern präsentatives Denken und Sprechen; geht zurück auf
den Beginn der Neuzeit, wo René Descartes nur noch das Denken
„more geometrico", also das logisch-diskursive Denken, wie es sich
am reinsten in der Mathematik ausprägt, als für die Erkenntnis von
Wahrheit gültig erachtet hat. Dieser Begriff von Wahrheit und
Wissenschaft drang auch in die Theologie ein. Man kompromittierte
den symbolisch-figürlichen Umgang mit christlicher Überlieferung,
wie er in der Väterzeit noch eine grundlegende Rolle spielte, als
bloßes Spiel der Phantasie. Statt dessen nahm man die Texte und
Textteile als *Gegenstände* im Sinne des naturwissenschaftlichen
Gegenstandsbegriffs und begann, sie kritisch zu analysieren. Schriftauslegung bestand dann darin, Feststellungen, die durch scharfe
Beobachtung an den Texten gewonnen wurden, durch logisch-
diskursive Schlüsse zu verbinden und daraus Folgerungen zu ziehen.
In unseren Tagen hat jedoch die auf solche Weise entstandene historisch-kritische Bibelauslegung selbst eingesehen, daß diese rein
diskursive, auf Tatsachenfeststellungen abzielende Beschäftigung
mit der Bibel, so wertvolle Erkenntnisse sie uns gebracht hat,
letztlich doch den Menschen immer mehr dieser Überlieferung
entfremdet und sie in eine immer größer werdende Distanz zu ihm
rückt. Autoren wie Walter Wink ([2]1976) oder (ihm folgend) Hermann Barth und Tim Schramm 1977) kommen heute von der
exegetischen Arbeit selbst her an diese Grenze und plädieren über
die historisch-kritische Analyse hinaus für assoziative und ganzheitliche Methoden des Umgangs mit biblischen Texten.
Freilich wird dabei häufig das Kind mit dem Bade ausgeschüttet.
Weniger Walter Wink selbst, als vielmehr diejenigen, die seinen
Ansatz allzu schnell in Praxis übersetzen, verzichten in dieser ihrer
Praxis beinahe ganz auf eine analytische Beschäftigung mit den
Texten; sie lassen vielmehr *unmittelbar* zu den Texten assoziieren
und kommen dabei häufig zu einer Auslegung, die nach Art der
oben definierten Allegorie einzelne Textelemente herausgreift und
sie psychischen Gegebenheiten zuordnet (vgl. Janson-Michl, in: Kat.
Bl. 9/78, 708–713). Dabei hat die historisch-kritische Analyse gerade
auch für eine symbolisch-figürliche Beschäftigung mit der Schrift
heute eine unersetzliche Bedeutung. Denn der Mensch der säkularisierten und weltanschaulich pluralen Gesellschaft, der nicht mehr in
einem von der Bibel bestimmten Denk- und Empfindungsraum lebt,
kommt notwendig aus einer relativ großen Distanz an die Texte
heran und empfindet sie als ihm fremd. Er muß deshalb notwendig
erst durch Analyse ein Stück dieser Textüberlieferung als in sich

konsistent erkennen und die Strukturelemente entdecken, die das
jeweilige Stück Text zu einem Ganzen machen und es in einer
historischen Situation verankern. So kann durch strukturale und
historische Analyse ein Stück Text zu einer in sich konsistenten
Sinn-Figur werden, die, wie es Wesensmerkmal des Symbols ist,
„selbstmächtig" aus sich heraus spricht und dann so, *als ganze*
genommen, auf das Leben des Menschen übertragen werden kann.
Merkmal einer solchen ganzheitlichen Übertragung ist, daß die in
einem Text oder einem Bild des gegenwärtigen Bibellesers manifest
gewordenen Textassoziationen rückwirkend noch einmal mit diesem
Text selbst, seinem Sinn und seiner Aussageabsicht, also seiner im
ganzen vorliegenden Sinnfigur, verglichen werden; erst darin erfolgt
der kritische Dialog zwischen gegenwärtiger und damalig-biblischer
Versprachlichung der jeweiligen Lebenssituation (dies ist deshalb
auch der notwendige letzte Schritt in der Arbeit mit dem sogenannten „Bibeldidaktischen Viereck", vgl. Baudler, 1979 a, 124 ff.). Durch
diese ganzheitlich-dialogische Übertragung erweist sich ein solcher
Umgang mit Überlieferung als von einer phantastischen Allegorie
sehr unterschieden; er ist einerseits der genuinen alten symbolisch-
figürlichen Textauslegung verbunden, andererseits aber auch auf
Theologie als Wissenschaft bezogen.
Der Unterschied zur typologischen Schriftauslegung, wie sie sich im
Neuen Testament und in der Väterzeit in großem Umfange findet,
besteht dabei freilich darin, daß eine in der Schrift erzählte Begebenheit nicht, wie dies im Neuen Testament geschieht, auf das Geschehen um Jesus aus Nazareth bezogen und auf es übertragen wird,
sondern auf das je gegenwärtige Leben des Menschen. Die oben
beschriebene sogenannte „Symbol-Regel" der Korrelationsdidaktik
macht jedoch darauf aufmerksam, daß ein Überlieferungselement,
wenn es mit der Lebenssituation in einen befreiend-kritischen
Dialog treten will, seinerseits Ausdruck und Symbol des christlichen
Glaubensfundaments, also des Geschehens um Jesus aus Nazareth,
sein muß. Ein symbolisch-figürlicher Umgang mit Überlieferung,
wie er hier vorgeschlagen wird, vollzieht sich also in zwei Schritten:
Einmal wird ein Textelement im ursprünglichen Sinne der typologischen Schriftauslegung mit dem Geschehen um Jesus aus Nazareth
in Beziehung gebracht, als symbolisch-figürlicher Ausdruck dieses
Glaubensfundaments gelesen, und dann erst auf das je gegenwärtige
Leben übertragen. In diesem letztgenannten Schritt liegt das Neue
gegenüber der alten typologischen Schriftauslegung. Die im folgenden erarbeiteten fachdidaktischen Strukturgitter wollen eine Hilfe

bieten, biblische Texte (und, wie weiter unten gezeigt wird, vgl. bes. Kap. C. 2.3, auch Inhalte der Systematischen Theologie) einerseits auf die Jesusgestalt und andererseits auf menschliche Lebenserfahrung zu beziehen.

Dies ist besonders beim sakramentendidaktischen Strukturgitter (fachdidaktisches Strukturgitter II) deutlich: Ich brauche nur die senkrechten Spalten von unten her zu lesen; ich kann auf diese Weise einen gegebenen biblischen Text einer der menschlichen Grunderfahrungen zuordnen, wie sie durch die Sakramente erschlossen sind, und kann dabei jenen Aspekt der Lebensgestalt Jesu herausfinden (Spalte 4), der in dem betreffenden Text symbolisch-figürlich ausgedrückt ist; diesen kann ich dann zur Korrespondenz mit „entsprechenden Lebensvollzügen im Alltag" (Spalte 3) bringen und diese Vollzüge auf ihre „qualifizierenden Elemente" (Spalte 2) hin befragen. Im symboldidaktischen Strukturgitter ist in der unteren Spalte 5 das jeweilige Gegenstandssymbol (und seine entsprechende menschliche Grunderfahrung: Spalte 1 und 2) schon unmittelbar symbolisch-figürlich auf die Jesusgestalt bezogen, so daß hier das entsprechende Überlieferungsmotiv unmittelbar als Ausdruck des Glaubensfundaments genommen und einerseits mit Erfahrungen im alltäglichen Leben (Spalte 3) oder hier auch mit religionsgeschichtlichen Phänomenen (Spalte 4) in Dialog kommen kann.

4. Korrelation durch didaktische Strukturgitter

„Curriculum-Revision" in den sechziger und siebziger Jahren

Als in den späten sechziger und frühen siebziger Jahren die vielen Abmeldungen religionsmündiger Schüler (vor allem an Gymnasien und Berufsschulen) vom Religionsunterricht eine Neuorientierung der Religionspädagogik und eine neue Konzeption dieses Unterrichtsfaches erforderten, erfolgte diese Revision im Zusammenhang mit einer allgemeinen Revision schulischen Unterrichts, wie sie mit dem Namen „Curriculum-Revision" umschrieben ist. Diese Art der Unterrichtsreform wurde von Saul B. Robinsohn und seinen Mitarbeitern im Berliner Max-Planck-Institut für Bildungsforschung durch eine 1967 erschienene Programmschrift initiiert (ders., Bildungsreform als Revision des Curriculum, 1967). Dabei war es Robinsohns Anliegen, den Fächerkanon der Wissenschaften, der sich immer mehr aufblähte und die Schulen mit seinem Wissensstoff überschwemmte, zu relativieren: Schule hat nicht Wissenschaft (in verkleinertem Maßstab) an Kinder und Jugendliche weiterzugeben; ihre Aufgabe besteht vielmehr darin, diesen jungen Menschen die Fähigkeit zu vermitteln, daß sie ihre gegenwärtigen und zukünftigen Lebenssituationen, sowohl im privaten wie im beruflichen Leben, bewältigen können. Die Inhalte schulischer Lehrpläne sind nach diesem Ansatz nicht aus den einzelnen Wissenschaften abzuleiten, sondern aus den Lebenssituationen und den Fähigkeiten, die zu deren Bewältigung notwendig sind.

Religionsunterricht verstand sich in diesem Ansatz als jener Unterricht, der den Schülern die Fähigkeit vermittelt, solche Lebenssituationen zu bewältigen, in denen das Ganze des Lebens und der Welt, die Frage nach Sinn oder Sinnlosigkeit, angesprochen ist. Der Synodenbeschluß nennt eine Fülle solcher Situationen sowohl aus dem individuellen wie aus dem gesellschaftlichen Bereich (Zeugung, Geburt, Tod, Hoffnung ... Armut, Hunger, Krieg, Frieden usw., vgl. Gem. Syn. I, 133/134). Es gilt danach zu fragen, welche Fähigkeiten notwendig sind, solche die Sinnfrage tangierenden Lebenssituationen zu bewältigen und erst dann Inhalte zu suchen, mit deren Hilfe diese Fähigkeiten vermittelt werden können. Im Zuge dieses einseitig situativen und zielorientierten Ansatzes des Religionsunterrichts ergab sich, daß so gut wie alle notwendigen Qualifikationen zur Bewältigung von Sinn-Situationen auch mittels profaner Texte,

Kurzfilme, geschichtlicher Gestalten usw. erreichbar waren. Dadurch gerieten die überlieferten Glaubensgehalte aus dem Blickfeld und Theologie und Kirche kamen in Gefahr, nicht mehr Bezugsgröße dieses Unterrichtsfaches zu sein. Der Synodenbeschluß sucht deshalb diesen Unterricht im Schnittfeld pädagogisch-anthropologischer und theologisch-kirchlicher Begründungszusammenhänge anzusiedeln (Konvergenzmodell) und legt dadurch den Grundstein für die Ausbildung einer Korrelationsdidaktik, deren Anliegen es ist, Glaubensüberlieferung und Lebenssituation in eine kreative und konstruktive gegenseitige Wechselbeziehung zu bringen.

Diese Rückorientierung auf (kirchlich verantwortete) Theologie als der Bezugswissenschaft des Religionsunterrichts verlangt auch eine Revision des durch Robinsohn vorgegebenen allgemeindidaktischen Ansatzes. Eine solche Revision hat sich auch innerhalb der allgemeinen Didaktik herausgebildet, weil man einsah, daß es kurzfristig oder auch mittelfristig nicht möglich sein würde, schulische Lerninhalte allein aus der Analyse von Lebenssituationen zu gewinnen und die überlieferte Fächerstruktur völlig in den Hintergrund zu schieben. Unter diesem Aspekt hat Herwig Blankertz und seine Münsteraner Arbeitsgruppe eine „mittelfristige Curriculumforschung" entwickelt, die bei den vorhandenen Unterrichtsfächern ansetzt und diese nach den in ihr angelegten Möglichkeiten befragt, Schüler zur Bewältigung ihrer Lebenssituationen zu befähigen (vgl. Blankertz (Hg.), Curriculumforschung, 1971). Konkrete Entscheidungen über Inhalte und Intentionen des Unterrichts innerhalb eines bestimmten Faches sind nach diesem Modell durch zwei Koordinaten bestimmt: Die eine Koordinate gründet in der Fachwissenschaft; sie bildet die Strukturen ab, in denen die Fachwissenschaft das betreffende Gegenstandsfeld behandelt. Die andere Koordinate enthält die „edukative Intentionalität" (Blankertz, 1975, in: Frey [Hg.], Bd. II, 1975, 202–214, hier 206), d. h. die Lebensfelder, auf die hin eine (nach Blankertz „emanzipatorische") Erziehung möglich und notwendig ist. Dabei ist es wichtig zu sehen, daß in den Strukturgittern, die Blankertz selbst vorstellt, auch diese zweite Koordinate (die Lebensfelder, auf die hin erzogen werden soll), nicht losgelöst von der betreffenden Fachwissenschaft steht, vielmehr solche Felder aufgelistet werden, die sich aus der Perspektive des jeweiligen Faches ergeben. So enthält z. B. das für die Biologie-Didaktik entwickelte fachdidaktische Strukturgitter in der senkrechen Koordinate die „biologischen Sphären": „Compartimentierung", „Genetik", „Evolution", „Verhalten" (also Bereiche und Perspektiven der Fachwissen-

schaft) und in der waagerechten Koordinate die Stufen: „Natur-
herrschaft", „bewußtlose Produktivität", „arbeitsteilig-funktionalisti-
sche Technologie", „aufgeklärte Naturbeherrschung" (also Kategorien, die einerseits eine edukative Tendenz aufweisen, andererseits
aber doch auch vom Fach her bestimmt sind). In den Feldern, die
durch diese Koordinaten eröffnet sind, soll sich der Biologie-Unter-
richt in seinen Themen und Intentionen bewegen (vgl. Ewers, in:
Blankertz [Hg.], 1973, 155—230, hier 178). Blankertz bezeichnet
Strukturgitter als *Kriteriensätze*, die von der jeweiligen Fachwissenschaft her die Intentionen und Qualifikationen erschließen, die den
Schüler zur Bewältigung seiner Lebenssituationen befähigen (Blankertz, 1975, 207).

Erste didaktische Strukturgitter für den Religionsunterricht

Es ist naheliegend, daß sich eine Religionspädagogik, die vermeiden
will, daß der Religionsunterricht infolge einer allzu starken Orientierung an Lebenssituationen sein theologisches Profil verliert, nicht
am Robinsohnschen Curriculum-Modell orientiert, sondern an dem
von Herwig Blankertz entwickelten Strukturgitter-Ansatz. Es muß
dabei darum gehen, in einer zweidimensionalen Matrix einen
theologisch und religionspädagogisch begründeten „Satz von Kriterien und Kategorien" zusammenzustellen, mit deren Hilfe

— „die Strukturen des jeweiligen Gegenstandsfeldes" im Medium
  der Theologie und der Glaubensüberlieferung erfaßt;
— „die an solche Fachstrukturen heranzutragende leitende pädagogi-
  sche Intentionalität ausgedrückt";
— die Ansprüche aufgenommen werden, die von seiten der Kirche
  und der Schule an die Curriculum-Konstruktion „mehr oder
  weniger ausdrücklich" herangetragen werden.

Dies entspricht der Definition des didaktischen Strukturgitters, wie
sie Gösta Thoma für den Blankertzschen Strukturgitter-Ansatz
erarbeitet hat (G. Thoma, in: Frey [Hg.], Bd. I, 1975, 463). Auch W.
Simon arbeitet mit dieser Definition eines didaktischen Strukturgitters (ders., 1983, 55).
Im Jahre 1973 erschienen die ersten didaktischen Strukturgitter für
den Religionsunterricht. Evangelischerseits hat Wolfgang Konukiewitz ein solches erarbeitet (Konukiewitz in: ders. [Hg.], 1973, 76 bis
93), wobei er sich ausdrücklich auf Blankertz bezieht (ebd. 77).

Dabei sieht er die Aufgabe eines Strukturgitters darin, „daß es vorgegebene Themen auf ihre Relevanz für das Fach prüfen bzw. als Lehrinhalte für dieses Fach qualifizieren soll". Seine Ausgestaltung des Gitters zeigt dann aber, daß er keineswegs allein oder auch nur primär die Theologie als Bezugswissenschaft des Religionsunterrichts bestimmt, sondern ebenso die „Erziehungs- und Gesellschaftswissenschaften", sowie „Religionswissenschaft" und „Anthropologie". Dem entspricht, daß er vom Ansatz her eine (wenn auch „nur annäherungsweise zu erreichende") weltanschauliche Neutralität für diesen Unterricht sicherstellen will (ebd. 85). Er vertritt also eine Konzeption von Religionsunterricht, die diesen relativ stark als (neutrale) Information mit dem Ziel einer emanzipatorischen Erziehung versteht, so daß sein Ansatz nicht für einen Religionsunterricht nach der Konzeption des Synodenbeschlusses zu übernehmen ist.

Dennoch beschreibt er die grundsätzliche Funktion eines Strukturgitters richtig, wenn er sagt, es müsse Kriterien bereitstellen „einerseits für die Frage, ob Inhalte und Lernziele der Aufgabenstellung des Faches entsprechen, und andererseits für die Frage, wie man die Inhalte strukturieren und die Lernziele bestimmen muß, damit sie diesen Aufgabenstellungen des Faches entsprechen" (ebd. 86); nur darf nach dem Verständnis des Synodenbeschlusses dieses „Fach" nicht in einer neutralen Religionswissenschaft und Anthropologie und auch nicht in einer an der kritischen Theorie orientierten Gesellschaftswissenschaft bestehen, sondern in einer Theologie, die sich an die christliche Glaubensüberlieferung (und an die Gemeinschaft, die sie überliefert) rückgebunden weiß.

Betrachtet man unter diesem Aspekt das didaktische Strukturgitter, das im selben Jahr der Zielfelderplan für die Sekundarstufe I in seiner „Grundlegung" entwickelt, wird schon auf den ersten Blick der Mangel dieses Strukturgitters deutlich: In ihm ist die horizontale Koordinate durch die Lebensfelder der Schüler bestimmt, die mit den Kategorien „eigenes Leben", „Leben mit anderen", „Begegnung mit Religion und Religionen", „Begegnung mit der Kirche" ausgedrückt werden. Die vertikale Spalte besteht aus den „didaktischen Grundfunktionen bzw. Lernstufen": „Kommunikative Information" − „Interpretative Entfaltung" − „Engagierte Stellungnahme". Es ist deutlich, daß diese so gekennzeichneten Koordinaten allenfalls im Lebensbereich „Begegnung mit der Kirche" durch die Fachwissenschaft Theologie im oben genannten Sinne bestimmt sind. Alle anderen Kategorien stammen aus der Humanwissenschaft, bzw. der

Religionswissenschaft. Die vertikalen Kategorien erinnern stark an die psychologisch begründeten „Formalstufen des Lernens" Anschauung-Erklärung-Anwendung, die auf die Pädagogen Herbart und Ziller zurückgehen.

Ich habe in einer 1976 erschienenen Kritik dieses Strukturgitters vorgeschlagen, die rein psychologisch-pädagogischen Kategorien der vertikalen Koordinate durch die von Günter Lange herausgearbeiteten drei Dimensionen der Wirklichkeit zu ersetzen, also genuin „religiöse" Kategorien einzuführen und dadurch ein Lernen zu strukturieren, das als religiöser Erschließßungsprozeß verläuft (Baudler, 1976, in: Ott/Miller, 1976, 324–347). Sofern jedoch dabei einmal die horizontalen Kategorien in ihrer mangelnden theologischen Qualifikation stehenblieben und zweitens auch das Langesche religionspädagogische Modell der mehrdimensionalen Wirklichkeit stärker ontologisch-anthropologisch als eigentlich theologisch orientiert ist, kann auch dieser mein damaliger Vorschlag noch nicht dem entsprechen, was H. Blankertz unter einem *fach*-didaktischen Strukturgitter versteht; es kann deshalb auch keine (theologisch vermittelte) Korrelation (im Sinne des oben entwickelten Korrelationsbegriffs) zwischen Lebenssituation und Glaubensüberlieferung bewirken.

Dagegen bringen die fachdidaktischen Strukturgitter, die Günter Biemer und Albert Biesinger für den Religionsunterricht entwickelt haben, die Theologie als Bezugswissenschaft dieses Unterrichts wesentlich stärker zum Tragen (Biemer/Biesinger, 1976). Sie schlagen vor, für den Religionsunterricht Strukturgitter zu verwenden, die nicht bloß auf die Theologie insgesamt, sondern auf die theologischen Einzeldisziplinen rückbezogen sind. Für die biblische Theologie, die Kirchengeschichte und die Moraltheologie legen sie ausgearbeitete Strukturgitter vor. In ihnen wird die vertikale Koordinate durch zentrale Begriffe der jeweiligen theologischen Disziplin strukturiert, z. B. im „fachdidaktischen Strukturgitter Bibelunterricht" durch die Kategorien „Berufung Abrahams – Exodus – Propheten – (historischer) Jesus – Synoptiker – Paulus – Johannes – Gemeinden (zweite/dritte Generation)". Dies sind sicher genuine bibeltheologische Kategorien. Die vertikale Koordinate jedoch wird durch die sogenannten „Koexistentialien" gebildet. Damit sind die Grundbefindlichkeiten menschlichen Daseins: Tod, Arbeit, Herrschaft, Spiel und Liebe, bezeichnet, wie sie Eugen Fink in seiner philosophischen Anthropologie erarbeitet hat (ders., Oase des Glücks... 1975). Im Anhang wird auch ein Gesamtstrukturgitter für den Religionsunterricht vorgelegt, das in der Vertikalen durch diese philosophischen Koexistentialien in doppelter Weise, einmal als „Anspruch" und einmal als „entfremdete Verwirklichung" strukturiert ist und in der senkrechten Koordinate innerhalb verschiedener Handlungsdimensionen jeweils die Kategorien „Sinn", „Liebe", „Hoffnung" als Grundmuster enthält. Dieses Gesamtstrukturgitter ist jedoch nicht mehr näher erläutert.

Vor allem zwei Punkte verhindern bei diesem Vorschlag eine Korrelationsdidaktik im oben beschriebenen Sinne: Einmal ist offensichtlich (und wird auch so ausgewiesen), daß die vertikale Koordinate relativ willkürlich auf eine mehr oder weniger beliebig ausgewählte philosophische Anthropologie zurückgreift und dadurch der Anspruch des fachdidaktischen Strukturgitters, Lerninhalte und Lernprozesse genuin in der vertikalen *wie* in der horizontalen Koordinate, von der Fachwissenschaft her zu strukturieren, schon aufgegeben ist. Zweitens bewirkt die Rückbeziehung des Religionsunterrichts auf die Einzeldisziplinen der Theologie und deren grundlegende Kategorien, daß theologische Inhalte als genau umgrenzte historische *Gegenstände* oder systematisch-theologische *Begriffe*, also nicht als *Symbole*, den Unterricht strukturieren. Dadurch entsteht, wie die Ausfüllung der durch die Koordinaten erschlossenen Themenfelder zeigt, ein relativ distanzierter, einseitig kognitiv strukturierter Unterricht, der *über* viele Gegenstände und Themen redet, sich aber nicht prozeßhaft als Erschließung der religiösen Wirklichkeitsdimenion ausweisen kann; auch kann so keine wechselseitig-kritische Korrelation stattfinden; vielmehr, auch dies ist deutlich an den gewonnenen Themen abzulesen, bilden die theologischen Kategorien die vorgegebene Norm, unter der die Koexistentialien gesehen und behandelt werden.

Fachdidaktisches Strukturgitter im Zielfelderplan für die Grundschule

Am notwendigsten und wohl auch am besten zu realisieren ist ein prozeßhaft erschließender, symbolisch-korrelativer Religionsunterricht in der Grundschule. Unter diesem Gesichtspunkt gilt es, das didaktische Strukturgitter des Zielfelderplans für die Grundschule etwas genauer zu betrachten. Es enthält in der horizontalen Koordinate die „christlichen Grundhaltungen" Glauben (Vertrauen), Lieben (Sich-Zuwenden), Hoffen (zuversichtlich sein) und in der

Vertikalen „menschliche Grundgegebenheiten", die aufgegliedert
sind in Grunderfahrungen positiver Art — Grundbedürfnisse —
Grunderfahrungen negativer Art. Unter diesen drei Kategorien
werden insgesamt 41 menschliche Grundgegebenheiten und Grundbefindlichkeiten aufgelistet, die teilweise durch Querstriche noch
einmal in größere Gruppen (insgesamt 16) zusammengefaßt sind.
Diese Liste besteht in Ausdrücken wie „Geborgensein", „Angenommenwerden", . . . „nicht allein sein", . . . „neugierig sein", . . . „sich
durchsetzen" . . ., „Angst haben" . . ., „nicht beachtet werden" . . .,
„verzweifeln" usw. In die durch diese Koordinaten eröffneten 123
Felder sind alle Ziel- und Themenfelder des Plans eingezeichnet.
Dadurch soll erreicht werden, daß der Lehrer zusätzlich zur The-
men- und Zielangabe etwas über die „Stimmung", die „Gestimmt-
heit" erfährt, die den Unterricht bei der Behandlung des Themas
durchziehen und die Auswahl sowie den Einsatz der Medien bestimmen soll (Grundlegung, 57). Sofern sich alle Inhalte und Lernziele in
dieses Raster einfügen, sind sie als sowohl pädagogisch-anthropolo-
gisch (vertikale Spalte der „menschlichen Grundgegebenheiten") als
auch theologisch (waagerechte Spalte der theologischen Grundtu-
genden) relevant ausgewiesen; auch soll deutlich werden, „wie man
die Inhalte strukturieren und die Lernziele bestimmen muß, damit
sie den Aufgabenstellungen des Faches entsprechen" (Konukiewitz,
1973, 86). So ist z. B. die Unterrichtseinheit 125 „Leute, die Angst
vor der schwarzen Katze haben" (Intention: „Zwischen Glaube und
Aberglaube unterscheiden lernen") in das Feld eingetragen, das
durch die vertikale Kategorie „Sicherheit suchen" und die horizontale Kategorie „Glauben-Vertrauen" erschlossen ist. Daraus ergibt
sich also, daß Geschichten, Bilder, Lieder und Spiele gesucht werden
müssen, die auf die Kategorien „Sicherheit suchen" bzw. „Vertrauen" bezogen sind und diese Haltungen zum Ausdruck bringen.
Auf diese Weise kann tatsächlich ein prozeßorientierter, symbolisch-
korrelativer Religionsunterricht grundgelegt werden: Es können
einerseits zur anthropologischen Kategorie „Sicherheit suchen"
profane Spiele und Medien aus der Lebenswelt der Kinder gesucht
werden, die symbolisch diese menschlichen Grundbefindlichkeit
repräsentieren und andererseits können zur korrespondierenden
theologischen Kategorie „Glauben-Vertrauen" biblische Motive und
Erzählstücke ausgewählt werden, welche diese theologische Grund-
haltung (als wesentliches Element des christlichen Glaubensfundaments) symbolisch repräsentieren; beide Symbole können dann in
eine kritisch-kreative Wechselbeziehung zueinander kommen.

Ein großer Mangel dieses didaktischen Strukturgitters liegt jedoch darin, daß die beiden Koordinaten „christliche Grundhaltungen" und „menschliche Grundgegebenheiten" bedeutungsmäßig zu nahe beieinander liegen und dadurch diese Koordinaten keine Felder öffnen, die wirklich voneinander *abgegrenzt* sind und erst so klare didaktische Vorgaben ermöglichen. So ist etwa die oben als Beispiel erwähnte Unterrichtseinheit 125 ebenso gut mit den vertikalen Kategorien „Angst haben", „Geborgen sein" und „Unselbständig sein" und mit der horizontalen Kategorie „Hoffen — Zuversichtlich sein" in Verbindung zu bringen, so daß sich insgesamt weitere 7 Felder dieses Strukturgitters anbieten, um die korrelative Struktur des Ziel- und Themenfeldes zu bestimmen und dadurch die Auswahl sowie den Einsatz der Medien zu lenken. Für andere Ziel- und Themenfelder ergibt sich teilweise eine noch wesentlich höhere Zahl möglicher Felder, z. B. läßt sich die Unterrichtseinheit 130 „Gott ist da für die Menschen — alltägliche Gottesvorstellungen mit einigen Aussagen der Bibel vergleichen" außer in die vorgeschlagenen Koordinaten „Geborgensein" — „Vertrauen" sehr gut auch mit den Kategorien „Angenommenwerden", „Bejaht werden", „für andere da sein wollen", „Selbstvertrauen gewinnen", sowie mit den vertikalen Kategorien „Sich zuwenden — Lieben" und „Zuversichtlich sein — Hoffen" verbinden, so daß sich insgesamt weitere 17 Felder für die korrelationsdidaktische Strukturierung des Themas auftun. Das ist ein zu großer Ermessensspielraum. Nach welchen Kriterien soll der Lehrer entscheiden, welches Feld er wählen soll? Auch wenn er die Einordnung des Plans übernimmt, die unter dem Gesichtspunkt vorgenommen wurde, „daß möglichst verschiedene menschliche Grunderfahrungen und christliche Grundhaltungen innerhalb eines Rahmenthemas berücksichtigt und damit verschiedene Akzente gesetzt werden" (Grundlegung, 57), ist das Dilemma nicht behoben, weil dann ja auch die „Stimmungen" und „Gestimmtheiten" der einzelnen Felder (auch bei verschiedener thematischer Ausfüllung) sehr nahe beieinander liegen und also Auswahl und Einsatz der Medien sich ständig überschneiden. Die „Schere", die durch die Koordinaten „christliche Grundhaltungen" und „menschliche Grundgegebenheiten" gebildet wird, geht nicht auf, sie erschließt keinen wirklichen didaktischen Handlungsspielraum.

Zu diesem Mangel kommt hinzu, daß die vertikale Koordinate der „menschlichen Grundgegebenheiten" offenbar neutrale, nicht theologisch strukturierte und informierte Kategorien aufzulisten sucht, also nicht beide Koordinaten auf die Fachwissenschaft bezogen sind, wie dies der Blankertzsche Ansatz nahelegt. Dadurch kommen Vorentscheidungen ins Spiel, die vom Fach her nicht begründet sind und deren „Interesse" nicht aufgedeckt ist. Zwar ist am Strukturgitter des Grundschulplans zu sehen, daß die Auswahl, Anordnung und Formulierung der „menschlichen Grundgegebenheiten" doch „unter der Hand" — ohne dies so auszuweisen — durch ein theologisch grundgelegtes Verständnis des Menschen geprägt sind. Weil aber darüber nicht reflektiert wird, geraten die „menschlichen Grundgegebenheiten" in eine so große Nähe zu den theologischen Grundhaltungen, daß der vorhin beschriebene Mangel entsteht, sich die „Schere" der Koordinaten nicht öffnet und keine wirklichen didaktischen und methodischen Entscheidungshilfen aus dem Gitter zu gewinnen sind. Was unterscheidbare menschliche Grunderfahrungen sind, wodurch sie sich voneinander abgrenzen und wie sie sich aufeinander beziehen, müßte ein wirklich fachdidaktisches Strukturgitter im Blankertzschen Sinne aus der Perspektive der Fachwissenschaft, also der Theologie, begründen und formulieren.

Ziele und Möglichkeiten des symboldidaktischen und des sakramentendidaktischen Strukturgitters

In unserem Falle geschieht dies im symboldidaktischen Strukturgitter durch Gegenstandssymbole, die in der christlichen Tradition als Symbole des Glaubensfundaments fungieren; und im sakramentendidaktischen Strukturgitter durch die 7 Sakramente, die sich in der katholischen Theologie als jene „Knotenpunkte" herausgebildet haben, an denen sich dasselbe Glaubensfundament in menschliche Grunderfahrungen hinein entfaltet. Die zweite Koordinate (in unserem Fall die vertikale) muß dann Kategorien enthalten, die obwohl *auch* theologisch grundgelegt, doch weit genug von denen der ersten Koordinate entfernt sind, um dazwischen einen didaktischen Handlungsspielraum zu eröffnen. Diese zweite Koordinate ist im folgenden sowohl beim symboldidaktischen Strukturgitter als auch beim sakramentendidaktischen fundamentaltheologisch strukturiert: sie erschließt die verschiedenen Schichten, die ein Glaubenssymbol einerseits mit dem Alltagsleben und andererseits mit dem Glaubensfundament verbinden.

Insgesamt setzen sich die in den folgenden Kapiteln vorgestellten zwei korrelationsdidaktischen Strukturgitter folgende Ziele (wobei sie aus den beschriebenen Fehlern anderer Gitter zu lernen suchen):

— Sie wollen erreichen, daß die Theologie als die wissenschaftlich reflektierende Erforschung und Weitergabe der christlichen Überlieferung genuine Bezugswissenschaft dieses Unterrichts ist, also nicht schon im Strukturgitteransatz andere Bezugswissenschaften auftauchen, vielmehr beide Koordinaten theologisch begründet und ausgewiesen sind. Natürlich ist dadurch keineswegs ausgeschlossen sondern vielmehr impliziert, daß sich diese Theologie als Bezugswissenschaft dieses schulischen Unterrichts innerhalb des Rahmens entfaltet, der durch die Pädagogik (hier bes. durch die allgemeine Schulpädagogik) bestimmt ist, also auch Pädagogik und andere Humanwissenschaften (z. B. Entwicklungspsychologie) oder auch die Religionswissenschaft (vgl. das symboldidaktische Strukturgitter) ein Mitspracherecht bei der Gestaltung der Curricula dieses Faches haben.

— Sie wollen erreichen, daß die christlichen Überlieferungselemente dabei nicht als Lehrgegenstände eingebracht werden, welche die gegenwärtigen Lebenssituationen von vornherein normieren (vgl. das oben vorgestellte Strukturgitter von Biemer/Biesinger), sondern als Symbole und „Lebensfiguren", die einerseits Ausdruck des christlichen Glaubensfundaments sein und andererseits mit der symbolisch verdichteten Lebenssituation der Schüler in eine schöpferische und wechselseitig kritische Verbindung treten können.

— Sie wollen dem Lehrer ein Instrumentarium an die Hand geben, mit dessen Hilfe er die notwendigen didaktischen und methodischen Entscheidungen begründet fällen kann und nicht wiederum, wie durch das didaktische Strukturgitter des Zielfelderplans für die Primarstufe einem letztlich uferlosen Ermessensspielraum ausgesetzt ist.

Um diese drei Ziele zu erreichen, haben wir uns zu einer neuen Art des Vorgehens entschlossen. Es wird von uns nicht der Versuch gemacht, ein Koordinatenfeld zu erschließen, in dem numerisch die Summe aller im Religionsunterricht zu behandelnden Ziel- und Themenfelder Platz findet. Statt dessen haben wir — entsprechend unserem symbolisch-figürlichen Gesamtansatz — einige Themen und Zielsetzungen ausgewählt, die sich für einen symbolisch-korrelativen Religionsunterricht besonders nahelegen und haben diese korrelationsdidaktisch durchstrukturiert. Unsere Strukturgitter stellen also eine Anzahl von Themen vor, die für eine Korrelationsdidaktik der oben beschriebenen Art *typisch* sind, und laden dazu

ein, Ziel- und Themenfelder anderer Art (wie sie etwa aus den
Zielfelderplänen entnommen werden können) diesen *typischen
Themen* zuzuordnen und sie analog zu strukturieren. Ein zu jedem
der beiden Strukturgitter entwickeltes *Frageraster* soll diese Zuord-
nungsarbeit erleichtern und eine wirkliche Hilfestellung bei den zu
fällenden didaktischen und methodischen Entscheiden geben.
Am deutlichsten ist dies vielleicht beim sakramentendidaktischen
Strukturgitter (fachdidaktisches Strukturgitter II) zu verfolgen. Die
in der vertikalen Koordinate (Sp. 1: menschliche Grunderfahrung)
genannten Kategorien „Aufbruch, Neubeginn", „Mündigwerden",
„einen Beruf ergreifen", „im gemeinsamen Essen und Trinken
Geborgenheit erfahren", „an eine konstitutive Daseinsgrenze stoßen", „sich in leiblichen Gesten dem anderen zuwenden (Sexualität)", „Miteinander sprechen" sind gleichsam idealtypische Themen, die (aufgrund der Sakramententradition) unmittelbar mit
einem christlich-jesuanischen Bewältigungsmuster des Lebens (einer
Lebensfigur, in der sich die Jesusgestalt konstitutiv ausprägt) in
Verbindung zu bringen sind und dadurch eine symbolisch-korrela-
tive Verflechtung zwischen eigenem Leben und jesuanischem
Lebensmuster unmittelbar ermöglichen. Die Sakramentenüberlieferung der Kirche, in der seit dem Ursprung des christlichen Glaubens
das christliche Glaubensfundament auf das Leben hin ausgelegt wird
(die also die älteste „Korrelationsdidaktik" der Kirche darstellt), hat
uns diese idealtypischen Ziel- und Themenfelder erschlossen. Sofern
nun aber diese 7 Sakramente das *ganze* Leben eines Menschen
erfassen und die heilsrelevanten „Knotenpunkte" menschlichen
Lebens artikulieren, legt es sich für eine christliche Anthropologie
nahe, alle übrigen im Leben auftauchenden Situationen und Erfahrungsfelder jenen 7 menschlichen Grunderfahrungen zuzuordnen,
die den Sakramenten korrespondieren.
Je leichter dabei ein Thema diesen 7 Grundkategorien zuzuordnen
ist, desto deutlicher ist es als wichtiges und notwendiges Thema des
Religionsunterrichts ausgewiesen. So lassen sich z. B. rein psychologische oder soziologische Themenstellungen *als solche* (z. B. Wahr-
nehmung oder Rollenmodelle) nicht zu den idealtypischen Themen
unseres Gitters in Beziehung setzen, können also, wenn überhaupt,
nur in entsprehend *variierter Form* (z. B. Identitätsfindung und
Rollenverhalten, was, so formuliert, zur Thematik „Mündigwerden"
in Beziehung gesetzt werden kann) in den Religionsunterricht
eingebracht werden. In den in Kap. C. 3. vorgestellten Unterrichtsprojekten versuchen wir zu zeigen, wie diese Zuordnung funktio-

niert und wie sich aus ihr Ziele und Auswahl sowie Einsatz der Medien für den konkreten Unterricht ergibt. Es ist z. B. ziemlich offensichtlich, daß sich eine Thematik wie „Freiheit und Angst" (Unterrichtsbeispiel C. 3.1) gut den idealtypischen Themen „Aufbruch, Neubeginn, Vorwärtsgehen" und „Mündigwerden" einerseits sowie „An eine konstitutive Daseinsgrenze stoßen" andererseits zuordnen läßt. Wie im einzelnen dann gearbeitet werden kann, ist unmittelbar aus den Unterrichtsbeispielen ersichtlich. Allgemein ist nur zu sagen, daß sich nach erfolgter Zordnung aus der Spalte 2 die Ziele eines Unterrichtsprojekts ergeben und diese zusammen mit der Spalte 3 relativ deutlich Kriterien für die Auswahl und den Einsatz der notwendigen Unterrichtsmedien liefern; während die Spalten 4 und 5 in gegenseitiger Zuordnung Hinweise darauf geben, wie ein Überlieferungselement („entsprechende biblische Erzählungen" aus Spalte 5) als Symbol und Ausdruck des Glaubensfundaments (eben des „korrespondierenden Aspekts der Lebensgestalt Jesu", Sp. 4) fungieren kann. Zwischen den Sp. 2/3 und 4/5 ereignet sich also das Korrelationsgeschehen. Da sich das Strukturgitter aus den Sakramenten entfaltet, diese selbst jedoch wiederum unmittelbar im „Ursakrament" des gekreuzigten und auferstandenen Jesus gründen, ist das vorgestellte Strukturgitter als unmittelbar in Theologie und christlicher Überlieferung stehend, also spezifisch *fach*didaktisch, ausgewiesen.

Dies scheint beim symboldidaktischen Strukturgitter (fachdidaktisches Strukturgitter I) weniger der Fall zu sein, sofern hier religiöse Gegenstandssymbole, wie sie in allen Religionen der Menschheit vorkommen, die horizontale Koordinate strukturieren. Tatsächlich ist dieses Strukturgitter stärker einem propädeutischen Religionsunterricht zugeordnet. Zwar muß es in einem Religionsunterricht, der sich dem Synodenbeschluß verpflichtet weiß, immer um die Erschließung der religiösen Wirklichkeitsdimension *auf der Basis christlicher Überlieferung* gehen. Dabei kann aber der Akzent einmal mehr auf der Erschließung der religiösen Dimension *als solcher* liegen und einmal mehr auf der *christlichen Geprägtheit* der erschlossenen religiösen Lebensdimension. Diesen letztgenannten Akzent vertritt das sakramentendidaktische Strukturgitter, den erstgenannten das symboldidaktische.

Aber auch hier ist festzuhalten: Wie die Sp. 5 des Gitters zeigt, haben alle aufgeführten und korrelationsdidaktisch durchstrukturierten religiösen Gegenstandssymbole einen relativ breiten Raum innerhalb der christlichen Überlieferung. Auch wird bei den Hinweisen in Sp. 5 deutlich, daß die gewählten Symbole geeignet sind, das christliche Glaubensfundament symbolisch zu repräsentieren. Ganz deutlich ist dies z. B. bei den „Ich bin"-Worten des Johannes-Evangeliums (wie Joh 14, 6: Jesus, der Weg; Joh 15, 5: Jesus, der Weinstock). Aber auch die stärker alttestamentliche Einbindung der Gegenstandssymbole ermöglicht deren typologische, d. h. symbolisch-figürliche Beziehung zum christlichen Glaubensfundament (so läßt sich z. B. Gen 2, 9, die Rede vom „Baum des Lebens", auf die Jesusgestalt beziehen usw.). Hier wird aber im Unterschied zum sakramentendidaktischen Strukturgitter durch die Sp. 4 nicht dieser Bezug zum christlichen Glaubensfundament ausgewiesen, sondern die Verflochtenheit des Symbols in die Welt religiösen Denkens und Lebens. Das christlich qualifizierte Symbol (etwa des Weges) repräsentiert in diesem symboldidaktischen Strukturgitter nicht nur das christliche Glaubensfundament (dies kommt zumeist in Sp. 5 unmittelbar zum Ausdruck), sondern auch eine allgemeine, in allen Religionen sich findende religiöse Ausdrucksform, sie eröffnet also „Religion" und „Religiosität" in jenem weiten Sinn des Wortes, wie es auch der Synodenbeschluß verwendet (als „Sinngebung durch Transzendenzbezug", vgl. Gem. Syn. I, 132). Unsere Beispiele durchgeführten Unterrichts (Kap. B. 3.) werden jedoch zeigen, daß auch hier die Erschließung der religiösen Wirklichkeitsdimension genuin durch die christliche Verwendung und Prägung des gewählten Symbols bestimmt ist und also auch hier Religionsunterricht *auf der Basis christlicher Überlieferung* erteilt wird.

Auch in diesem symboldidaktischen Strukturgitter haben wir idealtypische Themen korrelationsdidaktisch durchstrukturiert, so daß andere Themen in dem Maße für den Religionsunterricht relevant sind, als sie diesen von uns aufgeschlüsselten religiösen Ursymbolen zuzuordnen sind. Dabei ist es wichtig, die vorgestellten Symbole wirklich als solche zu nehmen, d. h. ihnen einen möglichst weiten Assoziationsspielraum zu geben. In diesem Sinne ist z. B. ein Thema wie „Ich kann schon viel, manches muß ich noch lernen" (Zielfelderplan Grundschule Nr. 101) deutlich dem Wegsymbol zuzuordnen, während das Thema „Ich bin ich" (Zielfelderplan Nr. 102) schwerpunktmäßig mit dem Symbol „Wind, Atem" (eigener Lebensatem) zu verbinden ist. Natürlich werden sich, ähnlich wie im Beispiel „Freiheit und Angst" für das sakramentendidaktische Strukturgitter gezeigt, auch hier meistens mehrere Symbole einem Thema zuordnen lassen. Neben dem Symbol des (eigenen) Atems ist z. B. auch der Berg (als Symbol der Festigkeit und Abgegrenztheit)

und das Symbol des Baums (in seinem Verwurzeltsein) zu dem
Thema „Ich bin ich" zu assoziieren. Durch diese stärker gegen-
standssymbolische Einbindung der weitgehend auf menschliches
Verhalten hin artikulierten Ziel- und Themenfelder des Zielfelderplans für die Grundschule wird vermieden, daß Religionsunterricht
zu einem bloßen Ethikunterricht gerät, der die religiöse Dimension
des Lebens und der Welt als solche nicht mehr deutlich werden läßt.
„Baum", „Wind", „Atem", „Berg" geben dem Lehrer Hinweise,
welche Ziele er seinem Unterricht setzen und welche unterrichtlichen Impulse er einbringen muß, damit seine unterrichtliche
Arbeit zum Thema „Ich bin ich — sich der Einmaligkeit der eigenen
Person bewußt werden" nicht ein Psychologie- oder Soziologie-
Unterricht wird, sondern in dieser Thematik religiöse Wirklichkeitsdimension (in christlicher Perspektive) erschlossen wird. Wie beim
sakramentendidaktischen Strukturgitter soll auch hier ein beigefüg-
tes Frageraster helfen, Zuordnungen der genannten Art durchzufüh-
ren. Wie dort geben auch hier die Sp. 2 und 3 Hinweise für die
Zielsetzung und die Auswahl bzw. den Einsatz entsprechender
profaner Medien, während die Sp. 4 und 5 Hilfestellung geben,
überlieferte Glaubenssymbole und entsprechende Symbole der
Religionsgeschichte zu den symbolisch vertieften Lebenserfahrungen der Schüler in Beziehung zu setzen.
Wir haben das symboldidaktische Strukturgitter an Beispielen aus
dem Religionsunterricht der Grundschule veranschaulicht, während
wir die Beispiele für das sakramentendidaktische Strukturgitter im
Unterricht der Sekundarstufe I erarbeitet haben. Damit möchten wir
aber nicht zum Ausdruck bringen, daß das symboldidaktische Gitter
ausschließlich der Grundschule und das sakramentendidaktische
Gitter ausschließlich älteren Jahrgangsstufen (gedacht ist auch an die
Sekundarstufe II) zugeordnet werden soll. Sicher wird das mit
Gegenstandssymbolen arbeitende Strukturgitter einen bevorzugten
Platz im Grundschul-, auch schon im Vorschul-Unterricht haben
können; es ist aber auch durchaus möglich, hier schon mit dem
sakramentendidaktischen Strukturgitter zu arbeiten, während umgekehrt auch das symboldidaktische bisweilen gute Hinweise auch
noch im Religionsunterricht der Sekundarstufe I und II geben kann.

B Religiöse Gegenstandssymbole als Grundlage der Korrelationsdidaktik

1. Religiöse Gegenstandssymbole als Wege zur religiösen Wirklichkeitsdimension (exemplarisch dargestellt an den Symbolen „Wasser" und „Wind") (Ex)

Gegenstandssymbole (Natursymbole) sind in jüdisch-christlicher Tradition nicht unmittelbar als solche Symbole des Göttlichen, sondern nur eingefügt in einen geschichtlichen Zusammenhang. Die Tamariske, die Abraham in Beerseba pflanzte, um dort den Namen seines Gottes anzurufen (Gen 21, 33) oder der Stein, auf dem Jakob seinen Traum von der Himmelsleiter träumt und der ihm deshalb als Ort der Erscheinung Gottes bewußt wird, erschließen nicht aus sich selbst heraus das Wesen des Göttlichen, sondern sie verweisen (zumindest in den späteren Traditionszusammenhängen) auf den „Jahwe von Ägypten her", d. h. auf jene göttliche Macht, welche die versklavte Nomadensippe aus Ägypten befreit hat. Erst aus diesem geschichtlichen Ereignis erschließt sich unmittelbar, wer und was Gott ist.

Doch der Fels, der Berg, der Wind und das Wasser sind geeignet, auf die Tiefendimension zu verweisen, die im geschichtlichen Offenbarungsereignis angelegt ist und sie aufzudecken. Ein Mensch, der nicht gelernt hat, im Wasser, das er trinkt oder das seinen Leib erfrischt, mehr zu sehen, als die chemische Verbindung H_2O, wird niemals fähig sein, in der Befreiung der Moses-Sippe aus Ägypten oder im Leben und Sterben des Jesus aus Nazareth mehr zu sehen als eben ein zufälliges geschichtliches Ereignis; er wird Geschichte nur als Historie, als Ansammlung historischer Fakten und Tatsachen, begreifen, nicht aber eine *Sinn-Figur* im Geschichtszusammenhang entdecken, die ihn staunend und betend vor das Geheimnis des

Göttlichen stellt. Gerade in einer wissenschaftsorientierten Welt und Gesellschaft, in der nur das „Empirische", „Faktische", das, was objektiv festgestellt, gemessen und gewogen werden kann, zählt, ist eine religiöse Erziehung nicht möglich, wenn sie nicht versucht, Kindern und Jugendlichen diese gegenständliche Welt in einer tieferen Dimension zu erschließen, sie sensibel zu machen für den transzendenten Sinngehalt, der sich in solchen naturhaften Gegebenheiten erschließen kann. Sofern dann, wie dies in unserem Unterrichtsbeispiel (Kap. B. 3.) geschieht, diese tiefere Dimension der gegenständlichen Welt (das Befreiende des Windes und das Gemeimnisvolle und Belebende des Wassers) mit der Geschichte Jesu aus Nazareth in Beziehung gebracht wird und deren Tiefendimension symbolisch eröffnet, ist auch solche religionspädagogische Arbeit am Gegenstandssymbol unmittelbar eine christliche religiöse Erziehung, welche die religiöse Wirklichkeitsdimension auf der Basis christlicher Überlieferung erschließt und das, was Gott und Religion ist, vom christlichen Glaubensfundament her erfahrbar macht.

Stärker noch als Unterrichtseinheiten, die mit dem sakramentendidaktischen Strukturgitter arbeiten oder christliche Überlieferung als solche thematisieren, ist ein Religionsunterricht, der an religiösen Gegenstandssymbolen arbeitet, gleichzeitig wirklich *Religions*unterricht, sofern er den christlichen Gott als Wirklichkeit erschließt, die, wenn auch nicht auf den spezifisch jüdisch-christlichen geschichtlichen Symbolgehalt bezogen, in allen Religionen der Menschheit in Erscheinung tritt. Ein Unterricht dieser Art ist besonders gut geeignet, den Sinn und Wert einer religiösen Lebenshaltung *als solcher* zu erschließen und zu ihr zu motivieren (vgl. Synodenbeschluß, Gem. Syn., 140). Er macht deutlich und läßt unmittelbar erfahren, daß die religiöse Sicht des Lebens und der Welt eine Lebensqualität erschließt, die zum Menschsein des Menschen notwendig ist, in der rationalen Alltagswelt jedoch weitgehend verschüttet wird.

Im folgenden sollen die Naturgegebenheiten „Wasser" und „Wind" exemplarisch für die anderen religiösen Symbole des symboldidaktischen Strukturgitters religionsgeschichtlich und theologisch in diesem ihrem religiösen Symbolgehalt erschlossen werden. Dann soll in den Unterrichtsprojekten zu denselben Themen gezeigt werden, wie die exemplarisch aufgezeigte religiöse und christliche Tiefendimension gegenständlicher Wirklichkeit mit Hilfe des symboldidaktischen Strukturgitters und seines Fragerasters in religionsunterrichtliche Lernprozesse umgesetzt werden kann.

1.1 Das Symbol „Wasser"
als religiöses und christliches Symbol

Wie verschieden ein- und derselbe Naturgegenstand betrachtet werden kann, soll folgender Vergleich zeigen:

— *Wasser,*
    H_2O; chemische Verbindung vom Wasserstoff und Sauerstoff (= Wasserstoffoxid). Wasser ist eine farblose, in dicker Schicht bläuliche Flüssigkeit. Der Schmelzpunkt liegt bei 0, der Siedepunkt bei 100 Grad Celsius. Es bedeckt die Erdoberfläche zu 71%. Dies ist eine Wassermenge von ca. *1 394 500 000 m³.* Pflanzen bestehen bis zu 95%, der Mensch zu 60 bis 75% aus Wasser. In der Bundesrepublik Deutschland beträgt der jährliche Wasserverbrauch etwa *30 Mrd. m³.*
    (Meyers, 1981, Bd. 23, 348; Umweltschutz, [6]1982, 228–231)

oder

— *„Wasser,*
    du hast weder Geschmack noch Farbe, noch Aroma. Man kann dich nicht beschreiben. Man schmeckt dich, ohne dich zu kennen. Es ist nicht so, daß man dich zum Leben braucht: du selber bist das Leben! Du durchdringst uns als Labsal, dessen Köstlichkeit keiner unserer Sinne auszudrükken fähig ist. Durch dich kehren uns alle Kräfte zurück, die wir schon verloren gaben. Dank deiner Segnung fließen in uns wieder alle bereits versiegten Quellen der Seele. Du bist der köstlichste Besitz dieser Erde."
    (Saint-Exupéry, 1979, 165 f.)

Mauretanier, die zum ersten Mal in ihrem Leben einen Wasserfall sahen, beschrieben ihr Erleben so:
„Hier lief aus dem Bauch des Berges das Leben selbst, der heilige Lebensstoff . . . Hier zeigte sich Gott sichtbar. Unmöglich war es, einfach gleich weiterzugehen. Gott hatte die Schleusen seiner Macht geöffnet." (Saint-Exupéry, 1979, 97)
Zu solchen Erfahrungen fähig zu machen, erfordert eine ganzheitliche Erziehung, die den heranwachsenden Menschen nicht „eindimensional" (Marcuse) sieht, sondern ihm alle Lebensdimensionen zu erschließen sucht. Diese muß Kinder und Jugendliche dazu befähigen, das Wasser als ein aus sich heraus sprechendes Symbol zu erfahren, also die vielfältigen Stimmen des Wassers zu verstehen und von ihm zu lernen, wie es z. B. Hermann Hesse beschrieb (Hesse, Siddharta, 1979, bes. 83–94).
Im Gegensatz zu den beschriebenen Erfahrungen dieser Afrikaner werden die meisten Mitteleuropäer, wenn sie das Stichwort „Wasser" hören, nach der Art der ersten Beschreibung eher Fakten assoziieren.

Und doch hängt auch unsere Freiheit und unser Leben tatsächlich von den Wasseradern der Erde ab, wie der Embryo von der Nabelschnur. Länger als ca. 3 Tage kann kein Mensch überleben, ohne zu trinken. Ist Wasser also nicht ebenso „real" wie die im ersten Beispiel beschriebenen Daten, „der köstlichste Besitz unserer Erde"?
In vielen Teilen der Erde wird es noch als Kostbarkeit geschätzt, weil es nur zu bestimmten Jahreszeiten sicher vorhanden ist, oder weil man kilometerweit bis zum nächsten Brunnen oder Fluß gehen muß, um es für das tägliche Leben in kleinen Gefäßen herbeizuschaffen. Doch wir Mitteleuropäer drehen den Wasserkran auf, gebrauchen es für Toiletten, Spül- und Waschmaschinen und bringen unser Auto mit ihm auf Hochglanz. Gehen wir so verschwenderisch mit dem Element Wasser um, weil uns der Zugang zu tieferliegenden Wirklichkeiten, zu dem, was „Wasser" als Symbol ausdrückt, verlorengegangen ist? Um für diese offen zu werden, ist es notwendig, eine Zeitlang das „H$_2$O-Verständnis" beiseite zu schieben, denn „das Wesentliche ist für die Augen unsichtbar", dies sieht man nur mit dem Herzen (Saint-Exupéry, Der kleine Prinz, 1952, 52).

Das Symbol „Wasser" in den Religionen

a) in der prähistorischen Zeit

Bereits aus der Zeit des Neolitikums (5000–2000 v. Chr.) sind uns auf Keramiken gemalte Wellen- und Zickzack-Zeichen für Wasser, besonders für den himmlischen Regen, bekannt. Ebenfalls aus der Vorzeit stammen gefäßtragende Figuren oder Gefäße in Form von Figuren, die im Dienst von Fruchtbarkeitskulten standen, indem sie mit heiligem Wasser gefüllt wurden, das in der damaligen bäuerlichen Welt als Symbol der Fruchtbarkeit und des Lebens galt.
Aus der Bronzezeit (2000–800 v. Chr.) besitzen wir ebenfalls hohle Gestalten, die bei Gräbern lagen. Man schließt daraus, daß Toten diese mit Lebenswasser gefüllten Gestalten (Hydren) mit in die Erde gegeben wurden, da der damalige Totenglaube beinhaltete, daß Tote während des Wartens auf die Seelenwanderung einen unlöschlichen Durst verspürten. Schon damals lag also ein Glaube an die magische und therapeutische Funktion des Wassers vor (Maringer, Z. Rel. u. Geist, 1974, 224–231).

b) in der abendländischen Antike

Die Schriften Vergils, Ovids und Homers berichten von Wasserkulten aus dem klassischen Altertum. Sie sprechen von mantischen Kräften des Wassers, die ihm aufgrund seines chthonischen Wesens zugesprochen wurden und auch von Quellenverehrungen. Besonders in ihnen wird der mütterlich-weibliche Charakter des Elements „Wasser" deutlich. Die Quelle symbolisiert das Bild des Weiblichen, weil diese nach der Vorstellung der antiken Völker aus ihrem Schoß das Wasser gebar und somit zur Mutter jeder Existenz wird. Das griechische Wort „nymphe" bedeutet sowohl „Quelle" als auch „reifes Mädchen" (Der kleine Pauly, Bd. IV, Sp. 207 u. 209). So kam es zu der Entstehung von Mythen und Legenden, die von menschenähnlichen Lebewesen erzählen, die aus dem Wasser geboren werden und in ihm leben. Dies sind Nymphen, Nixen, aber auch kultisch verehrte Gottheiten, wie z. B. der griechische Meeresgott Poseidon und der Flußgott Acheloos. Im männlichen Gott Poseidon bekommt die Stärke und Gewalt des Meeres eine mythische maskuline Personifikation, die somit den Gegenpol zu dem sonst üblichen weiblichen Element bildet. Darüber hinaus werden auch die mit ihnen im Wasser lebenden Tiere, besonders Fische, zu Symbolen des Göttlichen.

Bedingt durch das antike Weltbild wurde das Wasser als ambivalentes Symbol verehrt; einerseits brachten die „oberen Wasser" durch die Schleusen des Himmels den fruchtbringenden Regen, andererseits begrenzten die „unteren Wasser", der Urozean, das Totenreich. Indem das Totenwasser das Leben verschlingt, es sich aber zugleich im Lebenswasser ständig erneuert, begründen diese Mächte den Kreislauf des Lebens. So war in der griechisch-römischen Mythologie das Reich der Toten von dem der Lebenden durch Wasser abgegrenzt. Die Ruhe des Todes erlangte in der Vorstellung dieser Mythologie nur der, der vom Fährmann Charon auf seinem Kahn über die Styx oder den Acheron zum Reich des Hades übergesetzt worden war.

c) in östlichen Religionen und in den Naturreligionen

In sehr ausgeprägtem Maß ist der Kult der Naturreligionen vom Symbol „Wasser" geprägt.

Die Überlieferung von Urwassern aus denen die Welten entstanden sind, tauchen in fast allen archaischen Religionen in sich ähnelnden Formen auf (Dähnhardt, Natursagen, Bd. I, 1—89). Nach einer indischen Mythologie schwamm Narayana schlafend auf den Urwassern, als aus seinem Nabel der Weltenbaum erwuchs, aus dem Brahman geboren wurde. Somit wird Wasser zur „Quelle jeden Dinges und jeder Existenz", wie es in den hinduistischen Veden zusammenfassend heißt.

Im babylonischen Weltbild ist die Erde nicht nur aus der Urflut entstanden, sondern wird auch weiterhin vom Urmeer umschlungen, welches den Kreislauf der Natur bewirkt.

Aufgrund der gleichen Vorstellung verstanden auch die alten Ägypter, Phönizier, viele archaische Völker und Stämme das Wasser als „arché" und „origo", „Urgrund" und „Ursprung " der Welt und verehrten es deshalb als heilig (Rech, Bd. II, 1966, 309 f.). Die abhängigmachende Macht des Wassers verkörpert sich für die alten Ägypter besonders durch den Nilstrom, mit dessen An- und Abschwellen das Leben stieg und sank. Diese stete Beweglichkeit des Wassers, die in seiner Dynamik begründete Kraft, prägte auch die Hüttenlehre der amerikanischen Potawatomi-Indianer. Nach ihrer Vorstellung gelangte bei der Erschaffung des Menschen erst Leben in seinen Körper, als ihm Wasser eingeflößt wurde. Das ewige Pulsieren des menschlichen Blutes wird deshalb mit dem Fließen und Strömen des Wassers innerhalb der Natur gleichgesetzt (Rech, Bd. II, 1966, 351—353).

Der Ursprung dieses „Lebenswassers" (Eliade, 1954, 223) wird in vielen alten Naturreligionen entweder im „Himmel" oder in der „Unterwelt" gesehen. In den Überlieferungen der Inder, Perser, Mandäer und Inkas gelangt das Wasser aus den Höhen des Lichtreiches in die unterirdische Finsternis und kehrt von dort in das Reich über den Sternen zurück. Aus diesem Glauben resultiert die Einheit von Wasser und Licht, wonach sowohl das Sonnenlicht als auch das Mondlicht als Lebenswasser galt.

Ein weiterer, zum Wassermythos gehörender Aspekt liegt in der Vorstellung von seiner heilenden, verjüngenden, vor allem reinigenden Kraft durch den „heiligen Trank" und die „Wassertauche". So gaben z. B. die Mandäer ihren Neugeborenen in einer sakralen Handlung Lebenswasser zu trinken; finnisch-ugrische Völker benutzten es als Medizin zur Reinigung des kranken, unsauberen Körpers (Rech, Bd. II, 1966, 353—357; Eliade, 1954, 224). Der im „Lebenswasser" notwendig enthaltene Aspekt des Untergehens, des Todes, wird durch die kultische „Wassertauche" symbolisiert, die als Vorstufe des endgültigen Verschlungenwerdens von den Totenwassern bezeichnet werden kann. Bis heute ist z. B. ein gläubiger

Hindu verpflichtet, sich regelmäßig solchen kultischen Reinigungsriten zu unterziehen, die seine Sünden tilgen und somit Erlösung ermöglichen. Durch das Untertauchen wird der alte Mensch in die Formen der Präexistenz aufgelöst und kann als gereinigter, neugeborener auftauchen.

Eine alternative Form der Zusammenfassung des Gesagten über „Wasser" als Zeiten und Kulte übergreifendes menschliches Ursymbol wäre:

WASSER,

Du läßt uns die Unendlichkeit erahnen,
 aber doch spüren wir in dir die Nähe.

Du trägst und umringst uns,
 aber doch sind wir frei.

Du läßt uns den Neubeginn erfahren,
 aber bist doch zugleich auch der Tod.

Du gibst uns Fruchtbarkeit und Leben,
 aber doch bleiben wir deine Mörder.

Du läßt uns fühlen, was Macht ist und Größe,
 aber doch auch, was Frieden und Stille.

Zeig uns,
 wie wir hinabstürzen und doch aufgefangen werden.

Zeig uns,
 wie wir auftauen und doch nicht zerrinnen.

Zeig uns,
 wie wir mitreißen und doch freilassen.

Zeig uns,
 wie wir klein sein können und doch groß.

Zeig uns,
 wie wir klar sein können und doch vielschichtig.

Was bin ich dann?
 Fäulnis oder Frische,
 Oberfläche oder Tiefe,
 Last oder Befreiung,
 Eisblock oder Quelle,
 Halt oder Hindernis?
  So wie du.   (Marie-Theres Ex, 1982)

Das Symbol „Wasser" in der jüdisch-christlichen Tradition:
Zur Wassersymbolik im AT

Auch vom Juden- und Christentum ist die archaische Wassersymbolik übernommen worden. So ähneln die Schöpfungsgeschichten im AT in dieser Hinsicht den vielen antiken Kosmogonien.

Die Wasser sind die Ursprungsstätte der Schöpfung Jahwes, wie es in Gen 1, 2 deutlich . wird. Es ermöglicht auf unterschiedliche Art immer wieder einen, dann freilich in Jahwe begründeten Beginn. Die Flucht durch das Schilfmeer, wo das Wasser den Israeliten Raum gibt, den Ägyptern aber Tod bringt (Ex 14, 21—31), wird zur religiösen Urerfahrung des Volkes Israel. Durch das Wasser erfahren sie hier das helfende und rettende Eingreifen Jahwes, während dieses für die Ägypter zur strafenden und vernichtenden Unheilsmacht wird.

Immer wieder begründet das rettende Wasser den Glauben an den sich durch das Wasser repräsentierenden Gott „Jahwe": Jahwe gibt den Israeliten in der Wüste Wasser aus dem Felsen (Ex 17, 1—7); er führt an Wasser der Ruhe, die die Seele erquicken (Ps 23, 2); er tränkt die Erde (Ps 65, 10); er zieht den Menschen heraus aus tiefen Wassern (Ps 18, 17); er ist der Quell lebendigen Wassers (Jer 17, 13).

Doch auch die Vernichtungsgewalt des Wassers wiederholt sich als von Jahwe eingesetztes Strafgericht, das jedoch immer zugleich auch den Aspekt des Neubeginns beinhaltet (vgl. Ex 7, 14: das in Blut verwandelte Nilwasser; Jos 3—4: den Durchzug durch den Jordan). Antike Vorstellungen der Wasserflut, die die Menschheit bis auf den mythischen Ahnen der neuen Menschheit vernichtet, werden im Alten Testament aufgegriffen. Die alte Menschheit wird vernichtet, weil sie gesündigt hat, aber sie geht nicht endgültig zugrunde, sondern entsteht neu, weil Jahwe Noahs Familie verschont (Gen 6, 5—9).

Reinigungsriten symbolisieren dasselbe in weniger radikaler Form: Der alte, schuldige Mensch soll untergehen, „sterben", damit ein gereinigter Mensch durch diese „Seinserneuerung" (Rech, 1966, II, 313) wiedergeboren wird. So heißt es in Ex 36, 25: „Ich will reines Wasser über euch gießen und ihr werdet rein sein." Zum gleichen Symbolkreis gehören auch die Hand- bzw. Fußwaschungen der Priester (Ex 30, 17—21) oder die kultischen Waschungen (Ex 32, 20). Die in der Wassersymbolik zusammengehörenden Pole von Tod und Wiedergeburt werden auch in der Jona-Geschichte übernommen (Jon 23, 3). Jahwe straft und ermöglicht die Umkehr durch das

Eintauchen in die Tiefen des Wassers (Fischbauch) und das Auftauchen nach der Reue.

Das in allen Menschheitskulturen existierende Gegenstandssymbol „Wasser" wird also bereits im Alten Testament fundamentaler Teil eines geschichtlichen Handlungssymbols. In ihm wird die Allgegenwart Jahwes, das von ihm abhängende Leben in Freiheit und Heil, aber zugleich auch die von ihm ausgehenden Anforderungen und seine bedrohliche Macht erfahren. Das so entstandene Vertrauen und die Geborgenheit des mächtig schützenden Gottes ermöglichen den ständig neuen Aufbruch des Volkes Israel durch „Wüsten", die nie „wasserlos" sein werden.

Zur Wassersymbolik im Neuen Testament

Die gesamte Wassersymbolik des Alten Testamentes wird vom Neuen Testament übernommen, mit neuen Bedeutungsinhalten gefüllt und erfährt ihre Zuspitzung in der Übertragung auf den Messias. Zusammenfassend verdeutlicht sich dies in Joh 7, 37b–38: „Wer Durst hat, komme zu mir, und es trinke, wer an mich glaubt. Wie die Schrift sagt: Aus seinem Inneren werden Ströme von lebendigem Wasser fließen." Das hier angesprochene Schriftzitat bezieht sich auf den Felsen Jahwe, mit dem Jesus nun identifiziert wird (Schnackenburg, 1971, 211–218). Von ihm zu trinken, bedeutet, alle Lebenskraft und den Lebenssinn von ihm zu beziehen. Denn in Jesus ist der lebensspendende Jahwe Mensch geworden. Im Neuen Testament wird nun Jesus immer wieder als die Quelle dargestellt und als der, der das Lebenswasser gibt, wodurch dem neuen Menschen das ewige Leben geschenkt wird (vgl. das Gespräch mit der Samariterin am Jakobsbrunnen: Joh 4, 5–17). Die Durstigen läßt der Messias vom Wasser des Lebens trinken: Offb 21, 6; die Gottlosen aber müssen untergehen, da für sie alle Wasser vergiftet sind: Off 16, 4–12. Die reinigende Kraft des Wassers wird zum Heilszeichen für die sich vollziehende innere Umkehr des Menschen.

Eine andere Parallele zum Alten Testament ist die Frage nach der Macht über das Wasser. Wie Jahwe im Alten Testament über das Wasser Macht hatte, so wird auch Christuts in Wundergeschichten als Herr über das Wasser dargestellt (vgl. sein Gehen auf dem Wasser und die Stillung des Seesturmes: Mt 14, 22–33; Mk 6, 45–52; Joh 6, 16–21). Er ermutigt die Jünger, durch den Glauben an ihn nicht in den Fluten zu versinken.

Daß dieser Jesus die wasserspendende Quelle des Lebens ist, wird den Jüngern jedoch erst durch seinen Tod am Kreuz bewußt. So ist es eine Verbindung von realistisch beschriebenem Tod, von Eröffnungserfahrungen und von Zukunftsbeschreibung, wenn bei Jo 19, 34 steht: „. . . einer der Soldaten stieß mit der Lanze in seine Seite und sogleich floß Blut und Wasser heraus" (Schnackenburg, Bd. III, 1975, 337–345).
Wasser ist im Neuen Testament also ein ausgesprochen christologisches Symbol für Gnade, Heil, innere Umkehr (Metanoia), Neubeginn und weist damit hin auf den Geist, der alles neu macht. Am stärksten begründet und verdichtet sich dies bei der Taufe Jesu im Jordan (Mt 3, 13–17; Mk 1, 9–11; Lk 3, 21–22). Da Jesus selbst nicht getauft hat, die nachösterliche Gemeinde jedoch von Anfang an taufte (Eph 5, 26; Apg 2, 37–41), scheint die christliche Taufpraxis auf die Tauferfahrung Jesu zurückzugehen. Seine Taufe ist gekennzeichnet durch den darauffolgenden Beginn des öffentlichen Wirkens. Sein Aufbruch und Neuanfang gründen in jener „disclosure", die Jesus beim Auftauchen aus dem Jordanwasser gemacht hat (Baudler, 1977, 103–109).
Wie bei den antiken Riten der „Wassertauche" (vgl. oben), so ist auch das Unter- und Auftauchen aus dem Wasser bei der Taufe durch Johannes ein Symbol für die Ablösung des Menschen vom alten Äon und die Vorbereitung für die Ankunft der neuen Welt.

Zur Entwicklung der Wassersymbolik im kultischen Leben des Christentums

Die Taufpraxis wandelt sich in der Frömmigkeitsgeschichte u. a. in bezug auf die versprachlichte Äußerung des Symbolisierten, auf das Täuflingsalter (siehe „Taufe", Kap. C. 1.2), jedoch auch in bezug auf die Art der Wasserverwendung. Während in den Urgemeinden in fließendem Wasser (meist in Flüssen oder Seen) getauft wurde, wurden seit dem 3. Jahrhundert spezielle Taufkapellen, sogenannte Baptisterien oder zumindest große Taufbecken gebaut, die meist in die Mitte des Raumes plaziert wurden (Jungmann, 1960, 13 f.). Seit der Frühgotik entwickeln sich daraus kleine Taufbecken am Rande des Kirchenschiffes, an denen der Akt des Untertauchens gegen dreimaliges Übergießen des Kopfes ersetzt wurde, wie es auch heute noch praktiziert wird. Im übrigen ist in den Urgemeinden der

Gebrauch von speziellem Taufwasser unbekannt; diese Praxis setzte erst im 3. bis 4. Jahrhundert ein.

Doch nicht nur in der Taufe bekommt das Symbol „Wasser" im Christentum eine Bedeutung. Der Gebrauch eines reinigenden Wassers wird bereits bei Eusebios († 339) bezeugt. Er beschreibt, daß Paulus als Symbol „heiliger Buße" am Eingang von Kirchen Brunnen bauen ließ, in denen man sich bei Betreten der Kirche die Hände wusch. Dies geschah einerseits als Erinnerung an die Taufe und andererseits als Läuterung in bewußter Abgrenzung gegen die Reinigungsbräuche der Heiden. Im Gegensatz zum Glauben der Heiden, sich selbst reinigen zu können, betonte man die typisch christliche Symbolik des Wassers: Gott hat bei der Taufe das Leben gereinigt.

Seit ca. 900 n. Chr. bis heute ist der Gebrauch von Weihwasser (Wasser mit Beimischung von geweihtem Salz, zeitweise auch Öl) bekannt. Dieses Sakramentale „Weihwasser" will in Alltagssituationen an die Taufwassersymbolik — und damit an den rettenden Neuanfang des Lebens im Messias Jesus — erinnern. So wird das ganze Leben in seinen verschiedenen Gegebenheiten geheiligt (Liturgiekonstitution Art. 61). Im Gegensatz zum Taufwasser, das in der Osternacht geweiht wird, ist es bis heute in vielen Gemeinden üblich, ca. alle zwei Wochen Wasser zu weihen, das für liturgische Einsegnungen (Gegenstände aller Art und für Menschen) und von den Gläubigen zu Hause benutzt wird. Der Brauch, den Tag mit einem Kreuzeszeichen mit Weihwasser zu beginnen und zu beenden, also jeden Tag als erneuten Aufbruch und Neubeginn nach Art des Messias Jesus in seiner Jordantaufe zu verstehen, wurde infolge der wachsenden Unfähigkeit, Symbole als solche zu empfinden, magisch mißverstanden und ging deshalb mehr und mehr zurück.

Im Laufe der christlichen Frömmigkeitsgeschichte kam es auch immer wieder zu Gleichsetzungen von Symbol und Symbolisiertem. So wurde das Wasser der Taufe zum „Wasser, das den Getauften neugeboren machte". Im Zuge dieser Idolatrie wurde das Wasser zur Macht gegen Dämonen, gegen Feuergefahr, jähen Tod usw. (Rech II, 1966, 349). Da es jedoch zu Rückbesinnungen auf den ursprünglichen Symbolgehalt kam, blieb das Wassersymbol in der Gemeindepraxis erhalten.

Eine weitere Bedeutung innerhalb des Christentums gewinnt das Symbol „Wasser" auch durch den Glauben an heilige Quellen, denen heilende — teilweise auch „wunderwirkende" — Kräfte zugesprochen werden. Ein Beispiel hierfür ist der Wallfahrtsort Lourdes in Südfrankreich. Viele Kranke sind durch ein Bad in der durch Bernadette Soubirous entdeckten Quelle geheilt worden. Natürlich besteht hier, wie immer beim Umgang mit Natur- und Gegenstandssymbolen, die Gefahr, daß nicht dem Glauben, der im Umgang mit dem Wasser seinen symbolischen Ausdruck findet, sondern dem Wasser als einer vorgegebenen, natürlichen Substanz die heilenden Kräfte zugesprochen werden; doch die Gefahr der Idolatrie kann bei keinem Symbolumgang ausgeschlossen werden.

1.2 Das Symbol „Wind" als religiöses und christliches Symbol

Der Wind ist zunächst ein geheimnisvolles Naturelement: Unsichtbar, ungreifbar, launisch, unberechenbar, kühlt und umstreichelt er, vermittelt das Gefühl, von ihm bewegt und getragen zu werden — dann aber kann er plötzlich als tosender Orkan seine Macht entfalten, das Meer peitschen, Bäume entwurzeln, Landschaften vernichten und dann, auf einmal, säuselt er wieder still in den Zweigen. Nur durch Stimme und Wirkung ist er erfahrbar. Er bewegt die Luft, die schwerer ist als Feuer, aber doch leichter als Erde und Wasser. Unbewußt lebt man mit ihr und doch ermöglicht sie uns zu atmen, zu hören und zu riechen. Diese feinste, farblose Substanz ermöglicht unser Leben, ihr Fehlen bedeutet Tod. Schon diese Aspekte machen bewußt, daß „Wind" mehr ist, als ein allein mit naturwissenschaftlichen Mitteln beschreibbares Element.

Das Symbol „Wind" in den Religionen

a) in der prähistorischen Zeit und in der abendländischen Antike

Seit ihren Anfängen erkannte die Menschheit ihr Ausgeliefertsein an und ihre Abhängigkeit von den einzelnen Naturelementen. Vor allem der Wind war lange Zeit eine den Menschen unerklärliche und unberechenbare Erscheinung. Sie erfuhren seine begünstigenden Wirkungen, jedoch auch seine Vernichtungskraft bereits beim Feuer; später auch für die Fruchtbarkeit des Landbaus, der Vegetation, für Schiffahrt usw. Da der Einfluß der Gestirne und Temperaturschwankungen als Ursache des Windes unbekannt waren, führten die Menschen des Altertums die geheimnisvollen Erscheinungen des

Windes auf göttliche Wesen oder Dämonen zurück, die sie mit Opfergaben besänftigten.

Im gleichen Maße wurde die Abhängigkeit des Menschen von diesem Element erfahren. Aufgrund der Erkenntnis, daß das irdische Leben vom ersten bis zum letzten — nicht durch Wille oder Vernunft zu beeinflussenden — Atemzug von dem Wind bzw. der Luft abhängt, wurde er bereits in der Naturweisheit der Antike als „spiritus vitalis" („Lebenshauch") bezeichnet.

Über diese materielle Bedeutung hinaus werden Wind und Atem im Glauben des Altertums auch mit dem geistigen Prinzip des Menschen, mit der Seele, in Verbindung gebracht. Perser, Inder, Indogermanen und Griechen z. B. hatten die religiöse Vorstellung, daß die Seele ein Lufthauch sei. Nach diesem Glauben entstand und bestand sie aus Wind, Luft (griech.: pneuma), wird jedoch nicht nur aus Wind gezeugt, sondern auch ständig von ihm genährt. Nach ionischer Philosophie gelangt die Seele durch den Atem in den menschlichen Körper, strömt ins Gehirn und bewirkt von dort das seelische Leben, dazu vom Herzen aus die vitalen Funktionen des menschlichen Organismus. Dieser griechische Begriff „pneuma" (neutr.) meint in seiner etymologischen Grundbedeutung „Hauch", im Sinne von Luft- und Atemhauch, als materiell gedachte Lebenskraft. Das Pneuma wurde als Urmaterie, als Material und Baustoff der Schöpfung angesehen. Das so verstandene „Pneuma" entwickelte sich dann zu einem alldurchdringenden Prinzip und bewirkt nicht mehr nur die körperlichen Lebensfunktionen, sondern bewirkt die Öffnung des Menschen zum Reich des Geistigen, zum Reich der Ideen (Plato, Stoa).

b) in den fernöstlichen Religionen und den Naturreligionen

Bereits die hinduistischen Upanishaden (ab 8. Jhd. v. Chr.) geben dem Atmen vor allen anderen Lebensfunktionen den Vorrang. Der Wind, die kosmische Entsprechung des menschlichen Atems, wird entsprechend als allbelebender Odem, als die Gottheit Vāta, gepriesen. Er ist der Lebensodem des kosmischen Organismus (Rig Veda, 1979, 59).

Auch in vielen Naturreligionen gibt es Wind- und Sturmgottheiten. Diese sich durch Wind und Sturm offenbarenden Mächte erregten aufgrund ihrer vielfältigen Funktion bei den Menschen ein religiöses Erschauern. Sie werden verstanden als Urmächte, die mit Donner, Blitz, Sturm und Regen dem gesamten Kosmos Fruchtbarkeit spenden und somit seinen Kreislauf bewirken (Eliade, 1954, 113 bis

117). Ebenso existiert in vielen Naturreligionen die Vorstellung von der Seele als ein das Innere des Menschen erfüllender und ihn geistig und körperlich nährender Wind. Stirbt der Mensch, so verläßt die Seele den Körper, wird von den Sturmgeistern ergriffen und durch Zerblasen dem Kosmos zurückgegeben (Eliade, 1954, 287).

Das Symbol „Wind" in der jüdisch-christlichen Tradition:

Geisterfahrungen durch das Symbol „Wind" im Alten Testament

Wie in der abendländischen Antike und in vielen Naturreligionen, so wird auch im Alten Testament das Leben als „Wind" und „Atem" beschrieben. In dem hebräischen Wort „ruach" (fem.) — mit der Bedeutung „bewegte Luft", „Atem", „Wind" — werden gleiche Inhalte angesprochen, wie mit dem griechischen „pneuma" und dem lateinischen „spiritus" (Rech II, 1966, 9 ff.). In unserem Sprachraum hat sich einseitig eine Übersetzung eingebürgert, die wohl auf die Missionierung Germaniens durch die iroschottischen Mönche zurückgeht. Sie übersetzten „pneuma" nicht bloß mit „spirit" (lat. spiritus), sondern verwendeten dafür das Wort „ghost", das auch „Gespenst" und „Riese" bedeuten kann und im germanischen Raum schon in der religiösen Mythologie verankert war. Während man aber heute im Englischen das biblische „pneuma" nicht bloß durch „Holy ghost", sondern auch mit „Holy spirit" wiedergeben kann, ist im Deutschen nur der Ausdruck „Heiliger Geist" geblieben, der kaum mehr auf die Grundbedeutung „Wind", „Atem" zurückverweist.

Am Anfang der Genesis wird erzählt, daß die „ruach Elohim" über den Wassern schwebte (Gen 1, 2). Wenn auch die genaue Bedeutung dieses Ausdrucks nicht auszumachen ist (vgl. Westermann 1962, 642 ff.), ist doch das Bild als solches aussagekräftig. Der Gottesatem belebt als Schöpfungsmacht die Wasser (nach syrischer Übersetzung brütet sie über den Wassern, vgl. Gunkel [6]1964, 103 f.) und ermöglicht Leben. Bei dieser Gotteskraft ist nicht von vornherein festgelegt, was sie bewirkt oder beinhaltet. Im gesamten AT wird sie als eine ausgesprochen dynamische, nicht nur psychische, sondern auch physische Macht dargestellt, die neues Leben ermöglicht (Gen 1, 2) und erhält (Gen 8, 1: Rückgang der Sintflut), die alles erfüllt und ständig schafft (Weish 1, 7). Sie kann jedoch auch als strafende, zornige und vernichtende Kraft erfahrbar werden (Joel 3, 1—4: das bevorstehende Gericht; Gen 15, 10: Ertrinken der Ägypter).

Neben der ursprünglichen Bedeutung „Wind" wird „pneuma" im AT auch im Sinne von „Lebensodem" benutzt. Damit ist die Lebenskraft gemeint, die mit dem Atem in den Menschen eindringt (Gen 1, 7: Erschaffung des Adam durch Anhauchen), ihn bei seinem Tod wieder verläßt (Gen 7, 22) und als von Gott ausgehend erfahren wird (Jes 42, 5; Ijob 33, 4—6: Gespräch zwischen Ijob und Elihu: „Gottes Geist hat mich erschaffen, der Atem des Allmächtigen mich belebt...."). Was Jahwe dem Menschen einhaucht, ist dabei mehr als eine bloß biologische Größe. In der Vision des Ezechiel, wo im Bild von der Belebung des Totengebeins (Ez 37, 1—14) die endzeitliche Auferweckung Israels dargestellt wird, ist innerhalb des relativ kurzen Textes insgesamt fünfmal davon die Rede, daß Jahwe den toten Gebeinen Atem einhaucht, die „ruach" von den vier Winden herbeiholt und die Toten damit anhaucht, damit sie lebendig werden (37, 9; vgl. auch die V 5, 6, 8 und 14). So ist „ruach" auch eine eschatologische Größe.

Diese Ruach überwältigt den Menschen stets „von außen" und verläßt ihn nach einer bestimmten Zeit wieder. Sie kann ganze Gruppen von Menschen in einen ekstatischen Zustand versetzen (z. B. 1 Sam 10, 9—12: Saul unter den Propheten) und gestaltet darüber hinaus die gesamte Natur und Geschichte der Welt (Ps 104, 24—30).

Erfahrbar wurde dieser Gottesatem vor allem in den Propheten. Sie sind vom ihm erfüllt und sprechen ihr Gotteswort in seiner Kraft. Schon „vom Mutterleib an" wird der Prophet Johannes von ihm erfüllt (Lk 1, 15 b), um mit dem „pneuma" und der „dynamis" eines Elias unter seinem Volk zu wirken (Lk 1, 16). In der messianischen Vision des Jesaia (Jes 11, 1—16) ist es die „ruach Jahwe", die sich auf dem „Sproß Isais" niederläßt (11, 2) und ihn, den kommenden Messias dazu befähigt, das Volk in Gerechtigkeit zu richten und jenen eschatologischen Frieden zu stiften, wo der „Wolf" beim Lamm wohnt" und „der Panther beim Böcklein liegt" (11, 6), ohne ihm zu schaden.

Vereinzelt sah man den Wind Gottes nicht nur im zeitlich begrenzt wirkenden Außergewöhnlichen, sondern rechnete mit ihm als einer bleibenden Größe (Dtn 34, 9: Josua war erfüllt vom Geist). So wird in der Heilsverheißung Ez 11, 19 und 36, 26 f. angekündigt, daß Gott den Menschen ein neues Herz und einen neuen Lebensatem geben werde, der dann als ständige Lebensmitte des Menschen, als Organ für ein neues Fühlen, Denken und Handeln wirken kann (siehe auch Joel 3). Bis dahin aber erflehen die Menschen das Kommen dieses befreienden Geistes, der die bösen, zerstörenden Stürme vertreibt. Diese Bewertung geschieht häufig durch die Unterscheidung zwischen dem Nordwind (aquilo), der Kälte, Erstarrung und Unreinheit bewirkt und den zum Guten antreibenden „Südwind" (auster) — (Hld 4, 16: „Nordwind, erhebe dich und Südwind, eile herbei" — Forstner, 1961, 99). Zu betonen bleibt jedoch, daß jeder Wind — ob vernichtend oder antreibend und befreiend als Erfahrung des in die Welt eingreifenden Geistes Jahwes verstanden werden kann.

Geisterfahrungen durch das Symbol „Wind" im Neuen Testament

a) Geisterfahrungen Jesu

Was in der Heilsverheißung Ez 11, 19 angekündigt wird, verwirklicht sich durch das Kommen und Wirken Jesu. Er ist nicht nur, wie Johannes der Täufer, schon vom Mutterleib an vom Gottespneuma erfüllt, sondern aus ihm gezeugt (vgl. Lk 1, 35, wo die Verheißung der Geburt Jesu der Verheißung der Geburt des Johannes gegenübergestellt wird). In der Taufe am Jordan, mit der sein öffentliches Wirken beginnt, sieht er dieses pneuma wie eine Taube auf sich herabkommen (Mk 1, 10); in der Kraft dieses pneumas heilt er die Kranken, macht Lahme gehend, Blinde sehend und Tote lebendig; er treibt die Dämonen aus und bringt so das Reich Gottes zu den Menschen (vgl. Lk 11, 20). Er begeistert die Apostel, bewegt sie, ihre Netze am See zu verlassen und gemeinsam mit ihm das Anbrechen des Reiches Gottes anzusagen und anzuzeigen. Seine Erfahrung des Getragenseins vom Gottespneuma gibt ihm die Kraft und Fähigkeit zu seinem Handeln und Reden (Lk 4, 16—21: Das Schriftwort Jes 61, 1 ist erfüllt; „Der Geist des Herrn ruht auf mir . . .; er hat mich gesandt, Blinden das Augenlicht zu geben, Bedrückte in Freiheit zu entlassen . . ."). Immer wieder berichten die neutestamentlichen Erzählungen, daß Jesus in besonderer Weise Träger des Geistes Jahwes ist und in seiner Macht handelt. Seine ganze Existenz steht unter dem Zeichen des göttlichen pneumas. In der lukanischen Passionsgeschichte übergibt Jesus sterbend dieses pneuma, aus dem heraus er gelebt hat, den Händen des Vaters (Lk 23, 46). Und dieser erweckt ihn in der Kraft dieses pneumas zu einem neuen todesjenseitigen Leben.

b) Geisterfahrung in der Urgemeinde

Der vom Tode Auferweckte erscheint seinen Jüngern, *haucht sie an* und überträgt so das Gottespneuma und seine Kraft der Sündenvergebung auf sie (Joh 20, 22 f.). Sie werden nicht wie die Jünger Johannes des Täufers mit Wasser getauft, sondern mit diesem Gottesatem. Er kommt als Gottessturm über sie und erfüllt das Haus, in dem sie am Pfingstfest versammelt waren (Apg 2, 2). Alle werden sie vom Gottespneuma erfüllt und beginnen in seiner Kraft in einer Sprache zu reden, die ihnen bisher fremd war und in der sie sich allen Menschen, auch den Heiden verständlich machen konnten. Wie schon Jesus, so ist auch seine Kirche aus diesem Gottesatem geboren, der eins ist mit Jesus. „Der Herr ist das Pneuma" bekennt Paulus (2 Kor 3, 17) und in diesem Pneuma, das Jesus ist, kann auch er und können alle Christen, alle in dieses pneuma Hineingetauchten, zum lebendigen Gott, zum Herrn des Himmels und der Erde rufen: abba, Papa, lieber Vater (Röm 8, 15).

Damit ist der Anfang einer neuen Schöpfung gesetzt. Wie der tosende Wind über den Urwassern den Beginn der Schöpfung ermöglicht, so wird auch der zweite große Anfang im Symbol des dynamisch-schöpferischen Pfingststurms beschrieben, der auf die verzweifelten und ratlosen Jünger herabkommt und sie belebt. Damit verwandeln sich nun Angst, Unsicherheit und Hoffnungslosigkeit, das Chaos des alten Lebens, in Engagement, Überzeugung und Aufbruch, zur Überschreitung aller Grenzen zwischen Ländern und Menschen: „Geht hin ... bis an das Ende der Welt" (Apg 1, 8; Mt 28, 1).

Dieser Wind des Pfingstgeschehens bekundet die Herrschaft Gottes, die in Jesu Wirken begonnen hat, durch seine Auferweckung besiegelt ist und nun in den Herzen der Menschen spürbar weiterlebt. Im Gegensatz zum AT betont besonders Paulus, daß die Erfahrung dieses Pneumas jetzt kein außergewöhnlich-einmaliges, zeitlich begrenztes und elitäres Geschehen mehr ist, sondern grundlegend wird für Christsein überhaupt (2 Kor 1, 22: „Er hat uns ... Geist in unsere Herzen gegeben."). Zwar manifestiert sich der neue „Wind" innerhalb der Gemeinden in unterschiedlichen Charismen (1 Kor 12, 4–26), alle zusammen aber erbauen sie den einen Leib der Kirche, in dem Christus fortlebt.

Jetzt ist die ganze Welt „Wohnung Gottes im pneuma" (Eph 2, 22). Durch die Taufe auf den Namen Christi empfangen die Menschen dieses pneuma. Wie in Jesu Taufe am Jordan sollen sich in jedem

Menschen diese Erfahrungselemente entfalten: Begeisterung, Neuanfang, Aufbruch, Motivation und Kraft. Darüber hinaus verweist
die „Taufe auf Christus", daß dieses pneuma keine selbständige,
vollkommen neue Offenbarung bringt, sondern Jesu Werk den
Menschen erschließt und vermittelt: „Er wird euch an alles erinnern,
was ich euch gesagt habe" (Jo 14, 26). (Schneider, 1979, 109).

Zur Entwicklung der Windsymbolik
im kultischen Leben des Christentums

Die johanneischen Aussagen (Abschiedsreden Jo 14—16) über den
Heiligen Geist lassen bereits Züge der sich entwickelnden Personifizierung des Geistes erkennen. Unter dem Einfluß der Gnosis entstand auch eine gewisse Verabsolutierung des Heiligen Geistes, der
als selbständig handelnder Stellvertreter Jesu auf Erden dargestellt
wurde. Bei Johannes wird der Geist als „Beistand", als „Helfer"
(griech.: „parakletos") bezeichnet, der „lehrt" und „führt" (Jo 14, 16;
16, 8 f.; 13). Hier handelt nicht Gott *durch* den Geist, sondern es
handelt der Geist selbst. Diese Personifizierung des Geistes gewinnt
auch durch die Trinitätslehre an Bedeutung. Aufgrund dieser
Entwicklungen tauchen die Begriffe der ursprünglichen Wind-Atem-
Symbolik innerhalb der religiösen Fachsprache nur noch selten auf.
Ein Verweis auf die etymologischen Wurzeln des Begriffs „Geist"
geschieht z. B. noch im Weißenburger Katechismus, in dem vom
Glauben „an den heiligen Atem" (wiho atum) gesprochen wird (Rech
II, 1966, 9 ff.).
Auch die rituellen Formen von Geistmitteilungen verändern sich.
Im Sakrament der Taufe wurde, vor allem begründet durch die ab
dem 4. Jahrhundert übliche Kindertaufe, die Aufnahme in die
Gemeinschaft stärker betont als der Aspekt der Geisterfahrung. Auch
der christliche Kult der „Hauchung" während des Taufaktes wurde
weitgehend abgeschafft. Alte Taufriten beinhalten, daß der Priester
mit der symbolischen Tat des „Einhauchens" (insufflatio) die Mittei-
lung des heiligen, guten Pneumas verdeutlicht und zugleich mit
Drohworten das Böse aus dem Menschen „hinausbläst" (exsufflatio)
— (Rech II, 1966, 42—45). Bekannter dagegen ist auch heute noch das
Anhauchen des Taufbrunnens bei der Taufwasserweihe in der Osternacht. Die alttestamentliche Symbolik des „Windes", der das Wasser
zum Lebenskeim macht, und auch die Symbolik des „Lebensodems"
werden hier angesprochen.

Der etwa ab dem 11. Jahrhundert ausgebildete eigenständige Ritus der „Firmung" existiert heute in der katholischen Kirche als von der Taufe getrenntes Sakrament. Die „Konfirmation" der evangelischen Kirche und andere Riten enthalten ähnliche Inhalte. Auch wenn mit der Taufe bereits der Geistempfang gegeben ist, so gilt die Firmung (u. a. begründet mit Apg 8, 16–17: „sie waren nur ... getauft. Da legten sie ihnen die Hände auf und sie empfingen den Heiligen Geist") doch als explizites Sakrament der Geistmitteilung.

Das mit diesen Riten symbolisierte Ergriffen- und Begeistertwerden vom „Wind" Gottes muß sich aktualisieren durch die Erfahrungen dieses „Windes" im profanen Leben. Überall und immer, wo Menschen engagiert aufbrechen, um das von Jesus verkündete Reich Gottes zu verwirklichen, sind Grund, Kraft und Ziel dieser Bewegung, die Erfahrung des „Windes" Christi.

Ähnliches hat wohl auch Papst Johannes XXIII. gemeint, der zu Beginn des II. Vatikanischen Konzils gesagt haben soll: „Wir müssen die Fenster der Kirchen öffnen, damit frischer Wind hereinkommen kann." Somit verhinderte der „Wind" Christi immer wieder eine sich entwickelnde Starrheit. Er treibt an zu Wagnissen, auch wenn das Ziel nicht eindeutig erkennbar ist. In diesem Sinne kann insbesondere das II. Vatikanische Konzil als Aufbruch zu Neuem aufgefaßt werden, der auf einer „Winderfahrung" gründet. Dies geschah im Vertrauen auf den Geist Gottes, denn durch sein Wehen „läßt er die Kirche allezeit sich verjüngen, erneut sie immerfort ..." (Konstit. Lumen Gentium, 4).

2. Strukturierung von Religionsunterricht durch religiöse Gegenstandssymbole (Baudler/Ex)

2.1 Die Bedeutung des Umgangs mit religiösen Gegenstandssymbolen für den korrelativen Religionsunterricht

Im Religionsunterricht geht es darum, auf der Basis christlicher Überlieferung für die religiöse Dimension des Lebens aufzuschließen und sensibel zu machen. Gerade in einer säkularisierten Zeit, die durch Angst vor Atomkriegen, durch Arbeitslosigkeit und damit verbundener Sinn- und Ziellosigkeit, durch Vorherrschaft von Technik und naturwissenschaftlich-rationalem Denken geprägt ist, muß dieser Unterricht die Aufgabe wahrnehmen und erfüllen, den Schülern zur Sinnfindung zu verhelfen, indem er ihnen den Weg zu tieferliegenden Wirklichkeitsdimensionen erschließt.

Danach ist die religiöse Wirklichkeitsdimension als belebender Erfahrungshintergrund für die Glaubensüberlieferung notwendig. So können dann auch die Emotionen und Erfahrungen der Schüler (als wesentliches Element der ganzheitlichen Wirklichkeitsdimension) konstitutiv in den Religionsunterricht einfließen. Erst selbstgemachte Erfahrungen werden zu einem subjektiven Wissen und Erkennen. „Erfahrung als Konkretisierung des Glaubens macht den Glauben wirklich, operationalisiert ihn, macht ihn lebendig ..." (Faber, 41980, 3). Am stärksten ist dies im Zielfelderplan für die Grundschule erreicht. Dabei zeigt sich jedoch eine eigentümliche Schwierigkeit. Obwohl nämlich in der „Grundlegung" immer wieder von „Erschließung der religiösen Wirklichkeitsdimension" und von religiösen „Erfahrungssituationen" (vgl. z. B. S. 55, 57–61) gesprochen wird, sind die Ziele und Themen des Plans fast ausschließlich auf menschliches *Verhalten* bezogen; es ergibt sich eine deutliche Überbetonung der ethischen Dimension vor der eigentlich religiösen. Menschliches Verhalten gewinnt seine religiöse Dimension erst aus jener ganzheitlichen Sicht der Welt und des Lebens, die einen letzten Sinn- und Daseinsgrund aufspürt. Ist dies nicht der Fall, bleibt ethisches Verhalten religiös irrelevant; es geht dann nur um soziologische und psychologische Konfliktbewältigung. Also muß ein Religionsunterricht, der die religiöse Dimension der Wirklichkeit erschließen will, diese zunächst in der Begegnung mit gegenständlicher Welt aufzudecken suchen. Diesem Ziel dient der Umgang mit Gegenstandssymbolen im Religionsunterricht, der deshalb ein wesentlich breiteres Feld in den Lehrplänen einnehmen müßte, als dies bisher der Fall ist.

Betrachtet man die geschichtliche Entwicklung von Gegenstandssymbolen, so wird ihre anthropologisch-theologische Bedeutung sichtbar: Der symbolische Wirklichkeitsbezug — und damit das Erleben von Wirklichkeit — ist ein Spezifikum des Menschseins und sinnlich erfahrbare Symbole sind von ihrem Wesen her *die* Wege für den Menschen als leibseelisches Wesen, tiefer liegende Wirklichkeitsdimensionen zu erkennen, indem sie hörend erfahren oder anschauend verinnerlicht werden. Der Umgang mit gegenständlichen Symbolen ist für den Zugang zu Religion und Glaube im Religionsunterricht unersetzbar.

Symbolerleben ist Ganzheitsverstehen. Es bezieht den ganzen Menschen mit ein, in seiner Alltagswirklichkeit, seiner Erdverbundenheit, seinem gesellschaftlichen Status, seiner Tradition und Bewußtseinstiefe (Sudbrack, Z. Geist u. Leb., 53/1980, 348—363). Begriffe und Dogmen können nie die heilenden und befreienden Wirkungen im Menschen auslösen, die Symbole auszulösen vermögen (Scharfenberg/Kämpfer 1980, 63—79; Baudler, 1982, 69 ff.).

Hat der Religionsunterricht aller Jahrgangsstufen es sich zum Ziel gemacht, lebendige Transzendenzerfahrungen zu eröffnen, so muß er aufhören, *über* religiöse bzw. christliche Lehren und Überlieferungen zu sprechen, bevor die Schüler selbst Erfahrungen gemacht haben, in denen sie anhand von Symbolen ganzheitlich in jene Wirklichkeit eingedrungen sind, von der in den religiösen Überlieferungen die Rede ist. Symbole sind nicht Hilfsmittel für begriffsstutzige Menschen, sondern Wege, die Sprachbarrieren, die sich in einer technisch-naturwissenschaftlichen Welt gegenüber dem Religiösen aufgebaut haben, zu überwinden und der Wirklichkeit ihre ursprüngliche Bedeutungstiefe zurückzugeben. Diese Sprachbarrieren, die verhindern, den christlichen Glauben aus Lebenssituationen heraus spontan zu artikulieren, hat Eugen Biser das „Sprach-Leiden" (Biser, 1980, 342) des modernen Menschen genannt. Erst durch den aktiven, erlebnishaften Umgang mit Symbolen wird es wieder möglich werden, etwas den Glaubensüberlieferungen Analoges im eigenen Alltag zu erleben, diese Erlebnisse in eigener Umgangssprache auszudrücken und mitzuteilen, und sie dadurch zu sinnstiftenden Erfahrungen werden zu lassen.

Wenn es gelingt, die Schüler für die religiöse Symbolwelt, wie sie sich menschheitsgeschichtlich entfaltet hat, aufzuschließen, wird es ihnen letztlich auch möglich werden, die Lebensorientierung und heilend befreiende Kraft zu verspüren, die von dem Zentrum der christlichen Symbolwelt, dem Messias Jesus, ausgeht.

Der Einsatz von Gegenstandssymbolen im Religionsunterricht kann den Schülern dabei helfen, ihre Erfahrungen in unserer technischen Lebenswelt ganzheitlich auf absolute und sinngebende Bedeutungsinhalte hin zu vertiefen. Die Begegnung mit dem Wasser, einem Tier, einem Berg, dem Wind, dem Haus, ja unter Umständen sogar mit den Produkten unserer technischen Zivilisation (Lokomotive, Riesenkran, Auto usw.) kann, wenn diese begegnende Wirklichkeit als Symbol erfahren wird, eine Bedeutungstiefe erschließen, in deren Zusammenhang spezifisch christliche Überlieferung allererst verständlich zu werden vermag. Ohne methodisch-didaktische „Klimmzüge" können auf diese Weise dann Inhalte christlicher Tradition alltagssprachlich sagbar werden. Dazu ist es freilich notwendig, daß der Lehrer selbst es gelernt hat, mit Symbolen umzugehen, ihre Bedeutung für das eigene Leben zu verstehen und zu erfahren.

Der Begegnung mit den typischen Produkten unserer technischen Zivilisation (Computer, Riesenkran, Auto usw.) muß freilich eine gegenüber Natursymbolen signifikant geringere religiöse − und das heißt auch ganzmenschliche − Relevanz zugemessen werden, da die innere Beziehung zwischen diesen technischen Geräten und ihrem naturhaften Ursprung nicht unmittelbar durchschaubar ist und meistens bloß undifferenziert und vordergründig „Größe" und Mächtigkeit symbolisiert wird.

In gewissem Umfang muß der Religionslehrer auch die Theorie und religionswissenschaftliche Entwicklung der Symbole kennen. Dennoch ist es nicht seine Aufgabe, diese erworbenen Kenntnisse lehrhaft an die Schüler weiterzugeben. Vielmehr muß er Symbole auswählen und diese *als* Symbole − nicht aber als Lehrgegenstände − durch Unterrichtsimpulse mit der Lebenssituation der Schüler verflechten. Durch Korrelation mit der typisch christlichen Ausgestaltung dieser Symbole kommt dann die Welt christlicher Überlieferung ganzheitlich in den Blick. Nicht die kognitiv-lehrhafte Vermittlung von religiösen Aussagen, sondern die immer neue Sensibilisierung für das Erleben und Erfahren religiöser Wirklichkeiten und das Einüben solcher Erfahrungen ist das primäre Ziel des Religionsunterrichts heute; und dieses kann durch einen unterrichtlichen Umgang mit religiösen Gegenstandssymbolen erreicht werden.

Dabei sollen Schüler dazu befähigt werden, selbst die für sie lebensbefreienden und sinnstiftenden Symbole auch aus der christlichen Symbolwelt auszuwählen und aufgrund von Erfahrungen zu übernehmen, damit sie durch das Erlernen eines spielerischen Umgangs mit Gegenstandssymbolen zu einem bewußten, individuellen religiösen Leben befähigt werden. So kann das „existentielle Vakuum" (V. E. Frankl) gefüllt werden, das den heutigen Menschen krank macht.

Dabei ist auch der Entwicklungsstand des Kindes bzw. Jugendlichen, der den Symbolzugang prägt, zu beachten. Während in der frühen Kindheit Symbole unmittelbar erfahren werden können, stellt sich in der Pubertät ein kritisches Realitätsbewußtsein dem Symbol entgegen. In der Sekundarstufe I muß deshalb eine stärkere Sensibilisierung am Anfang stehen, um die „Augen des Herzens" (Saint-Exupéry) zu entdecken und das Sehen mit ihnen zu lernen. Um Schäden eines falschen Symbolumgangs zu verhindern, müssen Macht, Wesen und Wirkung der Symbole (siehe oben) bewußt gemacht und Abgrenzungen zu Idol und Klischee stärker betont werden, als es in der Primarstufe notwendig ist. Die Ergebnisse eines solchen korrelativen Lern- und Erfahrungsprozesses müssen jedoch immer als subjektive Aussagen formuliert werden, da ansonsten die Eigenart der Symbole — eben nicht objektiv definierbar zu sein — verletzt wird. Der Lehrer muß sich auch bewußt sein, daß diese seine religionspädagogischen Intentionen nicht in genau kontrollierbaren und objektiv meßbaren Lern-Leistungszielen ausgedrückt werden können. Erst wenn sich die gemachten Symbolerfahrungen im zukünftigen Wirklichkeitserleben der Schüler authentisch wiederholen, kann letztlich von einer gelungenen Symbolerziehung gesprochen werden.

Diese allgemeinen Ausführungen über das Erleben von Wirklichkeitsdimensionen im Religionsunterricht, ermöglicht durch den Einsatz von religiösen Gegenstandssymbolen, werde ich im folgenden auf konkrete Unterrichtsgestaltungen übertragen. Es soll die Frage beantwortet werden, wie eine mögliche Unterrichtsstruktur aussehen kann, damit christlich qualifizierte Wirklichkeitsdimensionen aufgrund von Gegenstandssymbolen (hier exemplarisch dargestellt an den Symbolen „Wasser" und „Wind") erfahrbar werden können. Dabei wird es nicht in erster Linie darum gehen, die einzelnen Gegenstands- bzw. Natursymbole möglichst vollständig im

Religionsunterricht zu „besprechen", vielmehr möchte ich dem
Lehrer eine Übersicht anbieten, wodurch er Kriterien für die Frage
gewinnt, welche menschliche Grunderfahrungen im einzelnen
Symbol erlebt werden können und für welche tiefer liegenden
Wirklichkeitsebenen er seine Schüler aufschließen und sensibilisie-
ren muß, um seiner Aufgabe als Religionslehrer gerecht zu werden.
Im erfahrungsorientierten Religionsunterricht kann ein konkretes
Gegenstandssymbol zum Thema einer Unterrichtsreihe werden, es
kann aber auch als Basis und Ausgangspunkt für andere Ziel- und
Themenfelder (z. B. denen der Zielfelder-Pläne) dienen, indem es
dem Lehrer die Strukturierung des Unterrichts vorgibt. Der Schüler
kann die so gewonnene Struktur und Ausgangsbasis des Unterrichts-
themas nachvollziehen, wodurch für ihn der christliche Umgang mit
dem symbolisch erschlossenen Wirklichkeitsbereich dann auch als
wirklich freies und freilassendes Angebot begreifbar wird (vgl.
Synodenbeschluß. Offizielle Gesamtausgabe Bd. I, 139). Darüber
hinaus soll die folgende Übersicht es dem Lehrer ermöglichen,
christlich relevante Lernziele zu finden, indem allgemein menschliche bzw. dem Lebensalltag der Schüler entnommene Grunderfahrungen als christlich qualifizierbare Wirklichkeitsdimension erläutert werden. Aus so gefundenen Lernzielen ergibt sich dann die je
nach Unterrichtssituation zu treffende Auswahl von unterrichtlichen Medien.
Das der Übersicht folgende didaktische Frageraster soll dazu helfen,
die Übersicht sinnvoll in Unterricht umzusetzen und ein konkretes
Unterrichtsprojekt zu entwerfen.
Anschließend möchte ich anhand dieses Fragerasters — exemplarisch
am Symbol „Wasser" — mögliche Unterrichtsinhalte und -verläufe
anbieten.

2.2 Übersicht über den anthropologisch-theologischen (korrelativen) Gehalt religiöser Gegenstandssymbole
(fachdidaktisches Strukturgitter I mit zugehörigem Frageraster)

Menschliche Grunderfahrungen und ihre religiöse/christliche Qualifikation

Symbolübersicht
a) Wasser, Wind, Feuer

	Wasser	Wind (Atem)	Feuer
Sp. 1 menschliche Grunderfahrungen	Wasser ist lebensnotwendig – (– Durst haben – er-trinken)	– Atem – Luft ist lebensnotwendig – „Wind"-Erfahrung	Feuer – Wärme ist lebensnotwendig und kann vernichten
Sp. 2 tieferliegende Wirklichkeitsdimensionen	– Wasser als Bedingung von Leben – Erquickung durch Wasser – Abhängigkeit – Geheimnis – Begeisterungsaspekt – Wasser macht rein, ermöglicht den Neubeginn – Geborgenheit/Frieden – Zerstörung/Macht	– Erfahrung eines ewigen, Natur und Geschichte durchwehenden Waltens – Erfahrung von Kraft, Motivation, Ziel (be-„geistert" werden) – gegen den Sturm ankämpfen – herausgefordert sein	– Erfahrung von Unnahbarkeit und Anziehungskraft, Wildheit und Ruhe (Frieden) – Erfahrung von machtlosem Ausgeliefertsein – Feuer gibt es nur, wenn etwas dafür zugrunde geht – verzehrt werden für ein Ziel, eine Aufgabe

Fortsetzung zu a)

	Wasser	Wind	Feuer
Sp. 3 Übertragbare Erfahrung im alltäglichen Leben	– Durst, Dürre, Überschwemmung – trinken, sich waschen und sich „wie neugeboren fühlen" – sich im Wasser getragen/bedroht fühlen – sich treiben lassen – gegen den Strom anschwimmen	– Sturm, der verwüsten kann – Wind, der kühlt und umstreichelt – sich begeistern lassen und sich engagieren und dabei ungeahnte Fähigkeiten entwickeln – fanatisch werden – Angst, wenn man keine Luft bekommt – „pusten", um zu heilen/trösten	– Zerstörung, Schmerz und Wärme durch Feuer – Gemütlichkeit durch Feuer (am Lagerfeuer – bei Kerzenschein – am Kamin) – menschliche Wärme gibt Geborgenheit – Speisen garen / Metalle erweichen nur durch Feuer – Helligkeit nimmt Angst – eine feurige Rede halten – beim Wettkampf anfeuern
Sp. 4 allg. religiöse Ausgestaltungen des Symbols (rel.-geschichtl. Phänomene)	– Transzendenzerfahrungen durch Weite, Frische, Macht des Wassers – Reinigungsriten – Sintflutsymbolik – Wasser als Urchaos (vgl. Genesis) – Totenfluß	– Auserwählung und Berufung – Prophetentum (jüdisch, christl., islam., zoroastrisch) – Menschheitsideen, die die Welt verändern (z. B. Marxismus) – „Gottessturm" (z. B. bei der Vernichtung der chin. Flotte durch die Japaner)	– Prometheus bringt den Menschen Feuer und damit Macht über die Erde – Feuer machen (ohne Feuerzeug o.ä.) als sakrale Handlung bei Naturvölkern – Feuer als Symbol für das Transzendente durch Verbindung von Anziehungskraft und zugleich Unnahbarkeit – Kerzen, Fackeln, Feuer im Kult – Weltenbrand in der germ. Religion – Vulkangottheiten

Fortsetzung zu a)

	Wasser	Wind	Feuer
Sp. 5 typisch christliche Ausgestaltung des Symbols	– Jahwe hat Macht über das Wasser (Gen 1, 1–4) – Taufe (Taufe Jesu Mk 1, 9–11) – mit Weihwasser etwas einsegnen, sich segnen (als Anlehnung an die Taufsymbolik) – Christus kann „Durst" für immer löschen (Joh 7, 37) – Wasser aus dem Felsen durch Moses (Ex 17, 1–7) – Sintflut (Noah), Chaoswasser – Rettung am Schilfmeer aus dem Wasser und durch das Wasser – Jona im Bauch des Fisches – Seewandel und Stillung des Seesturms (Mk 6, 45–52)	– vom Reich Gottes begeistert werden und versuchen, es zu verwirklichen – durch die Kraft und im Vertrauen auf den Heiligen Geist Aufgaben übernehmen, Orientierung gewinnen (Apg 2, 1–13) – Taufe (Taufe Jesu Mk 1, 9–11) – Pfingststurm – Gott haucht den Menschen Leben ein (Gen 2,7) und sie geben es ihm zurück („Vater, in deine Hände gebe ich meinen Geist" [Lebensatem] Lk 23, 46) – Gottesbegegnung des Elias am Berg Horeb im Windhauch (1 Könige 19, 12b f.)	– Christus bringt Feuer auf die Erde (Lk 12, 49) – Oster-, Totenkerzen usw. – mit Feuer getauft werden (Mt 3, 11) und Geist empfangen (Pfingsterfahrung: Apg 2, 3) – der brennende Dornbusch (Ex 3, 2) – die Feuersäule (Ex 13, 21) – Blitz und Donner am Sinai – Reinigung „wie durch Feuer" (1 Kor 3, 15) – „Fegefeuer"

b) Weg, Wüste

		Weg	Wüste
Sp. 1	menschliche Grunderfahrungen	Auf ein Ziel zugehen Hindernisse überwinden	Erfahrung der Trockenheit, der Freiheit, der Weite, der Dürre (dagegen das „Wunder" der Oase und Fruchtbarkeit)

Sp. 2	tieferliegende Wirklichkeitsebene	– Aufbruch
		– Verlassen von Sicherheit, Neubeginn
		– Mündigwerden
		  – Identitätsfindung
		  – Irrwege und Ziele erkennen
		– Seßhaftigkeit als Gefahr zum Stillstand
			– Erfahrung der Abhängigkeit
			– Freiheit und zugleich Unfreiheit in der Wüste vergegenwärtigt die Einheit von Leben und Tod
			– Endlosigkeitserfahrung
			– mit Schwierigkeiten, Leere, Hoffnungslosigkeit umgehen, (leben) lernen
			– Verzicht, der frei macht

Sp. 3	Übertragbare Erfahrung im alltäglichen Leben	– Auszug aus dem Elternhaus – Berufswahl – Urlaubsreise – Weggefährten haben – zwischen leichten und schwierigen Wegen entscheiden – Grenzerfahrungen (Scheitern, Leid, Labyrinth) – Entscheidungen treffen (Wegkreuzung) – Folgen von Unbeweglichkeit	– Abhängigkeit von den Eltern – Schwierigkeiten in der Schule, im Privatleben – Hoffnungslosigkeit (Arbeitslosigkeit) – Kein Ende absehen können (z. B. einer Krankheit, Leid, Trauer) – sich einsam, leer, müde fühlen – Sehnsucht nach Weite, Abenteuer verspüren – Durststrecken erfahren – „Oasen" schaffen
Sp. 4	allg. religiöse Ausgestaltung des Symbols (rel. geschichtl. Phänomen)	– Wallfahrt – Labyrinth – Schamanische Himmelsreise – Gang in die Unterwelt (Orpheus) – Überqueren des Totenflusses	– Askese und Mönchtum – Initiationszeremonien (Bewährung in Einsamkeit und Wüste) – Berufungserlebnisse in Einsamkeit und Wüste (z. B. Mohammed, Jesus)

rortsetzung zu b)

	Weg	Wüste
Sp. 5 typisch christliche Ausgestaltung des Symbols	– Jesu Weg, der zum Kreuz führt – Weg durch das Schilfmeer (Exodus) – Prozessionen – Jesus kann befreien, bewegen (zur Nachfolge) – Symbol des „Schutzengels" – „Jesus ist der Weg" (Joh 14, 6) – Wegbegleiter des Tobias (Tob 5, 1–22)	– Israels Aufbruch aus der Sklaverei in die Wüste (Exodus) – Fasten Jesu in der Wüste (Mt 4, 1–11) – Fastenzeit heute – wie Jesus, auch in einer hoffnungslosen Situation die Hoffnung nicht verliert und weitergeht (Ölberg) – „Mein Gott, warum hast du mich verlassen?" (Mk 15, 34)

c) Baum, Berg, Höhle (Haus)

	Baum	Berg	Höhle (Haus)
Sp. 1 menschl. Grunderfahrungen	– stetige Veränderung (Wachstum, Jahreslauf) – Schutz und fester Halt (Verwurzelung)	– Erfahrungen der Größe, des Weitblicks, der Festigkeit, die herausfordert	– Mutterleib – Schutz – Sicherheit – Zusammengehörigkeit – Dunkelheit und Angst vor dem Alleinsein
Sp. 2 tieferliegende Wirklichkeitsebene	– zyklische, nicht endende Erneuerung und Fruchtbarkeit – Verwurzelung (z. B. in menschlichen Beziehungen) – Früchte hervorbringen	– Bewußtwerden menschlicher (Leistungs-)Grenzen und Möglichkeiten – Staunen und demütig werden vor dem Großen, dem Unbezwingbaren – „Höhenerfahrung"; diese als befreiend, Überblick gewährend (nicht bloß angsteinflößend) erfahren	– Erfahrung von absoluter Geborgenheit durch Familie u. Mitmenschen – Verantwortung für eigenen und gemeinsamen Schutzraum – in sich selbst ruhen; mit Dunkelheit und Alleinsein leben lernen – Individueller Lebensraum

Fortsetzung zu c)

	Baum	Berg	Höhle (Haus)
Sp. 3 Übertragbare Erfahrung im alltäglichen Leben	– Kreislauf der Jahreszeiten – wachsen, reifen (geistig und körperlich) – einen Familien-Stammbaum erstellen – der Weihnachtsbaum: „Christ-Baum" – Schutz erfahren von den Eltern – sich seiner Wurzeln (in Überlieferung, Elternhaus) bewußt werden	– Staunen vor der Größe – sich eingekesselt fühlen – die eigene Kleinheit erkennen und akzeptieren – sich mit den „Großen" anfreunden und umgehen lernen – mit Mühe ein Ziel erreichen oder aufgeben, wenn es unerreichbar ist – aus dem Abstand Überblick gewinnen	– Schutz im Elternhaus und Gründung eines eigenen Lebensraums – gemeinsames Essen – Gefahr des Sich-Einmauerns und Alleinseins – obdachlosseih – ein Haus (eine Burg) bauen – Zuflucht bei einem anderen Menschen suchen – Geborenwerden (aus dem Mutterleib)
Sp. 4 allg. religiöse Ausgestaltungen des Symbols (rel. geschichtliche Phänomene)	– „Weltesche" in germanischer Religion – Donareiche – „Himmelsachse" – Feigenbaum als Ort der Erleuchtung (Hinduismus, Buddhismus)	– Hügel als Baals-Kultstätten – Menhire – Pyramiden – heilige Berge: Transzendenzerfahrung durch Gewaltigkeit, Festigkeit, unerreichbare Ferne, Höhe und Größe	– Ahnenkult, Achtung vor der Familientradition – Tempel, Gotteshaus – Hausgottesdienste – Grab, Sarg, Sarkophag, Gruft – Hauseinsegnungen – Höhle des Einsiedlers – vom Gegenteil her: Wandercharismatiker (Apostel, buddh. und hinduistischer Mönch, Derwisch)

Fortsetzung zu c)

	Baum	Berg	Höhle (Haus)
Sp. 5 typisch christliche Ausgestaltung des Symbols	– Gleichnis vom Weinstock (Joh 15, 1–8) – Gleichnis vom Senfkorn (Mt 13, 31 f.) – Baum des Lebens (Gen 2, 9) – Tod und neues Leben Jesu am „Kreuzesstamm" – Abraham baut einen Altar unter den Rieseneichen in Mamre (Gen 18, 1–8)	– Jesus erfährt auf dem Berg die Nähe Jahwes (Mt 14, 23) – Jahwe und Jesus verkünden vom Berg herab (Dekalog – Bergpredigt) – Gottesberg Horeb – Hinrichtungshügel Golgatha (als neuer „Gottesberg") – 10 Gebote auf steinernen Tafeln – Jesus geht auf den Berg, um zu beten – Versuchung auf dem Berg (Mt 4, 8–11) – Aussendung durch den Auferstandenen vom Berge aus – Jesus, der Eckstein, der von den Bauleuten verworfen wurde – Petrus, der Fels	– Kirche als Haus Gottes, das alle Menschen ständig zu sich einlädt – Jesus der Bauhandwerker, der Lehmhütten baut – Eucharistie („Brotbrechen in den Häusern") – Geburt Jesu im Stall zu Bethlehem (Lk 2, 1–8) – Jesus, der hingeht, „um Euch Wohnungen zu bereiten" (Joh 14, 2) – Jesus als Mittelpunkt der Gemeinde (Mt 18, 20) – Wer sein Haus auf einen Felsen baut (Mt 7, 24) – „Vögel haben ihre Nester, Füchse ihre Höhlen ..." (Mt 8, 20) – „Haus des Herrn" (Psalmen, z. B. Ps 23, 6: Ich werde bleiben im Haus des Herrn immerdar) – das Zelt Gottes unter den Menschen (Apk 21, 3)

**Frageraster zum Entwurf eines erfahrungs-
und problemorientierten Unterrichtsprojekts
auf der Basis religiöser Gegenstandssymbole**

Frage 1

Welche menschliche Grunderfahrung kann im Umgang mit dem
entsprechenden Gegenstandssymbol erlebt werden? Bzw.: Welches
Gegenstandssymbol entspricht der thematisierten menschlichen
Grunderfahrung? – Spalte 1 und 2 der Übersicht

Frage 2

Für welche tieferliegenden/verborgenen Dimensionen dieser Grund-
erfahrungen muß ich meine Schüler aufschließen, um die mögliche
Bedeutungstiefe der begegnenden Wirklichkeit sehen zu können?
(Zielebene, „religiöse" Dimension") – Spalte 2 (und 3) der Übersicht

Frage 3

Durch welche profanen Materialien (Texte, Lieder, Bilder, Spiele,
Filme usw.), durch welche Verbindungen zu Lebenserfahrungen der
Schüler gelingt es mir, meine Schüler auf diese religiös qualifizierenden Elemente aufmerksam zu machen (Sp. 3), und welche religions-
gesch. Phänomene identifizieren diese Erfahrungen dann als religiös? (Zielebene, religiöse Dimension) – Spalte 3 und 4 der Übersicht

Frage 4

Welcher Überlieferungskomplex (theologisches Motiv, z. B. Schöpfung, Text bzw. Textgruppe aus der Bibel, religiöses Bild, Ziel-
Themenfeld aus dem Überlieferungsteil der Zielfelderpläne usw.) ist
geeignet, die am Symbol·erarbeitete Tiefendimension der Wirklichkeit in ihrer spezifisch christlichen Prägung und Deutung aufzuzeigen? (Angebots-Ebene, Glaubensdimension) – Spalte 5 der Übersicht

Erläuterung:

Die vorgestellte Übersicht einiger Gegenstandssymbole will und
kann keinen Anspruch auf Vollständigkeit erheben. Sie soll Assozia-
tionsanstöße geben, ansatzhaft Kerninhalte zum Einsatz dieser
Symbole im Religionsunterricht umreißen und einen Gesamtüber-
blick über Ziele und Einsatzmöglichkeiten darstellen. In Verbindung
mit dem Frageraster kann sich aus der Übersicht ein Unterrichtsprojekt strukturieren, das den Anforderungen der Korrelationsdidaktik

entspricht. Denn eine solche theologisch orientierte Struktur eines religionsunterrichtlichen Projekts bietet die Gewähr dafür, daß christliche Überlieferungsgehalte nicht nachträglich aufgesetzt und übergestülpt werden; vielmehr sind sie didaktisch dazu notwendig, den Aufbau des Projekts, die Auswahl der Impulse und Medien und die Intention ihrer Besprechung im Unterricht zu begründen und zu erklären.

Zur exemplarischen Verdeutlichung der Übersicht und des Fragerasters sollen nun am Gegenstandssymbol „Wasser", Ziele und methodische Möglichkeiten eines solchen Unterrichtsprojekts aufgezeigt werden.

zu Frage 1 (Spalte 1 der Übersicht)

Jeder Mensch macht bestimmte Grunderfahrungen mit dem Element Wasser; freilich in unserer technisch-naturwissenschaftlichen Welt meist so unsensibel, daß er sich der möglichen tieferen, ganzheitlichen Bedeutung dieser Erfahrungen gar nicht bewußt ist. Zunächst geht es nur darum, diese Erfahrungen mit dem „Wasser" aufzusuchen und dabei die vordergründig feststellbare Notwendigkeit dieser Erfahrungen aufzuzeigen (Lebensnotwendigkeit); auch ein gedankenloser, verschwenderischer Umgang mit dem Wasser kann schon angesprochen werden, alles aber noch im Bereich der empirischen Alltagswirklichkeit.

zu Frage 2 (Spalte 2 der Übersicht)

Wasser ist wertvoller, als es unser alltäglicher Umgang deutlich macht, es ist mehr als „H_2O". Solche ganzheitlichen „Wassererfahrungen" können nicht allein kognitiv vergegenwärtigt werden, dazu muß man mit Wasser leben, mit ihm umgehen, einen „Dialog" mit ihm führen. In dieser Phase kann der Religionslehrer seine Schüler mit zum Schwimmunterricht begleiten, sie anregen auszudrücken, wie sie sich im Wasser fühlen; er kann an Erfahrungen des Durstes erinnern und das Gefühl wachrufen, das ein Kind beim Trinken nach großem Durst empfunden hat. So kann der Schüler auf die mögliche Bedeutungstiefe seines Umgangs mit dem Wasser (erfrischt werden, begeistert sein, Gefühl der Dankbarkeit und des Befriedetseins) aufmerksam werden. Auch die zerstörende Macht des Wassers bei Überschwemmungen, in Brandungswellen usw. kann zur Sprache kommen.

zu Frage 3 (Spalte 3 und 4 der Übersicht)

Hier geht es darum, die gemachten und angesprochenen Erfahrungen durch literarische und audiovisuelle Medien aus ihrer Vereinzelung und ihrer subjektiven „Privatheit" zu befreien und aufzuzeigen, daß solche Erfahrungen auch von anderen Menschen gemacht werden und in Texten, Liedern und religiösen Riten intersubjektiven (nicht „objektiven") Ausdruck gefunden haben.

Man könnte z. B. die Geschichte Exupérys vom Wasserpillenverkäufer (s. Saint-Exupéry, Der kleine Prinz, 1952, 55/56) lesen, die gut zum Nachdenken über den ganzheitlichen Erfahrungsgehalt des Trinkens (aus einem Brunnen) anregt. Ferner sollten, da Wüstenerfahrungen für uns Mitteleuropäer so fremd sind, Filme bzw. Fotos vom Leben der Nomadenvölker in der Wüste eingesetzt werden. Ein Film über den Hinduismus und die vielfältigen Wasserriten dieser Religion könnte jetzt auf Verständnis der Schüler stoßen. Auch bietet sich die spannende Exupéry-Erzählung vom beinahen Verdursten und der schließlichen Rettung in der Wüste an (s. Exupéry, 1979, 119–166). Der Vergleich zu eigenen „Durst-Erfahrungen" könnte auch schon ahnen lassen, daß der Mensch immer nach mehr als nur nach Flüssigkeit „Durst" hat, daß sich aber im Trinken des klaren Wassers dieses „Mehr" anzeigt und zusagt. Die ins Transzendente weisende Dynamik in Erfahrungen mit dem Wasser könnte sich hier ansatzhaft erschließen. Auch die gewaltige Kraft starker Brandungswellen, die Angst vor dem Ertrinken, die unendliche Weite des Meeres kann in diese Richtung führen. Bilder, Märchen, Mythen können diesen Erschließungsprozeß vertiefen und festigen. Eine andere, ergänzend hinzukommende Möglichkeit besteht darin, mit Sprichworten zu arbeiten, die den Symbolgehalt von Wasser zum Ausdruck bringen – wie z. B. „Das Wasser steht jemandem bis zum Hals"; – „Jemandem nicht das Wasser reichen können" – „Mit allen Wassern gewaschen sein" – „Sich nach einem Bad im Wasser wie neugeboren fühlen". Solche Wortprägungen sollten aufgegriffen und zur Interpretation angeboten werden.

Die Sensibilisierung und Intensivierung der Sinne sollte auch durch kreative Übungen mit den Schülern erreicht werden. Es könnten je nach Situation und Zugang der Schüler Texte selbst erstellt, Collagen angefertigt, Rollenspiele durchgeführt werden (z. B. Schüler stellen Wasserarten dar: tobendes Meer, ruhig fließender Fluß usw.). Diese spielerischen, visuellen, musikalischen, handlungsbezogenen, kreativ-gestaltenden Einführungen in die „Welt des Doppelsinns" sollten jeweils auch mit andeutungsweisen verbalen Artikulationen dieses Doppelsinns verbunden sein.

An sich anbietenden Stellen könnten immer wieder (je nach Alters-stufe) auch Informationen über Symbole, ihre Entstehung, Entwick-lung, Wesensmerkmale und Funktionen (s. 2.1–2.5 und 1.1) in schülergerechter Form einfließen. Durch vergleichende eigene Erfahrungen und deren Ausdruck in anderen Medien können sich die Schüler dann der Möglichkeit der Selbsterfahrung und eines ganzheitlichen Verständnisses der Wirklichkeit durch Symbole bewußt werden. Dabei ist es wichtig, die eigenen Erfahrungen immer wieder mit den Erfahrungen der Mitschüler, aber auch der Men-schen anderer Völker und anderer Zeiten zu vergleichen, um sich Ähnlichkeiten und Verschiedenheiten und so die ungeheure Vielfalt solcher Erfahrungen vor Augen zu führen. Die didaktisch-methodi-schen Vorschläge dieser Art sind vielfältig variierbar und individua-lisierbar.

Festzuhalten ist: Es geht in diesen Unterrichtsvollzügen nicht erstrangig um das Symbol als einen Begriff (also um Symbolkunde), sondern um das durch das Symbol Erschlossene und zu Erschließ-ende, also um das Symbolisierte. Dieses zu erfahren, indem die Schüler lernen, sich einen Weg durch ihre „profane Alltagsrealität" zu bahnen, um die darin verborgene ganzheitliche religiöse Wirk-lichkeit zu erleben und diese christlich zu interpretieren, ist eines der wichtigsten Ziele des heutigen Religionsunterrichts. Eine Symboler-ziehung dieser Art darf nicht, wie z. B. im Zielfelderplan für die Sekundarstufe I vorgesehen, in zeitlich begrenzte Themenfelder (III, 1 Zeichen-Symbole) eingeschlossen oder auf bestimmte Jahr-gangsstufen begrenzt werden.

zu Frage 4 (Spalte 4 und 5 der Übersicht)

Bei dieser Frage geht es darum, den symbolisch erschlossenen Be-deutungsgehalt der unterrichtlich behandelten Wirklichkeit von der christlichen Tradition her zu beleuchten und zum Sprechen zu bringen. Gleichzeitig wird dabei deutlich, warum die zur Frage stehende Wirklichkeit so und nicht anders im Unterricht behandelt wurde. Den Schülern wird ein Angebot gemacht, in ihren Erfahrun-gen den spezifisch christlichen Aspekt aufleuchten zu lassen und, soweit sie dies wollen, ihn in ihrem eigenen Leben zum Tragen zu bringen.

Auch hier sind die Medien sehr vielfältig. Diese christlich qualifizierenden Elemente können z. B. offenkundig werden, indem beschriebene eigene Erfahrungen mit biblischen Geschichten analogen Inhalts verglichen und symbolisch-assoziativ in die Gegenwart übertragen werden (vgl. Baudler 1979 [a], 96 ff.). Beim Symbol „Wasser" bieten sich z. B. aus dem AT die Erzählungen vom Durchzug durch das Schilfmeer, die Noah- und die Jona-Geschichte an, aus dem NT die Erzählung von der Jordantaufe und die Seewandel- bzw. Seesturm-Erzählung.

Es könnten sich Gespräche anschließen über die Frage, ob Erfahrungen dieser Art nicht den eigenen Erfahrungen mit Wasser (ein Stück Unendlichkeit spüren, sich geborgen, getragen aber auch bedroht fühlen usw.) so sehr ähneln, daß man (im Ansatz) diese eigenen Wassererfahrungen nicht auch selbst als „Transzendenzerfahrungen" oder „Gotteserfahrungen" bezeichnen und erzählen könnte? Dem Schüler kann so bewußt werden, daß die Inhalte von Religion und Glaube im alltäglichen Leben und Erleben begründet sind und dieses eine Bedeutungstiefe besitzt, die über Sinn und Unsinn des Lebens entscheidet.

Auch nicht unmittelbar biblische Medien, wie z. B. das Steyler Diapaket „Wasser" oder religiöse Bilder, Geschichten, Lieder können den Schülern zeigen, wie christliche Tradition die „Wassererfahrungen" (z. B. des Getragenseins, der Bedrohung und der Befriedung) buchstabiert (vgl. z. B. die Gottesanrede „abba", die das Behütet- und Getragensein von einem absolut bergenden Daseinsgrund zum Ausdruck bringt; dazu etwa als Bild-Medium die farbige Federzeichnung „Schutzmantelchristus" von Peter Roland Litzenburger). Es sollten den Schülern Wege eröffnet werden, „Wasser" als christologisches Symbol zu lesen, das — ähnlich wie der Fisch als Christussymbol im Urchristentum — die Lebendigkeit, die erfrischende, heilende, Mut und Orientierung gebende Kraft der Gestalt des gekreuzigten und auferstandenen Messias zum Ausdruck bringt und assoziativ erfahrbar macht.

Von daher kann dann auch die Wassersymbolik der Taufe sinnvoll in den Blick kommen, in der sich der Mensch jenem tragenden, reinigenden, erfrischenden und lebendigmachenden „Wasser" anheimgibt und anvertraut, das den Messias repräsentiert. Dabei bietet sich auch eine Verbindung zum Symbol „Wind" an, denn die Tauferfahrung ist auch qualifiziert durch die Geisterfahrung, das Erfülltwerden vom „Gotteswind" und „Gottesatem" dieses Menschen, der frei macht zu Aufbruch und Neubeginn, zum Vorwärts-

3. Beispiele durchgeführten Unterrichts (Foos-Queck)

3.1 Unterrichtsprojekt „Wasser"

Beispiel 1:

RELIGIÖSE ERFAHRUNG DURCH DAS SYMBOL WASSER
Ein Unterrichtsprojekt zum Zielfelderplan für die Grundschule[1] *auf der didaktischen Basis religiöser Gegenstandssymbole*

Durchgeführt in einer 4. Grundschulklasse

1. Intention der Unterrichtsreihe – didaktisch-methodischer Kommentar

In der hier aufgeführten Unterrichtsreihe soll versucht werden, den Schülern zu ermöglichen, durch das Gegenstandssymbol *Wasser* (wie in der 2. Unterrichtsreihe durch das Gegenstandssymbol *Wind, Luft, Atem*) Symbol- und Selbsterfahrungen (transzendentale Erfahrungen) zu machen:

---

[1] Das Unterrichtsprojekt basiert hauptsächlich auf dem Themenfeld II 2, b: *Christen sind Getaufte.* Es richtet sich besonders nach dem Unterrichtsthema 141: Wasser/Licht/Wind (Um die Bedeutung einiger elementarer Symbole wissen und für Symbolsprache sensibilisiert werden.) – Das Themenfeld „Christen sind Getaufte" wird in allen 4 Grundschulklassen durchgängig behandelt, wohingegen das Unterrichtsthema 141 (Wasser/Licht/Wind) im Zielfelderplan nur für das 1. Schuljahr angegeben wird. Das Eindringen in den Gehalt religiöser Gegenstandssymbole ist jedoch für ein *ganzheitliches* Verständnis der Sakramente in künftigen Unterrichtsreihen so wichtig, daß es durchgängig in allen 4 Grundschulklassen ausgeprägt behandelt werden soll (siehe hierzu auch die Auseinandersetzung und Kritik zum Korrelationsbegriff im Zielfelderplan für die GS, oben S. 19 ff.).
Über die religiösen Gegenstandssymbole wäre (auf kommenden Unterricht hin) zwischen *Christen sind Getaufte,* also zwischen dem „Überlieferungsteil" des Plans (... der Glaube der Kirche) und dem „Situationsteil" (Ich und ...) eine Verbindung möglich, beispielsweise unter dem Themenfeld *alle träumen vom Glück* (I. 3 a 221; 421; 422), die auf eine Erfahrung von „Gottesreich" hinzielt.

gehen in Richtung jenes offenen und zugewandten menschlichen Zusammenlebens, das in Jesu Mund „Gottesreich" heißt.

Am Ende einer solchen Unterrichtsreihe halte ich eine Zusammenfassung für sehr wichtig. Eine gute Möglichkeit wäre hier das gemeinsame Erstellen einer Collage unter dem Thema: „Was bedeutet ‚Wasser' für mich?" (Vgl. B. 3.1)

Indem die Schüler dazu hingeführt werden, vor den Elementen zu staunen, sie zu er-fahren, kann diese Erfahrung zu einer Transzendenzerfahrung werden, in der die religiöse Dimension der Wirklichkeit eröffnet wird.

Durch Hinzunahme zentraler Bibelstellen wird den Schülern die Möglichkeit gegeben, ihre Transzendenzerfahrung als eine Erfahrung des christlichen Gottes zu verstehen, der sich heute — wie damals — den Menschen erschließt.

Zur Planung einer Unterrichtsreihe, in der die Schüler durch das Erleben des *Naturelements* WASSER (und in der nächsten Reihe WIND-ATEM) zur Erfahrung von Transzendenz geführt werden (sollen), gehe ich davon aus, daß Kinder der Grundschule zu einem intensiven Naturerleben fähig sind.

Dabei greife ich zurück auf die Aussage Baudlers, daß das kindliche Naturerleben als eine Voraussetzung zur Transzendenzerfahrung gesehen werden kann:

„Auch wenn der Strom kindlich-unbedingten Fragens schon früh unter die Oberfläche versickert ist, kann und muß der Lehrer die ursprüngliche Fragehaltung im Kind neu erwecken und fördern, und damit das Kind vor das Unableitbare, das immer neu Erstaunliche der Welt führen ... vor das, was in *Wasser, Luft, Sonne, Erde* an elementarem Anspruch und elementarer Verheißung liegt, ... vor das, was am Leben, am Wachsen und Lebendigsein auch einer Pflanze immer neu den Menschen anrührt und betroffen macht" (Baudler, 1973 [b], 176).

Durch das ganzheitliche *Erleben* von Wasser (und später Wind-Atem) werden die Natur-Elemente für die Schüler zu Symbolen, zu „Spuren der Transzendenz" (Berger), die als „unmittelbare Erlebnisgestalten zur ganzheitlichen Erschließung von Religion und Glaube in den religiösen Lernprozeß bewußt eingepflanzt werden" (Faber, [4]1980, 26). Die mit dieser Intention zu erstellenden Inhalte und Ziele mit den dazugehörenden Medien, können mit Hilfe des *symboldidaktischen Strukturgitters* (mit der Übersicht über den anthropologischen und religionspädagogischen Gehalt religiöser Gegenstandssymbole) und dem dazugehörigen *Frageraster* (zum Entwurf eines erfahrungs- und problemorientierten Unterrichtsprojekts auf der Basis religiöser Gegenstandssymbole) folgendermaßen entwickelt werden:

Die *Frage 1* des symboldidaktischen Fragerasters fragt nach der menschlichen Grunderfahrung, die im Umgang mit dem entsprechenden Gegenstandssymbol erlebt werden kann.

Dabei ergibt sich für die Unterrichtsreihe folgende Zielsetzung

anhand der im Gegenstandssymbol Wasser aufkommenden Grunderfahrungen:

Die Schüler sollen sich ihrer Erfahrungen mit dem Element Wasser
in ihrer (empirischen) Alltagswelt bewußt werden (Phänomen-
Ebene; „empirische" Dimension), indem sie auf folgende Grunderfahrungen mit (und durch) Wasser aufmerksam gemacht werden:

I. Grunderfahrung der *Lebensnotwendigkeit* des Wassers

— Alltägliche Wassergeräusche hören, diese beschreiben können
und aufzählen, was man mit Wasser alles machen kann.
(vgl. 1. Stunde)

II. Grunderfahrung *Trinken*

— Erfassen, daß das „alltägliche" Trinken (müssen) von Wasser
Erfrischung und Kraft gibt.
(vgl. 2. Stunde)

III. Grunderfahrung *Angst* vor dem *Er-trinken*

— Begreifen, daß das Element Wasser in seiner *Kraft* auch gefährlich
ist, daß man (im gleichen Wasser, das man trinken muß) auch er-
trinken kann.
(vgl. 6. und 7. Stunde)

Die *Frage 2* fragt nach der tieferliegenden (verborgenen) Dimension,
aus der heraus die (mögliche) Bedeutungstiefe der uns hier begegnenden Wirklichkeit eröffnet werden kann.

Aus ihr ergibt sich für die Reihe als umfassendes Ziel zur Entwicklung von Stundenzielen:

Die Schüler sollen die tieferliegende, hinter den „alltäglichen"
Dingen verborgene Dimension, das „Mehr als H_2O", des Elements
Wasser erspüren und (so) die Möglichkeit gewinnen, durch das
religiöse Gegenstandssymbol Wasser *selbst* (die menschliche Ganzheit umfassenden und Gott mit einbeziehenden) *Transzendenzerfahrungen* zu machen.

Einzelziele 1–5 (Fortsetzung 6–8 auf S. 132 f.)

1. „Am eigenen Leib" (*Wasser in mir*) Erfahrung mit dem Wasser
machen in der Grunderfahrung des *Trinkens*. Auch hier die Besonderheit, das „Mehr als H_2O" erspüren, das uns für das Wasser begei-
stern kann; in der Begeisterung versuchen, mit dem Element einen
„Dialog" zu führen.
(vgl. 2. Stunde: Wasser, Du ... in Bezug zur 8. und 9. Stunde)

2. Für den Geheimnischarakter des Wassers, der schon im kleinsten und unscheinbarsten Tümpel aufleuchten kann, (meditativ) eingestimmt werden.
(vgl. 3. Stunde, mit Beziehung zur 5., 8. und 9. Stunde)

3. „Am eigenen Leib" *(Wasser um mich)* das Wasser erfahren und spüren, daß die körperliche Begegnung mit Wasser erfrischt, belebt, beglückt, entspannt, umhüllt, ein Gefühl der Ruhe, des „Befriedetseins" geben kann, — Freude und Begeisterung auslösen kann. Von diesen Erfahrungen her erfassen, daß Wasser Leben beinhaltet, daß im Wasser Lebensfreude erfahrbar wird. (vgl. Schwimmstunde sowie 3., 4. und 5. Religionsstunde)

4. Erfassen, daß Wasser die Kraft hat, Leben und Tod zu geben und dabei erahnen, daß in der Ambivalenz (Doppeldeutigkeit) des Wassers auch sein Geheimnis spürbar wird.
(vgl. 6. und 7. Stunde — mit Beziehung zur 3. und 8. Stunde)

5. Erfahren (-haben) und zur Sprache bringen:
Wasser ist geheimnisvoll und *begeisternd.* Dabei das Wort „be-geisternd" im Hinblick auf *Geist* aufschlüsseln.
(vgl. 8. Stunde, besonders im Bezug zur 4. und 9. Stunde)

Vergleicht man die aus Frage 1 und Frage 2 entwickelten Ziele, so wird deutlich, daß in den einzelnen Stunden die Erfahrungen innerhalb der Alltagswirklichkeit und der tieferliegenden Wirklichkeitsebene zumeist *nicht* nacheinander behandelt werden, sondern oft in ein- und derselben Stunde nebeneinander auftauchen, sich miteinander „verquicken", zu einem ganzheitlichen Erleben eben *einer* Wirklichkeit führen können. (So wurde beispielsweise in der 5. Stunde bei der Grunderfahrung des Trinkens von der gegebenen Notwendigkeit des Trinkens gesprochen, das hier erfahrbare „Mehr als H_2O" erlebt, und daraus von den Schülern ohne Vorgabe des Lehrers spontan zur Sprache gebracht, daß Wasser etwas von Gott in sich trage.)

Die *Frage 3* fragt nach den möglichen Medien, die geeignet sind, die Schüler auf die in Frage 1 und 2 genannten Elemente aufmerksam zu machen. Es gibt ja ein großes Reservoir solcher Medien, aus denen der Lehrer zu den Zielsetzungen seines jeweiligen Projekts eine Auswahl treffen kann, (wie schon aus den Beispielen gesammelter Medien bei Ex Kap. B. 2.2 hervorgeht).
Für mich ergab sich folgende Medienauswahl und daraus folgender Aufbau des Unterrichtsprojekts:

I. UNTERRICHTSEINHEIT:
WASSER IST LEBENSNOTWENDIG
(Zur Grunderfahrung I und II und zu Ziel 1)

1. Stunde

Thema: **Wasser ist zum Leben unbedingt notwendig**

M 1:   Tonbandaufnahmen von Wassergeräuschen (die der Lehrer
z. B. bei sich zu Hause mit Kassettenrecorder und Mikro-
phon aufnehmen kann)

M 2:   Schüleraufsatz (Erlebnis von Hitze und Durst) aus dem
2. Schuljahr, der Klassenchronik entnommen

2. Stunde

Thema: **Grunderfahrung Trinken**

Trinkgläser und Wasserkannen dazu:

M 3:   Text nach Saint-Exupéry zum „Mehr-Gehalt" des Wassers,
auf demselben Arbeitsblatt ausgegeben, auf dem die Schüler
ihre „Liebesbriefe" ans Wasser verfassen

II. UNTERRICHTSEINHEIT:
WASSER IST GEHEIMNISVOLL
(Zu Ziel 2)

3. Stunde (Doppelstunde)

Thema: **Erste Einstimmung für das Symbol Wasser**

M 4 a/b: Märchen von der Unke (Grimm, Märchen 105, III).
Zur Vertiefung des Märchens:
Rollenspiel und nach-vollziehendes meditatives Malen

III. UNTERRICHTSEINHEIT: GLÜCKERFAHRUNG IM WASSER
(Zu Ziel 3, in Richtung auf Ziel 6)

Zusätzlicher Teil einer Schwimmstunde:

Thema: **Die Schüler „erfahren" das Wasser im Schwimmbad**

M 5:   Schülerarbeiten zur Anweisung: „Achtet auf eure Gefühle im Wasser"

4. Stunde:
Thema: **Wasser: Leben — Freude**

M 6:   Manfred Hausmann: Das Leben ist so schön (als Textblatt für die Schüler)
M 7 a: Tafelbild: WASSER: Unke — Ich — Martin
M 7 b: Tafelbild: WASSER — LEBEN

Die *Frage 4* fragt nach dem Überlieferungskomplex, der geeignet ist, die am Symbol erarbeitete Tiefendimension in ihrer spezifisch christlichen Prägung und Deutung aufzuzeigen.

Hierzu erscheinen mir folgende biblische Textstellen geeignet:

1. Die Taufe Jesu im Jordan. Es kommt in der Kürze des Markustextes, Mk 1, 9—11 gut zum Ausdruck, wie Jesus im Wasser und durch Wasser erfrischt, be-lebt wird (Taufe im Sinne von Wasser-Tauche, [Rech Bd. II, 1966, 311] der „alte Mensch" wird ins Wasser getaucht und entsteigt ihm als „Neu-Geborener"). Die Schüler können (durch ihre konkreten Wassererfahrungen, bei denen einige nach der Schwimmstunde selbst sagten, daß sie sich durch das Wasser „wie neu geboren" fühlten), im Bibeltext erfassen: Indem Jesus dem Wasser entsteigt, erfährt er sich wie neu geboren, mit neuem Leben, neuer Kraft erfüllt. Er erlebt durch das Wasser ein Gefühl der Begeisterung, das ihn antreibt, seinen ihm bestimmten Weg zu gehen. Er erfährt sich durch die Glückserfahrung im Wasser in vollem Einklang mit sich selbst, mit den Naturelementen, mit Gott — er fühlt sich angenommen als „geliebter Sohn" (5. Stunde mit Zusatzkommentar).
2. Um den Schülern die Ambivalenz des Wassers (Rech Bd. II, 1966, 309 ff.) in seiner leben- und todgebenden Kraft nahezubringen, bietet sich die Erzählung von der Sintflut Gen 7, 4.10—12.17—24

und Gen 8, 1–22 an. Sie erscheint mir in ihrer bildhaften Sprache und ihrer spannenden Erzählweise für Grundschulkinder als besonders ansprechend.

Zum Abschluß der Reihe wählte ich das Schöpfungsmotiv mit der Textstelle Gen 1, 1 – 1, 2 (Der Geist Gottes schwebte über [Übersetzung nach G. von Rad, 1956, 34] den Wassern): Die Schüler können in dieser Textstelle einen „Schlüssel" zum Geheimnis des Wassers finden; sie erfahren darüber hinaus durch Gen 1, 1 – 1, 2 in der zweiten Unterrichtsreihe, die sich mit dem Gegenstandssymbol *Wind, Luft* und *Atem* befaßt, daß die Menschen des Alten Testaments (wie sie selbst) in diesen Symbolen den Geist Gottes erfahren und gedeutet haben: Im Glauben der damaligen Zeit wie nach unserem Glauben ist der Geist Gottes, die „ruach elohîm", als (schöpferischer) göttlicher Atem, als „Gottessturm" erfahrbar, der das *Wasser* (an sich) und unsere *Wasser-Erfahrung* mit Leben und Geist erfüllt.

Zu diesen Bibelstellen sollen (im Zusammenhang mit Frage 4 des Fragerasters) folgende weitere Einzelziele angestrebt werden:

Fortsetzung der Einzelziele (Ziele 6–8):

Die Schüler sollen die spezifisch christliche Tiefendimension der *Wasser-Symbolik* erschließen und mit ihren eigenen Erfahrungen in Beziehung setzen, in einen Dialog bringen, indem sie dazu in den einzelnen Unterrichtsstunden:

6. Hören und erfassen, wie Jesus sich im Jordan taufen (eintauchen) läßt (Mk 9, 1–11) und in der Begegnung mit dem Wasser Lebensfreude, Lebenskraft erhält, Begeisterung erfährt, seinen Weg zu gehen und sich durch die Glückserfahrung im Wasser als voll angenommener „geliebter Sohn" fühlt (vgl. 5. Stunde in Bezug zur 8. Stunde).

7. Erfahren, wie Gott in der Sintfluterzählung (Gen 7, 4 ff. und Gen 8, 1 ff.) durch die Kraft des Wassers die ganze Erde vernichten kann, um so wiederum ganz neues Leben aus dem Wasser hervorzubringen (vgl. 7. Stunde in Bezug zur 6. Stunde).

8.
a) Im Schöpfungsbericht (Gen 1, 1–2, 2) einen Schlüssel zum Geheimnis des Wassers entdecken und:

b) Die biblische Aussage nachempfinden: Der *Geist Gottes* ist im *Wasser* erfahrbar (in Bezug zur 5. Stunde)

c) Versuchen, mit dem Geist Gottes (wie vorher in der 2. Stunde mit dem Element Wasser) in einen „Dialog" zu kommen (Geist Gottes, Du ... 9. Stunde)

Anhand dieser Ziele ergibt sich folgende weitere Medienauswahl und folgender weiterer Aufbau der Reihe:

Noch zur III. UNTERRICHTSEINHEIT gehörig (Zu Ziel 6)

5. Stunde

Thema: **Die Taufe Jesu (Die Erfahrung Jesu mit dem Wasser)**

M 8 a: Bibeltext Mk 1, 9—11

M 8 b: Bild „Die Taufe Jesu nach Mk 1.9—11" nach einer Zeichnung von R. P. Litzenburger aus der Haus- und Altarbibel (Plattloch), vom Lehrer leicht vereinfacht und für Grundschüler etwas kindgemäßer dargestellt

(M 8 a und 8 b auf *einem* Arbeitsblatt)

IV. UNTERRICHTSEINHEIT:
DIE AMBIVALENZ DES WASSERS (SINTFLUTSYMBOLIK)
(Zur Grunderfahrung III und zu den Zielen 4 und 7)

6. Stunde

Thema: **Wasser hat die Kraft, Leben und Tod zu geben (I)**

M 9:   3 ausgewählte „Liebesbriefe" der Schüler ans Wasser, in denen zum Ausdruck kommt, daß Wasser eine *Kraft* hat

M 10:   Erstes Erlebnis im Schwimmbad (von mir erstellter Text nach einem Kindheitserlebnis)

M 11 a: Tafelbild: „Ich fühle mich im Wasser ...", das mit Hilfe der Texte erstellt wurde, die die Kinder nach der Schwimmstunde verfaßten (vgl. M 2)

M 11 b: Arbeitsblatt „Ich fühle mich im Wasser ...", auf dem die Schüler ihren positiven Empfindungen vom Schwimmbad negative Empfindungen und Erfahrungen zu Angstgefühlen im Wasser entgegensetzen

7. Stunde

Thema: **Wasser hat die Kraft, Leben und Tod zu geben (II):**
Sintfluterzählung

M 12:   Bibeltext zur Sintflut: Gen 7, 4 ff. und Gen 8, 1 ff.

V. UNTERRICHTSEINHEIT:
WASSER – GEHEIMNISVOLL UND BEGEISTERND
(Zu den Grunderfahrungen I, II, III, zu Ziel 8 und als Zusammen-
fassung aller Ziele)

8. Stunde

Thema: **Wasser ist geheimnisvoll und begeisternd!**

M 13:   Von Lehrer leicht verändertes und gekürztes Gedicht
(nach Wilhelm Willms), dem die Überschrift der Stundenthematik gegeben wurde

M 14 a: Collage I zum Thema WASSER (aus Illustriertenbildern
und Schülertexten zusammengestellt), durch die der
Gehalt der bisherigen Stunden zusammengefaßt und
vertieft wird

9. Stunde

Thema: **Geheimnis des Wassers, aufgezeigt an Gen 1, 1 – 1, 2**

M 14 a: Collage I (geschlossen)

M 14 b: Geöffnete Collage I mit der Textstelle Gen 1, 1 – 1, 2 und
den Schrifttafeln: „Geist Gottes, Du bist geheimnisvoll!" /
„Geist Gottes, Du bist begeisternd!"

M 14 c: Schrifttafel mit dem Impuls: Geist Gottes, Du ..."

M 15:   Arbeitsblatt (mit dem Genesistext), auf dem die Schüler
ihre „Briefe" an den Geist Gottes schreiben

M 16:   Skizze der Collage I für die Schüler

Im didaktisch-methodischen Kommentar der nächsten Unterrichtsreihe wird auf mögliche Anschlußthemen zu *beiden* Reihen hingewiesen.

2. Protokoll der durchgeführten Unterrichtsstunden

I. UNTERRICHTSEINHEIT: WASSER IST LEBENSNOTWENDIG

1. Stunde: Wasser ist zum Leben unbedingt notwendig

Zum Einstieg in die Reihe wurden die Schüler durch Tonbandaufnahmen (M 1) im häuslichen Bereich (z. B. Wasserhahn aufdrehen, Wasser in die Wanne laufen lassen, pfeifender Wasserkessel, Zähneputzen und Gurgeln usw.) auf die Lebensnot-wendigkeit des Wassers aufmerksam gemacht. Es wurde herausgestellt, daß Wasser mit Wohlbefinden, mit Lebensfreude zusammenhängt, darüber hinaus aber zum Leben – *zum Überleben* unbedingt notwendig ist! Die Schüler nannten Beispiele dazu und lasen aus ihrer Klassenchronik (M 2) ein eigenes kleines Erlebnis vor, in dem sie selbst erzählt hatten, wie sie sich an einem sehr heißen Sommertag nach Wasser sehnten. Es wurde ihnen nahegelegt, bei sich zu Hause einmal Wasser (neu) zu erleben, die Augen und Ohren weit aufzumachen.

Beim Hören der Wassergeräusche zeigten sich die Schüler etwas unruhig und riefen spontan Geräusche, die sie erkannten, in die Klasse. Bewußt habe ich nicht eingegriffen, da die Unruhe den Verlauf der Unterrichtsphase nicht störte und die Kinder „bei der Sache" waren. Bei manchen Geräuschen lachten sie (z. B. plantschen, gurgeln, trinken, Abzug der Toilette usw.). Dieses Lachen zeigt aber, daß die Kinder sich angesprochen fühlten und die alltäglichen Wassergeräusche bewußt wahrgenommen haben. Alle Geräusche wurden richtig geraten. Im Gespräch über die Lebensnotwendigkeit des Wassers nannten die Schüler dazu viele Beispiele und es entstand auf der Tafel folgender Text:

Wasser – Leben

Wo Wasser ist, ist Leben!
Ohne Wasser kein Leben!
Ohne Wasser kann es keine Lebewesen geben!
Die ganze Schöpfung kann bestehen, weil es Wasser gibt.

2. Stunde: Grunderfahrung TRINKEN

Was bisher zur Lebensnotwendigkeit des Wassers angesprochen wurde, sollte den Schülern den Zugang zu dieser Thematik eröffnen. Jedoch hatten die Kinder damit noch nicht „am eigenen Leib" (in sich) gespürt, daß ihre Existenz durch das Wasser ermöglicht, erhalten und getragen wird. Um den Schülern davon etwas zu vermitteln, hatte ich ursprünglich vor, ihnen von der Wüste und den Nomaden zu erzählen, deren Existenz auf Leben und Tod vom Element Wasser abhängig ist. Jedoch wäre dies ein Vermitteln vom Fremderfahrungen, die die Schüler zwar kognitiv nachvollziehen können, die sich aber nicht mit ihren eigenen Erfahrungen decken. Was es wirklich heißt, Durst zu „leiden", liegt nicht in ihrem Erfahrungsbereich. Von daher ging ich zu dieser Stunde nicht von der existentiellen Dursterfahrung aus, sondern von der menschlichen Grunderfahrung des *Trinkens:*

Jedes Kind erhielt (nach der Pause, vom Spielen erhitzt) zur Erfrischung ein Glas Wasser und sollte nach dem Trinken beschreiben, was es dabei beobachtete, fühlte und schmeckte. Daran anschließend sollten die Schüler durch einen Textauszug nach Saint-Exupéry (M 3) erspüren, was an Besonderheit, an „Mehr" im Wasser liegt. Es wurde herausgestellt, daß der Dichter das Wasser mit DU anredet, mit ihm spricht. Die Schüler versuchten zum Stundenabschluß, von der Glückserfahrung des Trinkens ausgehend, das Wasser wie der Dichter mit „Du" anzureden und ihm einen „Liebesbrief" zu schreiben.

Die Schüler nahmen diese Stunde mit großer Motivation auf. Alle Kinder versuchten, sich zu Wort zu melden und beteiligten sich sehr lebhaft am Unterricht. Die Kinder schienen erfreut, als sie nach der Pause in die Klasse kamen und die gefüllten Gläser sahen. Sie hielten sich genau an die Anweisung, gemeinsam zu trinken und auf ihre Gefühle zu achten.

Nach dem Trinken sagten sie beispielsweise:
— *Mein Mund war klebrig. Jetzt fühle ich mich frischer, freier.*
— *Jeder Körperteil wird wieder lebendig.*
— *Das ist wie beim Strom: Durch das Wasser wird man wieder „aufgeladen".*
— *Ich fühle mich wohl und erleichtert.*
— *Beim Trinken hatte ich ein Gefühl, das kann ich kaum beschreiben . . . schön . . . irgendwie besänftigend.*
usw.

Zum Geschmack des Wassers wurde gesagt:
- *Es schmeckt nach gar nichts.*
- *Es ist nicht dazu da, nach etwas zu schmecken. Es soll erfrischen.*
- *Es schmeckt nach einem „Gefühl".*

usw.

Der erstaunlichste Moment der Stunde bestand darin, daß die Schüler den unvollständigen Impulstext spontan ergänzten und von sich aus das Element mit Du ansprachen, ohne daß sie von mir dazu angeregt wurden.

Einige Schüleräußerungen sollen hier erwähnt werden:
- *Und doch hast du, was Aroma und Geschmack nicht haben. Du bist das Wichtigste in der Welt. Und doch hast du etwas „Bestimmtes".*
- *Und doch bist du eins der wertvollsten Dinge.*
- *Und doch hast du etwas, was andere Getränke nicht haben.*
- *Und doch hängt unser Leben von dir ab.*
- *Und doch „fühlt" man einen Geschmack in dir.*
- *Und doch bist du unersetzbar.*
- *Und doch bist du ein Teil vom Herz.*

usw.

Bei den schriftlichen Äußerungen arbeiteten die Schüler sehr konzentriert. Alle sprachen das Element mit „Du" an. Ich glaube, daß in dieser Stunde wirkliche Transzendenzerfahrungen gemacht wurden. (Zu weiteren „Briefen" der Schüler s. M 9)

II. UNTERRICHTSEINHEIT:
WASSER IST GEHEIMNISVOLL

3. Stunde (Doppelstunde):
Einstimmung für das Symbol WASSER in seinem „Geheimnischarakter"

Die Schüler wurden in dieser Stunde durch das „Märchen von der Unke" (M 4 a und b) für den Geheimnischarakter des Wassersymbols eingestimmt. Im Anschluß an das Märchen wurden zwei Rollenspiele gemacht: Es wurde erst gespielt, wie das Mädchen die Unke nach seinem verschwundenen Schwesterchen fragt und danach als Kollektivspiel der ganzen Klassen: Wir (alle) sind die Unke im Teich und versuchen, uns in sie hineinzuversetzen. Dabei sollten die Schüler meditativ erfassen: Wenn man „mit den Augen

einer Unke" in den Tümpel hineinschaut, so stellt er einen Lebensbereich dar, in dem man sich wohlfühlen kann ... Das Leben im
Tümpel ist voller Wunder ... Der Tümpel ist voll von verborgenem
Leben und rätselhafter Schönheit. Die Identifikation mit dem
„Kind" sollte den Schülern vermitteln, daß der an sich schmutzige
und unheimliche Tümpel Neugier erwecken kann, zu fragen, zu
erforschen, was im Wasser an Geheimnissen verborgen liegt. Die
Schüler teilten ihre Gedanken und Gefühle zu den Rollenspielen mit
und malten abschließend zu dem, was sie in der (von ihnen gespiel-
ten) Märchensituation erlebt und empfunden haben.

*Die Schüler griffen das „Unkenmärchen" ernsthaft auf, ohne über seine
Kürze und die ungewöhnliche Sprache zu lachen. Nach dem Vorlesen
ahmten einige Kinder spontan den Unkenruf nach. Ein Schüler meinte: Ihr
Buch heißt „Märchen als Schlüssel zur Welt". Wir wollen den Schüssel zur
Unkenwelt finden. Die Schüler machten von sich aus den Vorschlag, das
Märchen zu spielen. Beim Meditationsgespräch nach dem Spiel war ich
erstaunt, welche Fülle von Assoziationen und Gefühlen bei den Schülern
zutage trat.*

*Nach Tonbandaufnahmen sollen einige Schüleräußerungen (in gekürzter
Form) genannt werden:*
- *Ich hab mir vorgestellt, im Schlamm zu wühlen. Da konnte ich mich
  richtig austoben.*
- *Ich habe mich im Wasser „klein" gefühlt.*
- *Unten im Tümpel ist das „Haus" der Unke. Da ist es still und einsam.
  Man kann da machen, was man will.*
- *Im Schlamm fühlt man sich wohl. Meine Mutter sagt auch immer:
  Wenn die Kinder nicht im Schlamm sind, dann sind sie nicht gesund.*
- *Ich habe im Schlamm irgendwie das Gefühl, daß alles „so von mir" ist.
  Es ist nicht schön, wenn man da gestört wird wie die Unke von dem
  Kind.*
- *Dreck wärmt.*
- *Da fühlt man sich so wohl, daß man direkt einschlafen möchte.*
usw.

*Ich habe den Eindruck, daß in dieser Stunde in hohem Maße der y-Bereich
bei den Schülern angesprochen worden ist. Auch beim Malen wirkten die
Schüler stark emotional berührt. Einige Kinder wollten nach der vorgegebenen Zeit noch weitermalen.*

III. UNTERRICHTSEINHEIT:
GLÜCKSERFAHRUNG IM WASSER

Die Schüler „erfahren" das Wasser im Schwimmbad

Nachdem die Schüler durch das „Unkenmärchen" für das „Besondere" des Wassers eingestimmt worden sind, sollten sie nun konkrete Erfahrungen *im* Wasser machen.

Dazu ging ich mit den Schülern ins Schwimmbad. Mit Einverständnis der Klassenlehrerin ließ ich sie in der letzten Viertelstunde ihres Schwimmunterrichts im Wasser einmal alles tun, was ihnen besonderen Spaß macht. Ich wies sie darauf hin, dabei bewußt darauf zu achten, wie sie sich im Wasser *fühlen*.

Nach der Schwimmstunde schrieben die Schüler ihre Gefühle stichworthaft auf (Die Klassenlehrerin überließ mir dafür 10 Minuten ihres Unterrichts). Die Assoziationen der Kinder wurden zur nächsten Religionsstunde auf Matrize festgehalten (s. M 5: Auszug aus den Schülerarbeiten im Medienteil).

4. Stunde: Wasser: Leben − Freude

Die Schüler sollten in dieser Stunde durch das Unkenmärchen durch ihre (schriftlich festgehalten) Wasser-Erfahrungen im Schwimmbad und durch den Hausmanntext „Das Leben ist so schön" (M 6) vertiefend auf ihre Gefühle im Wasser angesprochen werden. Sie sagten dazu, welches Erleben im Wasser ihnen selbst, der Unke und Martin gemeinsam ist. Es wurde eine Stundenüberschrift gesucht, in der zum Ausdruck kommen sollte, daß das Element Wasser Leben beinhaltet, daß im Wasser Lebensfreude erfahrbar wird (s. Tafelbild M 7 a und b).

Als ich den Kindern zu Anfang der Stunde alle gesammelten Schüleräuße-
rungen zu ihren Empfindungen im Wasser vorlas, wirkten sie beeindruckt.
Sie waren ganz leise und hörten aufmerksam zu. Einige Schüler bemerkten
spontan: „Das Wasser bleibt das gleiche, aber jeder erlebt es anders." „Wir
können nicht mit gleichen Worten ausdrücken, was wir fühlen." Im Ge-
spräch über die beiden Geschichten vermerkten einige Kinder, daß das
„Rotstrümpfchen" aus dem Unkenmärchen dem kleinen Martin ähnlich sei.
„Das verlorengegangene Kind", sagte ein Schüler, „ist im Wasser ganz
untergetaucht, das andere Kind, das der Unke Fragen stellt, fühlt sich dem
Wasser nicht so nahe, ähnlich wie Martins Schwester Viola." Die Über-
schrift zur Stundenthematik wurde in der Erarbeitungsphase ohne Schwie-
rigkeiten erbracht. Sie lautet: Wasser: Leben − Freude.

5. Stunde:
Die Taufe Jesu im Jordan (Die Erfahrung Jesu mit dem Wasser)

Zu dieser Stunde ist zu erwähnen, daß sie in der Klasse nicht praktisch durchgeführt wurde. Die beiden Reihen zu den Gegenstandssymbolen Wasser und Wind bildeten ursprünglich *eine* Reihe von zwei zusammenhängenden Hauptteilen (vgl. Vorwort). Diese 18-stündige Reihe wurde hier wegen ihrer Länge in zwei unabhängig voneinander durchführbare Reihen aufgeteilt (zur Auswahl für den Lehrer). Da die Jesusgestalt erst in der zweiten Reihe zum Atem-Wind-Symbol mit einbezogen wurde, wird jetzt auch zu dieser Reihe eine zusätzliche Stunde geplant, in der, korrespondierend zu den Wasser-Erfahrungen der Schüler, nachgefühlt werden soll, wie Jesus sich im Element Wasser erfährt und in dieser Erfahrung seine Gestalt in typischer, symbolisch-figürlicher Verdichtung gegenwärtig wird. Diese Modifikation der Unterrichtsreihe zum Thema „Wasser" fordert vor allem auch die Orientierung am beschriebenen symboldidaktischen Strukturgitter. Die Stunde ist folgendermaßen geplant:

Die Schüler erzählen nochmals von ihren eigenen Erfahrungen mit dem Wasser, vor allem was sie während der Schwimmstunde erlebt und gefühlt haben. Sie erfahren dazu in dieser Stunde, wie in der Bibel erzählt wird, daß auch Jesus eine für ihn und sein Leben entscheidend wichtige Erfahrung im Wasser gemacht hat. Die Kinder lesen den kurzen Bibeltext Mk 1, 9–11 und betrachten (auf dem gleichen Arbeitsblatt) ein Bild nach R. P. Litzenburger zur Taufe Jesu (M 8 a und b). Es wird mit den Kindern in einer meditativen Betrachtung des Bildes herausgestellt, in welcher Körperhaltung der Künstler die Jesusgestalt dargestellt hat: Jesus wirkt gelöst und gleichzeitig dynamisch, offen, Lebensfreude ausstrahlend, in Bewegung, wie auf den Betrachter zugehend. In der beschwingten Linienführung der Hintergrundstuktur kann erahnt werden, daß der aus dem Wasser Aufsteigende von einem erfrischenden und belebenden Windhauch umhüllt wird.

Von dieser Körperhaltung ausgehend und in Erinnerung an die eigenen Glückserfahrungen im Wasser, stellen die Kinder Vermutungen an, wie sich Jesus dem Wasser entsteigend fühlt: Erfrischt erquickt, belebt, voll Freude, begeistert, usw.

Es soll in dieser Stunde (und in der gesamten glaubenspropädeutisch angelegten Reihe) noch nicht auf die spezielle Taufsymbolik eingegangen werden, „Taufe" soll hier in ihrem ursprünglichen Wortsinn als „Wasser-Tauche" erfaßt werden. Die Schüler sollen hier von der (auch von ihnen selbst gemachten) Erfahrung ausgehen, daß sich Jesus (wie sie selbst) durch das Eintauchen in Wasser wie neu geboren fühlt und darüber hinaus gestärkt, gekräftigt wird, seinen Weg zu gehen. Der auf ihn herabkommende Geist Gottes kann von den Schülern analog zur Be-geisterung durch das Erleben von Wasser (wie die Schüler es im Ansatz selbst erfahren haben), gedeutet werden. Ebenfalls soll mit den Schülern besprochen werden, daß Jesus sich in der Begegnung mit dem Wasser so bejaht, so „rundherum" wohl fühlt, daß er sich als (absolut, d. h. von Gott) „geliebter Sohn" empfinden kann, „der Wohlgefallen bei Gott gefunden hat". Auch dies ist eine Erfahrung, die analog von Kindern gut nachvollziehbar ist.

Nach dieser (oder einer ähnlich angelegten) meditativen Betrachtung von Bild und Text sammeln die Schüler zum Stundenausklang (an der Tafel) eine oder mehrere Überschriften zu dem, was in der Stunde gesehen oder gesagt wurde und tragen die Überschriften ins Religionsheft ein.

(Die Überschriften könnten beispielsweise lauten: Jesus bekommt durch das Wasser Leben und Kraft, fühlt sich wie neu geboren, Jesus ist wie wir durch Wasser begeistert, Jesus hat wie wir im Wasser Freude und Glück erlebt usw.)

IV. UNTERRICHTSEINHEIT: DIE AMBIVALENZ DES WASSERS

6. Stunde: Wasser hat die Kraft, Leben und Tod zu geben (I)

Die Kinder stellten durch drei ausgewählte „Liebesbriefe" ans Wasser (M 9) heraus, daß Wasser eine Kraft besitzt. Sie sollten durch einen von mir verfaßten Text (Erstes Erlebnis im Schwimmbad – M 10) erfassen: Wasser hat nicht nur die Kraft, Leben zu ermöglichen, es kann auch den Menschen in Angst versetzen, sogar töten. Die Schüler erzählten von ähnlichen Erlebnissen (wie z. B. Urlaub am Meer, Schwimmbad usw.), wo sie selbst das Wasser als Gefahr empfunden haben. Ich hatte an der Tafel von ihnen vorher genannte positive Empfindungen zum Wasser gesammelt (wobei die Tafel bis jetzt zugeklappt war, vgl. Tafelbild M 11 a), denen sie nun ihre eben geschilderten negativen Gefühle entgegensetzten. Die Schüler suchten eine Überschrift zur Gegenüberstellung ihrer positiven und negativen Assoziationen.

Der Text vom ersten Schwimmbaderlebnis fand bei den Schülern Anklang und regte sie an, „aus sich herauszugehen" und von eigenen Angsterlebnissen im Wasser zu erzählen. Die Kinder brauchten viel Zeit, um ihren positiven Gefühlen zum Wasser (Tafel) negative Assoziationen entgegenzusetzen. Vielleicht verlief diese Unterrichtsphase zumindest am Anfang zu kognitiv. Einen Grund dafür sehe ich zumindest darin, daß die Angsterlebnisse der Kinder weiter zurückliegen, während sie bisher bewußt auf positive Empfindungen achten sollten. Es erfolgte trotzdem im Verlauf der Stunde eine Fülle von Assoziationen zu negativem Erleben im Wasser, die hier nicht erwähnt werden sollen, weil sie in einem Arbeitsblatt zur nächsten Stunde aufgegriffen werden (s. M 10 b). Folgende Überschrift zum Thema wurde erbracht: „Wasser: LEBEN — Wasser: TOD."

Es erstaunte mich, daß mehrere Kinder die todbringende Kraft des Wassers in hohem Maße akzeptierten. So sagte ein Schüler: „Das Wasser kann nichts dafür, daß es auch den Tod bringt. Das ist seine Kraft. Auch wenn es tötet, ist es nicht böse."

7. Stunde:
Wasser hat die Kraft, Leben und Tod zu geben (II): Sintfluterzählung

In dieser Stunde sollten sich die Schüler vertiefend mit der leben- und todgebenden Kraft des Wassers auseinandersetzen. Dazu lasen sie abwechselnd ihre positiven und negativen Empfindungen zum Wasser vor (vgl. Arbeitsblatt M 11 b, das aus den an der Tafel gesammelten Schüleräußerungen der letzten Stunden entstand). Sie setzten die eigenen Aussagen in Beziehung zum „Märchen von der Unke" aus der 2. Stunde (M 4) und sollten dabei besonders auf die Märchenfigur „Rotstrümpfchen" achten. Die todbringende Kraft des Wassers wurde zum Abschluß der 4. Unterrichtseinheit im Unterrichtsgespräch ganz besonders hervorgehoben durch die Sintfluterzählung Gen 6–8 (M 12), in der die Mächtigkeit des Wassers als so stark angesehen wird, daß sie die ganze Erde vernichten kann, um so wiederum (ganz) neues Leben hervorzubringen.

Die Gegenüberstellung ihrer „positiven" und „negativen" Gefühle im Wasser macht die Schüler betroffen. Beim Lesen wurde es in der Klasse ganz still; eine Atmosphäre der Beeindruckung kam auf. Beim Unkenmärchen, das ich zum Stundenthema wieder aufgegriffen habe, wurde zur Märchenfigur „Rotstrümpfchen" gesagt:

— *Vielleicht ist es im Teich ertrunken.*
— *Vielleicht fühlte es sich auf der Erde einsam und ging deshalb in den Teich.*
— *Vielleicht hat „Rotstrümpfchen" die Lebenskraft und die Todeskraft des Wassers erfahren.*

Die Sintfluterzählung wurde von den Schülern als sehr spannend empfunden. Einige meinten, es könnte nicht sein, daß Gott mit der Kraft des Wassers alle Lebewesen vernichten kann, um Neues aufzubauen. Wir kamen im Gespräch ansatzweise auf (vom Menschen zum Teil selbst verschuldete) Umweltkatastrophen zu sprechen wie Überschwemmungen, Deichbruch, versinkende Schiffe usw.
Ich hatte den Eindruck, daß die Schüler durch die Sintfluterzählung und das daran anschließende Gespräch betroffen waren und vor der Mächtigkeit des Wassers staunten.

V. UNTERRICHTSEINHEIT: WASSER – GEHEIMNISVOLL UND BE-GEISTERND

8. Stunde: Wasser ist geheimnisvoll und begeisternd!

Zu dem, was bisher über Wasser erfahren und ausgesagt wurde, erstellte ich (aus zeitlichen Gründen nicht mit den Schülern zusammen) eine Collage (M 14 a) mit Bildern zum Thema (Bilder aus Illustrierten usw. von schwimmenden Kindern, einem Kind, das gebadet wird, Tautropfen am Gras, Wasserfall, Segelboot, Wasserski, einem überfluteten Schiff, einem Grab im Wasser, aus dem ein Kreuz hervorragt usw. in Verbindung mit Texten aus den einzelnen Stunden). Nachdem die Collage betrachtet und kommentiert wurde, erhielten die Schüler ein Gedicht von Wilhelm Willms (M 13), das ich mit Einverständnis des Autors für die Schüler sprachlich etwas vereinfacht habe.
Nach der Collage- und Gedichtbesprechung gaben die Schüler der Stunde eine Überschrift (sinngemäß: Wasser: geheimnisvoll/begeisternd), nannten Gründe, warum der Dichter (wie sie selbst) das Wasser geheimnisvoll und begeisternd empfindet und versuchten nochmals herauszustellen, was das Wort „Be-geisterung" aussagt.

Die Schüler zeigten sich von der Collage sehr angesprochen. Sie erinnerten sich anhand der Bilder an ihre „Erfahrung des Trinkens" und an Urlaubssituationen. Besonders die Aufnahmen vom Wassersport beeindruckten die

*Kinder. Sie erfaßten, daß hier gleichzeitig Freude und Angst erlebt wird.
Ein Schüler sagte: „Sie spielen im Wasser mit dem Tod!"
Die Schüler waren durch den Gehalt der bisher durchgeführten Stunden mit
dem Gedicht nicht überfordert. Sie fanden schnell heraus, daß Wasser in
seiner leben- und todgebenden Kraft ein Geheimnis darstellt. Ein Kind
fragte plötzlich: „Wenn Leben und Tod so eng beieinander sind, ist es dann
auch so bei Liebe und Haß?" Ein anderes Kind meinte: „Ich verstehe, daß
die Sportler im Wasser mit dem Tod spielen wollen, das ist genauso, wie ich
gerne von einer hohen Mauer springe, obwohl ich Angst habe, mir weh zu
tun."*

*Der Begriff „begeisternd" wurde von den Schülern auf „Geist" hin gedeutet.
So wurde beispielsweise gesagt:*
— *Wer begeistert ist, der ist voll Freude, voll Kraft und damit voll Geist.*
— *Wenn man begeistert ist, hat man Freude und Angst gleichzeitig. Das ist
  in uns etwas wie Geist.*
— *Wir haben Geist in uns, deshalb können wir begeistert sein.*

9. Stunde:
Geheimnis des Wassers, aufgezeigt an Gen 1, 1 – 1, 2

Mit den bisher durchgeführten Unterrichtsstunden war die Reihe an
einem Punkt angelangt, wo es zu der Frage kommen konnte:
„*Warum* ist Wasser geheimnisvoll? *Warum* begeistert es die Menschen, Jesus, uns alle? *Was* steckt dahinter?" Als eine Möglichkeit,
sich diesem Geheimnis zu nähern, sollte den Schülern aus dem
biblischen Schöpfungsbericht die Textstelle Gen 1, 1 – 1,2 angeboten werden (M 15). Um den Bibeltext in Zusammenhang mit dem
bisher Gesagten zu bringen, wurde die Collage wieder miteinbezogen. Sie wurde heute erstmals aufgeklappt, um hinter den Bildern
und Texten der „Wasser-Erfahrungen" den Text der Genesis zu
finden (zur Erstellung der Collage s. Skizzen M 14 a, b und c).
In der I. Unterrichtseinheit hatten die Schüler das Wasser in seiner
Wirkweise als „Freund", als „Du" erfahren und ihm einen „Liebesbrief" geschrieben. Diese Du-Erfahrung wurde mit der biblischen
Deutung vom Geheimnis des Wassers in Zusammenhang gebracht,
indem die Schüler jetzt den Geist Gottes auf seine Wirkweise hin mit
Du ansprachen (vgl. M 14 c, Schrifttafel mit dem Impuls „Geist
Gottes", DU . . .) und versuchten, dem Geist Gottes (wie vorher dem
Wasser) einen „Brief" zu schreiben. Die Schüler erhielten zum
Abschluß der Reihe eine Skizze zur Collage (M 16).

Die Schüler betonten beim Betrachten der Collage nochmals, daß man sich durch die Gefahr, die das Wasser mit sich bringt, stark zu ihm hingezogen fühlen kann. Beim Lesen des Genesistextes bezogen die Kinder erst seinen Gehalt auf den Geheimnischarakter des Wassers und die daraus resultierende Begeisterung für das Wasser. Ich hatte den Eindruck, daß sie den Geist Gottes in diesem Zusammenhang erst noch etwas als „Fremdkörper" empfanden.

Der Impuls „Geist Gottes, Du . . ." wurde (erst) allmählich aufgegriffen und mit Bedeutungsinhalten gefüllt.

So wurde beispielsweise gesagt:
— *Geist Gottes, Du bringst Leben hervor.*
— *Geist Gottes, Du hast uns aus dem Wasser geschaffen.*
— *Geist Gottes, Du gibst Leben und Tod.*
— *Geist Gottes, Du bist der Lebendigmacher.*
— *Geist Gottes, Du bist geheimnisvoll und begeisternd.*

Aus den „Briefen" der Schüler an den Geist Gottes, die ich erst nach der Stunde lesen konnte, geht hervor, daß die Schüler in dieser letzten Unterrichtsphase den Übergang vom Wasser als Du auf den Geist Gottes als Du zumeist vollzogen haben:

— *Geist Gottes, Du bist der Herrscher über Mensch und Wasser. Geist Gottes, Du hast uns ins Leben gesetzt. Geist Gottes, Du bewegst dich über dem Wasser, um das Leben zu machen. Geist Gottes, Du hast das Wasser geheimnisvoll und bewunderungsvoll gemacht. Geist Gottes, Du kannst uns leben lassen und sterben lassen.*
— *Geist Gottes, Du hast Todes- und Lebenskraft. Du herrschst über unser Leben im Wasser. Du bist für uns die Welt. Du hast die Erde aus dem Wasser geschaffen.*
— *Geist Gottes, Du bist der Herrscher über alles. Geist Gottes, Du herrschst auch über das kleinste Lebewesen. Du hast deinen Geist in jedes Leben verteilt.*

Es erfolgte zu dieser Reihe kein längeres Abschlußgespräch, da die nächste Unterrichtsreihe „Geisterfahrung durch das Symbol ‚WIND' " sofort anschließen sollte. Die Skizze für die Schüler von der die Reihe begleitenden Collage (M 16) soll wie die Collage selbst, als „roter Faden" die Reihe mitbegleiten.

3. Medienmaterial zur Unterrichtsreihe

M 1   Tonbandaufnahmen von Wassergeräuschen (vom Lehrer aufgenommen).

M 2   Schüleraufsatz (Gemeinschaftsarbeit) aus dem 2. Schuljahr, der Klassenchronik entnommen.

Das haben wir im 2. Schuljahr geschrieben:

Es war eine unerträgliche Hitze. Wir stiegen den Berg hinauf und haben sehr gestöhnt und geschnauft. Wir riefen: „Wir wollen zum Bach!" — Endlich waren wir am Wasser. (Andi)

(Gabi schreibt weiter:)
Wir zogen uns aus und gingen in den Bach. Das tat gut. Das kalte Wasser gab uns neue Kraft. Wir vergaßen den Durst. Wir waren gar nicht mehr müde. Da auf einmal waren alle Kinder im Bach, und alle waren pudelmunter. Unser Leben war wieder erwacht.

M 3   Arbeitsblatt mit dem Text:

Wasser, *DU* hast weder Geschmack, noch Farbe, noch Aroma.
Man kann dich nicht beschreiben.
Man schmeckt dich, ohne einen bestimmten Geschmack nennen zu können.
Und doch ...
(Der Textauszug nach Saint-Exupéry wurde von mir zum Verständnis der Schüler leicht verändert. Zum Originaltext siehe Erzählung „Durst" [S. 165]. In: Saint-Exupéry: Wind, Sand und Sterne. Düsseldorf, 1965)

M 4 a   Märchen von der Unke

Unke ruft: „Huhu, huhu". Kind spricht: „Komm heraus." Die Unke kommt hervor, da fragt das Kind nach seinem Schwesterchen: „Hast du Rotstrümpfchen nicht gesehen?"
Unke sagt: „Nein, ich auch nicht: Wie du denn? Huhu, huhu, huhu."   Grimm: Märchen Nr. 105, III

M 4 b   Lehrerkommentar zur Unterrichtsstunde (Foos-Queck)

1. — Versuch einer Deutung des Unkenmärchens

Das Grimmsche „Märchen von der Unke" besteht aus sieben kurzen Sätzen und zeigt damit einen sehr einfachen Aufbau. Liest man das Märchen zum ersten Mal, so erscheint es in seiner Kürze vage und unverständlich. Man hat sogar den Eindruck, daß es nichtssagend und langweilig ist, — daß es in seiner Aussage keinen Sinn ergibt.

Betrachtet man das Märchen jedoch näher, so stellt man fest, daß es gerade in seiner Kürze und seinem Geheimnischarakter eine große Aussagekraft besitzt. Es schildert vor allem eine *Begegnung*. Die beiden Partner, die sich gegenüberstehen, werden im Märchen durch die Bilder von *Unke* und *Kind* bezeichnet. Es handelt sich hier um eine Begegnung von *Gegensatzpaaren*.

Dies zeigt sich bereits darin, daß das Kind auf der *Erde* lebt, während die Unke im *Wasser* beheimatet ist. —Während die Erde den konkreten bekannten Lebensbereich des Menschen darstellt, kann der Tümpel als Bereich des „Geheimnisvollen" verstanden werden: Er ist ein unüberschaubares Gewässer, das voll ist von verborgenem Leben: Leben entsteht, Leben wird vernichtet, neues Leben entsteht. . . .

Das *Kind*, das als ein „Symbol der Entfaltung, des Werdens" zu verstehen ist, versucht, in Kontakt zu treten zur *Unke*, die Alter, Weisheit, zu ergründendes Unbekanntes symbolisiert.

Das Kind hört zu Anfang des Märchens die „Stimme" des Unbekannten, den Unkenruf und versucht in seiner kindlichen Neugier, dieses ‚Unbekannte' hervorzurufen; um es zu ergründen. — Es läßt sich auch vom Kind anrufen und tritt in Erscheinung: Die Unke kommt aus dem Tümpel hervor und zeigt sich dem Kind. Jedoch gibt sie ihm keine konkrete Antwort, sondern läßt das Kind im Grunde mit seiner Frage allein.

Nach Betz ist der Märchengehalt nicht rational zu erfassen: indem er aber meditiert wird, könnte etwa folgender Erkenntnisprozeß ausgelöst werden: „Es gibt Dinge, die lassen sich nicht blitzschnell und durch Zugriff erfassen, wenn man gerade will. Manches muß man abwarten können, manchem muß man auf der Spur bleiben . . . die Sinne offenhalten . . . sehen, was kommt und sich ereignet . . .

„Gerade die Schwebe", heißt es weiter bei Betz, „die durch die — im rationalen Sinn — unklare Antwort der Unke entsteht und in den drei letzten Unkenrufen mitklingt, mag . . . einen besonderen Reiz haben. Bringt sie doch keinen Schlußpunkt, der weiteres Forschen unnötig macht, sondern signalisiert:

Bleib aufmerksam! Nimm alles wahr, bis du erfährst, was du wissen möchtest . . . — Das Leben an sich ist nicht ein-deutig, sondern vieldeutig, nicht einschichtig, sondern vielschichtig, nicht geheimnislos, sondern voller Verborgenheiten, die noch ent-deckt werden wollen" (Betz 1973, 29).

Das Kind im Märchen fragt die Unke nach seinem Schwesterchen *Rotstrümpfchen*, das es aus den Augen verloren hat.

Auch *Rotstrümpfchen* muß als ein „Bild" des Märchens verstanden werden, über das jedoch so wenig ausgesagt wird, daß es kaum zu deuten ist. Hier kann man nur subjektive Vermutungen anstellen: Möglicherweise ist das *Rotstrümpfchen* ertrunken . . . möglicherweise hat es sich so stark zum geheimnisvollen Bereich des Tümpels hingezogen gefühlt, daß es in ihm „untergegangen" ist.

M 5   Schülerarbeiten zum Thema: „Achtet auf eure Gefühle im Wasser."

Wir waren im Schwimmbad. In der letzten Viertelstunde konnte jeder von uns machen, was er wollte. − Wir sagen, was wir dabei erlebt und gefühlt haben.

− Ich fühlte mich unter Wasser wie eine Kröte. Ich fühlte mich frei, glücklich und nicht einsam. − Ich fühlte mich, als ich auf dem Wasser lag, wie ein Holzstück, das getragen wird. Ich fühlte mich leicht.

− Ich fühle mich im Wasser leichter als sonst. Ich fühle mich im Wasser wie neu geboren. − Ich fühle mich im Wasser wie eine schwebende Feder.

− Ich habe mich so leicht wie eine Kröte gefühlt. Ich war ein paar Sekunden ein Fisch.

− Es war, als ob ich zum ersten Mal Schwimmen gewesen wäre. Als ich reinsprang, war es so schön kühl wie in einem Paradies. Als ich die Augen unter Wasser aufmachte, sah es prachtvoll aus. Es war so, als ob man in den blauen Himmel schaute.

− Das war, als ob man dort zu Hause wäre. Es war ein unbeschreibliches Gefühl. Man fühlte sich so frei und leicht, wenn man in die Tiefe tauchte. Es war, als schwebte man auf Wolken durch den blauen Himmel. − Wenn man sich vom Wasser tragen ließ, dann fühlte man sich glücklich. Es war alles voller Sonnenschein. Man konnte beobachten, wie die Wellen größer und wieder kleiner wurden. Es war alles wunderbar.

M 6   Das Leben ist so schön

Wie der Vater eines Abends im Vorbeigehen einen verstohlenen Blick ins Badezimmer wirft, sieht er, daß Martin auf einem Bein darin herumhüpft, einen Strumpf und das Unterhöschen, das noch an seinem Fuß hängt, hinter sich herschleppend.
Viola putzt sich die Zähne und macht sich über ihn lustig. „Viola", sagt Martin und hüpft mit kleinen Sätzen weiter. „Viooo"!
Viola spuckt ihr Mundwasser aus: „Ja"?
„Vio, das Leben ist sooo schön!"

Manfred Hausmann, Martin, Isabel, Andreas. C. Bertelsmann Verlag GmbH, München 1973

M 7 a   *Tafelbild*
Wasser

Unke − Ich − Martin

M 7 b   *Tafelbild*

Wasser − Leben

M 8 a   Bibeltext nach Mk 1, 9–11

Taufe Jesu
Und in jenen Tagen kam Jesus von Nazareth in Galiläa und ließ
sich im Jordan von Johannes taufen. 10 Und sobald er aus dem
Wasser heraufstieg, sah er die Himmel sich zerreißen und den Geist
wie eine Taube auf sich herabschweben. 11 Und eine Stimme
(erscholl) von den Himmeln: „Du bist mein geliebter Sohn, an dir
habe ich Wohlgefallen." Mk 1, 9–10

M 8 b   Zeichnung „Die Taufe Jesu nach Mk 1, 9–11" (nach einer Zeichnung von R. P. Litzenburger)

M 9   „Liebesbriefe" der Schüler ans Wasser (vorhergegangene Stunde)

Liebes Wasser!
Du kannst uns mehr geben als alles Gold und Geld, du hast die *Kraft*, aus einem kleinen Saatkorn ein großes Gewächs zu machen. Du schmeckst nicht besonders, aber doch kannst du erfrischen.

Dein Freund Andi

. . . Und doch braucht man dich in der ganzen Welt.
Und doch kannst du einen erfrischen.
Und doch bist du ein Schatz der Erde.
Und doch hilfst du uns, Getränke zu machen.
Und doch fühlt man in dir einen Geschmack.
Und doch bist du unser Leben.
Und doch bist du sehr kostbar.
Und doch hilfst du uns sehr.
Und doch gibst du uns *Kraft* zum Leben.
Und doch bist du der Quell von unserem Leben.
Und doch bist du unser Freund.
Und doch hilfst du überall.

Manfred

Wasser, du bist wertvoller als der größte Schatz der Welt. Doch weder Geschmack, noch Farbe, noch Aroma hast du.
Doch Menschen brauchen dich zum Trinken. Du kannst Leben schaffen und noch mehr.
Man schmeckt in dir keinen Geschmack, aber Leben und *Kraft*.

Dragan

M 10   Text, erstellt von Ch. Foos-Queck (nach einem Kindheitserlebnis, das in einem Aufsatz [1965] geschildert wurde)

Erstes Erlebnis im Schwimmbad

Als ich mit zehn Jahren zum Gymnasium kam und wir zum ersten Mal ins Schwimmbad gingen, war ich sehr aufgeregt. – Da ich aus einem kleinen Dorf stamme, war ich nämlich vorher noch nie in einem Schwimmbad gewesen. – Deshalb freute ich mich sehr darauf, hatte aber auch ein bißchen Angst.
. . . Im Schwimmbad stieg ich ganz vorsichtig die Treppe hinunter. Das Wasser war kalt an den Füßen und es dauerte eine Weile, bis ich mich daran gewöhnt hatte und mit dem ganzen Körper ins Wasser ging. Aber dann war es wunderbar, . . . warm – und trotzdem schön frisch. Das Wasser war so angenehm auf der Haut! In mir war große Freude. Ich fühlte mich wohl, lebendig und ganz frei. Schwimmen konnte ich noch nicht und so ging ich ganz langsam durchs Wasser. Ich wurde immer mutiger, ging weit ins Becken hinein und merkte in meiner Begeisterung nicht, daß das Wasser vom Bauch – bis unter die Arme – zum Hals anstieg. Dann! Schlug es über mir zusammen! Es drang in Mund, Nase, Augen und Ohren – keine Luft – Dröhnen und Sausen – Druck – Angst – wie

betäubt – wie gelähmt – Ersticken – Ertrinken – nein!!! Ich schlug
wild um mich und ging doch immer wieder unter. Verzweifelter
Kampf! Hilfe!!!
Unsere Sportlehrerin sprang ins Becken, kam auf mich zu und griff
fest nach meinem Arm. Dann wurde ich aus dem Becken gezogen . . .
Nach diesem Erlebnis wollte ich erst gar nicht mehr ins Wasser
gehen. Lange noch saß mir der Schreck in den Gliedern. Erst nach
einem halben Jahr vergaß ich allmählich meine Angst und war
bereit, schwimmen zu lernen. Als ich dann richtig schwimmen
konnte, hatte ich wieder große Freude daran, im Wasser zu sein.

M 11 a Tafelbild, erstellt mit Hilfe von Texten, die die Schüler nach der
Schwimmstunde verfaßt haben. (Vgl. M 5)

Ich fühle mich im Wasser	*Ich fühle mich im Wasser*
beweglich	
glücklich	
frei	
getragen, geborgen	
besänftigt, gelassen	
nicht einsam	
entlastet, von allem erlöst	
bewegt	
leicht, wie ein Fisch im Wasser	
wie im Paradies, wie im Traum	
ohne Sorgen	

M 11 b Arbeitsblatt

Ich fühle mich im Wasser	*Ich fühle mich im Wasser*
beweglich	unbeweglich
glücklich	ohne Hoffnung
frei	wie in einem Gefängnis
getragen	verloren
geborgen	hilflos
besänftigt, gelassen	entsetzt
nicht einsam	einsam
von allem erlöst, entlastet	wehrlos, verlassen,
wie eine schwebende Feder	nicht geborgen
wie ein Schmetterling	vom Wasser umschlossen,
wie neu geboren	ängstlich
munter wie ein Fisch im Wasser	ich habe Angst
	Todesangst
wie im Paradies, wie im Traum	ich fühle mich wie in einer kleine Kammer eingeschlos-

ohne Sorgen, wie in einer
riesengroßen Blase.

sen, in der es keine Nahrung
gibt. Ohne Waffe gegen das
Wasser
ich habe in der Angst Hoffnung aufs Leben. Ich will überleben!

M 12   Die Erzählung von der *Sintflut*, Genesis 7, 4 ff. und Gen 8, 1 ff.

In der Bibel wird erzählt, daß Gott einmal sehr zornig auf die Menschen war, weil sie nur Böses taten. Da wollte er sie mit der Kraft des Wassers vernichten. — Er warnte nur Noach, der nicht wie die anderen Böses tat, sich ein großes Schiff, eine Arche zu bauen, mit der er sich, seine Familie und die Tiere retten konnte. — Und Noach tat alles so, wie ihm Gott aufgetragen hatte . . .

Die große Flut
(Genesis 7, 4.10—12.17—24)

Darauf sprach der Herr zu Noach:
7 ⁴ Noch sieben Tage dauert es, dann lasse ich es vierzig Tage und vierzig Nächte lang auf die Erde regnen und tilge vom Erdboden alle Wesen, die ich gemacht habe.
¹⁰ Als die sieben Tage vorbei waren, kam das Wasser der Flut über die Erde, ¹¹ im sechshundertsten Lebensjahr Noachs, am siebzehnten Tag des zweiten Monats. An diesem Tag brachen alle Quellen der gewaltigen Urflut auf, und die Schleusen des Himmels öffneten sich. ¹² Der Regen ergoß sich vierzig Tage und vierzig Nächte lang auf die Erde.
¹⁷ Die Flut auf der Erde dauerte vierzig Tage. Das Wasser stieg und hob die Arche immer höher über die Erde. ¹⁸ Das Wasser schwoll an und stieg immer mehr auf der Erde, die Arche aber trieb auf dem Wasser dahin. ¹⁹ Das Wasser war auf der Erde gewaltig angeschwollen und bedeckte alle hohen Berge, die es unter dem ganzen Himmel gibt. ²⁰ Das Wasser war fünfzehn Ellen über die Berge hinaus angeschwollen und hatte sie zugedeckt. ²¹ Da verendeten alle Wesen aus Fleisch, die sich auf der Erde geregt hatten, Vögel, Vieh und sonstige Tiere, alles, wovon die Erde gewimmelt hatte, und auch alle Menschen. ²² Alles, was auf der Erde durch die Nase Lebensgeist atmete, kam um. ²³ Gott vertilgte also alle Wesen auf dem Erdboden, Menschen, Vieh, Kriechtiere und die Vögel des Himmels; sie alle wurden vom Erdboden vertilgt. Übrig blieb nur Noach und was mit ihm in der Arche war. ²⁴ Das Wasser aber schwoll hundertfünfzig Tage lang auf der Erde an.

Die Rettung

Gott beginnt mit Noach neu
Genesis 8, 1—22

8 ¹ Da dachte Gott an Noach und an alle Tiere und an alles Vieh, das bei ihm in der Arche war. Gott ließ einen Wind über die Erde wehen, und das Wasser sank. ² Die Quellen der Urflut und die Schleusen des Himmels schlossen sich; der Regen vom Himmel ließ nach, ³ und das Wasser verlief sich allmählich von der Erde. So nahm das Wasser nach hundertfünfzig Tagen ab. ⁴ Am siebzehnten Tag des siebten Monats setzte die Arche im Gebirge Ararat auf. ⁵ Das Wasser nahm immer mehr ab, bis zum zehnten Monat. Am ersten Tag des zehnten Monats wurden die Berggipfel sichtbar. ⁶ Nach vierzig Tagen öffnete Noach das Fenster der Arche, das er gemacht hatte, ⁷ und ließ einen Raben hinaus. Der flog aus und ein, bis das Wasser auf der Erde vertrocknet war. ⁸ Dann ließ er eine Taube hinaus, um zu sehen, ob das Wasser auf der Erde abgenommen habe. ⁹ Taube fand keinen Halt für ihre Füße und kehrte zu ihm in die Arche zurück, weil über der ganzen Erde noch Wasser stand. Er streckte seine Hand aus und nahm die Taube wieder zu sich in die Arche. ¹⁰ Dann wartete er noch weitere sieben Tage und ließ wieder die Taube aus der Arche. ¹¹ Gegen Abend kam die Taube zu ihm zurück, und siehe da: In ihrem Schnabel hatte sie einen frischen Olivenzweig. Jetzt wußte Noach, daß nur noch wenig Wasser auf der Erde stand. ¹² Er wartete weitere sieben Tage und ließ die Taube noch einmal hinaus. Nun kehrte sie nicht mehr zu ihm zurück.

¹³ Im sechshundertsten Jahr Noachs, am ersten Tag des ersten Monats, hatte sich das Wasser verlaufen. Da entfernte Noach das Verdeck der Arche, blickte hinaus, und siehe: Die Erdoberfläche war trocken. ¹⁴ Am siebenundzwanzigsten Tage des zweiten Monats war die Erde trocken. ¹⁵ Da sprach Gott zu Noach: ¹⁶ Komm heraus aus der Arche, du, deine Frau, deine Söhne und die Frauen deiner Söhne! ¹⁷ Bring mit dir alle Tiere heraus, alle Wesen aus Fleisch, die Vögel, das Vieh und alle Kriechtiere, die sich auf der Erde regen. Auf der Erde soll es von ihnen wimmeln; sie sollen fruchtbar sein und sich auf der Erde vermehren. ¹⁸ Da kam Noach heraus, er, seine Söhne, seine Frau und die Frauen seiner Söhne. ¹⁹ Auch alle Tiere kamen, nach Gattungen geordnet, aus der Arche, die Kriechtiere, die Vögel, alles, was sich auf der Erde regt.

²⁰ Dann baute Noach dem Herrn einen Altar, nahm von allen reinen Tieren und von allen reinen Vögeln und brachte auf dem Altar Brandopfer dar. ²¹ Der Herr roch den beruhigenden Duft, und der Herr sprach bei sich: Ich will die Erde wegen des Menschen nicht noch einmal verfluchen; denn das Trachten des Menschen ist böse von Jugend an. Ich will künftig nicht mehr alles Lebendige

vernichten, wie ich es getan habe. [22] Solange die Erde besteht,
sollen nicht aufhören
Aussaat und Ernte, Kälte und Hitze,
Sommer und Winter, Tag und Nacht.

(Entnommen aus: Schulbibel, Herausgegeben von der Deutschen
Bischofskonferenz, Kevelaer-Stuttgart-München, Düsseldorf 1979;
14, 15)

M 13

Meine erste Begegnung mit Wasser
war *geheimnisvoll.*
Meine zweite Begegnung mit Wasser
war *begeisternd.*
Mit sechs lernte ich schwimmen.
ich freute mich, war
begeistert,
als ich zum erstenmal
kein Bein mehr auf den Boden bekam,
gleichzeitig Angst
Todesangst.
Ich trieb ab.
Die Strömung war stark.
Ich schwamm,
als ich nicht mehr anders konnte.
Der Boden ging weg,
das Ufer war unerreichbar.
Meine Beziehung zum Wasser blieb
geheimnisvoll.
Meine Begegnung mit Wasser
ist immer *begeisternd* geblieben.
Ich bin untergetaucht,
aufgetaucht,
Kopfsprung
mit geschlossenen Augen.
Meine Beziehung zum Wasser
ist hinreißend sehnsuchtsvoll.
Das Fließende zieht mich an.
Das Klare fasziniert mich.
Das Tiefe erinnert mich an so viel ...
Das Blaue weckt unstillbare Sehnsucht.
Heimweh.
Ich kann ohne Wasser nicht leben.
Ich habe an Quellen getrunken,
nicht nur, weil ich Durst hatte,
sondern, weil ich verliebt war.
Meine Beziehung zum Wasser ist
außerordentlich —

begeisternd —
geheimnisvoll —
in der Nähe des Wassers
werde ich neu geboren.   (Wilhelm Willms)

Der Text ist zum Verständnis der Kinder verändert und gekürzt worden.Vgl. Wilhelm Willms, Roter Faden Glück. Verlag Butzon & Bercker, Kevelaer [4]1982 (Kap. 11.3)

M 14 a   Collage I, geschlossen (siehe Skizze a)

M 14 b   Collage I, aufgeklappt (siehe Skizze b)

M 14 c   Schrifttafel mit dem Impuls GEIST GOTTES, DU ...
          (siehe Skizze c)

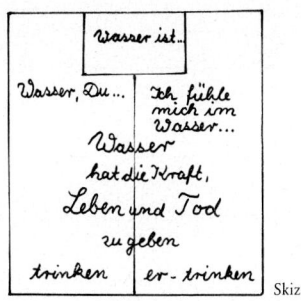

Skizze a

Skizze b

Skizze c

M 15   Arbeitsblatt

Im Anfang schuf Gott Himmel und Erde. Die Erde aber war wüst und leer. Finsternis lag über der Urflut, und

> *der Geist Gottes*
> *schwebte über*

> *dem Wasser*   (Gen 1, 1 – 1, 2)

_____

_____

_____

_____

_____

M 16   Skizze der Collage I für die Schüler

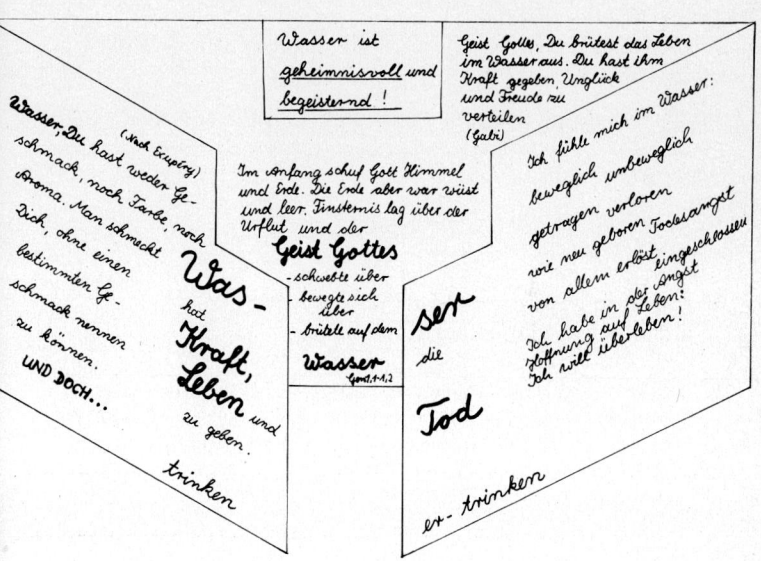

Wasser ist geheimnisvoll und begeisternd!

Geist Gottes, Du brütest das Leben im Wasser aus. Du hast ihm Kraft gegeben. Unglück und Freude zu verteilen (Galt)

Wasser, Du hast weder Geschmack, noch Farbe, noch Aroma. Man schmeckt Dich, ohne einen bestimmten Geschmack nennen zu können. UND DOCH... (noch Exupéry)

Im Anfang schuf Gott Himmel und Erde. Die Erde aber war wüst und leer. Finsternis lag über der Urflut und der Geist Gottes
- schwebte über
- bewegte sich über
- brütete auf dem Wasser (Gen 1, 1.2)

Was- hat Kraft, Leben und ser zu geben. die

Ich fühle mich im Wasser: beweglich unbeweglich getragen verloren wie neu geboren Todesangst von allem erlöst eingeschlossen Ich habe in der Angst Hoffnung auf Leben! Ich will überleben!

Tod

trinken

er-trinken

3.2 Unterrichtsprojekt „Wind"

Beispiel 2:
RELIGIÖSE ERFAHRUNG DURCH DAS SYMBOL WIND
(LUFT, ATEM)

Ein Unterrichtsprojekt zum Themenfeld II.2, 1 b, 141 des Zielfelderplans für die Grundschule *auf der didaktischen Basis religiöser Gegenstandssymbole*

Durchgeführt in einer 4. Grundschulklasse

1. Intention der Unterrichtsreihe —
didaktisch-methodischer Kommentar

Durch das religiöse Gegenstandssymbol Wind in seinem Bezug zu
Luft und Atem soll auch hier (wie in der vorherigen Unterrichtsreihe) versucht werden, den Schülern zu ermöglichen, in der Symbol-Erfahrung zu einer Geist-Erfahrung, einer Transzendenzerfahrung zu kommen.

Die Schüler sollen durch eigene Erfahrungen verstehen, wie in der
Atem-Wind-Symbolik auch im Alten Testament (Gen 1, 1 — 1, 2; Ex
19, 4) und im Neuen Testament (Lk 23, 46; Jo 5, 1—9) das Geheimnis
Gottes erfahren und gedeutet wurde. Damit werden die Schüler dazu
hingeführt, „den Zusammenhang von biblischer Existenzdeutung
und menschlicher Selbsterfahrung zu sehen" (Zielfelderplan für die
Grundschule, Intention zum Zielfeld II, auf dem Übersichtsblatt).

Die mit dieser Intention zu erstellenden Ziele und Inhalte können
mit Hilfe des *symboldidaktischen Strukturgitters* und dem dazugehörigen *Frageraster* folgendermaßen entwickelt werden:

Zur *Frage 1* nach der menschlichen Grunderfahrung, die mit dem
entsprechenden Gegenstandssymbol gelebt werden kann, ergibt sich
für die Unterrichtsreihe folgende Zielsetzung: Die Schüler sollen
sich ihrer Erfahrungen mit dem Element Wind (Luft, Atem) in ihrer
(empirischen) Alltagswelt bewußt werden, indem sie auf folgende
Grunderfahrungen mit (und durch) Wind/Luft-Atem aufmerksam
werden:

I. Grunderfahrung Atmen (d. h. Luft von außen in sich einlassen, ein- und ausatmen)

Sie sollen zu dieser Grunderfahrung hingeführt werden, indem sie:

— Aufzählen, was wir mit dem Atem (durch Ein- und Ausatmen von Luft) alles tun können (z. B.: Sprechen, Flötespielen usw.).
(vgl. 1. Stunde)
— Überlegen, warum wir den Atem nicht lange anhalten können.
(vgl. 2. Stunde)
— Begreifen, daß der Mensch nur leben kann, solange er „Luft holt", atmet.
(vgl. 3. Stunde)

II. Grunderfahrung Freude und Angst durch Wind und Sturm

— Begreifen, daß Wind erfrischen, beleben, erfreuen kann, — daß ein starker „Sturmwind" aber auch Leben zerstören kann.
(vgl. 6./7. Stunde)

Zur *Frage 2* nach der tieferliegenden Dimension dieser Grunderfahrungen, ergibt sich für diese Unterrichtsreihe als umfassendes Ziel:

Die Schüler sollen die tieferliegende/verborgene Dimension, das „Mehr" des Windes, der Luft, des Atems erspüren und damit die Möglichkeit gewinnen, durch die Atem-Wind-Symbolik selbst zu Transzendenz-Erfahrungen zu kommen.

In folgenden Schritten (**Einzelzielen**) soll dieses Gesamtziel erreicht werden:

1. Die Erfahrung machen: Im Atmen fühle ich mich leben, bzw.: Im Nicht-Atmen fühle ich etwas von menschlicher Begrenztheit und Tod.
(vgl. 2. Stunde)
2. Darüber nachdenken und betroffen werden, daß jeder Mensch einmal seinen ersten und seinen letzten Atemzug tut.
(vgl. 3. Stunde)
3. Die Bedeutung der Bildworte „seine Seele aushauchen", „seinen Geist aufgeben" erfassen.
(vgl. 4. Stunde)
4. Sich bewußt werden, daß im Wind und Sturm die eigene Lebenskraft, aber auch das eigene Unvermögen (Grenzen) offenbar werden können.
(vgl. 7. Stunde)

Die sich hier anschließenden Einzelziele 5–9 (spezifisch christliche Prägung des Symbolerlebens) werden unter *Frage 4* (auf S. 162) fortgeführt.

Die *Frage 3* fragt nach den möglichen Medien, die geeignet sind, die Schüler auf die in Frage 1 und 2 genannten Elemente aufmerksam zu machen.

Von meiner speziellen Medienauswahl ausgehend, ergab sich daraus folgender Aufbau des Unterrichtsprojekts:

I. UNTERRICHTSEINHEIT:
LUFT UND ATEM – ATEM UND GEIST
(Zur Grunderfahrung I und zu den Einzelzielen 1–3, in Richtung auf Einzelziel 5, vgl. S. 162!)

1. Stunde:

Thema: **Die Luft braucht der Mensch zum Atmen. Er kann damit auch schöpferisch werden**

M 1: Geschichte „Warm und kalt aus *einem* Munde" (von mir erstellt)

M 2: Arbeitsblatt (zur Aufzählung, was wir mit unserem Atem alles tun können)

M 3: 1. Teil einer neuen Collage (II) zum Thema: Luft und Atem

2. Stunde:

Thema: **Grunderfahrung atmen**

M 4: Arbeitsblatt, auf dem die Schüler beschreiben, was sie empfinden, wenn sie: – die Luft anhalten – bewußt ein- und ausatmen

3. Stunde:

Thema: **Erster und letzter Atemzug bestimmen über Leben und Tod des Menschen**

M 5: Text eines Schülers (aus der 8. Stunde der vorherigen Unterrichtsreihe), in dem er den Geist Gottes mit einer Hebamme vergleicht, die dem Kind, damit es anfängt zu atmen, einen Klaps gibt

M 6: „Brief an mein noch nicht geborenes Kind" (unbekannter jugoslawischer Soldat)

Die *Frage 4* fragt nach einem geeigneten Überlieferungskomplex, um die am Gegenstandssymbol erarbeitete Tiefendimension in ihrer spezifisch christlichen Prägung und Interpretation aufzuzeigen.

In dieser Unterrichtsreihe wird der spezifisch christlichen Prägung der im Symbol (damals wie heute) erfahrbaren Tiefendimension viel Platz zugemessen (dazu wurde in der vorherigen Reihe viel „propädeutische Vorarbeit" geleistet, die auch der hier aufgeführten Unterrichtsreihe zugute kommt).

Da diese Unterrichtsreihe sofort nach der Reihe „Geisterfahrung durch das Symbol Wasser" durchgeführt wurde, wählte ich hier einen anderen Aufbau: Die spezifisch christliche Prägung des Symbols soll nicht erst am Ende der Unterrichtsreihe eingebracht werden, sondern sofort zur Sprache kommen, wo die Tiefendimension von Wind–Atem sichtbar wird (ab II. Unterrichtseinheit). Hier bewegt sich der Unterricht schwerpunktmäßig in den Spalten 4 und 5 des symboldidaktischen Strukturgitters.

Für dieses Vorgehen möchte ich zwei Gründe anführen:

— Würde ich die Kinder wieder über einen gleich langen Zeitraum Luft-Atem-Winderfahrungen machen lassen, um sie dann zum Geheimnis des Gottesgeistes hinzuführen, so wäre die Reihe für die Schüler methodisch durchschaubar und würde vielleicht mit Langeweile aufgegriffen.

— Der weitere für mich wesentlichere Grund meines Vorgehens liegt in der theologischen Aussage, daß die Atem-Wind-Symbolik in der Bibel eine Sonderstellung einnimmt: Während das Wasser nur mittelbar ein Gottessymbol ist (es ist z. B. in der Taufe der Geisterfahrung zugeordnet), wird in der Erfahrung von Luft-Wind-Atem unmittelbar das Wesen Gottes als „ruach" bzw. „pneuma" erfahren (vgl. Hermann, 1962, 125–128; 642 und Rech Bd. II, 1966, 9 ff.)

Von dieser biblischen Gotteserfahrung ausgehend, soll folgendes Gesamtziel angestrebt werden:

Die Schüler sollen die spezifisch christliche Ausprägung der Atem-Wind-Symbolik erschließen und mit ihren eigenen Symbol-Erfahrungen in Beziehung setzen, in einen Dialog bringen; dies soll in folgenden Schritten (**Einzelzielen**) erreicht werden:

5. Hören, wie Jesus in seinem letzten Atemzug seinen Geist (seinen Lebensatem) in die Hände des Vaters übergibt (Lk 23, 46) und den „Adlerspruch" (Ex 19, 4) in Beziehung bringen zum Vertrauen Jesu in seinen Vater.
   (vgl. 4. Stunde)

6. Jesus (wie in einem „Brief") auf sein Vertrauen zum Vater hin ansprechen.
   (vgl. 4. Stunde)

7. Erfassen, daß der Geist Gottes durch Jesus wirksam wird und im anderen Menschen (wie ein belebender Windhauch) Leben entfachen kann (Transformationstext nach Jo 5, 1–9); dazu eine Verbindung zwischen dem Geist Jesu („Tröstergeist") und dem Geist des Vaters („Schöpfergeist") sehen.
   (vgl. 5. Stunde)

8. Das Bildwort „Leben entfachen" sowie analoge Bildworte (z. B. Lebensfunken in uns anzünden) in Verbindung bringen mit dem Schöpfergeist Gottes, der, wie in der Schöpfungserzählung ausgesagt wird, als Gottessturm die Wasser belebte. Damit sollen die Schüler erneut in der Schöpfungserzählung Gen 1, 1 – 1, 2 einen „Schlüssel" zum Atem-Windsymbol (wie vorher zum Wasser) entdecken.
   (vgl. 6. Stunde zusammen mit der 7. und 8. Stunde)

9. Die biblische Aussage in Gen 1, 1 – 1, 2 nachempfinden und für sich selbst (in die mögliche Transzendenzerfahrung durch die Symbole Wasser und Wind) mit einbeziehen: Der Geist Gottes ist in Wasser und Wind erfahrbar.
   (vgl. 7. und 8. Stunde)

Anhand dieser Ziele ergibt sich folgende weitere Medienauswahl und folgender weiterer Aufbau der Reihe:

II. UNTERRICHTSEINHEIT:
GEIST JESU = GEIST GOTTES
GEIST GOTTES — GOTTESSTURM

4. Stunde:

Thema: **Jesus gibt im letzten Atemzug seinen Geist in die Hände des Vaters**

M 7.1: Tafelbild: Im Atem zeigt sich Leben und Tod des Menschen

M 7.2: Tafelbild mit den Bibeltexten Lk 23, 46 (Vater, in deine Hände ...) und Ex 19, 4 („Adlerspruch"), sowie mit dem Impuls: „Jesus, Du ..."

M 8: Arbeitsblatt (mit den Tafeltexten und dem Impuls), auf dem die Schüler Jesus auf sein Vertrauen zum Vater hin ansprechen

5. Stunde:

Thema: **Durch Jesus wirkt der Geist Gottes**

M 9: „Auferstehung" — Linolschnitt von Charlotte Foos (1975)

M 10: Auszug aus einem Transformationstext zur Heilung des Gelähmten an einem Sabbat nach Jo 5, 1—9 (von Gisela Beschorner verfaßt)

6. Stunde:

Thema: **Geist Gottes — Gottessturm**

M 11: Collage II mit Bildern und Texten zur Atem-Wind-Symbolik, die den bisherigen Stundenverlauf zusammenfaßt und erneut auf Gen 1, 1 — 1, 2 (Collage I) eingeht, im Hinblick auf die Benennung des Gottesgeistes als „Gottessturm" (s. im Medienanhang Kap. 4 die Skizzen a, b, c zu den Collagen)

M 12: Arbeitsblatt mit dem Impuls: „Hauch Gottes — Wind Gottes — Sturm Gottes, Du ..." (auf dem die Schüler den „Gottessturm" auf seine Wirkweise hin ansprechen)

III. UNTERRICHTSEINHEIT:
ERFAHRUNG VON TRANSZENDENZ
(GEIST-ERFAHRUNG) IM SYMBOL WIND

7. Stunde:

Thema: **Wir können im Wind Gott erfahren**

M 13:   Text „Sturm, Du ..." (von mir erstellt) auf einem Arbeitsblatt, auf dem die Schüler erzählen, wie sie selbst den Wind in seiner Wirkweise beobachtet, gehört, gefühlt, erfahren haben

M 14:   letzter Teil von Collage II mit Bildern zum Thema Wind

8. Stunde

Thema: **Wasser und Wind (Geist)**

M 15:   Film „Wasser und Geist" (John A. Stewart) mit Lehrerkommentar

M 16:   Skizze der Collage II für die Schüler (in Bezug zur Collage I und der zu ihr erstellten Skizze M 13 für die Schüler aus der vorherigen Unterrichtsreihe)

Eine so angelegte Unterrichtsreihe, die sich mit der Erfahrung religiöser Gegenstandssymbole befaßt, kann auch auf Zukunft hin bei den Schülern etwas bewirken und den Schülern auch weiterhin eine Hilfe geben, Bilder und Symbole, in denen die Bibel sich ausdrückt, aufzuschlüsseln. Vielleicht ermöglicht ein über längere Zeit anhaltender Umgang mit Gegenstandssymbolen, daß die Kinder (auch für ihr persönliches Leben) nicht ganz vergesen, daß man auch „hinter" die Dinge schauen soll, daß es im Leben „mehr als alles" geben kann.

Aus den beiden Unterrichtsreihen zugrundeliegenden Erfahrungen mit und durch religiöse Gegenstandssymbole ergeben sich mögliche Verbindungslinien zu anderen Ziel- und Themenfeldern, die sich als Anschlußthemen an das mit Hilfe des Symbolrasters erarbeitete Problemfeld verstehen lassen:

z. B. SEHEN UND DAHINTERSCHAUEN:

— **Blumen,** Sterne und Maschinen. Im scheinbar Selbstverständlichen Sehenswertes entdecken (Zielfelderplan Grundschule, I.3, 2.a, 219)

- Zeichen habe eine Bedeutung. Über die Zeichenhaftigkeit der Dinge und der Sprache nachdenken (Zielfelderplan I.3, 3.a, 319).
- Neben den religiösen Gegenstandssymbolen Wasser und Wind auch das Symbol Licht erfahren (Zielfelderplan II.2, 1 b, 141). Leider werden im Zielfelderplan nur diese 3 Symbole zum Einsatz im Religionsunterricht aufgeführt; sie können bzw. müssen noch durch religiöse Gegenstandssymbole wie: Feuer, Baum, Berg, Höhle (Haus), Weg, Wüste usw. ergänzt werden.

Als spezifisch traditionsorientiertes Ziel- und Themenfeld läßt sich gut anschließen:

- Christen sind Getaufte: Glaube und Taufe gehören zusammen (Zielfelderplan II.2, 4.b, 454).
Die religiösen Gegenstandssymbole Wasser und Wind können hier zur Grunderfahrung des Taufsakraments („Aufbruch", „Neubeginn", „Begeistert werden") in Beziehung gebracht werden.

2. Protokoll der durchgeführten Unterrichtsstunden

I. UNTERRICHTSEINHEIT:
LUFT UND ATEM – ATEM UND GEIST

1. Stunde:

Thema: **Die Luft braucht der Mensch zum Atmen. Er kann damit auch schöpferisch wirken.**

In der vorhergegangenen Unterrichtsreihe wurde zu dem, was „hinter" dem Wasser steht, gesagt, daß wir im Erfahren von Wasser „Spuren von Gott" finden können. Ich sagte den Schülern, daß wir auch weiter nach diesen „Spuren Gottes" suchen werden, indem wir jetzt über die LUFT und unseren ATEM sprechen. Zur Problemeröffnung der Atem-Wind-Symbolik (vgl. Kap. B. 1. 2. bei Ex) wurde der Text „Warm und kalt aus *einem* Munde" (M 1) vorgelesen und im Rollenspiel dargestellt. Der Text sollte den Kindern vermitteln: Der Mensch nimmt, indem er atmet, Luft (von außen) auf und erhält durch dieses Element seine Lebenskraft. Diese Kraft befähigt den Menschen, (der im Gegensatz zum Tier Geist besitzt), seinen Atem schöpferisch einzusetzen. Die Schüler sollten erfassen und zur Sprache bringen, daß man mit dem Atem etwas *tun* kann, z. B. sprechen, singen, mit den Lippen pfeifen, ein Blasinstrument spielen usw. (vgl. Arbeitsblatt M 2). Es wurde eine Collage zum Thema „*Luft und Atem*" (M 3) erstellt und zum Stundenabschluß besprochen. Sie sollte in den nächsten Stunden weiter ergänzt werden.

Als ich den Schülern sagte, daß wir uns nun in einer neuen Reihe mit dem Geheimnis von Luft und Atem auseinandersetzen, bemerkte ein Schüler spontan: „Dazu kann ich mir die Lösung vorstellen. Wahrscheinlich steckt da wieder der Geist Gottes dahinter." Ich habe den Kommentar des Schülers sofort aufgegriffen und seine Vermutung der Klasse bestätigt, die Schüler jedoch darauf hingewiesen, daß damit noch nicht genug ausgesagt ist, daß man darüber hinaus noch eigene Erfahrungen machen muß, um das Wissen um den Geist Gottes im rechten Maße zu verstehen. Die Äußerung des Schülers bestätigte mir, daß es richtig war, die zweite Reihe methodisch anders aufzubauen und den Geist Gottes nicht wie bei der Symbol-Erfahrung Wasser am Ende einer Stundenfolge entdecken zu lassen, sondern in den Verlauf der weiteren Stunden miteinzubeziehen.

Die Geschichte „Warm und kalt aus einem Munde" fand bei den Kindern Anklang. Die Schüler zeigten in ihrer Art, die Geschichte zu spielen, daß der Gehalt verstanden wurde. Beim Aufzählen schöpferischer Fähigkeiten, die der Mensch kraft seines Atems zum Ausdruck bringt, erfolgte eine Fülle von Äußerungen wie: mit Seifenblasen etwas von meinem Atem hochsteigen lassen, Flöte spielen, Feuer anblasen usw. ... Ebenfalls betonten einige Kinder, daß man durch Von-Mund-zu-Mund-Beatmung Leben retten kann.

Folgende Überschriften wurden von den Schülern in Bezug zur Stunde und zur Collage erbracht:

— *Alles aus unserem Mund / Luft wird gebraucht / Luft braucht man zum Leben / Wir brauchen Luft, um schöne Dinge zu schaffen / Wenn man Luft und Atem nicht hätte! / Unser Atem hat Kraft / Wir fangen die Luft, um zu atmen und wir erschaffen mit unserem Atem schöne Dinge.*

2. Stunde:

Thema: **Grunderfahrung Atmen**

Der in der ersten Stunde hervorgerufene Staunensakt wurde weitergeführt, indem die Schüler in dieser Stunde die Erfahrung machten:

Ich kann meinen Atem (auch) anhalten. Ich lebe, weil ich ein- und ausatme, im Atem „fühle ich mich leben" (s. Arbeitsblatt mit Anweisung zu zwei Atemübungen, M 4). Um den Schülern den Vorgang des Atmens bewußt zu machen, wurde erst eine Übung eingesetzt, die eine Ausnahmesituation beinhaltet: Die Schüler sollten bewußt die Luft anhalten und daran anschließend in der zweiten Übung die Luft bewußt ein- und ausatmen. Die Kinder schrieben auf ihrem Arbeitsblatt nieder, was sie bei den Übungen empfunden haben.

Diese Atemübungen sollten den Schülern über die Unterrichtsstunde hinaus eine Hilfe geben, in den nächsten Stunden zu erfassen, daß zwischen ATEM — SEELE — GEIST eine Beziehung besteht (vgl. 3. und 4. Stunde); daß der Atem des Gott-Menschen Jesus im anderen Menschen „Leben entfacht" (s. 5. Stunde); daß der Geist Gottes als „Gottessturm" das Wasser belebte, aus dem die Welt entstand (s. 6. Stunde).

Die meditativen Versuche wurden von den Schülern genau nach meinen Anweisungen und nach den Hinweisen im Arbeitsblatt durchgeführt.

In den Äußerungen der Schüler auf dem Arbeitsblatt wurde beispielweise ausgesagt:

— *Ich habe in den letzten Sekunden Angst gehabt.*
— *Ich habe ein ungewöhnliches Gedränge im Körper gefühlt. Ich habe gefühlt, daß der Mensch ohne Luft nicht existieren kann.*
— *Ich habe mich aufs Atmen gefreut.*
— *Ich habe gedacht, ich wäre geplatzt.*
— *Es war, als ob ich ersticken würde — Tod und Unglück.*
— *Ich habe gefühlt, daß mein Kopf so etwas wie eine Zeitzünderbombe war.*
— *Ich ersticke — meine Lunge platzt. Ich sterbe — Angst — hilflos.*
— *Herz — Knall — Tod — Luft — schwindelig*
usw.

Ich halte diese Übung nicht für gefährlich, auch wenn in den Kindern Angstgefühle aufsteigen, da ihr unmittelbar die Anweisung folgt, bewußt ein- und auszuatmen.

Zu dieser Anweisung äußerten sich die Schüler z. B. folgendermaßen:

— *. . . Es war, als ob ich gerettet würde. Ich fühlte mich erleichtert. Frische Luft zog in mir ein, als ich einatmete.*
— *Ich fühlte mich wohl und leicht. Wie damals im Wasser. Ich hatte freie Bewegung. Ich fühlte mich müde und schläfrig.*

— *Ich fühle mich schwer beladen mit Luft. Ich fühle mich wohl und doch nicht wohl ... Ausatmen erleichtert.*
— *Die Luft tut dann richtig gut. Sie ist dann kalt in der Nase. Gerade habe ich zum erstenmal bewußt geatmet. Die Luft erfrischte richtig. Man hat gemerkt, daß es schön war, zu atmen. Der Atem ist schön! Lebenswichtig! Atmen, um zu leben.*

3. Stunde:

Thema: **Erster und letzter Atemzug des Menschen**

In dieser Stunde wurde darüber nachgedacht, daß der Mensch einmal seinen ersten und seinen letzten Atemzug tut und im letzten Atemzug „seine Seele aushaucht", seinen „Geist aufgibt". Durch die Beziehung *Atem — Seele — Geist* wurde den Schülern erneut die Möglichkeit gegeben, sich dem Verständnis des Geistes Gottes zu nähern, (was in der nächsten Stunde durch Lk 23, 46 in vertieftem Maße geschieht).
Textausschnitte aus „Brief an mein noch nicht geborenes Kind" eines unbekannten jugoslawischen Soldaten (M 6 in Bezug zu M 5), sollten die Schüler für diese Thematik betroffen machen.

In dieser Stunde geschah etwas Unerwartetes: Während ein Schüler den Text vorlas, machte mich ein anderer darauf aufmerksam, daß ein Kind weine. Auch andere Kinder fragten mich: „Warum haben sie uns so etwas ‚Schlimmes' zu lesen gegeben? Das hätten Sie nicht tun sollen!" Ich wies die Kinder darauf hin, daß vor einiger Zeit, beim Unterricht über „Schöpfung", darüber gesprochen wurde, daß es neben Glück in der Welt auch Leid gibt, daß uns der Text heute mit diesem Leid konfrontiert und zur Auseinandersetzung auffordert. Um die Schüler etwas zu beruhigen, wies ich sie auch auf die andere Seite des Textes hin, aus der hervorgeht, daß der Soldat ein guter und verantwortungsbewußter Mensch sein mußte, wenn er seinem noch nicht geborenen Kind in der Ahnung, sterben zu müssen, etwas hinterlassen hat, wovon das Kind vielleicht während seines ganzen Lebens „zehren" kann.
Allmählich wurden die Kinder ruhig und stellten mehr sachlichere Fragen zur Kriegssituation.
Auch wenn mich die Reaktion der Schüler erst etwas beunruhigte, halte ich es nachträglich nicht für eine emotionale Überforderung, Schüler eines 4. Schuljahres mit dem Leid in der Welt zu konfrontieren (zumal sie dafür durch brutale Filme, „Fernsehleichen" usw. immer mehr abgestumpft

werden.) Ich habe es letztlich als sehr positiv empfunden, daß die Kinder noch in der Lage sind, sich beeindrucken zu lassen und ihre Gefühle zu zeigen.

II. UNTERRICHTSEINHEIT: GEIST JESU = GEIST GOTTES: GEIST GOTTES – GOTTESSTURM

4. Stunde:

Thema: **Jesus gibt mit dem letzten Atemzug seinen Geist in die Hände des Vaters**

Im Atem zeigt sich Leben und Tod des Menschen. Wieder stehen die Kinder vor einem Geheimnis des Lebens, (denn das neugeborene Kind kann nicht ausdrücken, was es dabei erlebt, und der Mensch, der den letzten Atemzug tut, kann sich nicht mehr mitteilen).

Die Schüler sollten zum Stundenanfang für den Begriff „den letzten Atemzug tun" andere Redewendungen finden (wie: Seele aushauchen, Geist aufgeben – M 7, 1, Tafelbild a). Im Bezug zur letzten Stunde wurde herausgestellt, daß wir von dem Text des Soldaten so betroffen waren, weil wir alle (jeder Mensch) Angst vor dem Tod haben, beim Tod vor etwas Unbekanntem stehen. Ich erzählte den Schülern von der Angst Jesu (Ölberg), der uns aber durch sein Sterben im Vertrauen auf seinen Vater, seinen „Papa", Hilfe gibt, mit unserer Angst fertigzuwerden (M 7, 2., Tafelbild b: Lk 23, 46). Die letzten Worte Jesu wurden mit dem alttestamentlichen „Adlerspruch" in Verbindung gebracht, in dem das Vertrauen zu Gott deutlich wird, aus dem heraus auch Jesus gelebt hat (M 7, 2. Tafelbild c: Ex 19, 4). Die Schüler wurden ermutigt, Jesus mit „Du" anzureden und ihn in einem „Brief" auf sein Vertrauen zu seinem Vater hin anzusprechen (Tafelimpuls: Jesus, Du . . . M 7, 2. Tafelbild c; Arbeitsblatt M 8).

In dieser Stunde wurden die Schüler innerhalb der gesamten Reihe am stärksten gefordert – vielleicht überfordert. Dennoch gelang es den Kindern, die anspruchsvolle Thematik zu bewältigen (die Stunde wurde ca. 15 Minuten verlängert).

Zur Redewendung „den letzten Atemzug tun" fanden die Schüler ähnliche Redewendungen:

– sein letztes Gefühl haben
– letztes Abenteuer des Lebens bestehen

— *die letzte Kraft aushauchen*
— *letzte Begegnung mit dem Atem haben*
— *seine Seele loslassen*
usw.

Ein Schüler bemerkte zu den Ausdrücken: „Ich stelle mir die Seele so vor: Sie ist in unserem Kopf gefangen wie in einem Gefängnis. Wenn der Mensch den letzten Atemzug tut, wird sie frei.“ Eine Schülerin meinte: „Das erinnert mich an Jesus. Er läßt die Seele los und sagt: Vater, in deine Hände empfehle ich meinen Geist!“ Diese Schüleräußerung trug unmittelbar zur Motivation für die Stundenthematik bei: Die Tafel brauchte nur aufgeklappt zu werden, wo zur Überraschung der Schüler die genannte Bibelstelle sichtbar wurde. Jedoch ergab sich anfangs die Schwierigkeit, daß die Schüler Jesus als den bereits Auferstandenen (von vorherigen Unterrichtsreihen her) deuteten und ihn weniger als den Menschen verstanden, der in größter Todesangst dem Vater Vertrauen entgegenbringt. Sie meinten, Jesu Vertrauen hätte sich allein aus dem Wissen um die Auferstehung ergeben. Ich mußte an dieser Stelle lenkend eingreifen und den Kindern mehrmals den Hinweis geben, sich in die Situation Jesu einzufühlen, um zu begreifen, daß er in seiner Angst als Mensch gelitten hat. Die Schüler erfaßten allmählich die Angstsituation.

In der Stillarbeitsphase liefen bei allen Kinder (wie aus ihren „Briefen“ zu ersehen ist) tiefe innere Prozesse ab. Einige dieser „Briefe“ sollen hier vorgestellt werden:

— *Jesus, Du hast den Mutsprung bestanden. Du bist nicht ins Ungewisse gesprungen. Du hast in der Luft die Richtung zu Gott wiedergefunden. Du hast uns wie auf Adlersflügeln getragen. Jetzt trägt Dich Gott. (Claudia)*
— *Jesus, Du hast den Sprung in Gottes Hände gewagt. Du bist in Gottes Reich gesprungen. Du warst mutig. Du hattest keine Angst. Hoffnung hattest Du. Jesus, Du hattest Angst vor dem Tod, aber Du hast den Sprung ins Paradies gewagt. (Gabi)*
— *Jesus, Du hast alles getan, was Du konntest. Du hast den Sprung in die Tiefe gewagt und auch geschafft. Jesus, Du hast nicht gewußt, was kommt und trotzdem Deinen Geist in Gottes Hände gelegt. (Markus)*
— *Jesus, Du bist auf die Adlerflügel gesprungen. Gott, Du wolltest uns auf Adlersflügeln tragen. Jesus, Du bist ins Glück gesprungen. Du bist so wie der Geist Gottes . . . Jesus, Du hast einen Mutsprung gemacht. (Petra)*

M 8   Arbeitsblatt

Der Mensch _atmet_, er _lebt_.

Der Mensch tut einmal seinen _letzten Atemzug_, er _stirbt_.

Wenn der Mensch stirbt, sagen wir auch:

Er _haucht_ seine _Seele aus_.
Er _gibt_ seinen _Geist auf_.

Gott spricht durch Moses:

„Ihr habt gesehen, was ich den Ägyptern getan habe und wie ich euch auf _Adlersflügeln_ hierher zu mir gebracht habe."

Mit dem letzten Atemzug sagte Jesus:

„_Vater_, in deine _Hände_ gebe ich meinen _Geist_!"

Jesus, Du hast den Sprung in Gottes Hände gewagt. Du bist in Gottes Reich gesprungen. Du warst mutig. Du hattest keine Angst. Hoffnung hattest Du. Jesus, Du hattest Angst vor dem Tod, aber Du hast den Sprung ins Paradies gewagt.

(Hilde)

5. Stunde:

Thema: **Durch Jesus wirkt der Geist Gottes**

Um den Bezug zwischen *Atem* und *Geist* herzustellen, fragte ich die Schüler zum Stundenanfang: „Warum sagt Jesus: ‚Vater, in deine Hände gebe ich meinen Geist‘ und nicht: Vater, in deine Hände gebe ich meinen letzten Atemzug?" Wir betrachteten anschließend das Bild „Auferstehung" (M 9: Lebensbaum, in dessen Wurzeln ein „Kern" besteht, aus dem sich der Auferstandene entwickelt hat). Ich wies die Schüler auf den „Kern" im Bild hin, durch den ich versucht habe, etwas von Jesu „Geist" darzustellen. Darauf wurde versucht, diesen „Geist" Jesu in einem Transformationstext nach Jo 5, 1—9 zur Heilung des Gelähmten an einem Sabbat (M 10) zu erkennen. Die Schüler sollten daran (sinngemäß) erfassen, daß Jesus diesen Geist in sich als Geist des Vaters versteht.

Sie suchten nach Bildworten, wie Jesus durch seinen Atem seinen Geist sichtbar werden läßt und den Menschen hilft (z. B. „Lebensfunken entfachen" usw.).

Zur Frage, „Warum sagt Jesus: Vater, in deine Hände gebe ich meinen Geist und nicht den letzten Atemzug", erkannten die Schüler:

— *Der Geist ist der, der über den Atem bestimmt.*
— *Mit dem Atem kann der Mensch etwas schaffen. Dazu braucht er Geist.*
— *Menschen atmen bewußt, Tiere nicht.*
— *So wie Gott herrscht, so herrscht der Geist über den Menschen.*
— *Der Geist braucht den Atem, um sich zu zeigen.*
— *Mit dem Geist ist es wie mit dem Wasser. Der Mensch kann mit seinem Geist etwas Schönes schaffen, er kann aber auch durch den Geist töten und Kriege führen.*
— *Man kann anstatt „Vater in deine Hände ..." „Geist" auch „Seele" sagen.*
— *Aber „Geist" ist besser. Da liegt noch mehr drin. Das klingt geheimnisvoller.*
usw.

Nur ein Teil der Schüler beteiligte sich an diesem Gedankengang. Es ist mir nicht klar, ob er von allen nachvollzogen wurde. Jedoch äußerten sich die Kinder recht lebhaft zu meinem „Auferstehungsbild". Sie deuteten den „Kern" im Bild als „Keim", Steuer, Lenkrad, „Tiefe in uns", „Gott in uns", Hauptpunkt, Antenne, Geist — Seele des Menschen. Auch der Transformationstext wurde von den Schülern positiv aufgenommen. Es

gelang ihnen, den Text im Zusammenhang mit der heutigen Stunde zu verstehen.
In der letzten Erarbeitungsphase brauchten die Kinder eine gewisse „Anlaufzeit", um zum Begriff „Leben entfachen" aus dem Transformationstext analoge Bildworte zu finden. Jedoch wurde im Verlauf der Stunde eine Vielzahl von Assoziationen erbracht und folgender Tafeltext entwickelt:

Das Innerste im Menschen ist sein Geist.
Jesus nennt diesen Geist: GEIST DES VATERS, GEIST GOTTES!
Im Atem Jesu wird sein Geist sichtbar.
Jesus kann durch diesen Geist:
— Lebensfunken entfachen
— Menschen anhauchen
— Glut in uns anzünden
— Leben und Kraft übertragen
— Leben einhauchen
— pusten, um zu heilen
usw.

6. Stunde:

Thema: **Geist Gottes — Gottessturm**

In dieser Stunde wurde die Collage aus der vorherigen Unterrichtsreihe zum Symbol *Wasser* wieder aufgegriffen und zu der in dieser Reihe entstehenden Collage II (zum Thema: mit dem Atem schöne Dinge schaffen, erster und letzter Atemzug; Lk 23, 46 u. Ex 19, 4; Auferstehungsbild. Vgl. im Medienteil die Skizzen zu den Collagen, M 11) in Beziehung gesetzt. Ich habe eine Schüleräußerung aus der letzten Stunde aufgegriffen, in der ein Schüler sagte: „Der Geist Jesu ist wie der Wind, der im Menschen Lebensfunken entzündet und ihm so neue Lebenskraft gibt", und erzählte den Kindern, daß solche Bilder schon in der Schöpfungserzählung vorkommen, daß die alten Völker schon den Geist Gottes als „Atem, Wind, Sturm" benannten. In der Collage aus der vorherigen Reihe (Wasser) wurde eine Schrifttafel mit der Aufschrift „Sturm" über dem Wort „Geist" (Genesistext M 16 a) befestigt, und auf der Collage II (Atem-Geist) wurden untereinander Schrifttafeln mit den Aufschriften Geist Gottes; Wind Gottes; Sturm Gottes; Gottessturm; der Gottessturm bewegte sich über dem Wasser; angeheftet und mit den Schülern besprochen (vgl. Skizzen M 11 b zu M 11 a). Die Schüler stellten Überlegungen an, warum der Geist Gottes in der Bibel auch Atem, Wind, Sturm genannt wurde und äußerten sich zur konkreten Wirkungsweise von Atem, Wind und Sturm.

In der letzten Unterrichtsphase ermutigte ich die Schüler, den Geist Gottes einmal als „Gottessturm" anzureden und aufzuschreiben, was über den „Gottessturm" und zum „Gottessturm" gesagt werden könne. Wer wollte, konnte den „Gottessturm" mit „Du" anreden (Arbeitsblatt mit dem Impuls: „Hauch Gottes — Wind Gottes — Sturm Gottes, Du ..." (M 12).

Der neu hinzugekommene Teil der Collage II wurde von den Schülern erfreut aufgegriffen. In einer Wiederholungsphase gelang es ihnen, einen guten Überblick über den bisherigen Stundenverlauf zu geben. Jedoch reagierten sie am Anfang befremdet, als sie hörten, daß der Geist Gottes „Sturm Gottes" oder „Gottessturm" genannt wurde. Ein Schüler meinte: „Geist Gottes" bedeutet doch viel mehr als „Sturm Gottes". Das darf man doch nicht gleichsetzen!" Bei der Auseinandersetzung mit der Wirkweise des Windes wurden jedoch folgende Zusammenhänge erkannt:

— Wind kann das Wasser bewegen. Als Gott aus dem Wasser die Welt erschuf, hat er es zuerst bewegt.

— Vielleicht nannte man damals den Geist Gottes „Gottessturm", weil der Wind wie das Wasser die Kraft hat, Leben und Tod zu geben.

— Vielleicht ... weil man den Wind nicht sehen kann und er trotzdem eine Kraft hat ...

usw.

Während des Gesprächs zeigte ein Schüler eine erstaunliche Reaktion. Er wirkte sehr erregt und rief plötzlich in die Klasse: „Wir bewegen uns im Kreis. Erst haben wir lange übers Wasser gesprochen und haben herausgefunden, daß es geheimnisvoll ist. Jetzt finden wir beim Wind das gleiche Geheimnis. Immer stoßen wir im Religionsunterricht auf Geheimnisse! Nie kommen wir zu einer richtigen Lösung! Das ganze Leben ist ein Geheimnis. Wir hier in der Klasse, 27 Kinder und eine Lehrerin, wir sind 28 Geheimnisse! In uns allen steckt ein Geheimnis. Ich bin 1,43 m — der Frank ist schon 1,60 m — schon, daß wir alle anders sind, ist ein Geheimnis! Ein Schüler fügte hinzu: „Das sind alles Spuren von Gott." Die anderen Kinder schienen (genau wie ich) von diesem „Ausbruch" des Schülers beeindruckt und ergänzten hier und da seinen Erkenntnisprozeß (soweit er uns zu Wort kommen ließ).

Ich glaube, daß den Schülern durch die vorhergegangene Reihe eine Grundlage gegeben wurde, die Wirkungsweise des Windes (wie möglicherweise auch anderer religiöser Gegenstandssymbole) unmittelbar in ihrem Geheim-

nischarakter zu erfassen. Um dies zu verdeutlichen, sollen einige „Briefe"
der Schüler an den „Gottessturm" hier aufgeführt werden:

— Geist Gottes,
  Du bist wie der Wind, der so stark ist, daß er Funken zu einem großen
  Feuer machen kann!
  Du bist im Wasser, im Atem, im Wind, in der Luft.
  Du hast die Kraft, Leben zu schaffen und Leben zu nehmen.

— Wind Gottes,
  Du trägst uns wie auf Adlersflügeln.
  Du machst uns lebendig.
  Du kannst Leben aufbauen und zerstören.

— Wind Gottes,
  Du kannst wie eine Bombe sein, die explodiert. Du kannst aber auch
  erfrischend und berauschend sein. Du erfreust uns, Du bringst uns aber
  auch durcheinander.
  Du bist der Beweger der Welt!

— Wind Gottes,
  Du bist geheimnisvoll.
  Du bist unsichtbar. Man kann Dich nicht sehen.

— Wind Gottes,
  Du bist ein Wesen, daß man nicht sehen kann. Du gibst Deine Befehle
  an Jesus. Jesus gibt Deine Kraft den Menschen.

— Geist Gottes,
  Du bist wie der Wind, der so stark ist, daß er Funken zu einem großen
  Feuer machen kann!
  Du bist im Wasser, im Atem, im Wind, in der Luft.
  Du hast die Kraft, Leben zu schaffen und Leben zu nehmen.

III. UNTERRICHTSEINHEIT:
   ERFAHRUNG VON TRANSZENDENZ
   (GOTTESERFAHRUNG) IM SYMBOL „WIND"

7. Stunde:

Thema: **Wir können im Wind Gott erfahren**

Die Schüler wurden daran erinnert, daß sie bei ihrem Schwimmbaderlebnis, beim Wassertrinken (vorherige Reihe) und beim Atmen
gesagt hatten: „Wir fühlen, daß wir leben." Sie hatten schon in den

letzten Stunden angedeutet, daß man auch im Wind und Sturm Lebenskraft erfahren kann. Da ich die Schüler in der gegebenen Unterrichtssituation nicht in konkrete Wind-Sturm-Erfahrungen hineinbringen konnte, zeigte ich ihnen ein Dia von einem Bergsteiger im Sturm und setzte dazu eine (selbst aufgenommene) Kassette mit Windgeräuschen ein. Ich versuchte, den Schülern zu erklären, daß wir ähnliche Erlebnisse wie der Bergsteiger wahrscheinlich selbst noch nicht gemacht haben, daß ich aber durch das Bild versucht habe, mich in den Bergsteiger hineinzuversetzen und dazu einen Text verfaßt habe.

Die Schüler erzählten zu diesem Text, in welcher Weise sie selbst den Wind in seiner Wirkweise gehört, gefühlt, erfahren haben und schrieben ihre Eindrücke vom Wind auf (Arbeitsblatt M 13). Danach betrachteten wir einen neuen Teil der Collage II (M 14: Bilder von einem Vogel im Flug, Mädchen auf der Schaukel, Segelboot, Karussell, Kreisspiel usw.), der zur heutigen Stunde mit der eigenen Winderfahrung und dem „Gottessturm" in Beziehung gebracht wurde.

Die Schüler fanden spontan Zugang zu dem Dia und sagten dazu:
- *Das ist wie bei den Wasserskiläufern: Trotz seiner Angst hat der Bergsteiger Freude am Sturm.*
- *Der Mensch fühlt seine Lebenskraft.*
- *Der Mensch entdeckt „Spuren von Gott".*
- *Wie beim Wasser, Freude und Angst zusammen.*
usw.

Die Sturmgeräusche auf dem Tonband nannte ein Kind „Interview mit dem Wind". Der von mir vorgegebene Text zur Sturmerfahrung wurde von den Schülern erst allmählich erfaßt. Jedoch gelang es den Kindern, indem ich sie auf bestimmte Textstellen aufmerksam machte, zu der Aussage zu kommen:
- *Der Sturm sagt: Du schaffst es. Zeig, was du kannst!*
- *Der Sturm fordert viel Kraft. Wer zu schwach ist, kann auf der Strecke bleiben.*
- *Der Sturm weckt auf.*
- *Der Sturm bewegt die ganze Natur. Er ist der Mächigste in der Natur.*
- *Der Sturm ist begeisternd.*
usw.

Zu eigenem Winderleben nannten die Kinder zumeist positive Erfahrungen:

— *Wind gibt beim Wandern Kühlung.*
— *Er bewegt die Bäume.*
— *Auf schnellen Karussells habe ich Wind gespürt.*
— *Beim Gewitter hat es gestürmt. Das war unheimlich . . .*
usw.

Zufällig herrschte während des Gesprächs regnerisch-stürmisches Wetter. Es machte den Kindern große Freude, aus dem Fenster zu schauen und zu beobachten, wie die Kastanienbäume auf dem Schulhof gerüttelt wurden. Der neu hinzugekommene Teil der Collage fand bei den Schülern Anklang und ließ sie zu Aussagen kommen wie:

— *Wind fühlt sich schön an auf der Haut und in den Haaren.*
— *Wind treibt Schiffe an. Da kann er auch gefährlich werden.*
— *In den Bildern von der Achterbahn, der Schaukel und dem Kreisspiel werden Gefahr und Freude zugleich erlebt.*
— *Das Bild mit der Schaukel und das Bild mit dem Vogel sind sich ähnlich. Fliegen . . . Glück . . . sich frei fühlen . . .*
usw.

Es gelang den Kindern, von diesem Erleben ausgehend, vertiefend einen Bezug zum „Gottessturm" zu erkennen. Eine Schülerin bemerkte spontan: „Der Wind bringt alles in Bewegung. Er ist so etwas wie ein Schöpfer." Ein anderes Kind meinte: „Geist Gottes, der Wind, wir selbst, die ganze Natur das darf man nicht trennen. Das gehört alles zusammen."

8. Stunde:

Thema: Wasser und Wind (Geist)

Mit dem Film „Wasser und Geist" fand die Unterrichtsreihe ihren Abschluß (M 15 mit Inhaltsangabe und Lehrerkommentar zum Film). Die Schüler äußerten sich zum Film, betrachteten nochmals die in der Reihe entstandene Collage und die mit ihr zusammenhängende Collage aus der vorhergegangenen Unterrichtsreihe. (M 16, a und b / Foto). Sie äußerten sich zum Verlauf der Reihe und nannten Fragen, die noch offenstanden. Es wurden Vorschläge zu Überschriften für beide Reihen erbracht. Die Schüler erhielten ein Arbeitsblatt, das den Gehalt der Collage „Atem — Wind — Geist" skizziert (M 16 b) und betrachteten zum Abschluß den Film ein zweites Mal.

Der zum Abschluß der Reihe eingesetzte Film beeindruckte die Kinder. Sie verhielten sich beim Betrachten sehr still. Bestimmte Stellen des Films, die ihnen besonders gefielen, kommentierten sie, ohne die Vorführung zu stören. Es gelang den Kindern, den Film in Bezug zu beiden Unterrichtsreihen zu setzen. So wurde beispielweise gesagt:

- *Der Film sagt das, worüber wir die ganze Zeit nachgedacht haben: Wasser ist geheimnisvoll und begeisternd!*
- *Wellen im Wasser, Wellen im Gras, Wellen im Sand sehen sich ähnlich. Das ist ganz klar. Es ist ja der Wind, der das alles bewegt.*
- *Der Wind steht über allem.*
- *Der Wind ist das stärkste Element.*
- *Der Geist Gottes macht die Natur geheimnisvoll und begeisternd.*
- *Der Mann im Film sitzt da, als ob er staunt, als ob ihm das alles unheimlich wäre.*

usw.

Beim Betrachten der Collagen I und II wurde durch die Aussagen der Schüler ersichtlich, daß sie den Zusammenhang zwischen den beiden Reihen recht gut erfaßten:

- *Alles ist wie ein großes Mosaik. Wenn man einen Stein herausnimmt, dann ist es nicht mehr so schön wie das Ganze zusammen.*
- *Wasser und Wind geben Leben. Da steckt Geist drin — genau so, wie wir durch unseren Atem schöne Dinge tun können.*
- *Geist Gottes und Wasser und Wind und unsere Gefühle kann man nicht trennen.*
- *Wind, Wasser und Geist Gottes kann man zusammenfassen.*
- *Das Geheimnis des Wassers geht noch mehr in die Tiefe, weil das Wasser vom Wind bewegt wird.*
- *Die Menschen früher haben im Wasser und im Wind Gott gespürt. Darum haben sie den Geist Gottes auch „Gottessturm" genannt.*

usw.

In den Schülerkommentaren zum Verlauf der Reihe wurde deutlich, daß die Reihe den Schülern Freude gemacht hat, auch wenn an einigen Stellen Schwierigkeiten auftraten, die jedoch insgesamt bewältigt wurden:

- *Was wir die ganze Zeit gemacht haben, war manchmal schwer und trotzdem wurde es, je mehr wir es verstanden, immer schöner.*
- *Das war so, wie Sie uns von dem Bergsteiger erzählt haben: Man braucht viel Kraft. Man muß sich sehr anstrengen. Aber dann schafft man es!*

— *Erst war es mühsam, dann war es leicht.*
— *Die Collagen haben uns besonders gut gefallen.*
usw.

Folgende Überschriften zu beiden Unterrichtsreihen wurden erbracht:

— *Wasser und Wind*
— *Wasser und Geist (Diese beiden Überschriften wurden von den meisten Schülern erbracht)*
— *Wasser, Wind und Gott*
— *Wasser, Wind und Kraft*
— *Wasser, Wind und Leben*
— *Wasser und Wind produzieren Lebenskraft*
— *Luft = Leben*

In einem abschließenden Gespräch einigten sich die Schüler, ihre Reihen „Wasser und Wind", „Wasser und Geist" oder „Wasser und Wind (Geist)" zu nennen.

3. Rückblick auf beide Unterrichtsreihen

Die beiden Unterrichtsreihen wurden nacheinander durchgeführt in einem 4. Schuljahr mit 14 Mädchen und 13 Jungen. Es handelte sich dabei um die letzten Unterrichtsreihen im Fach Religion, bevor die Schüler ins 5. Schuljahr kamen und zu weiterführenden Schulen überwechselten.

Es kam den Unterrichtsreihen zugute, daß ich vor der Durchführung schon ein Jahr mit den Fächern Religion und Kunst in dieser Klasse unterrichtete und mit der Klassenlehrerin guten Kontakt hatte; es konnten viele Gespräche stattfinden, sowohl zur Unterrichtsgestaltung als auch zu den Fragen, Problemen und Eigenarten der einzelnen Kinder. Durch diese günstigen Bedingungen konnte eine intensive Beziehung zu den Schülern aufgebaut werden.

Es kann gesagt werden, daß die beiden Unterrichtsreihen insgesamt für Schüler und Lehrer positiv verliefen. Dabei ist zu erwähnen, daß mir die Planung der ersten Unterrichtsreihe wesentlich leichter fiel als die Planung der zweiten Reihe. Auch den Kindern bereitete die Erfassung der ersten Reihe weniger Schwierigkeiten als die der zweiten. Ein Grund dafür bestand sicherlich darin, daß den Kindern mehr Möglichkeiten gegeben waren, das Symbol Wasser konkret „am eigenen Leib" zu erfahren als das Atem-Wind-Symbol. Während die Wasser-Erfahrung das gleiche Element von seinen verschiedenen Aspekten durchleuchtete, mußte in die Wind-Erfahrung unweigerlich die Erfahrung des eigenen Atems und der Luft mit einbezogen werden. Von daher ist es zu verstehen, daß die zweite Unterrichtsreihe wesentlich kompakter angelegt werden mußte. Obwohl die Kinder dabei stark gefordert wurden, haben sie es doch geschafft, die aufkommenden Schwierigkeiten zu bewältigen. Sie betonten sogar selbst, daß es ihnen eine hohe Befriedigung gegeben habe, etwas Schwieriges zu meistern: „Es war schwer, trotzdem wurde es, je mehr wir verstanden, immer ‚schöner' "; — „Es war für uns so, wie bei dem Bergsteiger: Man braucht viel Kraft, man muß sich sehr anstrengen, doch dann schafft man es."

Bei der Planung der zweiten Unterrichtsreihe machte auch ich mehr und mehr die Erfahrung, wie schwer der Wind, der „weht, wo er will", zu fassen ist, wie schwer es ist, die Wirkung von Gottes Geist zu er-fassen. Hier habe ich mich als Suchenden, als Abwartenden erfahren, der den Kindern nur das vermitteln konnte, was sich ihm selbst oft nur in einem glücklichen „Zu-fall" erfahrbar machte. Diese

Schwierigkeit habe ich auch den Schülern nahezubringen versucht. Die Situation des „Suchens" wurde von den Kindern und mir gemeinsam durchlebt, was die Atmosphäre des Unterrichts zum Teil stark mitbestimmte.

Im Rückblick auf die Unterrichtsreihe kann der Eindruck entstehen, daß die Reihe vielleicht in ihrem Gehalt zur Durchführung in einem 4. Schuljahr zu anspruchsvoll gewesen ist. Jedoch ergab sich durch den engagierten Religionsunterricht der Klassenlehrerin in den vorherigen Jahren mit Unterrichtsthemen wie: „Wir suchen Spuren von Gott", „Geist, der tröstet" oder „Schöpfung" eine gute Grundlage, die zum Gelingen der beiden Reihen beitrug.

Ebenfalls soll betont werden, daß die lange Auseinandersetzung mit der Wassersymbolik in der ersten Unterrichtsreihe den Schülern eine gute Hilfe gab, die damit zusammenhängende Luft-Atem-Wind-Symbolik in der zweiten Unterrichtsreihe sowohl von ihrer persönlichen Erfahrung als auch (ansatzweise) von ihrem theologischen Gehalt her, in einem verhältnismäßig kurzen Zeitraum zu erfassen. Ebenfalls gaben besonders die beiden Collagen, die als „roter Faden" den Zusammenhang der einzelnen Sinnabschnitte innerhalb der Reihe optisch veranschaulichen sollten, den Schülern eine große Hilfe zum Verständnis beider Unterrichtsreihen.

Während des gesamten Unterrichtsverlaufs zeigten sich die Schüler in ihrer Mitarbeit sehr motiviert und engagiert. Langeweile und Ermüdungserscheinungen waren nicht zu vermerken. Die Motivation der Kinder übertrug sich stark auf mein Engagement: So kam mir erst im Verlauf der Unterrichtsstunden die Idee, selbst Geschichten für die Kinder zu schreiben, um ihnen gegebene Themeninhalte nahezubringen. Ich glaube, daß es mir nur deshalb möglich war, den Mut zu haben, selbstverfaßte Texte in den Unterricht mit einzubringen, weil die Kinder mir Vertrauen entgegenbrachten und ihre Erlebnisse und Gefühle den Klassenkameraden und mir ganz offen mitteilten. Aus diesem gegenseitigen Geben und Nehmen erwuchs neben einem Verständnis der Unterrichtsthemen eine sehr intensive Gemeinschaft zwischen den Kindern und mir.

Leider konnten die Reihen innerhalb der Klasse nicht weitergeführt oder als Basis für andere Themeninhalte des Religionsunterrichts verwendet werden, da die Schüler, wie gesagt, nach dem vierten Schuljahr zu weiterführenden Schulen überwechselten. Jedoch bieten beide Reihen nach meiner Meinung auch im kommenden Religionsunterricht eine Grundlage, auf der mögliche Unterrichtsreihen beispielsweise zum Thema Taufe und Pfingsten (vgl. Zielfelderplan für die Hauptschule IV 3,5 und IV 3,6) aufgebaut werden können.

Ebenfalls kann die eigene Erfahrung mit den Gegenstandssymbolen *Wasser* und *Wind-Atem* die Schüler befähigen, auch weiterhin die Symbolsprache des Lebens und der Bibel zu erfassen und in Zusammenhang zueinander zu bringen.

4. Medienmaterial zur Unterrichtsreihe

M 1   Text erstellt von Ch. Foos

Warm und kalt aus einem Munde[1]

Der Sommer war zu Ende gegangen. Die kalten Herbsttage setzten ein. In einer Obstwiese hingen noch ein paar schöne, dicke Äpfel an den Bäumen, die der Bauer vergessen hatte, zu pflücken. Der Wind fegte durch die Bäume und pustete die meisten Äpfel herunter. „Das kann ja heiter werden!" schimpfte die Vogelscheuche, die einsam und vergessen auf der Wiese stand und vom Wind hin- und hergerüttelt wurde. „Nein, ist das ungemütlich!" — Sie war sehr schlecht gelaunt. „Was hör' ich denn da? Wer pfeift denn da so lustig vor sich hin?" — Ihre Laune wurde noch schlechter.

Der lustige Pfeifer war ein Landstreicher, der des Weges gegangen kam und hoch erfreut war, als er die schönen Äpfel sah. „Die werde ich mir aber schmecken lassen." lachte er. — „Hier werde ich rasten, mir ein Feuerchen anzünden und Bratäpfel zubereiten. Damit werde ich mir so richtig den Magen aufwärmen!"

Die Vogelscheuche war sehr ärgerlich, daß er keine Angst vor ihr hatte und sie überhaupt nicht beachtete, wo sie doch auf die Äpfel aufzupassen hatte!!! — „Die Vögel haben mehr Respekt vor mir, als dieser dumme Kerl", schimpfte sie in sich hinein.

„Puh, ist das kalt," sagte der Landstreicher und blies in die Hände, um sie zu erwärmen. Jetzt, auf der Stelle werde ich mir ein Feuer anzünden und meine Äpfel braten."

Die Vogelscheuche hatte alles aufmerksam beobachtet und dachte:

---

[1] „Warm und kalt aus einem Munde" ist wahrscheinlich ein Kunstmärchen, das in alten Lesebüchern zu finden ist. — Das Märchen wurde mir in der Kindheit erzählt. Leider habe ich den Text bisher nirgends wiederfinden können. — Aus diesem Grunde habe ich aus der Erinnerung eine ähnliche Geschichte geschrieben.

„Ach so ist das bei den Menschen. Aus ihrem Munde kommt
Wärme. Das ist ja hoch interessant!"
Der Landstreicher legte Holz für das Feuer zusammen, zog eine
Streichholzschachtel hervor und zündete sein kleines Feuer an.
Als es allmählich niederbrannte, nahm er einen Ast, spitzte ihn mit
einem Taschenmesser zurecht und drehte damit einen der Äpfel
über der Glut.
„Jetzt ist es so weit", lachte er, „ein Bratapfel ist schon gar." — Er ließ
ihn etwas abkühlen, nahm ihn in die Hand und wollte mit großem
Appetit hineinbeißen. — „Autsch! — fast hätte ich mich verbrannt!"
fluchte er, pustete auf seine Finger und blies auch auf den Bratapfel.
— „so ist er genau richtig", stellte er bald fest, biß in den Apfel und
verzehrte ihn mit Behagen. Die Vogelscheuche wußte nicht mehr,
wo ihr der Kopf stand. „Was sind die Menschen doch für sonder-
bare Geschöpfe! Wie mächtig müssen sie doch sein! Erst pusten sie,
um Wärme zu schaffen, dann pusten sie, um Kälte zu schaffen.
WARM und KALT aus EINEM Munde????" Sie staunte. — Plötzlich fürchtete sie sich, der Mensch wurde ihr unheimlich ...

M 2   Arbeitsblatt

Wir atmen
Wir atmen die Luft ein —
und wieder aus.
Wir können mit unserem Atem etwas tun,
wir können:

M 3   Teil 1 von Collage 2

Zum Stellenwert dieses Collagenteils innerhalb der Collage II siehe
Skizze zu M 11.

M 4   Arbeitsblatt, zur Hälfte gefaltet

_____

_____

Wir halten den Atem an: Wir atmen:

| Schreibt auf, was ihr in den letzten Sekunden dabei gefühlt habt! |

| Schreibt auf, was ihr fühlt, wenn ihr tief einatmet und langsam ausatmet! |

_____   _____

_____   _____

_____   _____

_____   _____

_____   _____

_____   _____

_____   _____

_____   _____

_____   _____

_____   _____

_____   _____

M 5   Arbeitsblatt eines Schülers. („Brief" an den Geist Gottes aus der
        8. Stunde)

> *— Geist Gottes, Du behandelst uns wie dein Kind. Wie eine Vogelmutter,*
> *die ihre Eier ausgebrütet hat und sie beschützt, so bist du zu uns. Du bist*
> *zu uns wie eine Hebamme, die uns auf den Popo einen Klaps gibt, ja so*
> *bist Du! —*

M 6   Ein unbekannter jugoslawischer Soldat schreibt seinem noch nicht
        geborenen Kind einen Brief

> *Mein Kind!*
> *Du schläfst noch im Dunkel, im Bauch Deiner Mutter und sammelst*
> *Kräfte für die anstrengende Geburt; ich wünsche Dir alles Gute. Du hast*
> *jetzt noch keine richtige Gestalt, Du atmest nicht und bist blind. Doch*
> *wenn Deine Zeit gekommen ist, Deine Zeit und die Zeit Deiner Mutter,*
> *die ich von Herzen liebe, dann wirst Du auch Kraft finden, nach Luft und*
> *Licht zu ringen.*
> *Es ist Deine Aufgabe als Mensch, nach Luft und Licht zu ringen, dazu*
> *bist Du vom Leben bestimmt, ohne daß wir Menschen wissen, warum.*
> *Bewahre Dir die Liebe zum Leben, aber hab keine Angst vor dem Tod . . .*
> *Ich weiß nun, daß ich sterben muß, und Du mußt noch geboren werden!*
> *Ich schäme mich, Dir eine unordentliche und unbequeme Welt zu hinter-*
> *lassen. Aber es muß sein. Ich küsse in Gedanken Deine Stirn, um Dich*
> *zum letztenmal zu segnen. Gute Nacht mein Kind, ich muß sterben, ehe*
> *Du geboren wirst — guten Morgen mein Kind, für den Tag an dem Du*
> *zum erstenmal das Licht der Welt erblickst und Deinen ersten Atemzug*
> *tust!*   *Dein Vater*

Aus: Die Stimme des Menschen. Briefe und Aufzeichnungen aus
der ganzen Welt 1939–1949. Gesammelt und herausgegeben von
H. W. Bär. Piper Verlag. München 1966 (leicht verändert und
gekürzt)

M 7   1. Rechte Tafelhälfte, außen: Tafelbild a

Im Atem zeigt sich Leben und Tod des Menschen:

Er tut	er tut
seinen	seinen
ersten	letzten
Atemzug	Atemzug

2. Die Tafel wird aufgeklappt:

Tafelbild c (Ex 19,4)	Tafelbild b (LK 23,46)	Tafelbild d
Gott spricht durch Moses: „Ihr habt gesehen, was ich den Ägyptern getan habe und wie ich euch auf Adlersflügeln hierher zu mir gebracht habe!"	Mit dem letzten Atemzug sagte Jesus: „Vater, in deine Hände gebe ich meinen Geist!"	Jesus, Du ... _____ _____ _____ _____ _____

M 8   Arbeitsblatt

Der Mensch _atmet_, er _lebt_.

Der Mensch tut einmal seinen _letzten Atemzug_, er _stirbt_.

Wenn der Mensch stirbt, sagen wir auch:

Er _haucht_ seine _Seele_ aus.
Er _gibt_ seinen _Geist_ auf.

Gott spricht durch Moses:

„Ihr habt gesehen, was ich den Ägyptern ge-tan habe und wie ich euch auf _Adlersflügeln_ hierher zu mir ge-bracht habe."

Mit dem letzten Atemzug sagte Jesus:

„_Vater_, in deine _Hände_ gebe ich meinen _Geist_!"

Jesus, Du...

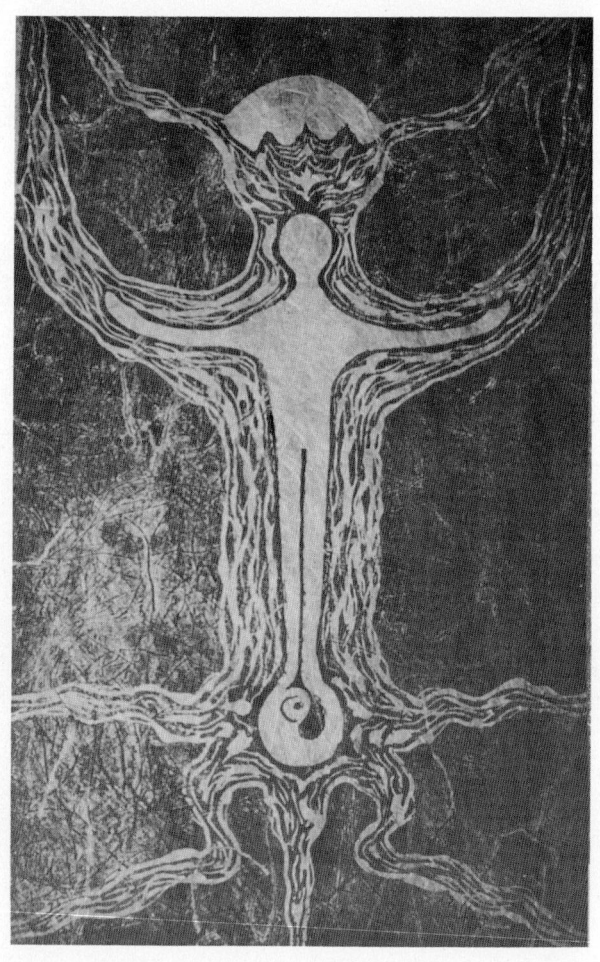

M 10   Auszug eines Transformationstextes zur Heilung des Gelähmten
nach Jo 5, 1—9 (Beschorner, Aachen 1978, 34—36, — siehe besonders den kursiv gedruckten Text).

Die Bibel hat uns nicht weiter berichtet, was aus dem Geheilten
geworden ist. Wir wissen es nicht.
Aber ich will versuchen, mich einmal in diesen Menschen hinein-
zuversetzen, und zwar frage ich mich: Was dachte und fühlte er am
Tage der Kreuzigung Jesu? Ich nenne diesen Geheilten einmal
Nathanael.
In Jerusalem war großer Tumult. Die Römer hatten wieder ein paar
Aufrührer verurteilt und sie sollten vor der Stadt hingerichtet,
gekreuzigt werden. Unter ihnen war Jesus.
Nathanael hatte nicht gewagt, bis zur Hinrichtungsstätte zu gehen.
Diesen Menschen, dem er alles verdankte, konnte er nicht leiden
sehen.
Wie ein Träumender ließ er sich von der Menge schubsen und
stoßen. Am Stadttor blieb er stehen und schaute zum Berge
Golgatha hinauf. Dann wandte er sich ab und taumelte durch die
Straßen heimwärts. Er sah nicht die Menschen, er sah nicht um
sich. Wie betrunken und schlafwandelnd erreichte er das Haus, in
dem er seit seiner Heilung wohnte.
Er setzte sich neben die kalte Feuerstelle. Er legte die Hände vor das
Gesicht, und in seiner Vorstellung entstand das Bild seines Jesus
und nur die eine Frage beschäftigte ihn:
Warum haben sie ihn verurteilt?
Warum haben sie ihn gehaßt?
Ihn, der nur Gutes tat!
Ach, ich weiß schon, dachte er!
Man wirft ihm vor, er habe das Gesetz nicht gehalten. Er habe alles
durcheinandergebracht, weil er anders war, weil er meinte, Gott
wolle nicht, daß Menschen unter Geboten leiden.
Vielleicht mußte Jesus gar deshalb sterben, weil er mich an einem
Sabbat geheilt hat. Ja, vielleicht ist er wegen mir gestorben? Warum
hat er mich damals gerade an einem Sabbat geheilt, was verboten
war? Warum ist er nicht am nächsten Tag zu mir gekommen und
hat mich gesund gemacht?
„Nein, nein" sprach Nathanael plötzlich laut vor sich hin: „Jesus,
du hattest recht, mich noch an jenem Sabbat zu heilen. Ich hätte es
nicht mehr ausgehalten!"
Und in einer plötzlichen Erkenntnis sprang Nathanael auf, lief zum
Hause seines Nachbarn, klopfte, ging hinein, achtete nicht auf das
betroffene Gesicht des anderen und fing an zu erzählen:

Ich weiß noch ganz genau, wie es war:
Ich lag in brütender Hitze am Teich. 38 Jahre hatte ich schon dort gelegen,
hoffnungslos. Keiner half mir ins Wasser. Wie beneidete ich die anderen
Gelähmten. Auch sie blieben meistens krank. Aber jeden Tag konnten sie

neu hoffen, daß sie einmal das Wasser erreichten mit Hilfe der Verwandten, die sie trugen.

Ich hatte niemanden. Wenn das Wasser sich bewegte, sah ich hinein in das Wasser, und meine Sehnsucht gesund zu werden, riß mich fast hoch vom Lager, aber dann spürte ich die Schwere der Glieder und hoffnungslos schloß ich die Augen. So ging es 38 Jahre.

Ich wurde immer teilnahmsloser. Wozu liege ich noch hier? dachte ich. An jenem Sabbat erfüllte mich eine unsagbare Traurigkeit. Die heiße Luft flimmerte vor meinen Augen, und meine Gedanken fanden nur immerfort das eine: Ich kann nicht mehr. Ich will nicht mehr leben. Noch heute möchte ich sterben.

Da hat mich jemand angerührt. Ich fuhr zusammen, blickte hoch und sah das Gesicht eines Mannes, der die Umwelt auch vergessen zu haben schien und nur mich sah, und ich hörte die Worte: Willst du gesund werden? Gesund! Gesund! War ich denn nicht schon tot? Und jetzt sprach einer von Gesundheit. Da brach es aus mir heraus: Ich habe ja niemanden! Zum erstenmal konnte ich meine Trauer aussprechen, und da war auch schon wieder Wille zum Leben.

Jesus hatte gerade noch den letzten Funken Lebenswillen in mir entfacht und mich gerettet, als ich fast schon erloschen war. Im letzten Augenblick war ich gerettet.

Und die Menschen, die von meiner Not nichts verstanden, die schrieen: Wieder hat er den Sabbat nicht gehalten. Er bringt alles durcheinander. Er meint mehr zu sein als Gott, der uns das Gesetz gegeben hat. Was wissen die Leute: Wäre Jesus nicht an dem Tag noch gekommen, ich würde nicht mehr leben. Aber vielleicht würde Jesus noch leben!

Und das sollte damals nicht der Wille Gottes gewesen sein, was Jesus getan hat? Nicht aus sich heraus hat er damals gehandelt, er hat sich ja selbst dabei ganz vergessen. Er hat nur mich gesehen und war erfüllt von einem Geist, der helfen will. Und ist das nicht der Geist Gottes? Nathanael stand auf, schaute seinen Nachbarn fest an und sagte: Ich glaube, daß Jesus damals genau das getan hat, was Gottes Wille war. Ich glaube an den Geist Gottes in diesem Jesus.

Zu M 16 aus der vorherigen Reihe und M 11 a:

Die Collage I und die (noch unvollständige) Collage II sind bisher folgendermaßen zueinander in Beziehung gesetzt worden:

Teil 1 (M 3)   Teil 2 (unvollständig)   Teil 3 (wird in der nächsten
                                     (M 11 a)   Stunde vervollständigt, s. M 14

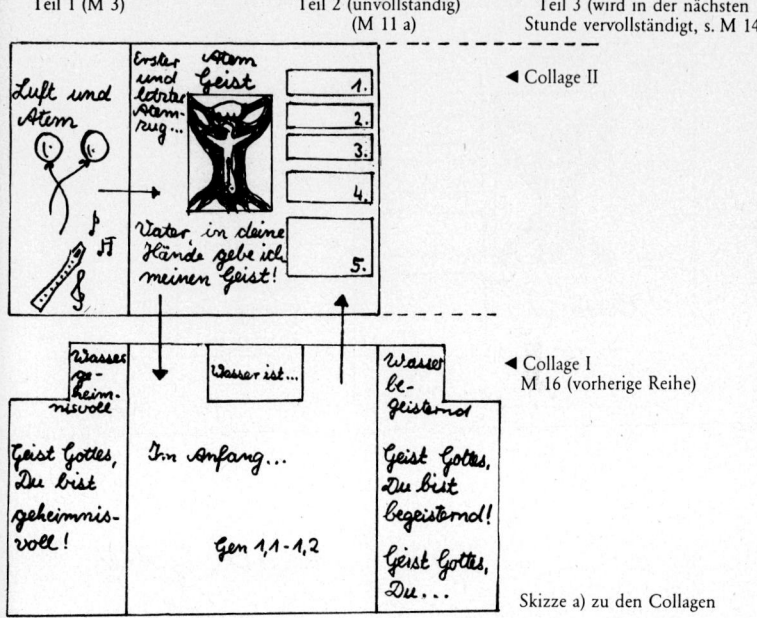

◀ Collage II

◀ Collage I
   M 16 (vorherige Reihe)

Skizze a) zu den Collagen

M 11 b   (zu M 11 a):   5 Schrifttafeln zu Collage II, Teil 2

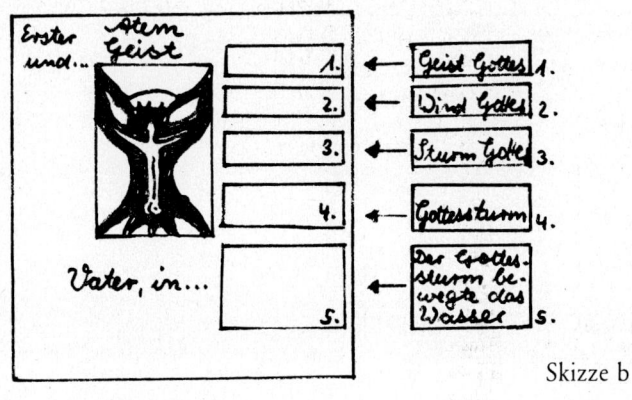

Skizze b

M 12   Arbeitsblatt

$$\text{Geist Gottes} = \begin{cases} \text{Hauch Gottes} \\ \text{Wind Gottes} \\ \text{Sturm Gottes} \end{cases}$$

$$\left.\begin{array}{l} \text{Hauch Gottes} \\ \text{Wind Gottes} \\ \text{Gottessturm} \end{array}\right\} \text{Du ...}$$

_____

_____

_____

_____

_____

_____

_____

_____

_____

M 13   Text „Sturm, Du . . .“, von Ch. Foos-Queck erstellt als Arbeitsblatt
        für die Schüler

Sturm, Du hast mich aufgeschreckt!
    Du hast mir Angst gemacht!
    Du hast mich hinweggefegt!
    Du hast mich gepeitscht!
    Du hast in meinen Augen gebrannt!
    Du hast meine Stimme übertönt!

Sturm, Du hast mich herausgefordert!
    Du hast mich verändert:
    Du hast meine letzte Lebenskraft geweckt,
    Du hast mich stark gemacht!

Sturm, Du bist geheimnisvoll!
    Du bist begeisternd!

Sturm, ich will Dich immer wieder erleben!
    In dir habe ich etwas vom
    Geheimnis Gottes erfahren!

_____

_____

_____

_____

_____

_____

_____

_____

_____

M 14   Collage II, Teil 3 im Bezug zu Collage II, Teil 1 und 2 (vgl. Skizzen
zu M 11)

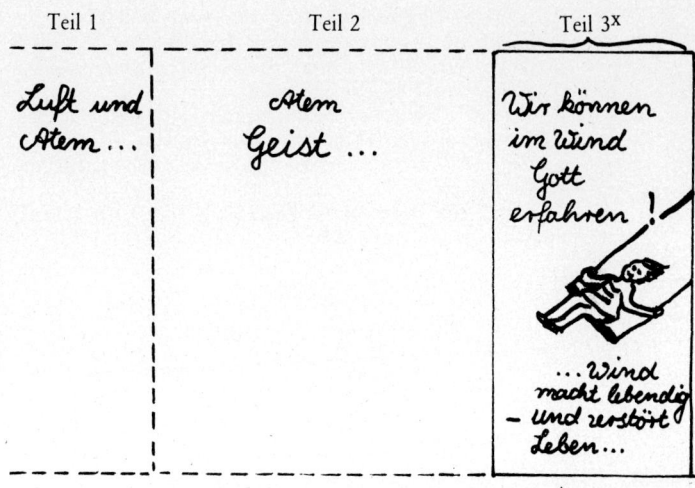

| Teil 1 | Teil 2 | Teil 3[x] |

Luft und Atem ...

Atem
Geist ...

Wir können im Wind Gott erfahren!

... Wind macht lebendig – und zerstört Leben ...

Skizze zu M 14

M 15   a)   Film Wasser und Geist
USA, 1974, Farbe, 5 Min. 16 mm Lichtton. –
Buch und Regie: John A. Stewart
Ausleihbar im Katechetischen Institut Aachen unter Reg. Nr.: KF 8

b)   Lehrerkommentar zum Film (Foos-Queck)

Der Film „Wasser und Geist" wurde in Buch und Regie von dem
Amerikaner John A. Stewart gestaltet.
Der nur fünf Minuten dauernde Film zeigt in eindrucksvollen
Aufnahmen die Beziehung des Menschen zu den Elementen
Wasser und Wind.
Die Handlung des Films zeigt folgende Aneinanderreihung von
szenischen Abläufen: Am Anfang wird ein Mensch ins Bild ge-
bracht, der in nachdenklicher Haltung am Meer sitzt. Daran
anschließend folgen Aufnahmen von Quellen, Flüssen, Seen, –
Aufnahmen von windgeformten Sanddünen, – von im Wind
bewegtem Gras, Bilder von ausgedörrten Wüstenlandschaften im

Gegensatz zu regenschweren Wolken, die über das Land ziehen. Diese Aneinanderreihung von Bildern, die sich unmittelbar an die Aufnahme des am Meer sitzenden Menschen anschließen, vermittelt den Eindruck einer Assoziationskette, die vor dem „inneren Auge" des Menschen beim Anblick des vom Wind bewegten Meeres abläuft. Die Aneinanderreihung dieser Bilder findet ihren Höhepunkt in der Aufnahme eines neugeborenen Kindes, dessen Kopf mit Taufwasser übergossen wird. Unmittelbar daran anschließend werden Sternenhimmel, kosmische Nebel und Gestirne ins Bild gebracht – und führen zurück zu Wolken, Wüstenland, Gras, Quelle und Fluß bis hin zum nachdenklichen Betrachter des aufgewühlten Meeres.

In einer Skizze soll diese Aneinanderreihung szenischer Abläufe noch einmal verdeutlicht werden:

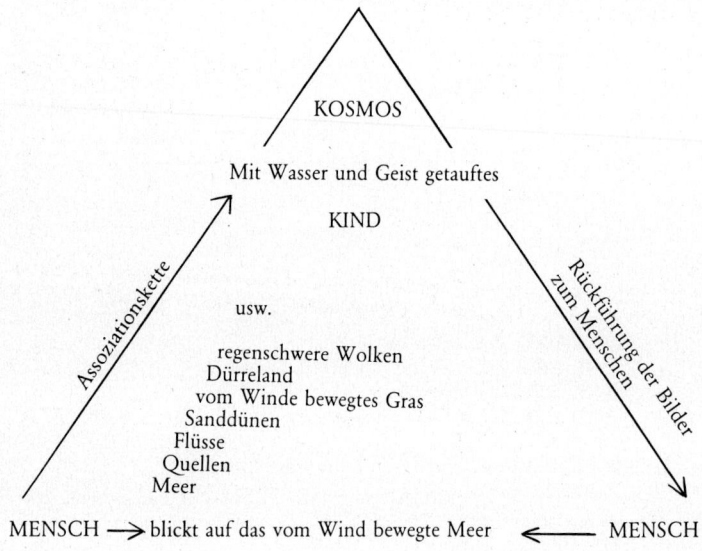

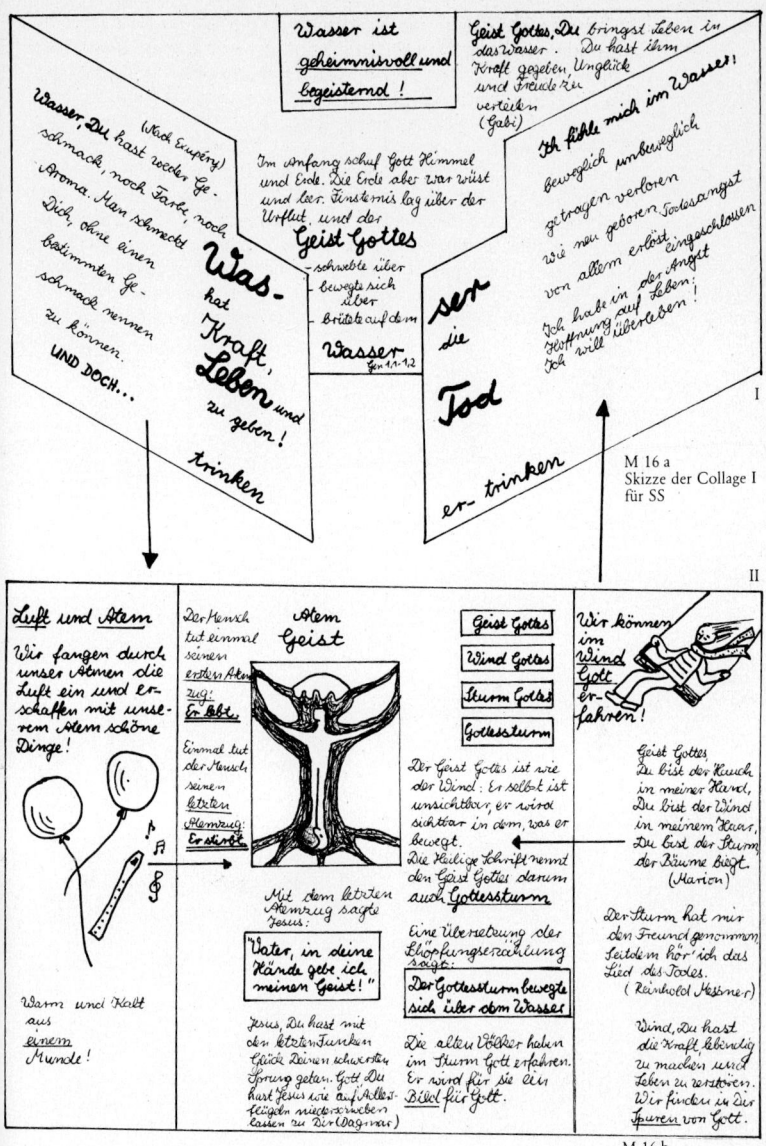

Wasser ist geheimnisvoll und begeisternd!

Geist Gottes, Du bringst Leben in das Wasser. Du hast ihm Kraft gegeben, Unglück und Freude zu verteilen. (Gabi)

(Nach Exupéry)
Wasser, Du hast weder Geschmack, noch Farbe, noch Aroma. Man schmeckt Dich, ohne einen bestimmten Geschmack nennen zu können. UND DOCH...

Im Anfang schuf Gott Himmel und Erde. Die Erde aber war wüst und leer. Finsternis lag über der Urflut, und der Geist Gottes
– schwebte über
– bewegte sich über
– brütete auf dem
Wasser
Gen 1,1–1,2

Was- hat Kraft, Leben und zu geben!

Ich fühle mich im Wasser!
beweglich unbeweglich
getragen verloren
wie neu geboren Todesangst
von allem erlöst eingeschlossen
Ich habe in das Leben Hoffnung auf Leben!
Ich will überleben!

ser die Tod

trinken

er-trinken

I

M 16 a
Skizze der Collage I
für SS

II

Luft und Atem
Wir fangen durch unser Atmen die Luft ein und erschaffen mit unserem Atem schöne Dinge!

Warm und Kalt aus einem Munde!

Der Mensch tut einmal seinen ersten Atemzug: Er lebt.
Einmal tut der Mensch seinen letzten Atemzug: Er stirbt.

Atem Geist

Mit dem letzten Atemzug sagte Jesus:
"Vater, in deine Hände gebe ich meinen Geist!"
Jesus, Du hast mit den letzten Funken Deines schweren Lebens Sprung getan. Gott, Du hast Jesus wie auf Flügeln niedersinken lassen zu Dir. (Dagmar)

Geist Gottes
Wind Gottes
Sturm Gottes
Gottessturm

Der Geist Gottes ist wie der Wind: Er selbst ist unsichtbar, er wird sichtbar in dem, was er bewegt.
Die Heilige Schrift nennt den Geist Gottes darum auch Gottessturm.
Eine Übersetzung der Schöpfungserzählung sagt:
Der Gottessturm bewegte sich über dem Wasser.
Die alten Völker haben im Sturm Gott erfahren. Er wird für sie ein Bild für Gott.

Wir können im Wind Gott erfahren!

Geist Gottes
Du bist der Hauch in meiner Hand,
Du bist der Wind in meinem Haar,
Du bist der Sturm der Bäume biegt. (Marion)

Der Sturm hat mir den Freund genommen. Seitdem hör' ich das Lied des Todes.
(Reinhold Messner)

Wind, Du hast die Kraft lebendig zu machen und Leben zu zerstören. Wir finden in Dir Spuren von Gott.

M 16 b
Skizze der Collage II

Durch den Menschen, der am Anfang und Ende ins Bild gebracht wird und durch das neugeborene Kind, das in den Mittelpunkt des Films gestellt ist, erhält der Film einen tiefen symbolischen Gehalt: Das vom Wind bewegte Wasser be-lebt Natur und Mensch, wird zum „Wasser des Lebens" und zum „Wasser der Wiedergeburt" durch die Taufe.

Ich halte es für bedeutsam, daß in Stewarts Film nach der Aufnahme des Täuflings Sternenhimmel, kosmische Nebel und Gestirne ins Bild gebracht werden. (s. Skizze). Will er damit nicht zum Ausdruck bringen, daß in dem mit Wasser und Geist getauften Menschen Mikro- und Makrokosmos ineinander übergehen, — daß der Mensch in den Kosmos hineinragt, — „ins grenzenlose Meer des namenlosen Geheimnisses hineinwächst"? ... (Rahner, 1977, 27)

C Christliche Handlungssymbole (Sakramente) als Grundlage der Korrelationsdidaktik

1. Christliche Handlungssymbole (Sakramente) als mögliche Bewältigungsmuster des Lebens

1.1 Entfaltung des Glaubensfundaments in sakramentalen Handlungssymbolen

Das christliche Ursakrament:
Der gekreuzigte Jesus als lebendiger Christus

Der Hebräerbrief, der das Verhältnis der jungen Christengemeinde zum alttestamentlichen Gottesvolk zum Inhalt hat, beginnt programmatisch, in einer Art vorwegnehmender Zusammenfassung dessen, was dann im Brief weiter entfaltet und begründet wird: „Viele Male und auf vielerlei Weise hat Gott einst zu den Vätern gesprochen durch die Propheten; in dieser Endzeit hat er zu uns gesprochen durch den Sohn . . ." (Hebr. 1, 1 f.).

Eine Betrachtung, in der es nicht nur um das Verhältnis des christlichen Glaubens zum alttestamentlichen Judentum, sondern auch zu den Weltreligionen geht, könnte diesen Satz entsprechend der Erklärung des 2. Vatikanischen Konzils über das Verhältnis der Kirche zu den nichtchristlichen Religionen (und der Anerkennung verschiedener Heilswege zu ein und demselben Gott als letztem Ziel: Rahner/Vorgrimler, 1968, 355), folgendermaßen variieren: Viele Male und auf vielerlei Weise, durch das lebensspendende Wasser, durch das Wehen des Windes und Atems, durch das wärmende Feuer, durch den schützenden Baum, durch den majestätisch und unverrückbar aufragenden Berg, aus dem beschützenden Haus und der bergenden Höhle, aus dem zukunftsweisenden Weg, aus der Einsamkeit der Wüste und aus dem Bild großer und mächtiger Menschen hat Gott einst zu den Menschen gesprochen und sich ihnen mitgeteilt. Den ersten Christen hat er sich mitgeteilt durch den gekreuzigten Jesus von Nazareth, der als lebendig und eins mit ihm erfahren und bezeugt wurde.

„Alles, was der Mensch tut, erlebt oder liebt — Gegenstand, Handlung, physiologischer Vorgang, geschichtliches Ereignis, Seiendes und Gespieltes —, kann zu einem Gottessymbol werden (Eliade, 1954, 33). In allem kann der Mensch — plötzlich und unvorhersehbar — als „Geschenk der Stunde" (Gnade) — die ihn umgreifende Transzendenz hindurchleuchten sehen; alles kann transparent werden für das göttliche Geheimnis, das Leben und Welt umgreift. In der Zeit der Ausbreitung des frühen Christentums versuchten im hellenistischen Raum viele Menschen durch Teilnahme an den sogenannten „Mysterien", geheim gehaltenen Kulten, diese heilende und befreiende Erfahrung des Göttlichen in Symbolen und symbolischen Handlungen zu machen. „Mysterium" ist auch im Neuen Testament das Wort für die heilende und befreiende Erfahrung des Göttlichen, die hier in der Begegnung mit dem als lebendig erfahrenen gekreuzigten Jesus geschieht.

Im römischen Kaiserkult war der Kaiser Ort der Offenbarung des Göttlichen. In ihm, in seiner weltumspannenden Macht, leuchtete die Leben und Welt umgreifende Allmacht des letzten Daseinsgrundes auf und wurde für den Menschen erfahrbar. Besonders in Augenblicken, in denen sich der Mensch mit Leib und Seele, auf Gedeih und Verderb dieser im Kaiser symbolisch repräsentierten Gottesmacht anheimgab, geschah Begegnung und Berührung mit dem Göttlichen. Dies war besonders dann der Fall, wenn jemand in das kaiserliche Heer eintrat und den Fahneneid auf den Kaiser schwor; in diesem Moment stand er vor dem götlichen Geheimnis. Der Fahneneid ist *das* Mysterium des römischen Kaiserkultes. Der lateinische Ausdruck dafür hieß „sacramentum".

Alles kann zum Ort der Erscheinung des göttlichen Daseinsgrundes werden und das 2. Vaticanum sagt ausdrücklich, daß es wirklich „Gott" ist und nicht bloß ein Götze, der in den verschiedenen Grunderfahrungen der Religionen dem Menschen erscheint und „ihr Leben mit einem tiefen religiösen Sinn durchtränkt" (Rahner/ Vorgrimler, 1968, 356). Obwohl jedoch die Kirche „nichts von alledem ablehnt" (ebd.), „verkündet sie doch unablässig und muß sie verkündigen, Christus, der ist ‚der Weg, die Wahrheit und das Leben' (Joh 14, 6), in dem die Menschen die Fülle des religiösen Lebens finden" (ebd.). Wir sind eben Christen, weil *unsere* Gottesbegegnung, *unser* Mysterium, *unser* sacramentum in jener Erfahrung und Begegnung geschieht, in der der gekreuzigte Jesus aus Nazareth lebendig, tröstend und verheißungsvoll, eben als Christus und Messias, zu uns spricht. Ich werde diese Sprache Gottes, die aus dem lebendigen Gekreuzigten zu mir spricht, nur sehr schwer und undeutlich verstehen, wenn ich nicht auch fähig bin, die Sprache Gottes im Wasser, im hoch aufragenden Berg, in der Einsamkeit der Wüste und in der Erscheinung eines wirklich großen und Frieden stiftenden Menschen zu verstehen. Deshalb haben wir die Beschäftigung mit religiösen Gegenstandssymbolen dem vorliegenden Teil des Buches vorangestellt.

Aber dem unbefangenen Blick wird trotz dieser grundsätzlichen Anerkenntnis aller religiösen Erfahrungen als wahrer Gotteserfahrungen doch schon rein von außen her das Besondere, Eigenartige, ja Paradoxe, der christlichen Gotteserfahrung deutlich: Es ist verständlich, daß ein majestätisch aufragender Berg, eine erfrischende, lebendig aus der Erde hervorsprudelnde Quelle, der den Lebensatem ermöglichende Lufthauch, der schützende und Halt gebende Baum, die mächtige und lichtvolle Menschengestalt Ort der Erscheinung des Göttlichen werden; und es klingt demgegenüber fast wie eine Persiflage, wenn dazu nun Menschen kommen, die sagen, ihnen sei der lebendige Gott in einem auf gräßliche Weise zu Tode Gefolterten, in einem Gekreuzigten, erschienen. Und doch ist eben dieser für Paulus *das* „Mysterium Gottes" (Kol 2, 2); als er in die alte Hafenstadt Korinth kam, um in diesem schwierigen Milieu eine Christengemeinde zu gründen, hatte er sich entschlossen, bei diesen Menschen „nichts zu wissen, außer daß Jesus der Messias ist, und zwar als Gekreuzigter" (1 Kor 2, 2). Und die „Itala", die älteste lateinische Übersetzung der im Original griechisch geschriebenen Bibel, übersetzt eben dieses von Paulus für die Gotteserfahrung im Gekreuzigten verwendete Wort „mysterion" in das Lateinische mit „sacramentum".

Alles kann dem Menschen Mysterium und sacramentum werden. Leonardo Boff hat diese ursprünglichen Bezüge wiederentdeckt, wenn er in seiner „Kleinen Sakramentenlehre" davon erzählt, wie für ihn ein Wasserbecher, ein Zigarettenstummel, ein Stück Brot, eine Weihnachtskerze und ein Grundschullehrer zum „Sakrament" geworden sind (Boff, [2]1978, 19–21). Er greift damit in jene Zeiten der

Kirchengeschichte zurück, in denen die Zahl der Sakramente noch nicht genau definiert und fixiert war und eben grundsätzlich alles zum „Sakrament" werden konnte. Vergleiche ich jedoch Boffs „Sakramente" mit den oben genannten Gottessymbolen aus der Welt der Religionen, dann fällt auf, daß es sich bei Boff um sehr unscheinbare Gegenstände handelt, die in Situationen der Not und Armut hineinverflochten sind: Bei dem Wasserbecher handelt es sich um einen alten Aluminiumbecher, dessen Henkel zerbrochen ist und aus dem die 11 Geschwister aus Boffs Familie getrunken haben; der vergilbte Stummel stammt von der Strohzigarette, die Boffs Vater geraucht hatte, „als ihn ein Herzinfarkt aus diesem ermüdenden Dasein befreite" (Boff, [2]1978, 29). Das Brot war von Boffs Mutter selbst gebacken und unter die 11 Kinder aufgeteilt worden; die Weihnachtskerze war Boff von einer alten Bauersfrau aus Berchtesgaden geschenkt worden, um „den ausländischen Paterle" in seiner Einsamkeit zu trösten; und der Grundschullehrer Mansueto war ein früh verstorbener Dorfschullehrer im brasilianischen Hinterland. Diese Gottessymbole sind weit entfernt vom römischen Kaiserkult. Offenbar ist Boffs Vermögen, den transzendenten und bergenden Daseinsgrund in den Dingen der Welt zu sehen und zu erspüren, durch eine besondere Schule geprägt worden: sein religiöses Empfinden ist gewachsen und geschult worden in der Gemeinschaft derer, deren lebendiges, unüberbietbares und tiefstes Gottessymbol ein Gekreuzigter ist.

Der Gekreuzigte Jesus aus Nazareth, der als Auferstandener lebendig begegnet und den Menschen anspricht, ist das Ursakrament des christlichen Glaubens. Von ihm her sieht und fühlt der Christ alle anderen Gottessymbole. Von diesem seinem religiösen Grundmysterium aus versteht er gut die belebende und tröstende Sprache der Wasserquelle und des Windhauchs; auch die Einsamkeit der Bergwelt und der Wüste sprechen ihn ebenso unmittelbar an wie die bergende Stall-Höhle zu Bethlehem und das zarte Blätterdach eines Baums. Skepsis und Unverständnis dagegen wird ihn bewegen, wenn ein mächtiger Kaiser, der seine Macht und Stärke auf Schwerter und Soldaten stützt, die Stufen seines Prunkpalastes herabschreitet und die Menschen aufjubelnd um ihn herum bekennen, einen Gott in ihm zu sehen. Angestoßen vom Gott, der ihm im Gekreuzigten erscheint, stellt er die skeptische Frage, ob diese Menschen nicht äußere Macht und äußeren Prunk mit der *anderen* Macht und *anderen* Schönheit verwechseln, die den bergenden Daseinsgrund des Menschen bildet. Ja noch in den Natursymbolen wird er schärfer und genauer als dies Angehörigen anderer Religionen möglich ist, zwischen den naturwissenschaftlich erfaßbaren biologisch-chemischen Vorgängen und Gegebenheiten und der „in" und „hinter" diesen Gegebenheiten aufleuchtenden Gotteswirklichkeit unterscheiden. Nur bei *seinem* Urmysterium des Göttlichen bedarf es dieser Unterscheidung nicht. Denn in *dieser* Wirklichkeit, in der Gestalt des Gekreuzigten ist alles Äußerliche zerstört. Hier ist nichts mehr, was das Auge blenden könnte. Es ist dies vielmehr eine Gestalt, von der die Menschen den Blick abwenden; sie hat keinerlei „Ansehen" mehr. Wenn es dennoch Menschen gelingt, zu ihr hinzusehen, und noch „etwas" in ihr zu sehen, ein „Minimum an Boden" (K. Jaspers), das nicht einmal dieser gräßliche Tod zerstören konnte, etwas Tröstendes, Bergendes, etwas, das mich drängt, gegen die Not und das Unrecht zu kämpfen, die diesen Tod verschuldet haben und immer neu verschulden — dann ist dieses „Etwas", das an und in dieser Gestalt erscheint, der total offene und unverstellte göttlich-transzendente Grund des Lebens und der Welt. *Wenn* ich hier eine Tröstung erfahre, ist es ein Trost, der wirklich, und noch im Tode, tröstet; *wenn* diese Tröstung mir gleichzeitig zur Motivation meines Handelns und Lebens wird, ist dies ein Leben und ein Tun, dessen Sinn niemals und von nichts mehr in Frage gestellt werden kann. Wenn mir im Gekreuzigten Gott als Tröstung aufgeht, ist alles gerettet. Wie aber kann ich den Gekreuzigten als Tröstung erfahren? Gewiß: Jede Gotteserfahrung ist ein unverfügbares und ungeschuldetes Geschenk der Stunde und des Augenblicks. Aber ich kann mich, angeleitet von religiöser Tradition, bewußt in Situationen hineinbegeben, in denen Menschen dieser Tradition in bevorzugter und besonders dichter Weise die Erfahrung des Göttlichen gemacht haben. Ein Anhänger des Kaiserkults muß versuchen, in die Nähe des Kaisers zu kommen, ihn zu sehen, sich in seinen Dienst zu stellen, damit das Göttliche seiner Person heilend und befreiend auf ihn überspringen kann. Ein Anhänger des Asklepius-Kultes muß nach Epidauros pilgern, in der Hoffnung, daß ihm dort, beim Schlafen im Tempel, heilend und tröstend der Gott erscheint. Wohin soll einer gehen, der den lebendigen Gott im gekreuzigten Jesus aus Nazareth erfahren will? Wo ist der Ort für die Erfahrung des christlichen Mysteriums? Den Frauen, die den Gekreuzigten im Grabe suchen, sagt der Gottesengel, sie würden ihn nicht hier finden, vielmehr in Galiläa, bei den Freunden und Anhängern, die dorthin zurückgeflohen waren (Mk 16, 6 f.). Es ist dann vor allem die Situation des gmeinsa-

men Mahls, die Situation, in der die zweifelnden und fragenden
Jünger miteinander essen und trinken, in der Jesus, der Gekreuzigte,
lebendig unter ihnen erscheint und Frieden und Tröstung stiftet
(vgl. Lk 24, 30 f.; sowie 36—43). Oder es ist die Situation, in der die
Jünger „auf dem Berg" stehen und einen Weg in die Zukunft suchen.
Da tritt der Gekreuzigte auf sie zu, belebt sie mit seinem Gottesatem,
erschließt ihnen eine neue Aufgabe, eine neue Zukunft, und befreit
sie zum Handeln auf die alte und neue Zukunft des Reiches Gottes
hin (vgl. Mt 28, 16—20, Apg 10, 41).

Es sind also vor allem zwei Situationen, zwei „Figuren des Lebens"
(P. Hünermann, 1977, 51 ff.), in die es hineinzugehen, die es zu
vollziehen gilt, wenn mir der gekreuzigte Jesus als lebendiger Gott
und Messias aufgehen soll. Einmal ist es die Suche nach Gemeinschaft, das Miteinander-Reden und Miteinander-Essen-und-Trinken,
auch und gerade dort, wo Angst, Unsicherheit, Zweifel und Mißtrauen das Gemeinschaftsgefühl blockieren. Wo die Angst im gemeinsamen Gebet ausgehalten und angenommen wird, wo ich über
Zweifel und Mißtrauen hinweg den Mitmenschen durch gemeinsames Essen und Trinken Anteil an meinem Leben und meiner
Lebenssehnsucht gebe, dort ist ein bevorzugter Ort, wo der gekreuzigte Gott lebendig-leibhaftig, heilend und tröstend, aus Angst und
Zweifel befreiend, aufgeht und Sinn und Frieden in das Leben stiftet.
Der andere bevorzugte Ort, die Situation „auf dem Berg", ist die
Suche nach einer sinnvollen und befreienden Zukunft, auch und
gerade dort, wo alles dunkel scheint und alle Wege nur noch nach
rückwärts zu führen scheinen. Der Mensch, der in dieser Situation
hineintaucht in den Lebensatem Jesu aus Nazareth, in seine Lebensdynamik, auch wenn diese zum Tod am Galgen geführt hat — im
Vertrauen auf die Zeugen, die bekennen, daß dieser Lebensatem und
diese Lebensdynamik den Tod besiegt und den Gekreuzigten auf
neue Weise lebendig gemacht hat — begibt sich ebenfalls an einen
bevorzugten Ort jenes Mysteriums, in dem der Gekreuzigte als
befreiender und erlösender Gott aufgeht.

Damit sind die beiden Grundsakramente Eucharistie und Taufe
umschrieben, in die hinein sich das Ursakrament „gekreuzigter und
neu lebendiger Jesus" von Anfang an auslegt und entfaltet. Es sind
die Grundmysterien des christlichen Glaubens, die als solche Kirche,
Gemeinschaft derer, denen Gott im Gekreuzigten aufgegangen ist
und aufgeht, konstituieren. Sie sind auch heute noch in allen
christlichen Kirchen und Gemeinschaften als Sakramente aner-
kannt.

Alle anderen Sakramente und Sakramentalien lassen sich diesen beiden Grundsakramenten zuordnen. Sie kennzeichnen „Figuren des Lebens" (Hünermann), in denen sich die Grundfiguren Eucharistie und Taufe in jeweils besonderer Weise ausprägen. So kennzeichnet die Krankensalbung eine Situation, in der der Mensch an eine konstitutive Daseinsgrenze stößt und darauf, seinem natürlichen Lebensgefühl nach, mit besonders großer Angst und Niedergedrücktheit reagiert. Wo der Mensch noch in dieser Situation, angeleitet durch christliche Tradition und durch die Menschen, die in dieser Tradition stehen, Gemeinschaft mit den Menschen sucht, auch wenn er weiß, daß diese seiner konkreten Not gegenüber letztlich hilflos sind, ist die Lebensfigur Gemeinschaft, Hingabe, Vertrauen und Geborgenheit in besonders intensiver Weise gegeben, eine Figur, aus der heraus der Gekreuzigte als Gott aufgehen kann. Wo zwei Menschen nicht nur sporadisch Gemeinschaft miteinander suchen, sondern sich entschließen, auf Dauer miteinander zu leben, ihre Lebens- und Persönlichkeitsentwicklung aufeinander zu beziehen, so daß der eine am Ende zutiefst geprägt ist durch den anderen und beide mehr und mehr eins werden in ihrem Lebensgefühl und ihrer Lebenshaltung, findet sich ebenfalls eine besondere Ausprägung der Grundfigur Gemeinschaft, Hingabe, Vertrauen und Geborgenheit. Dabei tauchen diese Menschen auch auf neue Weise in den Lebensatem Jesu hinein, von dem erzählt wird, daß er, trotz Abfall und Verrat, „die Seinen liebte bis ans Ende" (Joh 13, 1). Darum ist auch die Ehe ein Ort des Christusmysteriums. Voraussetzung für jede Gemeinschaft unter Menschen ist, daß diese offen aufeinander zugehen und im Eingeständnis eigener Schuld und Schwäche immer neu Versöhnung suchen und Versöhnung zu geben bereit sind. Dabei ist auch ein solcher Aufbruch zur Versöhnung stets durchwaltet und hineingetaucht in den Lebensatem dessen, von dem erzählt wird, daß er noch am Galgen hängend seinen Peinigern vergibt. Darum ist Buße und Versöhnung ein Ort des Christenmysteriums.

Firmung und Priesterweihe können verstanden werden als Weiterentfaltung der „Grundfigur" Taufe. Firmung als ein von der Taufe abgetrenntes Sakrament gibt es ja geschichtlich erst seit Einführung der Kindertaufe. Sie ist von diesem ihrem Ursprung her das Ja-Sagen des mündig gewordenen jungen Menschen zu der Tat seiner Eltern, in der diese ihr Kind, das neugeborene Leben und seine noch dunkle Zukunft, in die Lebensdynamik und den Lebensatem Jesu hineingestellt und hineingetaucht haben. In der Priesterweihe schließlich

macht der Mensch die Pflege und Weitergabe dieses befreienden
Lebensatems Jesu, in den er sich selbst hineingestellt hat, zur sinngebenden Aufgabe seines Lebens. All dies sind bevorzugte Orte der
möglichen Erscheinung des Gekreuzigten als des befreienden
Trösters und Messias.

Doch damit ist der Kosmos möglicher Ausfaltungen des einen
Christusmysteriums in Figuren menschlichen Lebens hinein noch
keineswegs erschöpft. Das 2. Vatikanische Konzil hat in seiner
Liturgiekonstitution wieder neu auf die sogenannten „Sakramenta-
lien" hingewiesen, deren Wirkung gemeinsam mit der Liturgie der
Sakramente darin bestehen soll, daß den Gläubigen „nahezu jedes
Ereignis ihres Lebens geheiligt wird durch die göttliche Gnade, die
ausströmt vom Passah-Mysterium des Leidens, des Todes und der
Auferstehung Christi, aus dem alle Sakramente und Sakramentalien
ihre Kraft ableiten". Sie sollen bewirken, „daß es kaum einen rechten
Gebrauch der materiellen Dinge gibt, den er nicht auf das Ziel
ausrichten kann, den Menschen zu heiligen und Gott zu loben"
(Abschn. 61; Rahner/Vorgrimler, 1968, 71).

Tatsächlich können so gut wie alle „Figuren", in denen sich das
alltägliche Leben abspielt, auf die oben genannten Grundfiguren
und ihre Entfaltung bezogen und von daher mit religiösem Sinn
erfüllt werden. Jedes gemeinsame Essen und Trinken verweist auf die
Grundfigur Eucharistie; das Einschlafen am Abend, bei dem ich die
Begrenztheit meiner Lebens- und Schaffenskraft anerkenne und
mich in die Müdigkeit hinein ergebe, die mich überfällt, ist eine
Figur des Lebens, die der Krankensalbung analog ist. Auch überall
sonst, wo ich im Alltag an einer Grenze stehe und diese Grenze
anerkennen, sie in mein Leben integrieren muß, betrete ich diesen
Ort des Christusmysteriums. Überall wo Menschen offen, zuge-
wandt und versöhnungsbereit miteinander sprechen, gewinnt die
Figur der Buße und Versöhnung neue Gestalt. Jeden Tag, wenn ich
am Morgen aufstehe und mich, durch den Schlaf gestärkt und
regeneriert, neu in das Leben und meine Arbeit hineinbegebe,
tauche ich neu hinein in den Lebensatem Jesu, in den hinein ich
mein ganzes Leben gestellt weiß (Taufe). Wo Kinder mündig werden, sich, sei es auch nur ein kleines Stück weit, von den Eltern
ablösen und ihr Leben selbst in die Hand nehmen, ist ein möglicher
Ort dafür, dieses Leben in mündiger und freier Entscheidung in den
Lebensatem Jesu hineinzutauchen und dadurch die Lebensfigur der
Firmung nachzuvollziehen. Wo eine neue Aufgabe auf mich zukommt, eine neue Perspektive sich öffnet, eine neue Einstellung

zum Mitmenschen und zu meinem Leben in mir Raum gewinnt, kann ich (vielleicht) dieses Neue als vom Gottesatem des gekreuzigten Jesus gezeugt und ins Dasein gerufen verstehen und so in mein Leben integrieren (Grundfigur Taufe, Firmung, Priesterweihe).

Die feierliche Liturgie der Kirche und ihre Ausgestaltung im Vollzug der oben beschriebenen 7 eigentlichen Sakramente soll Sinn und Gespür des Menschen dafür schulen, daß er diese Lebensfiguren als möglichen Ort der Erscheinung des Gekreuzigten als des befreienden und erlösenden Messias auch seines Lebens wahrnehmen kann, so wie auch umgekehrt die sakramentale Sicht des alltäglichen Lebens und das darauf aufbauende Lebensgefühl einen neuen lebendigen Zugang zur Feier der Sakramente erschließen kann (vgl. Liturgiekonstituion Nr. 60, Rahner/Vorgrimler, 1968, 71).

Sakramente und Sakramentalien als geschichtliche Handlungssymbole („Lebensfiguren")

Wir hatten oben gefragt: Wohin soll der Anhänger des Messias Jesus gehen, um einen Ort zu finden, an dem er ihm als dem lebendigen Gekreuzigten besonders nahe ist, einen Ort also, an dem er in besonderer Weise darauf hoffen darf, daß ihm der Gekreuzigte als erlösender und befreiender Gottessohn aufgeht. Die Sakramententradition gab auf diese Frage die Auskunft: Er muß in das menschliche Leben hineingehen; jeder Ort dieses menschlichen Lebens kann „heiliger Boden", kann Ort der Erscheinung des Gekreuzigten als des lebendigen und tröstenden Gottes sein, sofern sich in solchen Lebenssituationen in der einen oder anderen Weise jene „Figur" ausprägt, von der Jesu Leben, Sterben und todesjenseitiges Lebendigsein geprägt und gestaltet ist. Die Sakramente haben immer schon jene Aufgabe erfüllt, die heute das zentrale Anliegen nicht nur der Pastoral und Religionspädagogik, sondern der gesamten Theologie ist. Seit den Anfangszeiten der christlichen Kirche suchen sie jenes „Problem der Probleme" (K. Wegenast, Ev. Erz. 3/72, 102) zu lösen, das heute in besonderer Weise den schulischen Religionsunterricht bewegt, die Frage nämlich, wie der christliche Glaube in seinem Kern, in seinem Fundament, mit dem menschlichen Leben und mit gegenwärtigen Lebenssituationen zu vermitteln sei. Seit Jesu Leben, Sterben und todesjenseitiges Lebendigsein aufgeschlossen vor uns liegt, suchen die Sakramente und Sakramentalien das in dieser Lebensgeschichte offenbar gewordene Gottesheil mit dem menschlichen Leben zu verflechten, um dadurch die Jesusgestalt im einzelnen Menschenleben zum Sprechen zu bringen. Die Sakramente bilden die älteste Korrelationsdidaktik der Kirche und der um Korrelation von Glaubensüberlieferung und Lebenssituation bemühte Religionsunterricht tut gut daran, aus dieser Didaktik zu lernen.

Es ist dazu freilich notwendig, jenes verengte Sakramentenverständnis zu überwinden, das in diesen nur ein Arrangement von Riten sieht, deren Kern auf einen sog. „Einsetzungsbefehl" Jesu zurückgeht und dann vom kirchlichen Lehramt weiter ausgestaltet wurde. Ein solches Sakramentenverständnis ist letztlich magisch und ritualistisch: nach ihm kommt alles darauf an, die vorgeschriebenen Riten „richtig", d. h. in der vorgeschriebenen Art und Weise und in der vorgeschriebenen Intention zu vollziehen, worauf sich das im Christusmysterium gegebene Heil, die sog. „innere, heiligmachende Gnade" von selbst einstellt. Zwar ist es richtig und wichtig zu sehen, daß das Aufgehen des Gottesheils aus der Figur des gekreuzigten Jesus weder von dem bewerkstelligt werden kann, der sich mit seinem Leben in die entsprechende Lebensfigur und Lebenssituation hineinbegibt, noch von jenem, der als Priester und Vertreter der Kirche diese Lebensfigur als jesuanisch und messianisch anerkennt und das erflehte Gottesheil auf sie herabruft; immer ist es ja der Gekreuzigte *selbst*, der sich, wo es geschieht, in seiner todesjenseitigen Lebendigkeit als Heil und Tröstung des Menschen zu erkennen gibt und diesen Frieden in das Leben des Menschen einstiftet.

Aber es gilt doch mit der neueren Sakramententheologie, mit Theodor Schneider (Zeichen der Nähe Gottes, 1979), mit R. Schaeffler / P. Hünermann (Ankunft Gottes und Handeln des Menschen, 1977), mit A. Ganoczy (Einführung in die katholische Sakramentenlehre, 1979) und Arno Schilson (Vom privaten Gnadenmittel zur kommunikativen Handlung, 1982) sich daran zu erinnern, daß erst mehr als tausend Jahre nach Entstehung der christlichen Kirche (1274 auf dem Konzil von Lyon) die Siebenzahl der Sakramente überhaupt auch nur auftaucht, die dann auf dem Konzil von Trient in zugespitzter Frontstellung zu den Reformatoren kirchenamtlich festgeschrieben worden ist. Sicher kann und soll die geschichtliche Entwicklung, die in der katholischen Kirche zur Ausbildung der 7 Sakramente geführt hat, nicht wieder rückgängig gemacht und Sakramente und Sakramentalien auf die gleiche Stufe gestellt werden. Aber es gilt jene Verengung zu vermeiden, die unter Sakrament eine Art „privates Gnadenmittel" versteht, das die Kirche zur Rettung der Gläubigen unter bestimmten Bedingungen an den einzelnen austeilt. Vielmehr gilt es einerseits die christologische Grundlegung und Struktur und andererseits die lebensmäßige Verankerung der sakramentalen Vollzüge neu zu sehen (Vgl. A. Schilson, in: „ru", Heft 3/82, 90). Ich versuche deshalb aus der Sakramentenüberlieferung ein didaktisches Strukturgitter zu entwickeln, das helfen kann, Lernziele und Lernstrukturen zu gewinnen, die plausibel, einsichtig und klar begründbar jene Verflechtung von christlichem Glaubensfundament und gegenwärtiger Lebenssituation anstreben, wie sie der Synodenbeschluß zum Religionsunterricht in der Schule und die neuen Zielfelderpläne fordern.

Sakramente als Figuren des Lebens, aus denen das in Jesus erschienene Gottesheil spricht, sind symbolhafte Ausprägungen eines im christlichen Sinne geglückten menschlichen Lebens. Zu einem solchen geglückten menschlichen Leben zu verhelfen, ist das oberste Ziel des katechetischen Wirkens der Kirche (Arbeitspapier „Das katechetische Wirken der Kirche", Gemeinsame Synode. Offizielle Gesamtausgabe II, 41).

Als symbolischer Ausdruck geglückten Lebens sind Sakramente und Sakramentalien aber keine religiösen *Gegenstandssymbole,* wie sie im vorausgehenden Abschnitt B vorgestellt und zu einem didaktischen Strukturgitter ausgestaltet wurden. Vielmehr handelt es sich hier um den anderen Grundtyp des religiösen Symbols, wie er in der Grundlegung (Abschn. A. 2.5) neben dem Gegenstandssymbol erörtert wurde: Sakramente und Sakramentalien sind Ausfaltungen jenes Gottesheils, das im Leben, Sterben und todesjenseitigen Lebendigsein Jesu aus Nazareth seinen Ausdruck und seine geschichtliche Verwirklichung gefunden hat; ähnlich wie bei der Befreiung der Mosessippe aus Ägypten als der geschichtlichen Offenbarung des Gottes Jahwe handelt es sich hier um ein Stück menschlicher *Geschichte,* die zum Gottessymbol wird. Die Sakramente und Sakramentalien übertragen Grundstrukturen und Grundfiguren dieser theophanen Lebensgeschichte Jesu in das Leben des hier und jetzt lebenden Menschen. Sie sind deshalb wie ihr Ursprung ein Stück menschlicher Lebensgeschichte, ein *geschichtliches Handlungssymbol,* im Unterschied zum naturhaft gegebenen religiösen Gegenstandssymbol. Sie sind Grundmuster, Grundtypen jener Lebensbewältigung, wie sie Jesus vorgelebt und vorgestorben hat. Vor allem die Grundsakramente Taufe und Eucharistie beinhalten das Grundmuster, nach dem Jesus sein Leben gelebt hat und seinen Tod gestorben ist. An ihnen muß deshalb exemplarisch das oben skizzierte Sakramentenverständnis noch weiter entfaltet werden, ehe ein didaktisches Strukturgitter aus der Sakramentenüberlieferung herausgearbeitet werden kann.

Die Sakramente sind Entfaltungen des ursprünglichen und zentralen Gottessymbols, das dem Christentum gegeben ist: des gekreuzigten und vom Tode auferweckten Jesus aus Nazareth. An dieser Stelle wird deutlich, daß dieses Ursymbol des christlichen Glaubens selbst (im Unterschied zu den meisten Gottessymbolen der Religionsgeschichte) nicht eine naturhaft-gegenständlich gegebene Größe darstellt, sondern wesentlich *Geschichte* ist. Das Gottessymbol gekreuzigter und auferstandener Jesus ist den Menschen nicht naturhaft-anschaubar vorgegeben und vorgelegt wie ein hochaufragender Berg, ein beschützender Baum oder auch eine licht- und kraftvolle Gestalt, in der das Göttliche aufleuchtet. Was Jesus am Ende anschaubar ist, ist er geworden und kann nur im Nachdenken und Nachvollziehen dieses geschichtlichen Werdens erfaßt und angeschaut werden. Der gekreuzigte und auferstandene Jesus begegnet nicht als feste gegenständliche Größe, sondern als Geschichte: Er ist das, was er im Einssein mit seinem abba aus sich gemacht hat. Er ist wie die Befreiung der versklavten Mosessippe aus Ägypten ein Stück menschlicher Geschichte, also ein geschichtliches Handlungssymbol, in dem Gott aufgeht und zur Erscheinung kommt und zwar, wie der Christ bekennt, in unüberbietbarer und unwiderruflicher Weise.

Der Mittelpunkt dieser Geschichte, die Gott offenbart, ist das Kreuz. Die Erzählungen von dem Stall als der Geburtshöhle zu Bethlehem und von der Auferstehung Jesu von den Toten könnten entgegen Ernst Blochs Meinung immer noch aus den von ihm sogenannten „goldenen Fäden der Sage" gewirkt sein. Allein das Kreuz, der Galgen, das gräßliche Folterinstrument zur Aufrechterhaltung politischer Macht, in dem diese Macht sich selbst als widergöttlich und teuflisch entlarvt, zerreißt das Fadennetz menschlicher Sehnsucht und Projektion und befreit den Menschen zur unverstellten Erfahrung Gottes. Und wo diese geschieht, wird der Gekreuzigte als Auferstandener erfahren.

1.2 Die Grundsakramente Eucharistie und Taufe als Grundmuster jesuanischer Lebens- bewältigung (und ihre Ausprägung in den anderen Sakramenten)

„abba" und „pneuma" als Lebenspole Jesu

Wenn im folgenden sakramentale Handlungssymbole als „Bewälti- gungsmuster des Lebens" dargestellt werden, darf dies nicht dahinge- hend mißverstanden werden, als ginge es bei den Sakramenten und Sakramentalien vorwiegend um moralisches Verhalten und um ethische Gesinnung. Zwar sind Sakramente „Figuren", Grundmuster eines über den Tod hinaus geglückten menschlichen Lebens, sofern sie durch das Leben, Sterben und todesjenseitige Lebendigsein Jesu aus Nazareth konstituiert sind und dieser Jesus für den Christen der „Messias", der „Christus", also der Inbegriff eines göttlich-vollkom- menen Menschseins ist. Deshalb haben Sakramente auch tatsächlich mit „Verhalten und Haltung" innerhalb des menschlichen Lebens zu tun. Aber es ist nicht so, daß Jesus sich irgendwann und irgendwo im Laufe seines Lebens dazu entschlossen hätte, sich in einer bestimm- ten Weise zu verhalten und Christsein nun darin bestünde, diesem moralischen Vorbild Jesu zu folgen. Die Art, wie Jesus sein Leben lebt und bewältigt, ist nämlich nicht die Folge eines moralischen Entschlusses, sondern ergibt sich unmittelbar aus seinem Einssein mit seinem „abba" und aus dem Gottesatem, von dem er bis zur letzten Faser seines Wesens erfüllt und geprägt ist. Jesus ist identisch mit der Art, wie er lebt. Seine Lebensart ist unmittelbarer Ausdruck seines gottmenschlichen Seins. Bei den Grundmustern seiner Lebensbewältigung handelt es sich deshalb nicht um moralische, sondern um ontologisch-christologische Kategorien. Er, der iden- tisch ist mit der Art, wie er lebt, bringt in sich und seinen Bewäl- tigungsmustern des Lebens Gott zur Erscheinung. Er ist (in der Art wie er lebt und stirbt) die höchste und in der Menschheitsgeschichte nicht mehr überbietbare Theophanie.

Dabei offenbart er Gott als „abba" und als „pneuma". „Abba" ist die kindliche Lall-Form des Vaternamens und drückt als solche die Beziehung und das Gefühl der Geborgenheit und Zuwendung aus, wie es ein kleines Kind durch die primäre Bezugsperson erfährt. In unserer Sprache wird diese Beziehung und dieses Geborgenheitsgefühl durch die Lall-Worte Mama/Papa ausgedrückt. Diese beiden Grundworte menschlicher Sprache haben den gleichen Gefühls- und Beziehungsgehalt und werden deshalb in der ganz frühen Phase des Sprechens von den Kindern häufig auch verwechselt. In ihnen offenbart Jesus, was Gott ist. Papst Johannes Paul I hat darauf hingewiesen, daß die Rede von Gott als abba − *Vater* wesentlich durch den Patriarchalismus der Zeit und Umwelt, in der sich das Christentum (bis heute) entwickelt hat, geprägt ist und daß es in einer Gesellschaft, die weniger patriarchalisch ist, möglich sei, ebenso von „Gott Mutter" als von „Gott Vater" zu reden.

„Pneuma" ist die griechische Übersetzung des hebräischen Wortes „ruach" und bedeutet „Wind", „Atem". Derselbe Gott, der für Jesus als Mama/Papa ansprechbar ist, erscheint in ihm als Wind und Atem, der sein Leben prägt, vorwärtstreibt und durch den Tod am Galgen hindurch zur Vollendung führt. Jesus ist die „Theophanie des Vaters" (K. Hemmerle, 1976, 106), das Offenbarwerden Gottes als des mütterlich-väterlich bergenden Daseinsgrundes; und er ist ebenso die Theophanie des Geistes, die Offenbarung Gottes als des Windes und Atems, der den Menschen erfüllt, prägt und auf seinem Lebensweg vorwärtsdrängt. Deshalb kann das Johannes-Evangelium sagen: „Wer mich sieht, sieht den Vater" (Joh 14, 9) und Paulus kann schreiben: „Der Herr ist der Geist" (2 Kor 3, 17).

„Abba" und „pneuma" als Grundmuster des Lebens Jesu, als die beiden Pole, in denen er sein Leben lebt und zur Vollendung führt, sind deshalb keine moralischen, sondern genuin theologisch-ontologische Kategorien. Doch wie kommen diese Kategorien konkret im irdischen menschlichen Leben zur Erscheinung, wie sehen sie konkret aus und wie sind sie auf anderes menschliches Leben übertragbar? Diese Frage führt zu den beiden Grundsakramenten Eucharistie und Taufe als den grundlegenden jesuanischen Bewältigungsmustern des Lebens.

Eucharistie als jesuanisches Bewältigungsmuster des Lebens

Zunächst zur Eucharistie: Theodor Schneider weist im Anschluß an Joseph Blank und andere Exegeten darauf hin, daß es eine Verkürzung bedeutet, bei der historischen Herleitung der Eucharistie ausschließlich an das sogenannte letzte Abendmahl Jesu und den von dorther überlieferten sogenannten „Einsetzungsbefehl" zu denken (Th. Schneider, 1979, 148). Vielmehr ist das gemeinsame Essen und Trinken mit unterschiedlichsten Teilnehmern, gerade auch mit gesellschaftlichen Randexistenzen seiner Zeit, von Anfang an von Jesus als religiöse Symbolhandlung vollzogen worden. Die Gemeinsamkeit, die in solchen festlichen Mählern ihren Ausdruck fand, war eine symbolhafte Vorwegnahme des „Hochzeitsmahles der Endzeit". In diesen Mahlfeiern ist keimhaft schon die für die Endzeit erwartete Gottesherrschaft angebrochen; sie ist symbolisch vergegenwärtigt. Diese Praxis, im gemeinsamen Mahl das kommende Gottesreich anzusagen und zu verkünden, kennzeichnet die Jesusgestalt so sehr, daß er, der damit in äußersten Gegensatz zur Lebensart des Asketen Johannes des Täufers trat, von seinen Gegnern als „Fresser und Weinsäufer" verschrien wurde (Mt 11, 18 f.). Jesus begründet diese seine Praxis damit, daß dort, wo durch sein Wirken die Dämonen ausgetrieben sind und die Erfahrung von Gemeinschaft auch mit den als verloren Geglaubten real möglich ist, das Gottesreich schon gekommen, die Hochzeit schon angebrochen ist; und Hochzeitsgäste können nicht fasten (Mk 2, 19).

So ist diese Mahlpraxis Jesu, die konstitutiver Teil seiner Verkündigungspraxis ist, der unmittelbare Ausdruck seines Einsseins mit dem abba. Gottesreich ist ja „malkut Jahwe", d. h. neues Wirksamwerden, Mächtig- und Erfahrbarwerden Jahwes in seinem Volk. Im gemeinsamen Essen und Trinken und der darin geschehenden Zuwendung zu den Verlorenen wird für Jesus und die Seinen Jahwe als „abba", als mütterlich-väterlich bergender und nährender Daseinsgrund wirksam.

Doch es wird schon hier, an diesen frühen Ursprüngen von Eucharistie deutlich, daß dieser „abba", dieser liebend sich dem Menschen zuwendende, bergende und nährende Daseinsgrund, konstitutiv mit dem „ruach", dem „pneuma", verbunden ist: Der in verschiedenen Wendungen stereotyp wiederkehrende Vorwurf der Gegner Jesu, er sei ein „Geselle von Zöllnern und Sündern" (Mt 11, 19) und viele seiner Gleichnisse, in denen er sich gegen diesen Vorwurf rechtfertigt, lassen erkennen, daß die in der Mahlfeier gewonnene abba-Erfahrung nicht eine Art naturhafter Geborgenheit ist, in die hinein sich Jesus zurückzieht, wenn das Leben ihn angreift, sondern umgekehrt eine Erfahrung, in der er sich exponiert und sich den Angriffen seiner Gegner aussetzt. Es ist eben Verkündigungspraxis, die Widerspruch findet und sich gegen diesen Widerspruch durchsetzt. So zeigt sich in dieser Praxis ebenso der Gotteswind und Gottesatem, der Jesus prägt, erfüllt und auf seinem Lebensweg vorangehen heißt.

Die abba-Erfahrung des gemeinsamen Essens und Trinkens ist hineinverwoben in den Gotteswind und Gottesatem, der Jesu Leben von Grund auf bestimmt.

So hält Jesus an dieser Praxis und dieser Erfahrung trotz aller Widerstände fest, ja, noch „in der Nacht, da er verraten wurde" (1 Kor 11, 23) und der gräßliche Kreuzigungstod vor Augen stand, suchte er diese Erfahrung und feierte er das Mahl. Verrat und Tod können das im gemeinsamen Essen und Trinken sich anbahnende Gottesreich, das Wirksam- und Erfahrbar-werden des abba-Gottes, nicht verhindern: „Wahrlich, ich sage euch: Ich werde nicht mehr von dem Gewächs des Weinstocks trinken bis zu jenem Tag, an dem ich es neu mit euch trinken werde im Reiche Gottes" (Mt 26, 29). Mißverständnis, Verrat und grausamer Hinrichtungstod bleiben umgriffen vom abba. So, wie der Gottesatem die abba-Erfahrung trägt und bleibend ermöglicht, so geht auch umgekehrt dieser Gottesatem, der Jesus nun in den Tod hinein und durch den Tod hindurch gehen läßt, von der abba-Erfahrung aus, entzündet sich immer neu an ihr.

So sehr ist die Jesusgestalt durch das Brotbrechen und Weintrinken gekennzeichnet, daß seine Jünger in diesen Mahlgesten auch die lebendig-leibhaftige Gegenwart ihres gekreuzigten Messias erfahren (vgl. die Emmaus-Erzählung Lk 24, 13—35). Diese sogenannten „Erscheinungsmähler" bilden die dritte historische Wurzel der Symbolhandlung Eucharistie (Th. Schneider, 1979, 148; Biemer, 1983, 65—70. Doch ist auch hier die konstitutive Verbindung von abba und pneuma deutlich. Der von seinem abba vom Tode Auferweckte und in der Kraft seines Gottesatems vom Tode Auferstandene bringt den verwirrten und aufgewühlten Freunden den Frieden und die Geborgenheit, er glättet die Wogen und spricht den Seinen den Frieden zu; aber er ist gleichzeitig auch derjenige, der sie anhaucht, ihnen seinen Gottesatem mitteilt und sie in der Kraft dieses Atems hinaussendet in alle Welt „bis an die Grenze der Erde" (Apg 1, 8).

Taufe als jesuanisches Bewältigungsmuster des Lebens

Diese selben in sich verwobenen Bewältigungsmuster jesuanischen Lebens werden auch deutlich, wenn ich sie vom anderen Pol, vom Grundsakrament der Taufe her betrachte. Wie immer die schwierige Frage nach dem historischen Ursprung der urchristlichen Taufpraxis näherhin zu lösen ist — das Problem besteht darin, daß Jesus selbst *nicht* getauft hat —, soviel ist doch deutlich: Durch das Untertauchen im (ursprünglich fließenden) Wasser bringen die frühen Christen zum Ausdruck, daß sie hineintauchen in die Lebensbewegung, in jenes unbeirrbare Zugehen auf das Gottesreich, das in Jesu Taufe am Jordan seinen sichtbaren Anfang genommen hat. Wahrscheinlich ist es die Rückerinnerung an diesen Anfang des öffentlichen Wirkens Jesu, der sie zu diesem Handlungssymbol der Taufe greifen läßt, das in der Proselytentaufe vorgebildet bereitlag. Ein Christ wird, wer hineintaucht in die Bewegung, in den Gotteswind und Gottesatem, der in der Jordantaufe auf Jesus aus Nazareth herabgekommen ist, ihn erfaßt und ergriffen hat und sein weiteres Leben, Sterben und todesjenseitiges Lebendigsein bestimmt und geprägt hat. Analog zur Geborgenheitserfahrung in der Eucharistie ist deshalb der Neubeginn, der Aufbruch, das Begeistertwerden und Begeistertsein die menschliche Grunderfahrung, die dem Handlungssymbol Taufe zugrunde liegt.

Doch ist auch hier von Anfang an dieser göttliche Lebensatem, der durch keinen Tod zu brechen ist, konstitutiv mit dem abba, der Erfahrung des väterlich-mütterlich bergenden und nährenden Daseinsgrundes, verbunden: Der Gotteswind kommt in Gestalt einer Taube, des heiligen Tieres der Liebes- und Fruchtbarkeitsgöttin Aphrodite, auf Jesus herab und er, von diesem Geist erfaßt, weiß und erfährt sich als den „geliebten Sohn", an dem der abba Gefallen gefunden hat (Mk 1, 11).

Der göttliche Lebensatem Jesu, in den der Mensch, um Christ zu werden, hineintaucht, führt ihn zum abba, zu Frieden, zur Geborgenheit, zum gemeinsamen Essen und Trinken, zur Eucharistie. Wo Menschen von einer Aufbruchsbegeisterung erfaßt werden, die jenem Hurra-Gefühl gleicht, mit dem Soldaten in den Krieg ziehen, ist es bestimmt nicht der göttliche Lebensatem Jesu, der sie beseelt. Wo immer dagegen Menschen sich aufmachen, um auf gewaltlose Weise ein Zusammenleben in Frieden, Freiheit, Gerechtigkeit und gegenseitiger Zugewandtheit zu fördern und aufzubauen, eben ein Leben, in dem der abba Jesu wirksam werden, ansatzhaft Gottesreich kommen kann, dort prägt sich der Lebensatem Jesu, sein Lebensmuster aus. Die Verwobenheit des Jesus-Pneumas mit dem abba ermöglicht die Unterscheidung der Geister.

Die Taufe ist das Hineintauchen in die Lebensbewegung, Lebensdynamik, den göttlichen Lebensatem Jesu. Das Neue Testament betont an verschiedenen Stellen, daß darin — und nicht im Ritus des Untertauchens im Wasser — das Kennzeichnende und Unterscheidende der christlichen Taufe liegt: Johannes taufte mit Wasser, der nach ihm kommt, „ist der, der mit heiligem Geist tauft" (Joh 1, 33, ebenso Apg 1, 5). Und doch ist das Element des Wassers konstitutiv mit diesem Gotteswind verbunden: Jesus sah den Himmel sich öffnen und den Gotteswind auf sich herabkommen, als er aus dem *Wasser* des Jordanflusses herausstieg (Mk1, 10). Natürlich ist es nicht die naturwissenschaftlich faßbare chemische Substanz (H_2O), die den abba-Wind erfahrbar macht, sondern die größere, ganzheitliche Wirklichkeit des Wassers, wie es im obigen Unterrichtsversuch (Kap. B. 3.1, 3.2) den Schülern erschlossen wurde.

Es ist religionspädagogisch äußerst wichtig, die Sakramente (hier die Grundsakramente Eucharistie und Taufe) in ihrer symbolischen Erlebnisqualität zu erhalten. Unsere Überlegungen wollen nicht die Symbolhandlung der Eucharistie in die Erfahrung einer abstrakten Geborgenheit hinein auflösen; ebenso wenig wollen sie die Symbolhandlung des Untertauchens zum Erleben eines abstrakten Begeistertseins abstrahieren. Eucharistie bleibt konstitutiv mit Brot und Wein und Taufe konstitutiv mit Wasser und Wind verbunden. Doch die symbolische Handlung entleert sich zu einem magischen Ritus, wo das gemeinsame Essen und Trinken und das Hineintauchen in Wasser (und Wind) nicht ebenso konstitutiv auf das konkrete menschliche Leben bezogen ist, diesem Leben einen Sinn und eine Richtung gibt, also ein Bewältigungsmuster des Lebens darstellt.

Die übrigen Sakramente als Bewältigungsmuster des Lebens und die Bedeutung der qualifizierenden Elemente

Dies gilt ebenso für die übrigen Sakramente. Auch bei ihnen ist es wichtig, jeweils eine möglichst konkrete menschliche Grunderfahrung auszumachen, die, wenn sie in einer bestimmten Weise gelebt wird, den abba und den göttlichen Lebensatem Jesu hervortreten läßt und in das Leben des Menschen einstiftet: Zur Krankensalbung gehört konstitutiv die konkrete Daseinsgrenze, die Krankheit, die Behinderung oder auch nur die abendliche Müdigkeit, die mir kein bewußtes Handeln und Leben mehr ermöglicht; zur Ehe gehört konstitutiv, daß sich die Partner in leiblichen Gesten, die den Geschlechtsakt einschließen, einander zuwenden; zur Buße gehört das konkrete verbale Miteinander-Sprechen; zur Firmung gehört (bzw. müßte gehören) der konkrete Vollzug der erreichten Religionsmündigkeit, in der ich neu zu dem Ja sage, was meine Eltern in der Taufe über mich bestimmt haben; zur Priesterweihe gehört der konkrete Beruf, der mich in Richtung des Lebensatems Jesu wirksam werden läßt.

Dabei ist es jedoch nicht diese konkrete menschliche Grunderfahrung an sich, die zum Gottessymbol wird, also den abba und das pneuma Jesu (d. h. den christlichen Gott) als gegenwärtig erscheinen läßt, sondern die genauere, eben durch Jesus aus Nazareth vorgeprägte *Art und Weise*, in der diese menschliche Grunderfahrung gelebt und vollzogen wird, die „Figur", die in ihr ausgeführt wird. Bei den Grundsakramenten Eucharistie und Taufe war dies die innere Verflechtung von abba und pneuma. Die Erfahrung väterlich-mütterlicher Geborgenheit im gemeinsamen Essen und Trinken ist nur dann jesuanisch „figuriert", also ein christliches Gottessymbol, wenn sie von jenem pneuma getragen und beseelt ist, das es ermöglicht, die gegebenen Lebensdunkelheiten nicht zu verdrängen, sondern auszuhalten und mich über sie hinweg und durch sie hindurch dem Mitmenschen zuzuwenden — „... nehmt und eßt, das ist mein Leib, der für euch zerbrochen wird" — und dadurch jeweils neu den jesuanischen Lebensatem zu entzünden und zu entfachen. Und der Aufbruchsatem, der mich beseelt und begeistert, ist nur dann jesuanisch (und nicht vielleicht satanisch-zerstörerisch), wenn er mich und andere in Richtung eines offenen und zugewandten menschlichen Zusammenlebens in Frieden, Freiheit und Gerechtigkeit führt, also zu jener Erfahrung, die im gemeinsamen Essen und Trinken in der Art Jesu als anbrechendes Gottesreich symbolisch verdichtet gegeben ist.

Ähnlich ist das Mündigwerden nur dann jesuanisch „figuriert", also Sakrament der Firmung (und als solches Gottessymbol), wenn ich dabei wirklich aus meinem neu gewonnenen Selbst heraus in eigener Verantwortung bejahe, daß meine Eltern mich und mein Leben in diesen jesuanischen Aufbruchsatem und in diese Lebensrichtung hineingestellt haben; Ströme von Chrisamöl und stundenlange Handauflegung können keine Firmung bewirken, wenn der junge Mensch, der vor dem Bischof steht, dieser Frage gleichgültig oder ablehnend gegenübersteht oder ihr aufgrund seines nicht zu geringen Alters nicht wirklich gewachsen ist. Beruf und Berufung können nur dort zum Gottessymbol werden, wo dieser Beruf das Wirken im Lebensatem Jesu zum Ziel hat. Das Stoßen an eine konstitutive Daseinsgrenze wird dann und nur dann zur abba-Erfahrung und also zum Gottessymbol, wenn es mir gelingt, die gegebene Grenze zu akzeptieren, sie anzunehmen und in bleibendem Grundvertrauen zu Leben und Wirklichkeit mit ihr zu leben. Die in leiblichen Gesten erfolgende Zuwendung zum Partner wird dort zum Gottessymbol, wo sie, ähnlich wie das gemeinsame Essen und Trinken, hineinverwoben ist in jenen langen und unbeirrbaren Lebensatem Jesu, der die Seinen, da er sie liebte, trotz Mißverständnis und Verrat „liebte bis ans Ende" (Joh 13, 1). Und das Miteinander-Sprechen wird dann zur Offenbarung des abba und auch des göttlichen Lebensatems Jesu, wenn es in radikaler Offenheit und Versöhnungsbereitschaft geschieht, dem anderen einen Vorschuß an Vertrauen gewährt, Einsicht und Eingeständnis von eigener Schuld, eigenem Versagen, eigener Bedürftigkeit einschließt und sich so dem anderen zuwendet. Diese qualifizierenden Elemente der jeweiligen menschlichen Grunderfahrung sind unmittelbar aus der Art zu leben gewonnen, die Jesus aus Nazareth verwirklicht hat, die aber, wie oben ausgeführt, nicht bloß als moralische Haltung, sondern als unmittelbarer Ausdruck seines Seins verstanden und gewertet werden muß. Alle diese Handlungssymbole sind von Jesus „eingesetzt", weil er sie in seinem Leben, Sterben und todesjenseitigen Lebendigsein in solcher Weise „figuriert" und ausgestaltet hat und sie dadurch zu punktuellen Entfaltungen jenes einen und unüberbietbaren Gottessymbols machte, das er selber ist.

In dieser Ausprägung als „Lebensfiguren" und Bewältigungsmuster menschlicher Lebensvollzüge und Grunderfahrungen können die Sakramente aus ihrer Einmauerung in den sakral-rituellen Binnenraum der Kirche befreit und als Sakramentalien auf das menschliche Alltagsleben übertragen werden. Menschliche Lebensvollzüge des Alltags können so (ähnlich wie die Sakramente) eine theophane Sinnfülle gewinnen: Überall, wo Menschen einen Aufbruch und einen Neubeginn erleben, und sei es nur, daß sie am Morgen aufstehen und einen neuen Tag beginnen, kann der göttliche Lebensatem Jesu zum Ausdruck kommen, wenn der Neubeginn in Richtung jenes messianischen Reiches führt, in die der Lebensatem Jesu weist. Jedes gemeinsame Essen und Trinken, besonders aber dort, wo mit ihm der Abschluß eines Stückes Leben, eines Lebensjahres, eines Lebensjahrzehnts, einer beruflichen Entwicklung usw. gefeiert wird, kann den abba Jesu und den mit ihm verwobenen Gottesatem erfahrbar werden lassen, wenn dieses Essen und Trinken in der oben skizzierten Figur jesuanischer Mahlpraxis gestaltet und vollzogen wird. Entsprechendes gilt für die anderen Sakramente. Jeder Akt der Mündigkeit und des persönlichen Engagements kann zur Sakramentalie Firmung werden, wenn darin die Taufe und also der Lebensatem Jesu jeweils neu bejaht und in Mündigkeit übernommen wird; jeder Beruf oder neben- und ehrenamtliche Dienst, der als Wirken im Lebensatem Jesu, als Wirken in Richtung Gottesreich, verstanden und übernommen wird, kann Priesterweihe als Sakramentalie verwirklichen; jede vertrauensvolle Annahme eines existentiellen Verlustes kann zur Sakramentalie Krankensalbung werden, auch Ehe kann sich sakramentalienhaft ausprägen, wo in den Gesten der leiblichen Zuwendung die „Liebe bis ans Ende" zwar (noch) nicht ausdrücklich als solche ergriffen und öffentlich bekannt ist, sich das leiblich-menschliche Zueinander aber grundsätzlich doch in diese Richtung bewegt, sie zumindest nicht ausschließt; jedes Gespräch zwischen Ehepartnern, zwischen Eltern und Kindern, zwischen Berufskollegen und Mitarbeitern, kann sich dort zur Sakramentalie Buße entfalten, wo es in der oben beschriebenen Offenheit, Versöhnungsbereitschaft und Zugewandtheit geschieht.

Immer aber ist es grundlegend wichtig zu sehen, daß und wie solche alltäglichen Lebensvollzüge ihre sinnstiftende theophane Qualität aus dem in Jesus aus Nazareth gegebenen Gottessymbol gewinnen. Nur in dem Maße, als sich in solchen Lebensvollzügen ein konstitutiver Aspekt der Lebensgestalt Jesu ausprägt, das jesuanische Bewältigungsmuster des Lebens zum Tragen kommt, können sie in christlichem Sinne theophan werden und Sinn und Befreiung in das menschliche Leben einstiften.

Im folgenden (in Abschnitt 2.2) werden diese Überlegungen in einer Übersicht zusammengestellt, die zeigen soll, wie Sakramente und Sakramentalien als jesuanische (christliche) Bewältigungsmuster des Lebens verstanden und zum konkreten menschlichen Alltagsleben in Beziehung gesetzt werden können. Diese Übersicht kann dann zusammen mit dem zugehörigen Frageraster als fachdidaktisches Strukturgitter für einen Religionsunterricht fungieren, der sich erfahrungs- und problemorientiert versteht und die Unterrichtsabläufe nach der Didaktik der Korrelation von Lebenssituation und Glaubensüberlieferung zu gestalten sucht.

2. Strukturierung von Religionsunterricht (und Gemeindekatechese) durch Sakramente als christliche Bewältigungsmuster des Lebens

2.1 Die Bedeutung des Umgangs mit Sakramenten als Bewältigungsmustern des Lebens für den korrelativen Religionsunterricht

Trennung von „profan" und „sakral" in unserer Gesellschaft

In dem von K. Burk und E. Sievers herausgegebenen Band „Religionsunterricht für Grundschüler" findet sich innerhalb eines Aufsatzes von Heinz Grosch über den Umgang mit biblischen

Zeichnung: Tomaschoff

Texten folgende Karikatur (Burk/Sievers, 1981, 47): Das Bild zeigt ein älteres Ehepaar am Frühstückstisch. Alles ist sehr häuslich und profan. Mann und Frau sind noch im Schlafrock, die Frau trägt Lockenwickler, der Mann seine Schlafpantoffel, eine dicke Zigarre qualmt in seiner rechten Hand. Zu dieser häuslich-profanen Umwelt paßt es wie „die Faust aufs Auge", daß der Mann eine dicke Bibel in der Hand hält und offenbar angespannt und hingegeben darin liest. Heinz Grosch schreibt als Kommentar unter das Bild: „Die Schwierigkeit liegt nicht im Unvermögen, biblische Formeln zu verdolmetschen, sondern in der Unfähigkeit, im profanen Existenzvollzug christliche Strukturen zu erkennen" (ebd): Die Bibel gehört eben in die Kirche (vielleicht noch in einen etwas „frommen" Religionsunterricht) und auf den Frühstückstisch gehört die Zeitung. Diese säuberliche Trennung zwischen „profanem Existenzvollzug" und christlich-sakralem Bereich (letzterer für viele Menschen heute schon eine Art Museumsangelegenheit) ist *die* große Schwierigkeit für einen Religionsunterricht, der sich entsprechend der neueren (katholischen wie evangelischen) Religionspädagogik als „erfahrungs- und problemorientierter Religionsunterricht" verstehen will. Erfahrungen, Probleme, Phänomene, wie sie im Alltag auftauchen, mit biblischen Texten und religiösen Symbolen in Verbindung zu bringen, erscheint immer noch nicht nur den meisten Schülern, sondern auch vielen Lehrern als eine Art „religionspädagogischer Klimmzug", der von oben verordnet ist. Dementsprechend betrachten neuerdings wieder viele Religionslehrer Erfahrung und Alltagsprobleme lediglich als „Anknüpfungspunkte", um daran Bibeltexte und Katechismus-Lehrstücke „aufzuhängen" (Vgl. Baudler, in: „ru", Heft 2/1981, 77–82), während andere sich engagiert mit den Erfahrungen und Problemen ihrer Schüler herumschlagen, dabei aber nur äußerst selten, wo es sich eben gerade anbietet, gleichsam zur „religiösen Untermalung", einen Bibeltext oder ein religiöses Symbol mit in den Unterricht hineinnehmen.

Besonders die Sakramente sind dabei fast vollkommen aus dem Religionsunterricht verschwunden. Man beruft sich dafür katholischerseits auf die von der Würzburger Synode getroffene Unterscheidung zwischen schulischem Religionsunterricht und gemeindlicher Katechese (Vgl. Gem. Synode. Offizielle Gesamtausgabe I, 1976, 130) und erklärt die Einführung und Vorbereitung zu den Sakramenten als spezifische Aufgabe der Gemeindekatechese.

Christliche Bewältigungsmuster des Lebens als Angebot im Religionsunterricht

Über das genauere Verhältnis von Gemeindekatechese und schulischem Religionsunterricht wird noch zu reden sein. Jedenfalls aber wäre der vorliegende Ansatz größtenteils mißverstanden, wollte man in ihm ein Plädoyer dafür sehen, die systematische Behandlung der Sakramententheologie und die Einführung in den sakramentalen Ritus wieder in den schulischen Religionsunterricht zurückzuverlegen. Worum es vielmehr geht, ist, daß die Sakramente der Kirche, ohne als Sakramenten*theologie* im Unterricht artikuliert zu werden, dem Religionslehrer *Hilfen* an die Hand geben können, einen Religionsunterricht nach der Didaktik der Korrelation von Lebenssituation und Glaubensüberlieferung zu strukturieren und zu gestalten. Denn sofern die Sakramente es gleichermaßen mit dem christlichen Glaubensfundament wie mit dem konkreten menschlichen Leben zu tun haben, ist es (wie oben besonders an den Sakramenten Eucharistie und Taufe aufgezeigt) möglich, aus ihnen christliche Bewältigungsmuster des Lebens zu gewinnen und im Unterricht den Schülern anzubieten. Dies zu tun, ist die grundlegende Aufgabe des schulischen Religionsunterrichts heute. Im zentralen Passus des Synodenbeschlusses zum Religionsunterricht in der Schule, der aus einer Erklärung der Deutschen Bischofskonferenz zur globalen Zielsetzung des katholischen Religionsunterrichts übernommen ist, heißt es:

„Es geht im Religionsunterricht nicht nur um Erkenntnis und Wissen, sondern ebenso um Verhalten und Haltung. Die Antworten des Glaubens haben Prägekraft. Aus ihnen ergeben sich Modelle und Motive für ein gläubiges und zugleich humanes Leben. Der Religionsunterricht macht infolgedessen auch ein Angebot von Bewältigungsmustern des Lebens — zur freien Aneignung durch den Schüler und zur Vorbereitung einer mündigen Glaubensentscheidung" (Pkt. 2.5.1, Gem. Synode, a. a. O., 139).

Freilich darf dieser Passus des Synodenbeschlusses nicht dahingehend mißverstanden werden, daß — nach Art der Aufklärungszeit — im Religionsunterricht der Christus-Glaube zu einem christlich-humanistischen Ethik-Unterricht verflacht werden sollte. Der folgende Abschnitt des Synodenbeschlusses, der in vier Punkten die globalen Ziele des Religionsunterrichts zusammenfaßt, stellt schon im ersten Punkt „die Frage nach Gott, nach der Deutung der Welt, nach dem Sinn und Wert des Lebens und nach den Normen für das

Handeln des Menschen" in Korrelation zur „Antwort aus der Offenbarung und aus dem Glauben der Kirche" (Gem. Synode I, 139/140). Im zweiten und vierten Punkt wird dieser Gesichtspunkt noch betont und im dritten wird eine Aufgeschlossenheit für religiöse Phänomene im weitesten Sinne als Ziel des Religionsunterrichts genannt.

Dieser Zielsetzung wird nur gerecht, wer den Ausdruck „Lebensbewältigung" nicht primär ethisch, sondern religiös-ganzheitlich versteht. Es geht in diesem Unterricht nicht primär darum, den Schülern aufzuzeigen, daß es gut und „human" ist, sein Leben in diesen Bewältigungsmustern zu leben, sondern sie zu befähigen und dazu einzuladen, auf die Gefühle und Empfindungen, auf die Lebensgrundstimmung zu achten, die sich einstellt, wenn sie (vielleicht nur probehalber) Lebensfiguren dieser Art vollziehen und diese (mehr oder weniger global und ansatzhaft) mit der Gesamtgestalt Jesus aus Nazareth zusammensehen. Darin liegt jene „Erschließung der Frage nach Gott", wie sie der Synodenbeschluß als erstes Ziel des Religionsunterrichts fordert: So nämlich, daß sie nicht nur und nicht primär auf der objektiven, rational-kognitiven Ebene erfolgt, sondern auf der ganzheitlich-existentiellen, also nicht nur durch Beobachten und Feststellen objektiver Gegebenheiten und durch logisch-diskursives Denken, sondern mehr noch durch das Achten auf subjektive Gefühle, Empfindungen und Lebensgrundstimmungen. Ein menschliches Leben ist (im Sinne des Synodenbeschlusses) nicht schon dann „bewältigt", wenn der Mensch sich in der Kultur, in der er lebt, zurechtfindet und nicht in Widerspruch zu den religiösen und gesellschaftlichen Forderungen, Geboten und Verboten gerät. Vielmehr verlangt der Ausdruck „Lebensbewältigung" im religiös-ganzheitlichen Sinn des Wortes, daß der Mensch in seinem Leben Erfahrungen macht, in denen ihm ein absoluter Daseinssinn und eine absolute Daseinsfülle unmittelbar aufgehen. Dieser Daseinssinn bestimmt dann seinerseits die Geltung und die Eigenart ethischer Normen und wird nicht umgekehrt aus der Befolgung solcher Normen gewonnen. Es geht insgesamt darum, das menschliche Leben auf der Basis christlicher Überlieferung, d. h. im Lichte des Glaubens, in seinem religiösen Gehalt zu erschließen. „Leben durch Glauben erschließen" heißt deshalb der Titel dieses Buches.

Der religiöse Mensch macht solche Sinnerfahrungen, aufgrund derer er sein Leben in einem ganzheitlichen Sinne bewältigen kann, dadurch, daß sich für seine Erfahrung die ihm begegnende Wirklich-

keit zu einem Gottessymbol verdichtet. Dies gilt schon für den
Bereich der religiösen Gegenstandssymbole. Der Mensch kann nur
dann die notwendige Sinnfülle für sein Leben finden und innerlich
zur Ruhe kommen, wenn ihm wenigstens hin und wieder der ruhig
daliegende See, das unendlich sich ausbreitende Meer, der ewig
dahinziehende Strom, die sprudelnde Quelle, nicht bloß als eine
bestimmt geartete Ansammlung von H_2O-Molekülen erscheint,
sondern als Element, durch das eine transzendente Sinnfülle, die
sein einzelnes kleines Leben in Leben und Tod trägt, hindurch-
schimmert. Dasselbe gilt für seinen Umgang und seine Erfahrung
eines Baumes, eines Hauses, eines Berges, eines Weges, von Wind
und Atem, von Wärme und Feuer. Wo die Welt für den Menschen
ihre Fähigkeit verliert, theophan zu werden, sinnstiftende Transzendenz hindurchschimmern zu lassen, hört dieser Mensch auf,
menschlich zu leben; er kreuzt sich dann nicht bloß zurück zum
„findigen Tier" (K. Rahner), sondern wäre zurückgefallen auf die
anorganische Seinsstufe eines Roboters.

Strukturierung von Religionsunterricht durch sakramentale Lebensmuster

Nicht in genau definierten Begriffen und Kategorien, nicht in meß-
und wägbaren Dingen, vielmehr „in Symbolen und Bildern besteht
der ganze Schatz menschlicher Erkenntnis und Glückseligkeit",
sagte schon Johann Georg Hamann in seiner Auseinandersetzung
mit dem Rationalismus der Aufklärung (Hamann, Bd. II, 1949 ff.,
197). Dabei können, wie im symboldidaktischen Strukturgitter
aufgezeigt wurde, durchaus schon religiöse Gegenstandssymbole
typologisch mit dem christlichen Glaubensfundament verbunden
werden und so nicht nur eine philosophisch oder religionswissen-
schaftlich faßbare Transzendenz, sondern den abba und das
pneuma Jesu aus Nazareth, also den christlichen Gott, durch-
schimmern lassen. Wesentlich unmittelbarer und intensiver geschieht dies jedoch, wo ein nach der Lebensart Jesu geformter
menschlicher Lebensvollzug, also eine sakramentale Symbolhandlung, zum Ort solcher Sinnerfahrung wird. Wo dem Menschen in
der freilassenden Geborgenheit eines offen-zugewandten gemeinsamen Essens und Trinkens, im Frieden des Sich-Ergeben-Dürfens an
den konstitutiven Daseinsgrenzen, in der Geborgenheit einer „Liebe
bis ans Ende" (Joh 13, 1), im versöhnenden und befreienden Ge-

spräch oder im Getragensein vom Engagement für Frieden, Freiheit und Gerechtigkeit jene Sinnfülle aufgeht, die ihn in einem religiös-ganzheitlichen Sinne das Leben bewältigen läßt, dort ist (sofern ja diese Vollzüge und Erfahrungen das Leben, Sterben und todesjenseitige Lebendigsein Jesu aus Nazareth in symbolischer Verdichtung vergegenwärtigen) unmittelbar der *christliche* Gott — ob gesehen oder nicht — zum Grund der Bewältigung des Lebens geworden.

Diesen Gott auf diese Weise zu erschließen, Kindern und jungen Menschen die *Möglichkeit* aufzuschließen und verstehbar zu machen, so den Daseinssinn zu erfahren, und dadurch offen zu werden für den christlichen Glauben und für religiöse Phänomene aller Art, ist die Aufgabe des schulischen Religionsunterrichts, wie ihn der Synodenbeschluß konzipiert. Es kommt nun darauf an, die in den Sakramenten der Kirche angezeigten Handlungssymbole, also die menschlichen Grunderfahrungen, die bei einer bestimmten (nämlich jesuanischen) Ausprägung den abba und das pneuma Jesu durchscheinen lassen und in das Leben einstiften, so in ein Struktur-gitter zu ordnen, daß dadurch dem Religionslehrer unmittelbar eine Hilfe für die Planung und Durchgestaltung seines Unterrichts gegeben ist. Diese Hilfe bezieht sich besonders auf jenen der beiden grunsätzlich gegebenen Wege der Korrelationsdidaktik, der von der Lebenssituation und Lebenserfahrung ausgehend zur christlichen Überlieferung hinführt (zu den beiden Wegen der Korrelations-didaktik vgl. Baudler, 1979 [a], 93–202). Weiter unten (Kap. 2.3) wird zu zeigen sein, daß das vorliegende sakramentendidaktische Strukturgitter durchaus auch bei der unterrichtlichen Behandlung biblischer und systematisch-theologischer Inhalte helfen kann.

Vor allem aber, wenn es darum geht, aus der schier unübersehba-ren Vielfalt menschlicher Lebenssituationen auszuwählen und nach Gesichtspunkten zu fragen, unter denen speziell der Religionsunter-richt solche Lebenssituationen in den Blick bringen soll und mit welchen Impulsen und Medien er dies am besten kann, bietet das Strukturgitter Hilfe. Das didaktische Grundprinzip dieses Weges von der Lebenssituation zur Glaubensüberlieferung besteht ja darin, die Lebenssituaion in den existentiellen Bereich hinein zu vertiefen und dann von ihr aus einen Blick auf das christliche Glaubensfunda-ment zu gewinnen, also eine Art „Kurzformel des Glaubens" für die gegebene Lebenssituation zu finden (vgl. Baudler, 1979 [a] 148 ff.). Dadurch kann der didaktische Fehler vieler religionsunterrichtlicher Projekte vermieden werden, Bibel und christliche Überlieferung als Problemlösungspotential für menschliche Lebenssituationen zu nehmen und kurzschlüssig Lösungsrezepte für Lebensfragen aus Bibel und Überlieferung abzuleiten. Das vorliegende sakramentendidaktische Strukturgitter kann dazu helfen, die unterrichtliche Arbeit an einer Lebenssituation oder einem vorgegebenen Phänomen unmittelbar so anzusetzen und zu strukturieren, daß nicht dann noch irgendwann und irgendwo, mehr oder weniger passend, auch ein Bibeltext **oder ein** Glaubensmotiv in das Unterrichtsprojekt mit eingebaut werden kann, sondern so, daß *von Anfang an* die in Lebensvollzüge und Lebensfiguren entfaltete Jesusgestalt, also das Glaubensfundament, die didaktische Grundlage bildet, d. h. die Lernziele konstituiert, die Auswahl der Unterrichtsimpulse und Medien bestimmt und eine durchgehende unterrichtliche Perspektive vermittelt.

Auf diese Weise wird einerseits unmittelbar an der Frage nach möglichen Bewältigungsmustern für die betreffende Lebenssituation gearbeitet. Andererseits wird aber in eins damit auch das christliche Glaubensfundament erschlossen und eine Art „situativ-existentielle Konzentration des Glaubens" von der jeweiligen Lebenssituation aus geleistet (vgl. Baudler, ebd.). Denn mindestens der Lehrer bringt ja in die Arbeit das im fachdidaktischen Strukturgitter vorgegebene jesuanische Bewältigungsmuster des Lebens ein. Dabei bleibt es ihm überlassen, ob er von Anfang an dieses von ihm einzubringende Bewältigungsmuster als jesuanisch-christlich kennzeichnet oder dies den Schülern erst am Ende des Unterrichtsprojekts deutlich macht, bzw. ein stärker traditionsorientiertes Unterrichtsprojekt anschließt, das auf dem vorausgehenden Projekt in der Weise aufbaut, daß es das von ihm eingebrachte Bewältigungsmuster als durch die Jesusgestalt gestiftet erschließt.

2.2 Übersicht über den anthropologisch-theologischen (korrelativen) Gehalt der sakramentalen Handlungssymbole

(fachdidaktisches Strukturgitter II mit zugehörigem Frageraster)

Sakramente und Sakramentalien als (jesuanische, christliche) Bewältigungsmuster des Lebens

a) Sakramente und Sakramentalien zur Lebensfigur: **Aufbruch, Neubeginn, Begeistertsein**

		Grundsakrament Taufe	Firmung	„Priesterweihe" (Beauftragung)
Sp. 1	Menschliche Grunderfahrung	Aufbruch, Neubeginn, Vorwärtsgehen	Mündig werden	Einen Beruf ergreifen
Sp. 2	Qualifizierendes Element	In Richtung eines offenen und zugewandten menschlichen Zusammenlebens in Frieden, Freiheit und Gerechtigkeit (Motive des Gottesreiches, abba-Erfahrung)	Das Leben und Wirken aus eigener Verantwortung in diesen Lebensraum Jesu hineinstellen (Eigenständige Übernahme der Taufe)	Den ergriffenen Beruf als Wirken im Geiste Jesu (in Richtung „Gottesreich"; vgl. Taufe) verstehen und gestalten.
Sp. 3	entsprechende Lebensvollzüge im Alltag (mögliche Sakramentalien)	Etwas Neues beginnen, z. B. Aufstehen am Morgen, eine neue Einstellung gewinnen (zu seinem Beruf, zu anderen Menschen, zu sich selbst usw.)	z. B. aus dem Elternhaus ausziehen politisch-soziales Engagement künstlerisches Engagement	z. B. in dieser Absicht und Motivation einen Beruf (bzw. einen neben- oder ehrenamtlichen Dienst) als Pastor, Religionslehrer, Arzt, Krankenschwester, Sozialhelfer, Ingenieur usw., ergreifen und ausüben

Fortsetzung des Strukturgitters II a)

	Taufe	Firmung	Priesterweihe
Sp. 4	Korrespondierender Aspekt der Lebensgestalt Jesu	Wie Jesus vom Gottesatem ergriffen wird und seine Art zu leben und zu wirken durchhält bis zum Tod.	Wie sich Jesus aus seiner angestammten Umgebung löst und seinen Weg trotz Bedrohung und Abfall im Vertrauen auf Gott und sein Gewissen zu Ende geht.	Wie Jesus seine neue Lebensaufgabe als Verkünder des Gottesreiches ergreift und bis zum Tod am Galgen durchträgt.
Sp. 5	Entsprechende biblische Erzählungen	Taufe Jesu am Jordan (Mk 1, 9–1 par) Jesu Rechtfertigung vor den Joh-Jüngern (Lk 7, 22) Jesus vor Pilatus (Joh 18, 27) Heilungen am Sabbat (z. B. Mt 12, 9–14; Lk 13, 17) Bergpredigt (Mt 15, 17 ff.: „Zu den Alten ist gesagt worden . . . ich aber sage Euch")	Bergpredigt Sabbatheilungen „Reden in Vollmacht" („*Ich* aber sage Euch")	Taufe Jesu am Jordan (Mk 1, 9–1 par). Jesu Rechtfertigung vor dem Hohen Rat (Mt 26, 64 par) Jesu Rechtfertigung vor Pilatus (Mk 15, 2 par)

b) Sakramente und Sakramentalien zur Lebensfigur: Gemeinschaft, Hingabe, Geborgenheit

		Grundsakrament Eucharistie	Krankensalbung	Ehe	Buße, Beichte
Sp. 1	Menschliche Grunderfahrung	Im gemeinsamen Essen und Trinken Geborgenheit erfahren	An eine konstitutive Daseinsgrenze stoßen	Sich in leiblichen Gesten dem anderen zuwenden (Sexualität)	Miteinander sprechen
Sp. 2	Qualifizierendes Element	Dabei die vorhandenen Mißverständnisse, Lebensdunkelheiten und Lebensgrenzen nicht verdrängen, sondern in Zuwendung zum Mitmenschen (umgreifende Zuwendung) „auf den Tisch legen"	Dabei die *konstitutive* Grenze akzeptieren, annehmen, mit ihr leben lernen – in bleibendem Grundvertrauen zu Leben und Wirklichkeit	Dabei eine lebenslange gegenseitig prägende Partnerschaft anstreben	Dabei radikal offen, zugewandt und versöhnungsbereit sein (Vertrauensvorschuß, Einsicht und Eingeständnis von Schuld, Versagen, Bedürftigkeit)
Sp. 3	entsprechende Lebensvollzüge im Alltag (mögl. Sakramentalien)	z. B. Totenfeier, Abschiedsmahl, Geburtstagsfeier (Ende eines Lebensjahres), Abschlußfeier (Ende eines Lebensabschnittes)	z. B. einen unaufhebbaren Lebensumstand (Krankheit, schlechte Kindheit, Erbanlagen, Partnerverlust usw.) akzeptieren und damit leben lernen	z. B. sich innerlich aufeinander einlassen. Miteinander leben. Eine Familie gründen	z. B. befreiendes Gespräch zwischen Ehepartnern, zwischen Eltern und Kindern usw.

Fortsetzung des Strukturgitters II b)

		Eucharistie	Krankensalbung	Ehe	Buße, Beichte
Sp. 4	Korrespondierender Aspekt der Lebensgestalt Jesu	Wie Jesus in symbolischer Mahlfeier das Gottesreich verkündet, diese seine Praxis bis zum Ende durchhält, dabei zuletzt Verrat und Hinrichtungstod in radikalem Hingabewillen mit in das Mahl hineinnimmt und als Gekreuzigter neu mit den Seinen ißt und trinkt (Gastmähler – „letztes Abendmahl" – „Erscheinungsmähler")	Wie Jesus mit seinem Schicksal schwer ringt und es – sich hingebend – am Ende vertrauensvoll annimmt	Wie Jesus trotz der erkannten Unzulänglichkeiten seiner Jünger diese bis zum Ende und über den Tod hinaus als seine Freunde und Lebensgefährten bejaht (Joh 13, 1: „Da er die Seinen in der Welt liebte, liebte er sie bis ans Ende")	Wie Jesus (z. B. in den Wundererzählungen) den Menschen begegnet und sich ihnen offen und versöhnend zuwendet
Sp. 5	Entsprechende biblische Erzählungen	Freudenmähler zu Lebzeiten Jesu (Lk 19, 1–10 / Mk 2, 15–17), „Letztes Abendmahl" (Mk 14, 22–25 par) Mahlfeiern mit dem lebendigen Gekreuzigten (Auferstandenen) (Lk 24, 13–35; Joh 21, 9–13)	Jesus am Ölberg (Mk 14, 32–42), Sterbeworte bei Lukas (Lk 23, 46: „Vater, in Deine Hände gebe ich meinen Lebensatem")	Hoheslied der Liebe (1 Kor 13), Zuwendung des Auferstandenen (Lk 24, 36–43; Mt 28, 16–20), Die Erzählung vom Verrat des Petrus und der bleibenden Zugewandtheit Jesu (Lk 22, 54–62; Joh 21, 15–17), Streitgespräch Jesu mit den Pharisäern über die mosaischen Ehescheidungsgesetze (Mt 19, 1–9; Mk 10, 2–12)	Wundererzählungen (z. B. der blinde Bartimäus) (Mk 10, 46–52 par), Jesus und die Samariterin am Jakobusbrunnen (Joh 4, 1–26), Jesu versöhnende Kreuzesworte an seine Mitmenschen (Lk 23, 34), Jesus und Magdalena (Lk 7, 36–50), Jesu Gespräche mit Nikodemus (Joh 3, 1–21)

Frageraster

Frage 1

Welcher (sakramental auszugestaltende) Lebensvollzug kann in dem betreffenden Ziel- und Themenfeld gelebt werden?
(Phänomen-Ebene, „empirische" Dimension) → Spalte 1 der Übersicht.

Frage 2

Für welche qualifizierenden Elemente dieser Lebensvollzüge muß ich meine Schüler aufschließen, damit ich mit ihnen ein christliches Bewältigungsmuster der betreffenden Lebenssituation erarbeiten kann:
Zielebene, (christlich qualifizierte) religiöse Dimension, → Spalte 2 der Übersicht

Frage 3

Durch welche profanen Materialien (Texte, Lieder, Bilder, Spiele, Filme usw.) gelingt es mir, meine Schüler auf diese (christlich) qualifizierenden Elemente aufmerksam zu machen und mit welcher Intention muß ich dabei das jeweilige Medium einsetzen?:
Zielebene, (christlich qualifizierte) religiöse Dimension, → Spalte 2 und 3 der Übersicht

Frage 4

Welcher Überlieferungskomplex (z. B. Textgruppe aus der Bibel, theologisches Motiv, religiöses Bild, Ziel- und Themenfeld aus dem Überlieferungsteil der Zielfelderpläne usw.) ist geeignet, das erarbeitete Bewältigungsmuster für die betreffende Lebenssituation den Schülern als spezifisch christlich aufzudecken:
Angebots-Ebene, (explizite) Glaubensdimension, → Spalte 4 und 5 der Übersicht

Erläuterung:

Wie schon das symboldidaktische Strukturgitter arbeitet auch das vorliegende sakramentendidaktische mit dem von G. Lange ausgearbeiteten religionspädagogischen Modell der „mehrdimensionalen Wirklichkeit" (kurz erläutert oben in Kap. B. 2.1 dazu Baudler, 1979, [a], 48–63).
Es geht also darum, eine Lebenssituation oder Lebensfrage zunächst einfach als vorfindliches Phänomen zu nehmen und soweit zu

entfalten, als dies in der jeweiligen Altersstufe und Lerngruppe möglich und notwendig ist. Dann gilt es, dieses „empirisch" vorfindliche Phänomen durch bestimmte Unterrichtsimpulse in die existentielle Lebensdimension hinein zu vertiefen. Dabei ist es entscheidend wichtig, diese Impulse so zu wählen, daß das existentielle Anliegen, das, was „unbedingt angeht" (Religionsbegriff nach Paul Tillich; vom Synodenbeschluß übernommen: gem. Syn. I, 134) mit einem entsprechenden jesuanischen Bewältigungsmuster des Lebens in Korrespondenz treten kann. Durch die Art der Arbeit mit diesen Medien kann dann dieses jesuanische Bewältigungsmuster noch weiter konturiert und profiliert werden. Um dem Schüler die Möglichkeit zu geben, sich selbst kritisch zu dem ganzen Lernprozeß zu verhalten (das christliche Glaubensfundament zu bejahen, ihm gegenüber unentschieden zu bleiben oder es zu verneinen), ist es notwendig, daß an irgendeiner Stelle des Lernprozesses der Lehrer die Basis *offenlegt,* von der aus er seinen Unterricht gestaltet hat und die Tradition *benennt,* aus der sein Bewältigungsmuster des Lebens genommen ist.

An dieser Stelle gilt es den Vorwurf abzuwehren, durch das vorliegende fachdidaktische Strukturgitter und das zugehörige Frageraster würde der Schüler zur Übernahme christlicher Glaubensgehalte genötigt und manipuliert werden. Ich habe an anderer Stelle ausführlich dargelegt und erörtert, daß und warum es keinen objektiven, neutralen, von einer konkreten religiösen Tradition unabhängigen Religionsbegriff geben kann (Baudler, 1979 [a] 34—48). Ich kann dies hier nicht im einzelnen wiederholen. Der Grundgedanke ist folgender: Es geschieht im Leben immer wieder, daß dem Menschen die vordergründig und oberflächlich gegebene „empirische" Daseinssituation durch Ereignisse freudiger oder trauriger Art und durch die dadurch geweckten Emotionen auf eine tiefere Dimension hin durchstoßen wird und er sich vor eine unbedingte Frage und ein unbedingtes Anliegen gestellt sieht. Dieser Vorgang als solcher geschieht unabhängig von einer bestimmten religiösen Tradition. Sobald ich aber beginne, dieses „unbedingte Anliegen" (Religion nach P. Tillich und dem Synodenbeschluß) in irgendeiner Weise in Worte zu fassen, mich mit anderen darüber auszusprechen, danach zu fragen, was es „eigentlich ist", was mir hier begegnet und mich betroffen macht, bin ich auf Worte, Bilder und Begriffe angewiesen, die nicht anders als aus den konkreten religiösen Traditionen der Menschheitsgeschichte gewonnen werden können. Ich stehe also vor der Wahl, entweder synkretistisch das eine Bild und den einen

Begriff aus der hinduistisch-fernöstlichen Tradition, den anderen aus der jüdischen, wieder einen anderen aus der marxistisch-humanistischen und einige vielleicht auch aus der christlichen Tradition zu nehmen. Ein solches Verfahren jedoch stellt sich anmaßend über das, was viele Menschen einer bestimmten Kultur und Tradition in jahrtausendelangem Nachdenken und Umgehen als absoluten Lebenssinn erarbeitet und geprägt haben. Ein Vorgehen dieser Art ist dann alles andere als „neutral" und „objektiv"; es verfährt vielmehr nach der synkretistisch zusammengezimmerten Privatreligion des betreffenden Lehrers. Objektivität und Verantwortlichkeit, auch gegenüber den Eltern, die ihr Kind in meinen Religionsunterricht schicken, kann nur dort entstehen, wo Eltern wissen, auf der Basis *welcher* konkreten religiösen Tradition ihren Kindern die Sinnfrage erschlossen und Bewältigungsmuster des Lebens mit ihnen erarbeitet werden.

Das vorliegende sakramentendidaktische Strukturgitter gibt dem Lehrer die Möglichkeit, Eltern und Schülern gegenüber auszuweisen, daß er eben *nicht* Lernprozesse entsprechend seiner jeweiligen Privatreligion initiiert und durchführt, sondern in seiner Art, den Unterricht zu gestalten, *von Anfang an auf der Basis christlicher Tradition* steht. Gerade indem er Eltern und Schülern diese Basis immer wieder auch zeigt und aufdeckt, gibt er dem Lernenden die Möglichkeit, sich kritisch zu dem zu verhalten, was der Unterricht erarbeitet hat und zu fragen, wie eine bestimmte Lebenssituation von einer *anderen* religiösen oder weltanschaulichen Tradition her bewältigt werden würde. Auch in dieser Frage kann der Religionslehrer durchaus noch seinen (älteren) Schüler begleiten. Aber er kann dies *dann* am besten, wenn das *christliche* Bewältigungsmuster des Lebens möglichst deutlich und profiliert vor Augen steht und sich dadurch anderen Bewältigungsmustern gegenüber klarer abhebt: Die von christlicher Basis aus erfolgte Erschließung der religiösen Wirklichkeitsdimension ist die hermeneutische Voraussetzung dafür, daß sich der Schüler auch anderen religiösen Traditionen zuwenden und diese wenigstens ein Stück weit verstehen kann.

In diesem Sinne sind die vier Fragen des obigen Fragerasters näherhin folgendermaßen zu verstehen:

Frage 1

Unser fachdidaktisches Strukturgitter geht davon aus, daß der Lehrer bei der Planung und Gestaltung seines konkreten Unterrichts nicht beim „Punkt O" anfängt, sondern ihm durch Lehrplan, Lehrbuch, Interessenlage seiner Schüler und eigene Interessenlage wenigstens in Umrissen schon verschiedene Ziel- und Themenfelder vorgegeben sind. Er wird also faktisch immer aus einer relativ größeren Zahl möglicher Unterrichtsthemen und Situationsfelder diejenigen auswählen, die er in einem bestimmten Halbjahr oder einer bestimmten Jahrgangsstufe im Unterricht behandeln möchte. Dabei ist sicher die Orientierung am Schüler, an seiner Altersstufe und den in dieser Altersstufe entwicklungsmäßig angelegten Konflikten sowie an den Problemfeldern, die sich ihm als einem Lehrer, der die Klasse vielleicht schon längere Zeit kennt, im Umgang mit den Schülern als für diese wichtig erschlossen haben, das vordringlichste Kriterium der Auswahl. Aber auch die Vorgaben durch die Lehrpläne gilt es in ihrer Bedeutung zu sehen. Diese sind ja, sofern sie nach den Zielfelderplänen gestaltet sind (bes. nach dem Zielfelderplan für die Grundschule; der Zielfelderplan für die Sekundarstufe I wird gegenwärtig in diesem Sinne revidiert), auch selbst schon nach der Didaktik der Korrelation von Lebenssituation und Glaubensüberlieferung strukturiert und haben deshalb sowohl die entwicklungspsychologische Lage einer bestimmten Altersstufe als auch die Affinität einer Problemsituation zur christlichen Überlieferung schon generell reflektiert.

Dies gilt besonders für den Zielfelderplan für die Grundschule, der erklärtermaßen seine Ziele und Inhalte dadurch auswählt, daß er einerseits die Fülle möglicher Lebenssituationen durch deren Kongruenz zur christlichen Überlieferung und andererseits christliche Überlieferung durch deren mögliche Beziehbarkeit auf altersspezifische Lebenssituationen der Schüler filtert (Grundlegung, 53/54). Trotzdem ist, wie oben (Kap. B. 2.1) ausgeführt und begründet, diese Auswahl noch relativ grob und willkürlich. Das vorliegende sakramentendidaktische Strukturgitter gibt nun dem Lehrer die Möglichkeit, in Absprache mit seinen (älteren) Schülern *solche* Problem- und Themenbereiche als Unterrichtsprojekte auszuwählen, die relativ *deutlich* in jesuanische Lebensfiguren hineinspielen und in denen er sich deshalb als ausgebildeter Theologe und Religionslehrer (nicht aber als Amateur-Psychologe und -Soziologe) kompetent wissen kann.

„Welcher (sakramental auszugestaltende) Lebensvollzug kann in dem betreffenden Ziel- und Themenfeld gelebt werden? (und durch welche Auswahl innerhalb eines Jahreszyklus kann ich möglichst alle wichtigen jesuanischen Bewältigungsmuster des Lebens ansprechen)" ist deshalb eine wichtige Leitfrage des Lehrers bei der Auswahl seiner Themen innerhalb eines Jahrgangs bzw. Halbjahrs. So wird er z. B. in der Jahrgangsstufe 7 aus den im Zielfelderplan für die Sekundarstufe I angegebenen situativen Themen die Felder „Stars-Idole-Vorbilder", „Mut-Zivilcourage", „Gewissen und Selbstfindung" den sakramentalen Lebensfiguren des Aufbruchs und Neubeginns (Taufe), des Selbständig- und Mündigwerdens (Firmung) und des persönlichen und beruflichen Engagements (Priesterweihe) zuordnen (die durch den jesuanischen Lebensatem geprägt sind), während die Themenkomplexe „Außenseiter", „Sexualität", „Schuld und Vergebung" eher den durch die abba-Erfahrung geprägten Bewältigungsmustern des Lebens (Eucharistie, Ehe, Buße) zugeordnet werden können. Bei manchen Themenfeldern, wie z. B. bei dem Themenfeld „Die Frage nach dem Sinn" aus der Jahrgangsstufe 9 wird er anhand des sakramentendidaktischen Strukturgitters sehen, daß dieses Themenfeld zu allgemein, zu abstrakt ist, zu wenig einen konkreten Lebensvollzug benennt, vielmehr ein Element darstellt, das sich *innerhalb* der konkreteren Themen dieses Jahrgangs (z. B. in den Feldern „Begabung und Beruf", „Schicksal des Erzogenwerdens", „Sexualität") jeweils neu stellt. Er wird deshalb dieses Themenfeld nicht geschlossen als solches behandeln, sondern die unter diesem Feld gegebenen Anregungen in die anderen genannten Felder einbauen.

Wichtig ist auch, daß infolge der engen Verflechtung der beiden Lebenspole abba und pneuma wohl kaum ein Lebensvollzug denkbar ist, der mit einem *einzigen* jesuanisch geprägten Bewältigungsmuster des Lebens sinnvoll bearbeitet werden kann; vielmehr wird immer auch ein qualifizierendes Element aus einem sakramentalen Handlungssymbol der jeweils anderen Gruppe mit hinzugenommen werden müssen. In den unten als Beispiel dargestellten Unterrichtsprojekten ist dies im einzelnen zu verfolgen.

Frage 2

Sind nun in dem ausgewählten Ziel- und Themenfeld die jesuanischen Bewältigungsmuster des Lebens gefunden, die für dieses Feld zutreffen, können aus der Spalte 2 des Gitters die *Lernziele* für das Unterrichtsprojekt gewonnen werden. Denn es geht ja darum, die

Schüler aufzuschließen für die befreiende Sinnfülle, die sich ergibt, wenn der Mensch das betreffende Stück Leben nach der Art Jesu lebt. Dabei sind in Spalte 2 diese qualifizierenden Elemente so formuliert, daß hier noch nicht von christlicher Überlieferung selbst die Rede ist, sondern nur davon, wie innerhalb des menschlichen Bereichs das betreffende Stück Leben *aussieht,* wenn es jesuanisch geprägt ist. Die Korrespondenz zur Lebensgestalt Jesu wird dann in den Spalten 4 und 5 des Gitters nachgewiesen und ist also auch hier schon dem Lehrer im Blickfeld. Wie die unten folgenden Unterrichtsbeispiele zeigen, ergeben sich hier unmittelbar Lernziele, die sowohl durch das zu behandelnde situative Thema als auch ebenso stark durch korrespondierende christliche Überlieferung bestimmt sind, auch wenn diese christliche Überlieferung hier noch nicht ausdrücklich in die Formulierung als solche eingeht. Die Sensibilisierung der Schüler für die Elemente, die den betreffenden Lebensvollzug christlich qualifizieren, entspricht (innerhalb des religionspädagogischen Modells der mehrdimensionalen Wirklichkeit) der Erschließung der religiösen, ganzheitlichen Dimension des Lebens, die innerhalb des betreffenden Ziel- und Themenfelds erfahren werden kann. Diese Dimension ist hier aber *ausgewiesenermaßen* auf der Basis christlicher Tradition angesiedelt: Die Sinnfülle, die möglicherweise dem Schüler aufleuchtet, ist, wenn auch hier noch nicht ausdrücklich im Unterricht darauf hingewiesen wird, durch Leben und Sterben und todesjenseitiges Lebendigsein Jesu aus Nazareth dem Menschen erschlossen worden.

Frage 3

Nachdem ich um die Art und Richtung der Lebensfiguren weiß, die ich meinen Schülern als mögliche Sinnerfahrung erschließen will, muß ich als Lehrer nach Impulsen (Texten, Liedern, Bildern, Spielen, Filmen usw.) suchen, mit deren Hilfe und durch die angeregt, ich meine Schüler auf die christlich qualifizierenden Elemente aufmerksam machen kann. Es wird sich dabei meist nicht schon um eigentlich religiöse Impulse handeln, sondern um Texte, Filme, Bilder, die den Schüler in seinem profanen Alltagsleben ansprechen, also um literarische Texte, Schlager, Zeichentrickfilme usw. Natürlich kann auch gelegentlich ein Bibeltext oder ein religiöses Bild die Funktion der Erschließung der religiösen Wirklichkeitsdimension übernehmen; dann kann hier schon deutlich werden, von welcher Basis aus und von welchem Vorverständnis des Lebens her das gesamte Unterrichtsprojekt ausgeht und die folgende Frage 4 braucht dann gar nicht mehr ausdrücklich gestellt zu werden. In den meisten Klassen wird es jedoch methodisch besser sein, zunächst den Lebensvollzug und seine Bewältigung völlig als innerhalb der profanen Alltagswelt stehend zu behandeln. Denn meistens sind die Schüler auch heute noch und auch wenn sie aus kirchenfremden Familien kommen, von der Voreinstellung geprägt, bei biblischen Texten, Sakramenten und religiösen Bildern handle es sich um eine religiöse Sonderwelt, die mit dem eigentlichen Alltagsleben nichts zu tun hat. Von dieser falschen Voreinstellung geprägt, entwickeln Schüler bei zu intensiver und zu früher Hereinnahme biblisch-theologischer Gehalte eine innere Abwehrstellung, in der sie das Lebensproblem, von dem der Unterricht ausgeht, dann nur noch als Anknüpfungspunkt, als „Aufhänger" sehen, mit dessen Hilfe ihnen der Lehrer eine Sonderwelt überstülpen will, mit der sie eigentlich nichts anzufangen wissen und die sie deshalb wenig interessiert. Darum ist es wichtig, engagiert und mit möglichst profanen Medien am Lebensfeld selbst zu arbeiten, wenn der Lehrer *für sich* auch weiß, daß Leben und Glauben in Wirklichkeit eben *nicht* auseinanderfallen, sondern die Arbeit am Leben bei entsprechender Blickrichtung unmittelbar selbst schon Arbeit an der Erschließung des Glaubens ist.

Frage 4

An irgendeiner Stelle des Lernprozesses — es müssen dies keineswegs immer nur die letzten Stunden eines Unterrichtsprojekts sein — ist es freilich notwendig, daß der Lehrer die Basis *aufdeckt,* von der aus er arbeitet und von der her er seine Kompetenz für die Bearbeitung des Lebensfeldes gewinnt. Auf diese Aufgabe wird der Lehrer durch die vorliegende Frage 4 hingewiesen. Es muß seinem Fingerspitzengefühl überlassen bleiben, wie weit er diese Arbeitsphase auszieht. In Extremsituationen, wie dem Religionsunterricht an Sonderschulen, kann und muß es vielleicht bisweilen genügen, daß nichts anderes als der Lehrer selbst *in seiner Person* — der Schüler weiß ja von ihm, daß er Christ ist — die Glaubensdimension explizit in den Unterricht einbringt: Er drückt dann das Glaubenfundament durch die Art aus, wie er mit den Schülern umgeht. Auch dann ist ein solcher Unterricht kein (vielleicht christlich inspirierter) bloßer Lebenskunde-Unterricht, sofern es eben, wie oben mehrfach ausgeführt, bei einer Gestaltung des Unterrichts nach dem sakramentendidaktischen Strukturgitter nicht um ethische Lebensbewältigung geht, sondern darum, daß in Lebensfiguren des Alltags der christliche Gott, der

abba und das pneuma Jesu, aufgeht und dem Schüler *von daher*
die Möglichkeit eines tieferen Lebenssinnes erschlossen wird. Im
Religionsunterricht mit Behinderten ist es vielfach nicht möglich,
dies explizit zu machen und mit den Schülern zu reflektieren. Hier
kann dann (zusätzlich zur Person des Lehrers als eines expliziten
Christen) auch die schlichte Ausübung herkömmlicher Frömmig-
keitsformen, das Sprechen eines Gebets, das Singen eines religiösen
Liedes, das zu dem betreffenden Bewältigungsmuster des Lebens
paßt, rein gefühlsmäßig und stimmungsmäßig die Beziehung
zwischen der aus dem Leben aufscheinenden Sinnfülle und dem
Gott der christlichen Tradition herstellen.

2.3 Biblische Inhalte und Inhalte der Systematischen Theologie als Inhalte des Religionsunterrichts unter dem Aspekt des sakramentendidaktischen Strukturgitters

Notwendigkeit, im Religionsunterricht auch von Überlieferung auszugehen

Das vorliegende sakramentendidaktische Strukturgitter bietet eine
Hilfe für den Religionslehrer hauptsächlich dann, wenn er innerhalb
einer Didaktik der Korrelation den Weg von der Lebenssituation zur
Glaubensüberlieferung hin zu gehen sucht. Doch im schulischen
Religionsunterricht ist auch der andere Weg, der umgekehrt von der
Überlieferung ausgehend zum Leben der Schüler hinführt, möglich
und notwendig. Wo er nicht oder zu wenig begangen wird, entsteht
zwar nicht, wie manche befürchten, ein „religiöses Analphabeten-
tum" (G. Koch, in: Herder-Korresp. 9/1977, 433–436), weil ja auch
der Ansatz bei den Lebenssituationen die religiöse Dimension des
Lebens erschließt und zwar (zumindest sofern diese Erschließung
nach dem sakramentendidaktischen Strukturgitter gestaltet ist) so,
daß die sich erschließende religiöse Dimension durch und durch
vom christlichen Glaubensfundament her strukturiert ist und also

auch dieses Fundament zum Verstehen bringt. Aber es besteht doch die Gefahr, daß, wenn dieser Weg *ausschließlich* begangen wird, dabei dieses Glaubensfundament zu wenig ausdrücklich artikuliert und in zu geringem Umfang inhaltlich entfaltet wird. Dies aber ist *auch* eine schulische Notwendigkeit, sofern christliche Glaubensüberlieferung geistesgeschichtlich und wirkungsgeschichtlich ein konstitutiver Teil der Welt und Kultur ist, in der wir leben und in der unsere Vorfahren gelebt haben. Es liegt aber in der Eigenart dieses Kulturgutes, daß es, um Kindern und jungen Menschen erschlossen zu werden, nicht nur des kenntnisreichen Fachmannes bedarf, sondern ebensosehr und noch mehr des Menschen, der einen existentiellen Bezug zu dieser Tradition hat und *selbst* den tragenden Lebenssinn aus ihr bezieht (vgl. Synodenbeschl., Abschn. 2.8.1, Gem. Syn. I, 147). Entsprechend kann es bei der Erschließung dieses wichtigen Kulturgutes nicht nur und nicht primär um Wissens- und Kenntniszuwachs, nicht um „systematische Stoffvermittlung" gehen (Synodenbeschl., Gem. Syn. I, 151), sondern es muß eine existentiell-ganzheitliche Begegnung mit ihm angestrebt und angezielt werden.

Das methodische Grundprinzip einer solchen ganzheitlich-existentiellen Begegnung und Verflechtung von Überlieferung und Lebenssituation ist die *Assoziation*. Dieses methodische Prinzip besteht darin, daß zunächst durch analytische Arbeit in einem überlieferten Text oder Glaubensmotiv allgemeine Grundstrukturen, typische Denk- und Empfindungsmuster oder Handlungsstrukturen aufgedeckt und diese dann assoziativ auf das eigene Leben und die eigene Erfahrungswelt übertragen werden. Ich spreche deshalb von der *analytisch-assoziativen Übertragung* als dem methodischen Grundprinzip des didaktischen Weges, der von der Glaubensüberlieferung ausgehend zur Lebenssituation hinführen soll (näher erläutert bei Baudler, 1979 [a], 96–147).

Auch bei diesem Weg geht es also letztlich um eine symbolisch-figürliche Vermittlung: Das methodische Grundprinzip besteht darin, im Überlieferungselement eine „Figur" (Handlungsstruktur eines Textes, Denk- oder Empfindungsmuster in einem überlieferten Text oder einer überlieferten Gestalt) zu entdecken, die so allgemein ist, daß sie — auf je verschiedene Weise — auf das je gegenwärtige Leben dessen, der sich mit dem Überlieferungselement beschäftigt, übertragen werden kann. Dann kann ich auch hier sehen und probeweise empfinden, wie es ist oder wie es wäre, wenn sich mein eigenes Leben, meine eigene, jeweils angesprochene Lebenssituation, nach dem überlieferten Modell formt und strukturiert.

Dabei ist auch hier die in der Grundlegung (A. 3.) beschriebene sogenannte „Ganzheitsregel" zu beachten, d. h.: das Stück Überlieferung, das bearbeitet wird, darf nicht als vereinzeltes Museumsstück zur Korrespondenz mit dem heute lebenden Menschen gebracht werden, sondern muß in einem plausiblen, erkennbaren und spürbaren Zusammenhang mit dem Ganzen, also mit dem *Fundament* dieser Überlieferung, stehen und ebenso darf das eigene Stück Leben, das assoziiert wird, nicht beziehungslos, vielleicht nur gedanklich konstruiert, zum Ganzen meines Lebens stehen, sondern muß auf je seine Weise dieses Lebensganze, meine Grundeinstellung zum Leben, mein Lebensgrundgefühl, meine Lebensgrundstimmung, zum Ausdruck bringen. In diesem Sinne ist auch hier das einzelne Überlieferungselement ein repräsentatives Symbol dieser Überlieferung im ganzen und das assoziierte Stück Leben ein repräsentatives Symbol des Lebensganzen (vgl. Baudler, 1982, 49–68).

Hier kann nun das obige sakramentendidaktische Strukturgitter wertvolle Hilfe dazu leisten, einen jeweiligen Text oder ein jeweils als Unterrichtsthema vorgegebenes Glaubensmotiv mit dem Ganzen und mit dem Fundament der christlichen Überlieferung in Verbindung zu bringen und ihn bzw. es von daher zu sehen und zum Verstehen zu bringen. Bei der Behandlung von Bibeltexten nähert sich, wie im Exkurs zu Kapitel A. 3 näher ausgeführt, diese korrelationsdidaktische Methode der alten, schon im Neuen Testament und von den Kirchenvätern geübten sogenannten *typologischen Schriftauslegung.* In ihr wird eine Gestalt, ein Erzählmotiv, eine hymnische Preisung aus dem Alten Testament, die dort ursprünglich für sich selbst steht oder eine andere literarische Funktion hat, typologisch-figürlich, also als Lebens-, Denk- oder Empfindungsmuster genommen, auf die Gestalt Jesu aus Nazareth übertragen: Moses und Elias sind in diesem Sinne Vorformen der Jesusgestalt; sie stehen zu ihr in einer typologisch-figürlichen Beziehung, Jesus ist der neue und eigentliche Moses, der neue und eigentliche Elias; im Erzählmotiv der Jonas-Geschichte, daß Jonas drei Tage im Bauch des Seeungeheuers liegt und dann wieder an das Ufer ausgespien wird, liegt eine Vorform, ein figürlicher Typus des Geschickes Jesu, der bei seiner Hinrichtung vom Rachen des Todes und der Unterwelt verschlungen wurde, aber „am dritten Tage" zu neuem Leben auferstand. Das Neue der hier vorgeschlagenen Arbeit mit biblischen Texten gegenüber dieser alten typologischen Schriftauslegung besteht darin, daß die Übertragung des figürlichen Typus nicht bei der

Jesusgestalt endet, sondern über diese hinaus und über zwei Jahrtausende hinweg in das je eigene Leben hinein erfolgt.

Das sakramentendidaktische Strukturgitter als Hilfe zur Symbolisierung biblischer und dogmatischer Inhalte

Bei der Suche nach figürlich-typologischen Beziehungen zwischen einem je zu behandelnden Bibeltext und der Lebensgestalt Jesu als dem christlichen Glaubensfundament kann nun das oben vorgestellte sakramentendidaktische Strukturgitter wertvolle Hilfe leisten: Aus der Korrespondenz von Spalte 5 und Spalte 4 ergibt sich unmittelbar, wie die in Spalte 5 aufgezählen biblischen Erzählungen einen typischen Aspekt der Lebensgestalt Jesu zum Ausdruck bringen, also die Jesusgestalt figürlich (symbolisch) repräsentieren: Die „Figur", in der Jesus mit seinen Freunden das Abschiedsmahl feiert, bringt zur Erscheinung, wer dieser Jesus in seinem tiefsten Wesen ist. Dabei ist es wichtig, den äußeren Eindruck der klaren und eindeutigen Systematisierung und Kategorisierung, wie ihn das Gitter mit seinen einzelnen, voneinander abgetrennten Spalten notwendig vermittelt, zu überwinden. Bei jeder Arbeit mit dem Gitter gilt es, sich vor Augen zu halten, daß die Lebensfiguren der Krankensalbung, der Ehe und der Buße auf die Grundfigur der Eucharistie und die Lebensfiguren der Firmung und Priesterweihe auf die Grundfigur der Taufe bezogen sind und dabei Taufe und Eucharistie als Ausdruck der pneuma- bzw. abba-Erfahrung unter sich selbst noch einmal in einer konstitutiven Beziehung stehen und zuletzt erst beide zusammen Jesus, den lebendigen gekreuzigten Messias vergegenwärtigen. Es genügt also beispielsweise nicht, in der Wundererzählung von der Heilung des blinden Bartimäus (vgl. Sp. 5 von Buße/Beichte im Strukturgitter) als Figur bloß die befreiende, offene und versöhnende Art herauszuarbeiten, in der Jesus den Menschen begegnet (Sp. 4 von Buße/Beichte), sondern es gilt, dieses jesuanische Bewältigungsmuster des Lebens auch in Verbindung zu sehen mit der Art, wie er in seinen Mahlfeiern, besonders im Abschiedsmahl, diese seine Weise den Menschen zu begegnen, in seinen Tod hineinnimmt und darin, wie die sogenannten „Erscheinungsmähler", das neue Essen und Trinken mit dem lebendigen Gekreuzigten, zeigen, den Tod überwindet; infolge der konstitutiven Verbindung von abba und pneuma, von Eucharistie und Taufe, wird dabei auch der ungeheure, weder durch Verrat noch durch die grausame Hinrichtung zu brechende Lebensatem Jesu sichtbar, der diese seine Lebensfigur durchzieht und durchweht. Das Strukturgitter soll entgegen dem durch die Linienführung notwendig sich aufdrängenden äußeren Eindruck nicht abgrenzen und voneinander abtrennen, sondern zeigen, wie einerseits jedes gelebte Stück gegenwärtigen Lebens und andererseits jedes Stück der christlichen Überlieferung mit dem Glaubensfundament zur Korrespondenz gebracht werden kann. Natürlich soll dabei die Spalte 5 des Rasters keine erschöpfende Auswahl derjenigen Texte vorstellen, die in den Religionsunterricht eingehen sollten. Es handelt sich hier nur um mehr oder weniger willkürlich ausgewählte Beispiele, welche die beschriebene figürliche Verbindung zur Jesusgestalt, bzw. zu einem besonderen Aspekt von ihr, beinhalten. Es ist kein Bibeltext denkbar, der nicht auf die eine oder andere Weise mit einer der in den sakramentalen Handlungssymbolen vorgebildeten Lebensfiguren Jesu in Verbindung gebracht werden könnte. Dies gilt, wie die oben angedeutete typologische Schriftauslegung des Neuen Testaments und der Kirchenväter zeigt, wesentlich auch für die Texte des Alten Testamentes.

Ähnliches gilt für die religionsunterrichtliche Behandlung *dogmatischer* Inhalte im Religionsunterricht. Wie andeutungsweise schon oben im Zusammenhang von Eucharistie und Taufe gezeigt (vgl. C. 1.2, bes. den Abschn. „abba und pneuma als Lebenspole Jesu"), kommt es bei einer korrelationsdidaktischen Behandlung solcher Themen entscheidend darauf an, die Inhalte der Systematischen Theologie aus jener Erstarrung und Korsettierung zu befreien, in die sie in den Jahrhunderten einer religiös-homogenen Gesellschaft dadurch gekommen sind, daß sie (was *innerhalb* dieser homogenen Gesellschaft richtig und notwendig war) beinahe ausschließlich in logisch-diskursiver, lehrhafter Weise, eben in theologischen Traktaten, überliefert wurden. Korrelationsdidaktik jedoch beschreibt den Umgang mit christlicher Überlieferung in einer nicht mehr religiöshomogenen sondern einer religiös und weltanschaulich pluralen Welt und Gesellschaft. In dieser geht es religionspädagogisch und pastoral (unabhängig von der Frage, ob und in welchem Sinne dogmatische Sätze *auch* eine objektive Wahrheit beschreiben) nicht mehr um die Frage, ob ein bestimmtes Überlieferungselement „für wahr gehalten" wird oder nicht, sondern darum, ob und welche Relevanz das jeweilige Überlieferungselement für das Leben des Menschen in der weltanschaulich pluralen Gesellschaft besitzt. „Relevanz" meint dabei nicht eine Forderung ethischen Verhaltens, oder sonst eine vordergründige „Funktion", sondern es geht darum, ob, auf welche Weise und in welcher Art, das zur Frage stehende Überlieferungselement Sinnstrukturen im konkreten menschlichen Leben freilegt, die diesem Leben Halt, Richtung, Sinn und Hoffnung über den abzusehenden Tod hinaus geben. Diese das Leben stabilisierende Sinnfülle kann nicht bloß gewußt, sondern muß ganzheitlich erfahren, d. h. auch zutiefst empfunden und gespürt werden. Auf ganz neue Weise muß christliche Überlieferung in der weltanschaulich pluralen Gesellschaft ihren Anspruch einlösen, *Heils*botschaft zu sein und erlösend und befreiend auf das menschliche Leben zu wirken.

Besonders Eugen Biser hat in letzter Zeit verschiedentlich auf den Verlust der „therapeutischen Dimension" hingewiesen, der ursprünglich mit christlicher Überlieferung und ihrer Weitergabe verbunden ist (z. B. bei seinem Vortrag „Heil als Heilung" auf dem Ärztetag der Diözese Aachen am 17. 11. 1982 in Aachen). Er sieht diesen Verlust, sowie den damit verbundenen ebenfalls festzustellenden Verlust der „ästhetischen Dimension", begründet in der einseitigen Ausprägung eines begrifflichen, diskursiv-lehrhaften, „theoretischen Sprachtyps" in der Theologie (E. Biser, 1980, 242 ff., 399 ff.).

In dem UTB-Band „Einführung in symbolisch-erzählende Theologie" habe ich den Versuch unternommen, die wichtigsten Traktate, die sich in der theologischen Lehrüberlieferung herausgebildet haben, ansatzhaft in eine symbolisch-bildhafte Sprache zurückzuübersetzen (vgl. bes. Teil II Baudler 1982 „Vom theologischen Traktat zum Symbolgeflecht", 117–258). Dabei ergab sich, daß es sich bei diesen Traktaten ursprünglich und grundlegend ganz ähnlich wie in der Sakramententheologie um Symbolkomplexe handelt, die das christliche Glaubensfundament, den gekreuzigten Jesus als den lebendigen Messias, bildhaft entfalten und es dadurch mit dem menschlichen Leben vermitteln. Dadurch geschieht eben das, worauf es, wie oben gesagt, in der weltanschaulich pluralen Gesellschaft ankommt: Sie erschließen und strukturieren menschliche Erfahrungsfelder, in denen sich der Gott Jesu als heilender Lebenssinn ausprägt und zur Geltung bringt.

Für die Trinitätsüberlieferung ist diese Rückübersetzung in eine bildhafte Sprache oben schon angedeutet worden. Vater-Sohn-Geist sind dann eben nicht mehr nur erste, zweite und dritte Person der göttlichen Dreifaltigkeit, sondern umschreiben Erfahrungsfelder, die durch die Lall-Worte „Mama-Papa" einerseits und durch das Symbol „Wind und Atem" (pneuma) andererseits symbolisch repräsentiert werden, wobei der gekreuzigte Jesus, als der lebendige Sohn des Vaters diese beiden Erfahrungsfelder als Orte der Erscheinung Gottes offenbart und in sich versammelt. Für den Bereich der Sakramente und Sakramentalien ist schon gezeigt worden, wie diese beiden konstitutiven Sinnstrukturen des menschlichen Lebens, abba und pneuma, in den Grundsakramenten Eucharistie und Taufe ein je neu nachvollziehbares Handlungssymbol, und also einen leiblichen Ausdruck gefunden haben und sich in den übrigen sakramentalen Handlungssymbolen weiter entfalten und in das Leben einstiften. Ähnlich wäre zu zeigen, wie innerhalb des Überlieferungsbereichs der Eschatologie und Protologie diese Sinnstrukturen auf Zukunft hin ausgelegt werden: „Gottesreich" und „Himmel" sind dann die eschatologischen, „Schöpfung" und „Paradies" die protologischen Symbole, die das Erfahrungsfeld „abba" als Zukunfts- (bzw. Vergangenheits-)Perspektive freigeben, während das Erfahrungsfeld „pneuma", in dem sich das Engagement und das verantwortliche Handeln des Menschen vollzieht, durch die eschatologischen Symbole „Gericht", „Fegefeuer" und „Hölle" sowie protologisch durch die Überlieferung von der (Ur)sünde und Konkupiszens auf Zukunft bzw. Vergangenheit hin strukturiert ist; der eschatolisch-protologische Überlieferungskomplex verhindert so, daß die abba-Erfahrung zu einer infantilen Regression gerät und hält die Freiheit und Verantwortlichkeit des Menschen eindrucksvoll fest. Auch noch in der Überlieferung von Maria als der Mutter und Pieta einerseits und der dem Gotteswind vermählten Jungfrau andererseits prägen sich diese beiden Lebenspole aus, die der lebendige Gekreuzigte als möglichen Ort der Gottesoffenbarung sichtbar macht (vgl. dazu den Überblick in Baudler 1982, 107).

In diesem Überblick wird deutlich, daß von ihrer symbolisch-bildhaften Grundbedeutung her gesehen diese Überlieferungselemente primär nicht als Lehrstücke betrachtet werden dürfen, die logisch-diskursiv aufeinander aufbauen und ein in sich widerspruchsfreies System logischer Aussagen ergeben, sondern als Symbolkomplexe, die das christliche Glaubensfundament je auf ihre Art auslegen und zum menschlichen Leben in Beziehung setzen: Die trinitarischen Symbole erschließen dem Christen die Möglichkeit des Betens, Meditierens und Nachdenkens, die Sakramente erschließen ihm die Welt des Handelns, Eschatologie und Protologie sprechen ihn als Wesen an, das auf eine ihm noch unbekannte Zukunft hingeht und sich dabei von seiner Vergangenheit her zu verstehen sucht und die Mariologie entfaltet das Glaubensfundament unter dem Aspekt des Weiblichen, das in der stark patriarchalistischen Gesellschaft, in der das Christentum großgeworden ist, dringend dieser Ergänzung bedarf.

Inhaltliche Strukturierung des Religionsunterrichts durch Symbolisierung der Überlieferungsgehalte

Grundsätzlich wäre es möglich, aus jedem dieser vier Symbolkomplexe ein fachdidaktisches Strukturgitter zu entwickeln. Diese würden sich jedoch nicht wesentlich von dem vorgelegten sakramentendidaktischen Strukturgitter unterscheiden. Sie würden im wesentlichen mit dem zusammenfallen, was in der Spalte der Grundsakramente entwickelt ist. Der Symbolkomplex Sakramente ist innerhalb der christlichen Überlieferung derjenige Überlieferungsstrang, der seine symbolische Qualität durch die Jahrhunderte hindurch am stärksten erhalten hat und das christliche Glaubensfundament am differenziertesten und klarsten auf menschliches Leben hin auslegt. Darum ist es sinnvoll, den Religionsunterricht nach ihm auszurichten.

Wo nun aber in diesem Religionsunterricht von Schöpfung, von Sünde, von der Vollendung des menschlichen Lebens und der Welt (also von „Gericht", „Gottesreich", „Himmel" und „Hölle"), von der Verantwortung des Christen in seinem Leben oder von Maria als Mutter Jesu und jungfräuliche Braut seines göttlichen Lebensatems die Rede ist, kann das vorgelegte sakramentendidaktische Strukturgitter dazu helfen, solche Rede einerseits auf das christliche Glaubensfundament und andererseits auf das konkrete gegenwärtige Leben zu beziehen und dadurch Korrelation zu ermöglichen.

Das Wort „Hölle", um das vielleicht schwierigste Beispiele aufzugreifen, verweist in der figürlich-symbolischen Bedeutung, in der es innerhalb einer Korrelationsdidaktik verwendet werden muß, auf das sakramentale Handlungssymbol der Firmung: Es artikuliert angesichts einer möglichen Zukunft des Menschen über den Tod hinaus die Verantwortung, vor die der Mensch gestellt ist, wenn er frei und mündig für sich zu bestimmen hat, wie er den Lebensatem verstehen will, der ihn trägt und in den er hineingetaucht ist und wohin er sich von ihm führen lassen will. Dabei gilt es, wie bei jedem Einzelsakrament, dessen Rückbindung an das Grundsakrament zu beachten. Dieses, in unserem Beispiel also die Taufe, stellt dann die Verbindung zu dem jeweils anderen Lebenspol der Jesusgestalt her: das qualifizierende Element (Sp. 2) der in der Taufe angezeigten menschlichen Grunderfahrung des Aufbruchs und Neubeginns (Sp. 1) weist den Lebensatem, der mich beseelt, in die Richtung eines offenen und zugewandten menschlichen Zusammenlebens, wie es in der abba-Erfahrung ansatzhaft Wirklichkeit wird und als Gottesreich allen Menschen zugesagt ist. Auf solche Weise eingebunden in das sakramentendidaktische Strukturgitter wird zwar einerseits das ungeheuere Potential an Verantwortung und Freiheit des Menschen, das im Wort „Hölle" steckt, in seiner ganzen Fülle und Tiefe aktualisiert, dabei andererseits aber doch vermieden, daß der junge Mensch mit Angst und Skrupulantismus auf das Überlieferungselement reagiert und/oder chauvinistisch und selbstüberheblich die Menschen in zwei Hälften einteilt: in solche, die „in die Hölle kommen" und in solche, die gerettet werden (Gottesreich ist ja nach Jesus gerade dort, wo auch die als verloren Geglaubten an der Geborgenheit des gemeinsamen Mahles Anteil haben, vgl. oben C. 1.2 den Abschn. über die „Eucharistie als jesuanisches Bewältigungsmuster des Lebens").

So kann auch hier das sakramentendidaktische Strukturgitter dazu helfen, die religionspädagogischen Intentionen freizulegen, die bei der Behandlung eines dogmatischen Überlieferungskomplexes zu beachten sind und den Unterricht entsprechend zu gestalten und zu strukturieren (entsprechende profane Medien auszuwählen, die eindrücklich veranschaulichen, worum es geht, die Gespräche zu lenken usw.). Im Grunde kann auch hier das obige Frageraster verwendet werden, wobei anstelle des situativen Problemfeldes eben der betreffende Überlieferungskomplex einzusetzen ist und die Frage 4 dahingehend zu ändern ist, daß hier nicht nach einem Überlieferungskomplex gefragt wird (der Lernprozeß geht ja von ihm aus), sondern umgekehrt nach den konkreten Lebensfeldern der Schüler, auf die der überlieferte Symbolkomplex besonders gut zu beziehen ist.

2.4 Gemeindekatechese und schulischer Religionsunterricht unter dem Aspekt des sakramentendidaktischen Strukturgitters

Notwendigkeit einer Unterscheidung von verschiedenartigen theologischen und didaktischen Konzeptionen für Religionsunterricht und Katechese gemäß der Gemeinsamen Bischofssynode

Die Frage nach der Notwendigkeit und Möglichkeit einer Unterscheidung und verschiedenartigen theologischen und didaktischen Konzeption von schulischem Religionsunterricht und Gemeindekatechese ergab sich unmittelbar aus der Neuorientierung des Religionsunterrichts und der Religionspädagogik, wie sie durch die fortschreitende Säkularisierung und Entkirchlichung der Gesellschaft notwendig wurde. Sie ist von verschiedenen Seiten und aus verschiedenen Perspektiven erörtert worden (einen Überblick über diese Diskussion gibt G. Baudler, u. a., Schulischer Religionsunterricht und kirchliche Katechese, Düsseldorf 1973). Die Westdeutsche Bischofssynode hat in ihrem Beschluß zum Religionsunterricht in der Schule die Notwendigkeit einer solchen Unterscheidung bestätigt: „Die Synode unterscheidet deshalb zwischen schulischem Religionsunterricht und Katechese in der Gemeinde und hält beide für unerläßlich. Da diese sich nach Ziel, Inhalt und Adressaten nur zum Teil decken, wird das gegebenenfalls (z. B. bei der Hinführung zum Empfang der Sakramente) auch zu einer organisatorischen Trennung von Religionsunterricht und Gemeindekatechese führen" (Pkt. 1.4 des Beschlusses, Gem. Syn. I, 130 f.). Es entspricht dieser klaren Entscheidung, daß die Synode eine eigene Kommission gebildet hat, die sich in einem eigenen Papier mit dem Titel „Das katechetische Wirken der Kirche" über die Bedeutung und die Realisierung katechetischer Dienste äußert (Gem. Syn. II, 37—97), während sich der Beschluß selbst ausschließt den Problemen eines spezifisch schulischen Religionsunterrichts zuwendet. Den Grund für die Notwendigkeit dieser Unterscheidung sieht die Synode darin, daß infolge der fortschreitenden Entkirchlichung der Gesellschaft vielen Schülern vom Elternhaus her die lebendige Beziehung zum christlichen Glauben und zur konkreten Gemeinde abgeht und deshalb bei diesen Schülern der notwendige Erfahrungs- und Ver-

ständnishorizont für eine „Einübung in den Glauben" fehlt, eine
Voraussetzung der Katechese, die sich auch „bei noch so ehrlicher
Anstrengung des Religionslehrers nur durch Unterricht kaum
herstellen läßt" (Gem. Syn. I, 130).

Das erwähnte Arbeitspapier über das katechetische Wirken der
Kirche, das freilich nicht mehr zum Beschluß erhoben werden
könnte, setzt ebenfalls diese Unterscheidung voraus (Pkt. 5, Gem.
Syn. II, 52/53). In einem Punkt hält es allerdings die Klarheit der
Unterscheidung, wie sie aus dem Beschluß zum Religionsunterricht
spricht, nicht fest: Es spricht zwar in der Überschrift davon, daß sich
beide Lernprozesse durch „verschiedene Adressaten" (ebenda 52
unten) unterscheiden, nennt dann aber im zugehörigen Text als
Adressaten der Katechese „grundsätzlich die Menschen aller Alters-
stufen, vor allem die Erwachsenen" und als Adressaten des Religionsunterrichts „Schüler". Wie dann das Papier in seinen folgenden
Darlegungen erkennen läßt, handelt es sich hier nicht bloß um eine
formal-logische Unstimmigkeit (Schüler sind zweifellos auch Menschen einer bestimmten Altersstufe, so daß es sich bei ihnen gar nicht
um „verschiedene Adressaten" handelt); vielmehr werden Aufgaben,
die der Synodenbeschluß als spezifisch für den Religionsunterricht
festgestellt hat, nun auch für die Katechese reklamiert (bes. in dem
Pkt. 2.3 über die „Fernstehenden" als Adressaten der Katechese, z. B.
Gem. Syn. II, 72 f.; zur Diskussion über das Arbeitspapier: G. Baudler [Hg.], 1975). Zwar spricht auch der Beschluß zum Religionsunterricht davon, daß sich Inhalt und Adressaten von Religionsunterricht einerseits und Katechese andererseits teilweise decken
können; doch um in der praktischen Arbeit vor Ort die beiden
Formen religiösen Lernens richtig handhaben zu können, ist es
notwendig, in der Theorie das Unterscheidende der beiden Lernprozesse möglichst klar und profiliert auf den Begriff zu bringen, damit
in der Praxis auch bei notwendigen Überschneidungen das jeweils
Eigene und Spezifische gesehen und nicht aus dem Auge verloren
wird.

Daß gerade in dieser begrifflichen Schärfe bezüglich der notwendigen Unterscheidungen die Stärke einer Theorie liegt: ihre Bedeutung
und ihr Dienst für die Praxis — auch und gerade dann, wenn sich die
theoretischen Begriffe und Modelle niemals adäquat in Praxis
überführen lassen —, wird vielfach nicht gesehen. So kritisiert z. B.
W. Nastainczyk die von mir herausgearbeiteten Unterscheidungsli-
nien der beiden Lernprozesse als „schematisierende Definition" und
„didaktische Engführung" (Nastainczyk, 1981, 56, ders., Katechese,

1983, 39 f.). Dabei ist es z. B. in der naturwissenschaftlichen Theoriebildung längst klar, daß in der Theorie mit Begriffen und Modellen gearbeitet werden muß, die so in der Praxis und in der Empirie niemals vorkommen. Obwohl es das Atom mit seinem Kern und den ihn umkreisenden Elementarteilen als solches nirgends vorfindbar gibt, sondern sich überall die Wellen- und Korpuskel-Natur der Materie überschneidet, hat sich die Arbeit mit dem genannten Atom-Modell in der technischen Praxis der Naturbeherrschung bewährt und bildet die Grundlage der neueren Atomphysik und der Molekularchemie- und Biologie. Eine Theorie, die in ihrem Grundzug lediglich eine vorhandene Praxis in den verschiedenen Ausdifferenzierungen *beschreibt*, aus bestimmten Perspektiven her zusammensieht und kritisch beleuchtet, kann nicht wirklich innovatorisch auf die Praxis wirken und *den* Dienst an der Praxis leisten, der ihr als Theorie aufgegeben ist. Von daher ist auch Nastainczyks Rückfrage nach der Möglichkeit einer organisatorischen Verwirklichung meines Unterscheidungsvorschlags nicht richtig gestellt. Denn es geht in meiner Theorie gar nicht darum, „zwei umfassende und weithin parallele Systeme religiöser Lehr-Lernprozesse zu entwickeln und zum Erfolg zu führen" (Nastainczyk, 1983, 39). Auch in der Atomtheorie geht es ja nicht darum, in der technischen Praxis ein Atom des genannten Modells herzustellen, vielmehr versteht sich das Modell als Hilfe, als Spiegel, in dem und mit dem materielle Prozesse, wie und wo sie eben ablaufen, genauer verstanden, analysiert und gelenkt werden können. Auch wenn ich zwei grundsätzlich verschiedene Formen des religiösen Lernens in der weltanschaulich pluralen Gesellschaft, die Erschließung der religiösen Wirklichkeitsdimension (die immer nur auf der didaktischen Basis einer konkreten religiösen Tradition erfolgen kann) und das Sich-Einleben und Einüben in eine bestimmte religiöse Tradition und ihre Praxis, theoretisch beschreibe, fordere ich damit nicht, zwei umfassende parallele Systeme für diese Lernformen unabhängig voneinander aufzubauen und zu entwickeln. Das wäre so utopisch, als würde der Physiker vom Ingenieur verlangen, ein Atom nach seinem Modell herzustellen. Vielmehr geht es mir darum, daß dort, *wo* religiöse Lernprozesse stattfinden, im schulischen Religionsunterricht, in der gemeindlichen Katechese, in den verschiedenen Formen der theologischen Erwachsenenbildung, in der theologischen Aus- und Weiterbildung, in der kirchlichen Jugendarbeit, diese im Spiegel des Unterscheidungsmodells besser und genauer reflektiert und auf ihre je spezifische Eigenart hin ausgestaltet werden können.

So ist es auch kein treffender Einwand gegen meine Konzeption, wenn Nastainczyk feststellt, daß sie „Dimensionen des Menschseins bzw. der Religiosität sowie Einstellungstypen bzw. Gruppen von Menschen auseinanderhält, die in praxi unvermeidlich ineinander übergehen". (ebd.) Ich möchte hier noch über Nastainczyk hinausgehen und sagen: Es ist nicht bloß so, daß sich „in praxi" nirgendwo eine Lerngruppe finden wird, die rein und ausschließlich aus Menschen besteht, die den Entschluß zum Gläubigsein gefaßt haben und nun „nur noch" in diesen Glauben eingeübt und eingewiesen werden wollen, sowenig es wirklich homogen irgendwo die andere Gruppe gibt, die dem Glauben entfremdet gegenübersteht und *nur* in der vordergründig-eindimensionalen, „empirischen" Wirklichkeitsdimension verhaftet ist; vielmehr ist *der einzelne Mensch in sich* immer schon in diese beiden Dimensionen des Menschseins gespalten, so daß jeder Mensch immer wieder und in jeder Lebensphase neu *sowohl* katechetischer, d. h. identifizierender, in das Glaubensleben einführender und einübender, als auch religiöse Dimension erschließender Lernprozesse (nach Art des Religionsunterricht) bedarf. Diese Lernprozesse, besonders die der letztgenannten Art, spielen sich ja auch dort ab, wo sie nicht institutionalisiert sind: Glück und Leid, wie die Wechselfälle des Lebens es mit sich bringen, verdichten immer wieder von sich her das Leben auf seine ganzheitliche Dimension hin und lassen jene Lebensmuster und Lebensfiguren hervortreten, die dem Sinnbedürfnis des Menschen antworten und es speisen; das Leben selbst ist der beste Religionslehrer. Gerade also *weil* die Praxis und das Leben so vielfältig sind (zur möglichen Vielfalt der Sakramentenkatechese vgl. G. Bitter, in: Kat. Bl. 7/82, 482–496) und es nur in der Theorie klare und scharfe Unterscheidungen geben kann, sind diese dort konstitutiv notwendig, eben um diese Vielfalt der Praxis einerseits zu erhalten und das religionspädagogische und katechetische Wirken dem Leben anzupassen und nachzugestalten, dabei andererseits aber doch sehen und unterscheiden zu können, was hier und was dort schwerpunktmäßig geschieht und die Impulse, die ich in den jeweiligen Lernprozeß einbringe, entsprechend auswählen, aufbauen und strukturieren zu können.

Das sakramentendidaktische Strukturgitter als Hilfe zur Verlebendigung der Überlieferungsgehalte

Vom sakramentendidaktischen Strukturgitter her gesehen, ist zu sagen: Religionsunterricht und entsprechende Lernprozesse (in der Jugendarbeit, in der katholischen Erwachsenenbildung, in der Arbeit mit kranken und alten Menschen, im Umgang der Eltern mit ihren kleinen Kindern) arbeiten an der Erschließung von Lebensmustern, aus denen dem Menschen ein letzter todübergreifender Sinn zuströmt, der ihn dazu befähigt, das Leben, so wie es ihm gegeben ist, menschlich zu bewältigen; diese Arbeit geschieht mit Hilfe und auf der Basis christlicher Tradition, die dem Lehrer in diesem Lernprozeß sagt, wo und wie solche sinngebenden und sinnstiftenden Lebensmuster im Leben gefunden werden können, in welchen Ausprägungen, in welchen „Figuren des Lebens" (Hünermann) solcher Sinn aufbrechen und erfahrbar werden kann. Die Sakramenten-Tradition der Kirche bildet dabei jenen Strang christlicher Tradition, der am klarsten und differenziertesten über solche Lebensfiguren Aufschluß gibt und sie an Jesus aus Nazareth als die eine und unüberbietbare Offenbarung des göttlichen Sinngrundes menschlichen Lebens zurückbindet; andere Überlieferungsstränge (Trinität, Eschatologie/Protologie, Mariologie) können in der Zuordnung zur Sakramententradition ebenfalls diese sinngebenden Lebensmuster aufzeigen und auf verschiedenartige Aspekte hin akzentuieren.

Gemeindekatechese und entsprechende Lernprozesse (wiederum in der Jugendarbeit, in Eheseminaren, in der Arbeit mit kranken, behinderten und alten Menschen usw.) bemühen sich darum, die sinnerhellende Tradition, aus der der Religionslehrer schon im Religionsunterricht (und den ihm entsprechenden Lernprozessen) geschöpft hat, im lebendigen Umgang der Menschen untereinander und mit dieser Tradition selbst zu verlebendigen und dadurch den Teilnehmer an dieser Katechese zu befähigen, selbständig aus dieser Tradition zu schöpfen, sich von ihr zu Sinn-Oasen des Lebens führen zu lassen und das Auffinden solcher „Oasen" zusammen mit anderen Menschen, die auf die gleiche Art und Weise suchen und finden, zu feiern.

Im Erschließungsprozeß, also dem Lernprozeß der erstgenannten Art, ist der Mensch angesprochen, sofern er stets und immer neu in der Gefahr steht, sich innerhalb des religiösen und weltanschaulichen Pluralismus der Gesellschaft, in der er lebt, eben nur an das

Vordergründige und Faktische zu halten und die existentielle Dimension seines Lebens zu vergessen und zu verschütten; er spricht *jeden* Menschen der weltanschaulich pluralen Gesellschaft an, auch den, der nicht in christlicher Tradition und dem Umgang mit ihr zu Hause ist oder zu Hause sein will, sofern er nur um die Möglichkeit einer existentiellen Lebensdimension weiß und daraus Sinn für sein Leben zu gewinnen sucht (d. h. Mensch sein und sich nicht als Roboter verstehen will).

Der Such- und Identifikationsprozeß, also der Lernprozeß zweiter Art, wie er sich konstitutiv in der Gemeindekatechese findet, spricht den Menschen an, der nach der Quelle fragt und sucht, die ihm (innerhalb einer vorgegebenen Kultur und einem vorgegebenen geschichtlichen Lebensraum) die existentielle Dimension erschließt und die darin enthaltenen sinngebenden Lebensmuster sichtbar werden läßt, also an den Menschen, der den Sinn, der ihm aus bestimmten Lebensfiguren heraus zuströmt und ihn das Leben bewältigen läßt, näher identifizieren, sein „Gesicht" suchen und finden will; auch in dieser Situation wird wohl jeder Mensch einmal stehen, es kommt für den katechetisch Tätigen entscheidend darauf an, diesen Zeitpunkt zu erspüren und den Menschen in dieser Situation anzusprechen, sie kann jedoch nicht in der Allgemeinheit, etwa einer Schulklasse, vorausgesetzt werden.

Auch für diesen katechetischen Lernprozeß kann das sakramenten-didaktische Strukturgitter eine gewisse Hilfestellung bieten. Es kann zunächst helfen, ansprechbare Adressaten für die Gemeindekatechese zu identifizieren und ein entsprechendes Angebot zu machen. Dabei ist von einer Erkenntnis auszugehen, die weitgehend unbestritten schon am Anfang der Diskussion um eine eigenständige Gemeindekatechese stand und die sich als Leitfaden durch das Arbeitspapier der Synode zum katechetischen Wirken der Kirche zieht: die Einsicht nämlich, daß Katechese vorwiegend ein „Dienst am Glauben der Erwachsenen" (Gem. Syn. II, 53) ist. Dies ist schon deshalb der Fall, weil zu den konstitutiven Voraussetzungen der Katechese die Freiwilligkeit gehört (Gem. Syn. II, 82). Nur der Mensch, der in mündiger religiöser Entscheidung aus sich selbst heraus in der religiösen Tradition die Stabilisierung seines Sinnerlebens, wie es zur Lebensbewältigung notwendig ist, sucht, kann den katechetischen Lernprozeß vollziehen. Entsprechend dürfen, wie das Katechese-Papier betont, „die Adressaten in keinem Fall als bloße *Empfänger* des katechetischen Wirkens der Kirche betrachtet werden. Immer geht es um den „gegenseitigen Austausch von Erfahrungen, Fragen und Einsichten" (Gem. Syn. II, 41). Solche Arbeit setzt den religionsmündigen Menschen voraus. Religionsunmündige Kinder können nur insofern Adressaten der Katechese sein, als die für sie verantwortlichen Bezugspersonen, die stellvertretend für sie bis zu einem gewissen Alter auch die religiösen Fragen entscheiden, die ihnen anvertrauten Kinder im katechetischen Lernprozeß mittragen und begleiten.

Impulse des sakramentendidaktischen Strukturgitters für die verschiedenen Adressaten innerhalb einer Gemeinde

Katechese versteht sich als „lebensbegleitendes Unternehmen" (ebd.). Dabei ist es aber notwendig, „Schwerpunkte zu setzen. Man muß also fragen, für welches Alter und welche Situation welche Zielsetzung und welche Aufgaben besonders wichtig sind" (ebd.). Bei dieser Frage nun kann eine Sicht der Sakramente als der jesuanisch-christlichen Bewältigungsmuster des Lebens, wie sie im sakramentendidaktischen Strukturgitter zusammengestellt ist, wichtige Lösungsimpulse geben. Es ergeben sich folgende bevorzugte Adressatengruppen:

– Zum Grundsakrament Taufe:
  Menschen, die vor einem Neubeginn stehen. Das können Menschen sein, die neu in eine Gemeinde zugezogen sind und nun vor einem beruflichen Neubeginn stehen und sich einen neuen Bekanntenkreis aufbauen müssen. Solche Menschen könnten sich über die Richtung austauschen, in die ihr Neubeginn zielt und über die Art des Lebensatems, der sie dabei trägt. Wo dieser Lebensatem als jesuanisch identifiziert werden kann, könnte der Neubeginn als Sakramentalie Taufe gemeinsam gefeiert werden. Eine besondere Zielgruppe im Rahmen des Lebensmusters Taufe sind die Eltern, die ein Kind erwarten oder schon ein Neugeborenes haben und vor der Frage einer Taufe dieses ihres Kindes stehen. Ein neues Kind bedeutet, auch wenn schon andere Kinder in der Familie sind, immer einen entscheidenden Einschnitt im Leben der Familie. Alle Familienmitglieder müssen sich auf das neue Wesen einstellen; es bedingt einen neuen Lebensrhythmus und eine neue Beziehung der Familienmitglieder zueinander. In den Taufgesprächen und der Taufvorbereitung müßte es um die Frage gehen, wie dieser Neubeginn von denen, die ihn gesetzt

haben, verstanden werden will. Auch hier gibt erst die Entdek-
kung, daß dieser Neubeginn von einer inneren Bewegung, einem
Lebensatem getragen ist, der seiner Art nach im Leben, Sterben
und todesjenseitigen Lebendigsein Jesu aus Nazareth wiedergefunden werden kann, den inneren Grund für die Feier der Taufe;
in ihr wird das Neue zeichenhaft in den Lebensrhythmus und
Lebensatem Jesu hineingetaucht.

— Zum Grundsakrament Eucharistie:

Auch hier sind noch die Eltern, nicht schon die Kinder selbst, die
eigentlichen Adressaten der Katechese. Im Alter von 7/8 Jahren,
wenn das Kind sich aus dem träumerisch-symbolischen Eingebettetsein in die Familie als eine Art „sozialen Uterus" (René König)
befreit und in eine bewußte, wenn auch noch durchwegs abhän-
gige Beziehung zur Welt und zu seinen Bezugspersonen tritt,
kann das Kind die Gemeinschaft mit seinen Eltern und Geschwi-
stern bewußt vollziehen; es kann die Wohn- und Tischgemeinschaft, in der es bisher unbewußt gelebt hat, nunmehr bewußt
akzeptieren und bejahen. Wo dies geschieht und wo Menschen
dieser Lebenssituation sich in christlicher Tradition beheimaten
wollen, ist es möglich und notwendig, daß sich diese Gemeinschaften, also die Eltern zusammen mit den Kindern, im Austausch mit anderen Gemeinschaften dieser Art fragen und
darüber Rechenschaft geben, in welcher Art, in welcher „Figur"
sie diese ihre Wohn- und Tischgemeinschaft leben und verstehen
wollen. Wenn und wo es gelingt, den abba-Gott Jesu und seinen
befreienden Lebensatem in solchen Gemeinschaften zu entdek-
ken, können diese sich im Sinne des zweiten Vatikanischen
Konzils als „Hauskirchen" (K. Rahner / H. Vorgrimler, 1968, 136)
verstehen und sich als solche neu in die größere Kirchengemeinde
eingliedern. Statt dessen die Kinder eines Schuljahrgangs mehr
oder weniger geschlossen und unter ganz vager Bezugnahme zu
den Eltern auf die „Erstkommunion vorzubereiten", entspricht
nicht dem Wesen von Katechese (vgl. dazu E. Fischer, Den
Glauben verständlich verkündigen, 1980).

— Zum Sakrament Firmung:

Hier sind Menschen anzusprechen, die religionsmündig werden
und vor der Frage stehen, ob sie als mündige junge Menschen
auch *selbst* das bejahen, was die Eltern für sie vorentschieden
haben: daß sie nämlich den Neubeginn, der mit ihrem Leben

gesetzt war, in den Lebensatem Jesu hineingetaucht und so charakterisiert haben. Zu einem Austausch über die Frage müßten die Jugendlichen eingeladen werden; und bei denen, wo diese Frage aus freien Stücken bejaht wird, dort (und nur dort) sollte das Sakrament der Firmung gefeiert werden. Auch hier ist die geltende, noch weitgehend volkskirchlich bestimmte Praxis leider noch weit von einem solchen Ziel entfernt.

— zum Sakrament Priesterweihe:

Unabhängig von der kirchlichen Ordination und der Eingliederung in ein hierarchisches Amt sollten *alle* Menschen, wenn sie einen Beruf ergreifen, dazu eingeladen werden, mit anderen sich darüber auszutauschen, ob und inwiefern ihr berufliches Wirken, in dem sie die meiste Zeit ihres Lebens verbringen, auch vom jesuanischen Lebensatem durchweht und getragen ist. Ein solcher Austausch könnte in eine gottesdienstliche Feier (als Sakramentalie) münden.

— Zum Sakrament Krankensalbung:

Überall, wo Menschen an eine konstitutive Daseinsgrenze stoßen (Partnerverlust durch Tod oder Scheidung, Tod eines nahen Angehörigen, Krankheit, die eine bleibende Behinderung auslöst usw.), sollten diese Menschen eingeladen werden, zusammen mit anderen darüber zu sprechen, ob und wie sie ihre Erfahrung „verkraften" und in das Leben integrieren können. Wo Menschen dabei einen bergenden Daseinsgrund finden, der die Züge des **abba Jesu trägt, sollten sie Gelegenheit haben,** dies (als Sakrament oder Sakramentalie Krankensalbung) zusammen mit anderen zu feiern.

— Zum Sakrament Ehe:

Wo Menschen sich so eng aneinander gebunden wissen, daß sie ihr ganzes Leben aufeinander beziehen und die je eigene Lebens- und Persönlichkeitsentwicklung bewußt durch den anderen geprägt sein lassen wollen, wo sie also eine Beziehung anstreben, die das Eine und Ganze des Lebens umgreifen soll (dies müßte die Grundfrage aller Ehevorbereitungskurse sein), sollten sie eingeladen werden, im Austausch mit anderen Menschen dieser Lebenssituation zu fragen, ob es der Art nach der Lebensatem Jesu ist, der sie zu diesem Abenteuer motiviert und ob es sein abba ist, den sie als Geborgenheitsgrund ihrer Gemeinschaft suchen — und entsprechend eine sakramentale Ehe eingehen (oder nicht).

— Zum Sakrament Buße, Beichte:

Eine Pfarrgemeinde müßte immer wieder Gesprächskreise für Menschen anbieten, die sich in einen besonderen Konflikt hineingestellt sehen (Ehekonflikte, Generationenkonflikte, Krisen in der Lebensmitte, berufliche Konflikte und Schwierigkeiten). Aus solchen Gesprächskreisen könnte eine Rückorientierung am abba und pneuma Jesu und also sowohl eine sakramentale Beichte als auch eine gottesdienstliche Bußfeier (mit Sakramentaliencharakter) herauswachsen.

Innere Durchstrukturierung der Katechese anhand des Fragerasters zum Strukturgitter

Auch für die *innere Durchstrukturierung* der Katechese kann das sakramentendidaktische Strukturgitter Hilfe bieten. Es gilt dabei nur, die 4 Fragen des Fragerasters entsprechend zu variieren:

— Die Frage 1 lautet dann: Welcher Lebensvollzug ist im jeweiligen Sakrament angesprochen und welche Menschen stehen in diesem Lebensvollzug, sind also möglicherweise für eine entsprechende katechetische Arbeit anzusprechen und zu ihr einzuladen. Diese Frage wurde im vorausgehenden Abschnitt behandelt.
— Die Fragen 2 und 3 können ihrer inneren Zielrichtung nach erhalten bleiben; sie fragen ja nach den qualifizierenden Elementen der jeweiligen Lebensvollzüge, die diese als jesuanisch kennzeichnen. Anders als in der Schule müßte freilich diese Frage in der Katechesegruppe ausdrücklich gestellt und von allen Teilnehmern je für sich beantwortet werden. Auch hier kann es durchaus sinnvoll sein, durch profane Impuls-Materialien (Texte, Kurzfilme usw.) das jeweilige Lebensmuster als solches zu erschließen.
— Die Frage 4 müßte dahingehend variiert werden, daß wiederum sowohl der einzelne als auch die Gruppe als Ganze sich die Frage stellt: Wann ist der betreffende jesuanisch geformte Lebensvollzug genügend dicht und existentiell, um nach einem Ausdruck in einer gottesdienstlichen Feier zu verlangen? Und wie ist diese Feier konkret zu gestalten, damit sie wirklich *das* verleiblicht und

ausdrückt, was der einzelne in der Gruppe (ev. auch die Gruppe als ganze) auf ihrem Weg gefunden hat und was ihn und sie bewegt. Nur so kann die Feier die Gegenwart des Messias Jesus leiblich-sinnenfällig zum Ausdruck bringen.

In dieser kurzen Charakterisierung der Katechese im Unterschied zur Zielsetzung des schulischen Religionsunterrichts (und diesem analoger Lernprozesse) wird deutlich, wie die beiden Lernprozesse sowohl charakteristisch verschieden sind, als auch sich gegenseitig ergänzen und teilweise überschneiden: Jemand kann ja nur dann nach der Quelle seiner Sinnerfahrungen fragen und diese entfalten, wenn ihm vorher Lebensmuster erschlossen wurden, in denen er solchen Sinn erfahren kann; die Erschließung solcher Lebensmuster setzt jedoch ihrerseits wenigstens beim Leiter und Anreger des Lernprozesses, am besten aber auch bei möglichst vielen Teilnehmern, voraus, daß sie lebendig in der religiösen Tradition beheimatet sind, die solche Lebensmuster überliefert und als sinnstiftend proklamiert. Eine notwendige teilweise Überschneidung der beiden von der Zielrichtung her zu unterscheidenden Lernprozesse ist dann dadurch gegeben, daß es auch im Religionsunterricht (und in analogen Lerngruppen) aus Gründen der Ehrlichkeit und Offenheit und der Ermöglichung von Kritik notwendig ist, die Basis offenzulegen, von der her der Lernprozeß strukturiert wurde, also auch ein Stück weit wenigstens die Tradition vorzuzeigen, aus der das Angebot an Bewältigungsmustern des Lebens genommen wurde. Andererseits muß auch in der Katechese immer wieder das Lebensmuster selbst Gegenstand des Nachdenkens und des Austausches werden, weil ja der aus ihm strömende Lebenssinn die Grundlage für den katechetischen Lernprozeß bildet.

Gerade aber in dieser Zuordnung zeigt sich die Unterscheidung als sinnvoll. Es spiegelt sich hier jene uralte Unterscheidung im kirchlichen Handeln, die auch das neuere apostolische Schreiben Papst Johannes Pauls II. („Über die Katechese heute", 1980) durchzieht: Es wird hier durchgehend zwischen Katechese und „erster Verkündigung des Evangeliums" unterschieden (ebd. 32, 33 f.). Zwar wird betont, daß zwischen Katechese und Evangelisierung „weder ein Gegensatz noch eine Trennung besteht", aber auch ausdrücklich gesagt, daß diese beiden religiösen Lernprozesse nicht identisch sind: „Beide sind vielmehr eng miteinander verbunden, indem sie sich gegenseitig ergänzen und vollenden" (ebd. 32). Eben dieses Verhältnis haben wir zwischen Religionsunterricht und Gemeindekatechese aufgezeigt. Religionsunterricht (und diesem analoge Lern-prozesse) stellen eine Art Erst-Evangelisation innerhalb einer Welt und Gesellschaft dar, die von einseitigen Befürwortern volkskirch-licher Lebensformen bisweilen abwertend als „Neuheidentum" be-zeichnet wird. Wie immer man zu solchen Wertungen steht, wichtig ist in unserem Zusammenhang zu sehen, daß sich diese „neuen Heiden" der säkularisierten Welt in *einem* wichtigen Punkt von den „Heiden" im herkömmlichen Sinne des Wortes unterscheiden: Sie stehen nicht lebendig in einer *anderen* religiösen Tradition, mit der das Christentum in seiner Mission in einen Dialog treten muß, um *seine* Art, Gott zu erfahren, mit der anderen Art der fremden Religion zu vergleichen und auszutauschen. Bei den „neuen Heiden" muß es vielmehr darum gehen, überhaupt erst wieder den Sinn für die religiöse Dimension des Lebens zu wecken und Bewältigungsmuster des Lebens zu erschließen, aus denen ein transzendenter Daseins-sinn erfließen kann.

3. Beispiele durchgeführten Unterrichts

(Baudler/Foos-Queck)

3.1 Unterrichtsprojekt „Freiheit und Angst"

Ein Unterrichtsprojekt zum Themenfeld I, 1.9 des Zielfelderplans für die Sekundarstufe I auf der didaktischen Basis der Sakramente

Durchgeführt in einer 10. Hauptschulklasse

1. Intention der Unterrichtsreihe — didaktisch-methodischer Kommentar

In der Unterrichtsreihe „Freiheit und Angst" geht es darum, mit den Schülern über ihre Ängste zu sprechen und ihnen christlich geprägte *Bewältigungsmuster* für die Überwindung von Angst (und für die daraus resultierende Gewinnung von Freiheit) anzubieten.
Die Ziele und Inhalte der Reihe wurden mit Hilfe des sakramentendidaktischen Strukturgitters und anhand des zugehörigen Fragerasters erstellt. Es sollte auf diese Weise ein erfahrungs- und problemorientiertes Unterrichtsprojekt entstehen, das ausgewiesenermaßen von der ersten bis zur letzten Stunde Lebensfragen auf der Basis christlicher Tradition behandelt.

Die *Frage 1* des Fragerasters fragt nach dem sakramental ausgestaltbaren Lebensvollzug im betreffenden Ziel- und Themenfeld. Dabei ergibt sich hier:

— Das deutsche Wort „Angst" ist ein Lehnwort, das aus dem lateinischen Wort „angustia" abgeleitet ist. „Angustia" (häufiger verwendet als Mehrzahlwort „angustiae") bedeutet ursprünglich „Enge", „enger Raum". Wo ein Mensch oder ein Tier in Enge, in einen engen Raum gerät, reagieren sie mit Angst. Wenn ich mit diesem aus der Ethymologie gewonnenen Vorverständnis des Wortes „Angst" die Spalte 1 des sakramentendidaktischen Strukturgitters überblicke, bleibt mein Blick vor allem an drei sakramentalen Lebensvollzügen haften:

— Enge, enger Raum, Einengung und die damit verbundene Angst kann dadurch überwunden werden, daß ich einen Neubeginn setze, ganz neu aufbreche, die Begrenzungen, die mich einengen, aufsprenge und mir einen Weg suche, der in die Weite und Freiheit führt (Grundsakrament Taufe).

— Enge und Begrenztheit im menschlichen Leben und die daraus resultierende Angst kommen häufig dadurch zustande, daß Menschen von anderen bevormundet, beherrscht und unterdrückt werden. Dort, wo deshalb ein Mensch *mündig* wird, selbst in die Hand nimmt, was ihn bewegt und was seine Sache ist, wird Angst überwunden und Freiheit gewonnen (Sakrament Firmung).

— Freilich gibt es auch Begrenzungen, die für das menschliche Dasein konstitutiv sind; Grenzen (wie z. B. Tod, Erbanlagen, frühkindliche Prägung im Elternhaus, Begabungsrichtung, Abhängigkeit von meinen Mitmenschen usw.), die das Dasein des sterblichen Menschen konstituieren und deshalb von diesem nicht durchbrochen werden können. Wo der Mensch an solche *konstitutive Daseinsgrenzen* stößt, besteht nach christlichem Menschenbild die notwendige Reaktion des Menschen, die ebenfalls befreit und die Angst von ihm nimmt, darin, solche Grenzen zu akzeptieren, sie anzunehmen, mit ihnen leben zu lernen und sie in das Leben zu integrieren (Sakrament Krankensalbung).

Damit ist abgesteckt, welche (sakramental auszugestaltende) Lebensvollzüge von dem Ziel- und Themenfeld „Freiheit und Angst" angesprochen werden.

Die *Frage 2* fragt nach den qualifizierenden Elementen dieser Lebensvollzüge, durch deren Einsatz entsprechend dem Synodenbeschluß ein *christliches Bewältigungsmuster* erschlossen und den Schülern angeboten wird.

Nachdem in der Beantwortung der Frage 1 die Sakramente Taufe, Firmung und Krankensalbung als menschliche Lebensvollzüge (Spalte 1) in das Blickfeld gerückt sind, gilt es jetzt, die Spalte 2 dieser Sakramente ins Auge zu fassen. Hier ist beschrieben, wie der in Spalte 1 angedeutete Lebensvollzug qualifiziert sein muß, damit er zu einem christlichen Bewältigungsmuster des Lebens wird, einer „Figur des Lebens" (P. Hünermann), in der sich die Jesusgestalt als heilendes Ursakrament ausprägt. Hier liegen die Angelpunkte eines Religionsunterrichts, der Sinn- und Lebensfragen der Schüler *auf der Basis christlicher Überlieferung* (und nicht auf der Basis der Ergebnisse moderner Humanwissenschaft, so sehr diese herangezogen werden können und sollen) bearbeitet. Deshalb ergeben sich aus dieser Spalte des Strukturgitters die *Ziele* für mein Unterrichtsprojekt.

Wenn ich auf diese Weise die in Spalte 1 genannten Lebensgrund-vollzüge und die jetzt in Spalte 2 beschriebenen christlichen Qualifi-kationen dieser Lebensvollzüge zusammensehe, ergeben sich für mein Unterrichtsprojekt folgende Lernziele:

Die Schüler sollen nachvollziehen können, daß Angst überwunden und Freiheit gewonnen werden kann,

1. wenn sie auftretende Schwierigkeiten in Mündigkeit selbst in die Hand nehmen und anpacken (Firmung, Taufe), (vgl. erste Stunde, klingt in allen weiteren Stunden mit an);
2. wenn die Schüler dabei in Richtung auf ein offenes und zuge-wandtes menschliches Zusammenleben gehen (Taufe, Firmung), (vgl. 2.–4. Stunde);
3. wenn sie konstitutive und (also) überwindbare Daseinsgrenzen akzeptieren und in ihr Leben integrieren (Krankensalbung) (vgl. 5.–7. Stunde);
4. dabei sollen sie die spezifisch christliche (jesuanische) Prägung dieses Bewältigungsmusters von Angst erkennen (3.–7. Stunde, bes. 7. Stunde).

Durch diese sakramententheologisch orientierte Struktur des Unter-richtsprojekts kann erreicht werden, daß der Lehrer nicht als (Pseu-do-)Psychologe, sondern eben als Theologe und Religionslehrer (d. h. auf der Basis christlicher Tradition) die Lebensprobleme der Schüler behandelt.

Die *Frage 3* fragt nach möglichen Medien[1], die geeignet sind, die Schüler auf die in Frage 2 genannten Elemente aufmerksam zu machen. Jeder Lehrer hat ja sein eigenes Repertoire solcher Medien, aus denen er nun entsprechend den genannten Zielsetzungen seines Projekts auswählt. Für mich ergab sich dabei folgender Aufbau des Unterrichtsprojekts:

---

[1] Mögliche alternative Medien s. Kap. 4.2.

I. UNTERRICHTSEINHEIT: ICH HABE ANGST
(Zu Ziel 1: Schwierigkeiten selbst in die Hand nehmen)

1. Stunde:

Thema: **Situationen, vor denen (oder in denen) ich Angst habe**

A. Zur „empirischen" (phänomenologischen) Erschließung
    des Themenfeldes
    Thema: Was mir Angst macht, wenn ich die Tageszeitung lese[2]
    (evtl. als häusliche Vorarbeit: Collage erstellen)

B. Zur Vertiefung in die (christlich qualifizierte)
    religiöse Dimension anhand der Lernziele
    (für diese und alle weiteren Stunden)

M 1: Lied „Einer trage des anderen Last" von der Schallplatte
      „Unkraut Leben" (als Medium, das Situationen anspricht, in
      denen der junge Mensch von heute in die Enge getrieben ist
      und mit Angst reagiert, dabei auch schon andeutet, daß es
      gilt, die Schwierigkeiten „selbst in die Hand zu nehmen")

II. UNTERRICHTSEINHEIT:
ANGST KANN KRÄFTE FREISETZEN
ZU EINEM ZIELGERICHTETEN AUFBRUCH
(Zu Ziel 2: Bei der Überwindung von Angst in Richtung auf ein
offenes und zugewandtes menschliches Zusammenleben gehen)

2. Stunde

Thema: **Aufbruch ins Ungewisse**

M 2: Fluchtsituation im Leben einer jungen Frau (Text)
M 3: Franz Kafka: Der Aufbruch

---

[2] Die phänomenologische Erschließung des Problemfeldes Angst wurde in
dieser Reihe aus zeitlichen Gründen nur sehr kurz angegangen. Zu einer
ausführlichen Behandlung sind weitere Vorschläge bei den alternativen
Medien angegeben.

3. Stunde

Thema: **Aufbruch auf ein Ziel hin**

M 4:   Martin Luther King: Ich habe einen Traum
M 5:   Lied „Wir haben einen Traum" von der gleichnamigen
       Schallplatte

III. UNTERRICHTSEINHEIT:
FREIHEIT GEWINNEN DURCH ANNAHME DER
EIGENEN ANGST UND BEGRENZTHEIT
(Zu Ziel 3: konstitutive und also unüberwindbare
Daseinsgrenzen akzeptieren und ins Leben integrieren)

5. Stunde

Thema: **Angst und Grenzen bei sich zulassen**

M 6:   Annette Rauert: „Der Schritt zurück"

6. Stunde

Thema: **Selbst-Erfahrung von Angst und Freiheit durch die
         Grunderfahrung Atmen**

M 7:   Arbeitsblatt mit Anweisungen zu dieser Atemübung

Die *Frage 4* fragt nach Überlieferungskomplexen, die geeignet sind,
den Schülern aufzudecken, daß und wie das erarbeitete „Bewältigungsmuster" in der christlichen Tradition beheimatet ist. Ich
wählte hierzu als Einstimmung ein Bild aus, das zum lukanischen
Sterbewort Jesu (Lk 23, 46) hinführt. Ich schreibe dies auf ein Arbeitsblatt und bringe es dabei mit der Ölbergszene in Verbindung.
So entstand die

IV. UNTERRICHTSEINHEIT:
CHRISTLICHE ÜBERLIEFERUNG ALS BASIS UND
„MUSTER" FÜR DIE AUFGEZEIGTE ART UND WEISE,
ANGST ZU BEWÄLTIGEN
UND FREIHEIT ZU GEWINNEN
(Zu Ziel 4: Jesuanische Prägung des aufgezeigten
Bewältigungsmusters von Angst erkennen)

7. Stunde

Thema: **Jesus überwindet seine Angst und gewinnt angesichts
des Todes Freiheit**

M 8: Bild „Der Vater und sein Sohn" (André Fougeron)
M 9: Arbeitsblatt zur Deutung des Todesschreies bei Lk 23, 46 in
Verbindung zur „Ölbergangst" und dazu verfaßten
Situationstexten der Schüler

Aus den der Unterrichtsreihe zugrunde liegenden sakramentalen
Lebensvollzügen ergeben sich mögliche Verbindungslinien zu
traditionsorientierten Ziel- und Themenfeldern, die sich als Anschlußthemen an das mit Hilfe des Sakramentenrasters erarbeitete
Problemfeld anschließen.

z. B.:

— Gestalten religiösen Engagements (wie M. L. King), Zielfelderpaln
  III.1.9
— Erscheinungserzählungen, IV 1.9 (Die Jünger überwinden ihre
  Angst; Aufbruch: Sendungsauftrag. — Sie akzeptieren den irdi-
  schen Tod Jesu und gewinnen Freiheit in der Erfahrung seiner
  Auferstehung)
— Jesus der Christus, IV 3.9 in Verbindung mit Kreuz und Erlösung,
  VI. 3.9
— Israels Weg als gedeutete Geschichte, IV. 1.9 (Exodus als Über-
  windung der Enge und Unfreiheit des Lebens in Ägypten)

2. PROTOKOLL DER DURCHGEFÜHRTEN UNTERRICHTSSTUNDEN

I. UNTERRICHTSEINHEIT: ICH HABE ANGST

1. Stunde: Situationen, vor denen (oder in denen) ich Angst habe

In dieser ersten in die Thematik einführenden Unterrichtsstunde zählten die Schüler als erstes auf, was ihnen Angst macht, wenn sie beispielsweise die Tageszeitung aufschlagen oder die Tagesschau ansehen. Im Anschluß daran hörten sie das Lied „Sprücheklopfer" (M 1) von der Schallplatte „Unkraut leben". Die Situationen der Angst (keine Arbeit, kein Geld, keine berufliche Aussicht . . . „no future . . .") wurden herausgestellt und mit den Angstsituationen der Schüler in Verbindung gebracht. Wir dachten darüber nach, wie man mit solchen Lebenssituationen umgehen kann.

Die Schüler fühlten sich von Text (und Musik) angesprochen. Sie identifizierten sich mit dem Text, der auch ihre bereits genannten Ängste vor Krieg, Umweltgefährdung, Beziehungslosigkeit und vor allem ihre Angst vor der auf sie zukommenden beruflichen Ungewißheit ansprach. Die Schüler erzählten von ihren beruflichen Wunschvorstellungen nach dem Abschluß der 10. Klasse, brachten aber zum Ausdruck, daß es ihnen ziemlich klar ist, daß sie auf andere Berufe zurückgreifen müssen oder auch gar keine Lehrstelle und Arbeit bekommen werden. Sie identifizierten sich besonders mit der Textaussage: „Die Wut im Bauch wird größer." Ihre Angst vor der Zukunft äußerte sich also nicht in depressiven, sondern in aggressiven Gefühlen.

II. UNTERRICHTSEINHEIT: ANGST KANN KRÄFTE FREISETZEN ZU EINEM ZIELGERICHTETEN AUFBRUCH

2. Stunde: Angst und Flucht aus dem Alltag: Aufbruch ins Ungewisse

In dieser Stunde wurde herausgestellt, daß auch Menschen, die vordergründig gesehen eigentlich „alles haben", nicht ohne Angst leben (beispielsweise haben sie Angst vor der Monotonie des Alltags). Dabei wurde mit einbezogen, daß Angst auch Kräfte freisetzen kann, einen Aufbruch zu wagen. – Dies sollte durch den Kafkatext „Der Aufbruch" (M 3) in den Erfahrungsbereich der Schüler gebracht werden. Da mir der Text für diese Klasse etwas abstrakt erschien, erzählte ich ihnen vorher eine Situation aus dem Leben einer jungen Frau (M 2), die beruflich und familiär gesichert ist und trotzdem immer wieder versucht, ihrem Alltag zu entfliehen. Dazu wurde aus dem Kafkatext herausgestellt, daß hier ein Aufbruch ins Ungewisse („. . . ‚Weg-von-hier‘, das ist mein Ziel . . .") gewagt wird. Die Schüler suchten zum Abschluß der Stunde Überschriften zum Text.

Durch das zusätzliche Beispiel von der jungen Frau fiel es den Schülern nicht schwer, die Textaussage Kafkas trotz der verschlüsselten Bildsprache zu erfassen. Sie nannten ähnliche Situationen, beispielsweise, daß sie manchmal alles stehen und liegen lassen möchten, „die Flatter machen möchten", weil sie Angst haben, in der Langeweile des Alltags etwas zu verpassen. Gerade die Ziellosigkeit des Aufbruchs bei Kafka konnte von ihnen besonders gut nachvollzogen werden. Folgende Überschriften zum Text wurden genannt: Flucht aus dem Alltag, das ungewisse Ziel, die Suche nach der Freiheit, das offene Ziel, die Reise ohne Ziel, die Reise ins Ungewisse, die Reise zum Ich, die große Freiheit.

3. Stunde: Aufbruch auf ein Ziel hin: Ich habe einen Traum:

Die dritte Stunde hatte zum Inhalt, daß es über den Aufbruch ins Ungewisse hinaus den zielgerichteten Aufbruch gibt, der das Leben eines Menschen ganz durchdringen und erfüllen kann. Nach einem einführenden Gespräch über das (christlich geprägte) Leben von Martin Luther King wurde der Text „Ich habe einen Traum" (M 4) vorgestellt. Die Schüler stellten dazu in Partnerarbeit heraus, was den Texten von Kafka und King gemeinsam ist und wo sie sich unterscheiden.

Nach dieser Stunde hatte ich den Eindruck, daß die Schüler sich mit den Texten aus der ersten und zweiten Stunde besser identifizieren konnten als mit den Aussagen Martin Luther Kings. Es wurde recht gut erfaßt, daß King sein Leben auf ein konkretes Ziel, einen Lebenstraum hin ausrichtet, aber die Schüler sprachen, da ihnen die Identifikationsmöglichkeit fehlte, mehr über den Text als aus dem Text heraus von sich selbst. Aus diesem Grund wurde dazu eine zusätzliche Stunde geplant, in der den Schülern die Möglichkeit gegeben werden sollte, sich selbst wieder mehr einzubringen.

4. Stunde: (aufgrund des bisherigen Unterrichtsverlaufs zusätzlich eingefügt): Wir haben einen Traum ...

Um den Schülern den Traum Martin Luther Kings konkreter nahezubringen, hörten sie in dieser Stunde in einer Meditation das Lied „Wir haben einen Traum" (M 5), mit der alle Strophen durchdringenden Bitte: „Befrei' uns, Herr, befreie uns . . .". Es wurde den Schülern nahegebracht, trotz der Möglichkeit des Scheiterns, die Kraft des Träumens zur Hoffnung auf ein besseres Leben wachsen zu lassen und gerade in der Hoffnungslosigkeit für sich und andere „Lichtblicke" und Freiräume zu schaffen. Die Schüler schrieben (jeder für sich) aus der Meditation heraus einen Text, in dem sie von ihren Träumen und Hoffnungen erzählten.

Es konnte in dieser Stunde gelingen, die Schüler ganz nahe bei sich selbst sein zu lassen. Sie wünschten sich viel Zeit zum Nachdenken und zum Schreiben. Nur einer Schülerin war es nicht möglich, eigene Träume zu formulieren. Sie konnte sich aber später mit einigen vorgestellten Träumen ihrer Mitschüler identifizieren.

Einige Schüleraussagen sollen im Rückblick auf die Stunde genannt werden:

— *Ich träume von Frieden, von Abrüstung und Freiheit. Ich träume von einer guten Zukunft, daß es keinen Krieg mehr gibt, daß ich gesund bleibe, daß ich bestimmen kann, was gut für mich ist, daß ich einen Ausbildunsplatz bekomme und später viel Geld habe, daß ich später vielleicht selbst jungen Leuten Arbeit geben kann, daß jeder Mensch seine Freiheit hat.*

— *Ich habe mehrere Träume: ich träume davon, daß ich selbst entscheiden kann, was gut für mich ist. Ich möchte nicht so empfindlich und egoistisch sein. Es dürfte keine Not mehr geben! Man müßte die Umweltzerstörung stoppen. Es müßte mehr Arbeit da sein. Es müßte abgerüstet werden und ein dritter Weltkrieg verhindert werden. Ich träume davon, daß die Schulpflicht auf freiwilliger Basis gemacht wird. Ich träume davon, daß es keine sadistischen und schadenfrohen Lehrer mehr gibt. Ich träume davon, daß die Regierung weniger „Scheiße" macht. Ich träume davon, daß der Staat weniger Macht hat. Ich träume davon, daß ich genug Geld habe und mir viel erlauben kann.*

— *Ich träume davon, daß ich von anderen nicht kommandiert werde, sondern tun kann, was ich selbst will. Ich träume, daß ich nicht soviel streite, sondern nett zu allen bin und umgekehrt und daß ich, wenn ich allein sein will, auch allein gelassen werde.*

Auf diese Weise gelang es nun doch, das (bei Kafka und der jungen Frau)
noch inhaltlich leere Aufbruchspathos mit Inhalt zu füllen. Es ergab sich
also, daß dieser Inhalt nicht allgemein vorgegeben werden konnte (etwa:
Frieden, Freiheit, Gerechtigkeit im Anschluß an den Text von M. L. King),
sondern vom Schüler je individuell gesucht und gefunden werden mußte.
Nachträglich konnten dann die von den Schülern gefundenen Inhalte mit
den Inhalten des Traumes von M. L. King verglichen werden, wobei es
freilich nicht um eine übergestülpte moralische Wertung gehen darf, sondern
um die sachlich-nüchterne Frage, welche Ziele und Inhalte am meisten Kraft
und Motivation geben, also befreiend wirken können.

III. UNTERRICHTSEINHEIT:
FREIHEIT GEWINNEN DURCH ANNAHME DER EIGENEN ANGST UND BEGRENZTHEIT

5. Stunde: Angst und Grenzen bei sich zulassen, oder: Der Schritt zurück — ein Rückschritt?

Zum Stundenanfang wurde zusammengefaßt, was bisher über Angst
gesagt wurde: Angst kann beengen, lähmen, aber auch wütend
machen (1. Stunde); Angst kann Kräfte freisetzen, aufzubrechen
(2. Stunde), in der Angst können (aber) auch Träume und Hoffnungen wachsen, die ein Leben bestimmen und frei machen (4. und
5. Stunde). Im Anschluß daran sollte in dieser Stunde thematisiert
werden, daß es Ängste und Begrenztheiten gibt, die nicht zu überwinden sind, daß man aber gerade diese Grenzen annehmen und ins
eigene Leben miteinbeziehen kann. Die Schüler hörten dazu die
Geschichte „Ein Schritt zurück" (Ein Junge begreift auf dem Zehn-
meterbrett stehend, daß er noch nicht soweit ist, den Sprung zu
wagen; er kehrt um. — M 6). Die Schüler nannten Beispiele eigener
Angstsituationen und beschrieben, wie sie versuchen, mit ihren
Ängsten umzugehen.

Trotz des relativ langen Textes fühlten sich die Schüler angesprochen. Die
Situation konnte von den meisten gut nachvollzogen werden. Einigen
Schülern war es nicht von Anfang an klar, daß der Junge trotz seiner
Schwäche stark ist, indem er sie anerkennt. Hier mußte das Gespräch noch
weiter vertieft werden.

Zu ihren eigenen Angstsituationen schrieben die Schüler z. B.:
- *Ich habe Angst vor der Zukunft und vor dem, was später passiert. Ich versuche damit fertigzuwerden, indem ich mir vorstelle, daß es schlimm kommen kann und ich die Hoffnung trotzdem nicht aufgebe.*
- *Ich habe Angst vor der Aufnahmeprüfung. Ich stelle mir vor, daß der Prüfer ein Mensch ist wie jeder andere und vielleicht eine Familie mit Kindern hat, die ähnliche Probleme haben wie ich. Wie ich können sie die Prüfung bestehen oder auch nicht. Mit diesem Gedanken werde ich gelassener.*

In diesen von den Schülern genannten Lösungsmöglichkeiten wurde die angstauslösende Situation nicht verändert, sondern angenommen, akzeptiert, erträglich gemacht und so in das Leben integriert.
Fast alle Schüler schrieben über ihre Angst vor bevorstehenden Prüfungen oder vor dem zukünftigen Arbeitgeber, weil sie sich stark mit dem auf sie zukommenden ersten Praktikum in der Arbeitswelt beschäftigten.
Von einigen kamen relativ schnell Möglichkeiten, mit ihrer Angst umzugehen. Andere Schüler allerdings beschrieben Angstsituationen, die für sie unveränderbar galten, ohne angeben zu können, ob und wie sie diese Situationen ins Leben integrieren, mit ihnen umgehen können, beispielsweise: „Angst vor dem zukünftigen Arbeitgeber, Angst vor dem Zahnarzt, Angst vor dem Tod, Angst vor der Zukunft — nur Angst!"
Ich hoffe aber, daß die in dieser Unterrichtsreihe angebotenen „Bewältigungsmuster" gerade auch bei diesen Schülern auf ihre Zukunft hin etwas bewirken, indem sie die Schüler dazu brachten, über ihre Angst zu sprechen, was schon ein Anfang ist auf dem Wege, Angst in das Leben zu integrieren und so zu bewältigen. Besonders in der 7. Stunde wurde dann dazu noch vertiefend gearbeitet.

6. Stunde: Selbsterfahrung zum Thema Angst und Freiheit durch die Grunderfahrung „Atmen"

Um die vorherigen Stunden zu vertiefen und um das Thema der kommenden Stunde, die Angst Jesu vor seinem Tod (mit seiner letzten Aussage: „... Vater, in deine Hände gebe ich meinen ‚Geist' ", d. h. den letzten Atemzug) tiefer zu erfassen, wurden in dieser Stunde Atemübungen gemacht, in denen das Gefühl von Angst und Befreiung erfahrbar werden kann. Dazu wurde vor der Übung nochmals wiederholend herausgestellt, wie sich der Junge auf dem Sprungbrett (M 6) gefühlt hat (er wollte noch ein paar Sekunden atmen, er hatte das Bedürfnis, zu schreien, fühlte sich übel, Druck lastete auf ihm usw. ...). Danach sollte durch bewußtes

Atem anhalten und bewußtes Ein- und Ausatmen die Erfahrung gemacht werden, daß im Atem Befreiung und Leben spürbar wird. Die Schüler schrieben nach jeder Atemübung ihre Gefühle dazu auf (Arbeitsblatt M 7 mit Anweisungen) und gaben der Stunde eine Überschrift.[3]

Es war am Anfang der Stunde in der Klasse etwas unruhig, da die Schüler solche Übungen zur Selbsterfahrung noch nicht kannten. Die zur Übung notwendige Konzentration stellte sich jedoch schnell ein, die Schüler machten gute und genaue Angaben zur Beschreibung ihrer Gefühle. In den Arbeitsblättern wurde beispielsweise ausgesagt:

a) Gefühl beim Luft-Anhalten:

— Ein bedrückendes Gefühl im Bauch. Alles ist hart und man fühlt sich von innen eingeengt.

— Ich fühle in meinem Innern Druck. Ich fühle, daß ich bei längerem Anhalten der Luft umfallen würde. Ich wäre dann tot.

— Ich glaube, ich war ganz rot im Gesicht. Mir wurde schwindelig.

— Ich schwitzte und kam in einen Angstzustand, der immer schlimmer wurde.

b) Gefühl beim bewußten Aus- und Einatmen:

— Wenn man genug Luft einatmet, fühlt man sich frei. Nichts ist angespannt im Bauch oder im Hals.

— Man fühlt sich von dem bedrückenden Gefühl beim Atemanhalten befreit.

— Ich fühlte, daß ich ruhig bin. Die Angst geht langsam zurück. Ich fühle mich frei.

Folgende Überschriften wurden zur Stunde gefunden:

Das zweite Leben — Atemgefühle — Atmen — nicht mehr atmen (Todesangst) — Angst und Freiheit — Was wäre, wenn . . .

Die Schüler bezogen den ersten Teil der Übung vielfach auf den Tod, da sie sich vor dieser Unterrichtsreihe mit dem Thema Tod beschäftigt hatten. Die Übung erschloß Atmen als Symbolhandlung, in der das Sich-Ergeben, die Annahme und Hinnahme der eigenen Begrenztheit als befreiend und erlösend erlebt wurde: Atem anhalten ist Anstrengung, ein Sich-Zusammen-Nehmen; z. B. beim Heben eines schweren Gegenstandes, bei einem Klimmzug usw. wird der Atem angehalten. Das geht aber nur eine be-

---

[3] Vgl. auch: Grundschulreihe „Rel. Erfahrung durch das Symbol ‚Wind‘“, 2. Stunde, Kap. B. 3.2.

stimmte Zeit. Das Sich-Anstrengen, Sich-Zusammen-Nehmen ist für den Menschen begrenzt. Wenn er sich an dieser Grenze „ergibt", seine Begrenztheit annimmt und den Atem wieder fließen läßt, erfährt er dies als Erlösung und Befreiung.

IV. UNTERRICHTSEINHEIT:
CHRISTLICHE ÜBERLIEFERUNG ALS BASIS UND „MUSTER" FÜR DIE AUFGEZEIGTE ART UND WEISE, ANGST ZU BEWÄLTIGEN UND FREIHEIT ZU GEWINNEN

7. Stunde: Jesus überwindet seine Angst und gewinnt angesichts des Todes Freiheit

Im Anschluß an die meditative Unterrichtsstunde „Atmen" sollten die Schüler jetzt von der Angst Jesu erfahren. Um den Bibeltext Lk 23, 46 „... Vater in deine Hände ... (unter Bezug auf die Ölberg-Angst) möglichst nahe an die Schüler heranzubringen, erfolgte vor dem Texteinsatz eine kurze Meditation zum Bild „Der Vater und sein Sohn" von André Fougeron (M 8).

In der Darstellung konnte erfaßt werden: Der Vater ist groß und stark. Er blickt gleichzeitig ernst und freundlich und scheint stolz auf sein Kind zu sein. Das Kind erfährt auf seinen Schultern sitzend Sicherheit und Geborgenheit. Es wird aber nicht eingeengt, erdrückt, der Vater hält es nur soweit fest, wie das Kind benötigt, um nicht zu fallen. Das vom Vater (auf seine Schultern) gehobene Kind hat ein großes Blickfeld. Es kann Freiheit und Weite erleben, es ist (über den Vater hinaus) in ein helles, strahlendes Licht gehoben.

Nach der Bildbetrachtung wurde versucht, den Bibeltext in einem meditativen Gespräch zu erschließen im Hinblick darauf, daß Jesus seine Todesangst im Vertrauen auf den Vater überwindet und dadurch Freiheit, neues Leben erfährt. Zum Abschluß der Stunde lud ich die Schüler dazu ein, einen „Brief" an ihre Zukunft zu schreiben (Arbeitsblatt M 9), in dem zum Ausdruck kommen sollte, daß sie trotz aller Lebensangst versuchen, ihr Leben vertrauensvoll in die Hand zu nehmen. „Zukunft" gewinnt dabei, im Brief als Person angesprochen, von selbst den Charakter von Zukunft, die auf den Menschen zukommt und ihm Raum zu Gestaltungsmöglichkeiten gibt. Sie ist Zukunft als „adventus" und unterscheidet sich so von Zukunft als „futurum", als der vom Menschen planerisch zu gestaltenden Zukunft. Zukunft als „adventus" setzt erst Zukunft als „futurum" frei und ermöglicht sie. Karl Rahner hat aufgezeigt (Rahner, Bd. 9, 1970, 519—540), daß die zuerst genannte Art von Zukunft, die „absolute Zukunft" in christlicher Tradition „Gott selbst" ist (ebd., 523). Auch wenn die Schüler diese Zusammenhänge nicht rational reflektieren, *fühlen* sie doch im Zusammenhang der durchgeführten Unterrichtsreihe, daß sie sich in ihrem Brief an die Zukunft an dieselbe Macht wenden, der Jesus sterbend seinen Lebensatem anvertraut hat; sie schreiben, mehr oder weniger darum wissend, ein Gebet.

Nach dieser, die Reihe abschließenden Unterrichtsstunde hatte ich den Eindruck, daß sich die Schüler von dieser Stunde innerhalb der Reihe am meisten angesprochen fühlten. Die Stunde verlief zugleich in Aktivität und in einer meditativen Atmosphäre. Bei der Bildbesprechung waren die Schüler gut bei der Sache, hatten aber einige Schwierigkeiten, sich zum Bild auszudrücken, da sie bisher selten Bilder meditiert hatten. Es bestand keine Schwierigkeit, den Lukastext in seinem Bezug zur Stunde (und zur gesamten Reihe) zu erfassen. Auch das im Arbeitsblatt vorkommende Bildwort „Blut schwitzen" (Ölbergangst) wurde begriffen. Die Schüler deuteten es so, daß Jesus in seiner Todesangst sein ganzes Leben nach außen läßt, „aus-schwitzt".

Einige „Briefe der Schüler an ihre Zukunft" sollen abschließend vorgestellt werden:

— *... und doch möchte ich leben, weil ich versuche, meine Probleme zu lösen, so daß mir das Leben wieder einfacher erscheint und daß ich noch hoffen kann, daß sich die Welt noch verändert, daß es mir später mal besser gehen wird. Ich habe Angst vor dem Tod und so lange ich noch leben werde, werde ich versuchen, das beste daraus zu machen.*

— *... weil ich Freunde habe, mit denen ich gut auskomme, weil ich mir nicht vorstellen kann, daß mit dem Tod alles vorbei ist, daß ich nichts mehr von der Erde sehe. Ich glaube, ich kann ohne Angst in die Zukunft sehen, weil ich Freunde habe, mit denen ich reden kann, in die ich Vertrauen setzen kann.*

— *... weil ich gewisse Aufgaben habe, die ich erfüllen möchte. Auch möchte ich mich mit Freunden unterhalten und zusammensetzen. Auch möchte ich einen Beruf haben und Freude haben.*

— *... weil ich versuchen möchte, meine Probleme zu lösen, wodurch mir das Leben leichter erscheint. Andere Menschen haben das auch schon geschafft. Ich glaube, daß es für mich bald eine bessere Zukunft gibt, weil ich Freunde habe, die mir helfen.*

In vielen „Briefen" ging es um die berufliche Zukunft, aber immer wieder wurde angesprochen, daß sich das Leben lohnt, weil Menschen da sind, zu denen vertrauensvolle und freundschaftliche Beziehungen existieren. Es wurde in den Texten deutlich, daß bei fast allen Schülern Hoffnung auf Leben besteht!

3. Rückblick auf die Unterrichtsreihe

Die Reihe wurde durchgeführt in einer 10. Hauptschulklasse (A-Klasse mit Hauptschulabschluß; 6 Jungen und 10 Mädchen). Die Klasse wurde wegen dieser Selektion nach den großen Ferien neu zusammengesetzt und kannte sich zum Zeitpunkt der Durchführung meiner Reihe erst zwei Monate. In diese Fremdheitssituation kam ich als zusätzlich unterrichtende Lehrkraft (Ende Oktober 1982) neu hinzu. Es ergab sich, daß 5 Studenten, die ihr fachdidaktisches Praktikum im Fach Religion vor sich haben, in meinem Unterricht zeitweise hospitierten und im Anschluß an diese Reihe selbst unterrichteten. Es gelang jedoch, mit der Klasse in guten Kontakt zu kommen, zumal das Kennenlernen durch die relativ kleine Schülerzahl beschleunigt wurde.
Mir ist während des Aufenthalts in der Klasse aufgefallen, daß die Schüler etwas schüchtern und verschlossen waren (auch gegenüber den ihnen länger bekannten Lehrern). Es fiel ihnen beispielsweise schwer, sich verbal zu äußern, zumal längere Diskussionen zu führen. Sie konnten sich am besten persönlich einbringen, wenn zur Studenthematik in längeren Phasen schriftlich gearbeitet wurde. Wahrscheinlich benötigten sie einen solchen Zeitraum, in dem sie sich nicht an Verhalten und Leistung der Mitschüler zu messen brauchten. Ebenfalls mußte beim Einsatz der Medien darauf geachtet werden, daß die Texte für ihr Verständnis nicht abstrakt waren. Aus diesem Grunde wurde in dieser (und in der nächsten) Reihe auf den Einsatz einiger eingeplanter Medien verzichtet, die durch einfachere ersetzt wurden. (Diese ursprünglich geplanten, dann aber nicht eingesetzten Medien werden im Anhang als „alternative Medien" im Kap. 4.2 angegeben.)
Die Reihe konnte mit ihren 7 Stunden nur relativ kurz angelegt werden, da bei den Schülern für den nächsten Monat ihr erstes Praktikum in verschiedenen Berufszweigen bevorstand. Dieses Praktikum und darüber hinaus die berufliche Zukunft, wurde innerhalb der Reihe immer wieder angesprochen. Zum Thema

„Angst" kamen die Schüler in fast jeder Stunde auf ihre derzeitig größte Zukunftsangst zu sprechen, den beruflichen Anforderungen nicht gewachsen zu sein, nicht den gewünschten Ausbildungsplatz zu bekommen und später vielleicht einmal gar keine Arbeit zu haben. Mit Sicherheit liegt hier auch der Grund für das gehemmte Verhalten mancher Schüler.

Die Unterrichtsreihe „Freiheit und Angst" mag gerade in dieser Situation für die Schüler von Bedeutung gewesen sein. Ich glaube nicht, daß innerhalb der Reihe die Gefahr bestand, ihnen eine „heile Welt" vorzugaukeln. Vielleicht aber kann die Reihe mit ihrer Intention, Hoffnung zu behalten, sich auch im Scheitern anzunehmen und sich Freiräume zu schaffen, die Schüler ein Stück auf ihrem Weg begleiten. Das Vertrauensmotiv wird in der nächsten Unterrichtsreihe „Geborgenheit und Sexualität" wieder miteinbezogen.

4. Medienmaterial zur Unterrichtsreihe

4.1 Eingesetzte Medien

M 1   Einer trag des anderen last
sagt ihr ihr habt gut reden
wenn du keine arbeit hast
hängst du schon daneben
einer trag des andern last
fragst du die sprücheklopfer
dann merkste schnell
dann denkste nur
das war der falsche dampfer

junger freund
wissen sie
verstehen sie
wir möchten gern
doch kommen sie
morgen wieder

einer trag des andern last
glaubt ihr ihr habt gut lachen
wenn du keine kröten hast
träumste nur von sachen
einer trag des andern last
fragst du die sprücheklopfer
dann merkste schnell

dann denkste nur
das war der falsche dampfer

junger freund
wo fehlt es denn
verlieren sie
nicht gleich den mut
es wird schon
wieder werden

einer trag des andern last
meint ihr ihr müßts ja wissen
wenn du keine aussicht hast
geht es dir beschissen
einer trag des andern last
fragst du die sprücheklopfer
dann merkste schnell
dann spürste nur
die wut im bauch wird größer

(Sprücheklopfer [Einer trag des anderen Last] T.: F. K. Barth + H.-J. Netz. M.: P. Janssens aus: Unkraut Leben, 1977. Rechte im Peter Janssens Musik-Verlag, 4404 Telgte)

M 2 Fluchtsituation im Leben einer jungen Frau

Sie ist 27 Jahre alt. Sie heiratete schon mit 19 und hat heute eine achtjährige Tochter.

Sie sieht noch ganz jung aus und fühlt sich auch sehr jung. Sie geht wie ihr Mann arbeiten, das Kind ist über Tag bei den Großeltern.

Sie erzählte mir: „Ich liebe meinen Mann und mein Kind und bin auch mit meinem Beruf zufrieden. Aber manchmal, wenn ich nach Hause komme halte ich es dort nicht lange aus. Ich setze mich in meinen Wagen und fahre einfach drauflos. Ich weiß oft nicht genau, ob ich Freunde besuchen will oder was sonst. Ich fahre nur so ins Blaue . . .

Manchmal bin ich unzufrieden, auch, wenn ich Freunde besucht oder neue Leute kennengelernt habe. Dann fahre ich wieder weg von ihnen, einfach drauflos . . .“ (Foos-Queck)

M 3 Ich befahl, mein Pferd aus dem Stall zu holen. Der Diener verstand mich nicht. Ich ging selbst in den Stall, sattelte mein Pferd und bestieg es. In der Ferne hörte ich eine Trompete blasen, ich fragte ihn, was das bedeute. Er wußte nichts und hatte nichts gehört. Beim Tore hielt er mich auf und fragte: „Wohin reitest du, Herr?“ „Ich weiß es nicht“, sagte ich, „nur weg von hier, nur weg von hier. Immer fort weg von hier, nur so kann ich mein Ziel erreichen.“ „Du kennst also dein Ziel?“ fragte er. „Ja“, antwortete ich, „ich sagte es doch: ,Weg-von-hier‘, das ist mein Ziel“ „Du hast keinen Eßvorrat mit“, sagte er. „Ich brauche keinen“, sagte ich, die Reise ist so lang, daß ich verhungern muß, wenn

ich auf dem Weg nichts bekomme. Kein Eßvorrat kann mich retten. Es ist ja zum Glück eine wahrhaft ungeheuere Reise."
Frank Kafka. Der Aufbruch (aus: Sämtliche Erzählungen, S. Fischer Verlag Frankfurt [16]1975, 321)

M 4   Martin Luther King

Ich habe einen Traum

„. . . Ich habe einen Traum: Ich träume davon, daß eines Tages auf den roten Hügeln Georgias die Söhne früherer Sklaven und die Söhne ehemaliger Sklavenhalter bereit sein werden, sich gemeinsam an den Tisch der Brüderlichkeit zu setzen. Ich träume davon, daß selbst der Staat Mississippi, der heute von menschlicher Ungerechtigkeit überquillt, der von der Hitze der Unterdrückung siedet, zu einer Oase der Freiheit und Gerechtigkeit wird.

. . . Ich träume davon, daß meine vier kleinen Kinder eines Tages inmitten einer Nation leben, in der sie nicht nach der Farbe ihrer Haut, sondern nach ihrem Charakter beurteilt werden.

. . . Ich träume davon, daß der Staat Alabama, dessen Gouverneur heute nur Worte des Verbotes und des Hohnes kennt, eines Tages in einen Staat verwandelt wird, in dem kleine schwarze Jungen und kleine schwarze Mädchen kleinen weißen Jungen und kleinen weißen Mädchen die Hände reichen als Schwestern und Brüder . . ."

M 5   Arbeitsblatt

Wir haben einen Traum

Wir haben eine Traum
der macht nicht blind: wir sehen.
Befrei' uns Herr, befreie uns!

Hellsichtig sind wir
mitten im Dunkel.
Nicht mehr verborgen sind
Mangel und Zwänge
die unser Leben binden.
Unser Traum sucht die heile Welt,
nicht der falschen Propheten,
sondern der Botschaft Gottes.
Wer Augen hat zu sehen, der sehe!

Wir haben einen Traum
der macht nicht taub: wir hören.
Befrei' uns Herr, befreie uns.

Hellhörig sind wir
mitten im Lärmen.
Nicht überhörbar sind
Schreie und Schüsse

die über die Erde gellen.
Unser Traum sucht die heile Welt,
nicht der Marktschreier,
sondern der Verheißung Gottes.
Wer Ohren hat zu hören, der höre!

Wir haben einen Traum,
der macht nicht stumm: wir rufen.
Befrei' uns Herr, befreie uns.

Bittende sind wir
mitten im Reichtum.
Nicht zu ertragen sind
Grenzen und Mauern,
die die Menschen entfremden.
Unser Traum sucht die brüderliche Welt,
nicht der Propagandisten,
sondern der Liebe Gottes.
Wer Stimme hat zu rufen, der rufe!

Wir haben einen Traum,
der lähmt uns nicht, wir handeln.
Befrei' uns Herr, befreie uns.

**(Wir haben einen Traum T.: A. Albrecht M.: P. Janssens aus: „Wir
haben einen Traum, 1972. Rechte beim Peter Janssens Musik Verlag,
4404 Telgte)**

M 6   Annette Rauert

Der Schritt zurück

Er stand ganz am Rand. Unter ihm die gleißende Wasseroberfläche.
Wie geschmolzenes Blei sah es aus. In seinen Schläfen hämmerte es. Er
hatte Angst, nackte Angst. Hinter sich hörte er die Stimme seines
Trainers: „Spring!" Das Pochen nahm zu, gleich mußte es seinen Kopf
sprengen. Zwischen ihm und der Wassermasse gab es nur dieses kleine
schwankende Brett, zehn Meter hoch.
Leute starrten nach oben. Sie warteten. Ihre Gesichter waren feindlich.
Trotzdem fühlte er sich ihnen verpflichtet. Er mußte springen, damit
sie ihre Sensation bekamen. Er fühlte, daß er es nicht schaffen würde.
Er war noch nicht soweit. Aber er mußte beweisen, daß er ein Mann
war. Lieber tot sein, als sich vor diesen Gesichtern blamieren. Nur
noch ein paar Sekunden atmen, dachte er, mehr verlange ich gar nicht.
Er blickte nach unten. Warum lächelte niemand. Lauter gespannte
weiße Ovale mit harten Augen. Sie wissen, daß ich es nicht kann. Es
wurde ihm schlagartig klar. Sie wissen, daß etwas passieren wird.
Warum rief ihn niemand zurück?
Plötzlich tauchte ein neuer Gedanke in seinem Gehirn auf. Hatten so
die Leute ausgesehen, die einer Hinrichtung beiwohnten? Waren ihre
Augen so hart, so unbeteiligt gewesen? Ich bin doch einer von ihnen,

wieso rufen sie mich nicht zurück? Sie wollen, daß ich mich selbst vernichte für sie. Sie verlangen, daß ich meine Angst bestrafe. Aber was werden sie nachher tun? Wenn es passiert ist, will niemand etwas dafür können.

In ihm kam das Bedürfnis auf zu schreien, die Menschen da unten aus ihrer Starre zu schreien. Sie sollten nicht das Recht haben, schuldlos an seinem Unglück zu sein. Wenn sie geschrien hätten, die Opfer der Millionen Hinrichtungen, sie hätten ihnen dieses Recht genommen. Die Übelkeit in seinem Magen verstärkte sich, nicht mehr aus Angst, sondern aus Ekel vor der Feigheit der Masse da unten. Er hätte ausspucken mögen. Stumm, wie eine Herde blöder Schafe standen sie da unten und warteten.

Aber wenn er jetzt sprang und sich für ihre Gier opferte, war er dann nicht auch so feig wie sie? Ein Schritt nur, ein Schritt. Er war so einsam. Hätte ihn jetzt jemand gerufen, wäre noch alles gut gegangen, aber sie schwiegen. Seine Verachtung stieg ins Unermeßliche.

Er forschte in seinem Gewissen. Wenn er sprang, war irgend etwas damit erreicht? Tat er damit etwas Falsches? Etwas Richtiges? Er wußte, was er tun sollte, warum sträubte er sich dagegen? Aber war das Springen heldenhaft, hatte es einen Sinn? Ein Schritt nur! Sein Fuß schob sich langsam vor. Dann ging ein Ruck durch seine Gestalt. Er richtete sich auf und drehte sich um. Ganz bewußt. Seine Unsicherheit war von ihm gewichen, der Druck, der auf ihm lastete, verschwand. Langsam kletterte er die Leiter hinab und schritt durch die starre Gruppe.

Zum ersten Mal in seinem Leben trug er den Kopf hoch. Er begegnete den Blicken der anderen mit kühler Gelassenheit. Keiner sprach ein Wort oder lachte gar. Er fühlte sich so stark, als hätte er gerade die wichtigste Prüfung in seinem Leben bestanden. Er spürte so etwas wie Achtung vor sich selbst. Eines Tages würde er auch springen, das wußte er plötzlich.

Preisgekrönte Arbeit des literarischen Schülerwettbewerbs des Privatgymnasiums Derksen, München 1976; (aus: L. Graf, M. Lienhard, R. Pertsch [Hg.], Geschichten zum Nachdenken. Ein Lesebuch für Schule, Gruppe und Familie, München-Mainz 1977, 50)

M 7   Arbeitsblatt, zur Hälfte gefaltet

_____

_____

Wir halten den Atem an: Wir atmen:

| Schreibt auf, was ihr in den letzten Sekunden dabei gefühlt habt ! | Schreibt auf, was ihr fühlt, wenn ihr tief ein- atmet und langsam ausatmet ! |

_____   _____

_____   _____

_____   _____

_____   _____

_____   _____

_____   _____

_____   _____

M 8   André Fougeron, Der Vater und sein Sohn (1959) (Staatliche Kunst-
      sammlung Dresden)

M 9   Arbeitsblatt

Bevor Jesus starb, hatte er schreckliche Angst. Die Bibel sagt sogar, daß er
Blut geschwitzt hat.
Bevor Jesus seinen letzten Atemzug tat, rief er in seiner Todesangst: „Mein
Gott, mein Gott, warum hast du mich verlassen!"
Dann aber sagte er: „Vater, in deine Hände gebe ich meinen Geist!"

Dieses Vertrauen Jesu kann auch uns helfen, Vertrauen zu haben.
Zukunft, du bist dunkel und ungewiß für mich. Vieles steht mir im
Weg. Ich habe Angst. Manchmal meine ich, man würde mir den
Lebensatem abdrücken.
Und doch möchte ich leben, weil . . .

_____

_____

_____

_____

_____

_____

_____

_____

4.2   Alternative Medien

Die hier aufgeführten Medien orientieren sich ebenfalls am sakramentendidaktischen Frageraster (vgl. Frage 3). Sie sind nach den in Frage 2 entwickelten Zielen zugeordnet.

a) Zur „empirischen" Erschließung des Problemfeldes:

   z. B. Collagen aus Illustrierten erstellen (aus Überschriften, Bildern usw.)
   zum Thema: Was mir Angst macht.

Einen Mittelweg zwischen objektiver und subjektiver Angst erschließt z. B. ein Rollenspiel: Prüfung / Ich werde zum Schulleiter gerufen / Vorstellen beim Arbeitgeber. Dabei das Gefühl beschreiben; wodurch kam es für die Zuschauer zum Ausdruck?

b) Zur Vertiefung in die (christlich qualifizierte) religiöse Dimension anhand der Lernziele:

Zu 1:   (Schwierigkeiten selbst in die Hand nehmen)
        M 1:   Bertolt Brecht: Der hilflose Knabe

Zu 2:   (. . . dabei in Richtung auf ein zugewandtes menschliches Zusammenleben gehen)
        M 2:   Walter Nigg: Eigene Wege gehen (Loslösungsprozesse und Aufbruchssituation des hl. Franz von Assisi)

Zu 3:   (Daseinsgrenzen akzeptieren)
        M 3:   Max Frisch: Vom Sterben (Menschenhaus, 66) und
        M 4:   Walter Helmut Fritz: Alte Frau (Menschenhaus, 74)

Zu 4.   (Das christlich [jesuanisch] geprägte Bewältigungsmuster von Angst als solches erkennen):

        M 5:   Text „Wenn es dunkel wird . . .“ (Verfasser nicht bekannt) in Verbindung damit, wie Jesus seine Angst überwindet und angesichts des Todes Freiheit gewinnt.
        Dazu: Jesus vor Pilatus, übertextet nach Joh 18, 37

M 1   *Der hilflose Knabe*

Herr K. sprach über die Unart, erlittenes Unrecht stillschweigend in sich hineinzufressen, und erzählte folgende Geschichte: „Einen vor sich hin weinenden Jungen fragte ein Vorübergehender nach dem Grund seines Kummers ‚Ich hatte zwei Groschen für das Kino beisammen‘, sagte der Knabe, ‚da kam ein Junge und riß mir einen aus der Hand‘, und er zeigte auf einen Jungen der in einiger Entfernung zu sehen war. ‚Hast du denn nicht um Hilfe geschrien?‘, fragte der Mann. ‚Doch‘, sagte der Junge und schluchzte ein wenig stärker. ‚Hat dich niemand gehört?‘, fragte ihn der Mann weiter, ihn liebevoll streichelnd. ‚Nein‘, schluchzte der Junge. ‚Kannst du denn nicht laut schreien?‘, fragte der Mann. ‚Nein‘, sagte der Junge und blickte ihn mit neuer Hoffnung an. Denn der Mann lächelte. ‚Dann gib auch den her‘, sagte er, nahm ihm den letzten Groschen aus der Hand und ging unbekümmert weiter.“
(aus: Bertolt Brecht, Geschichten vom Herrn Keuner, Gesammelte Werke, Band 12. © Suhrkamp Verlag, Frankfurt am Main 1967)

M 2   *Eigene Wege gehen*

„Als aber der Vater des Franziskus sah, daß er seinen Sohn von dem eingeschlagenen Weg nicht abbringen könne, bemühte er sich nach allen Kräften, ihm wenigstens das Geld abzunehmen. Deshalb

schleppte der Vater den Franziskus vor den Bischof der Stadt, damit er in dessen Hände auf sein ganzes Vermögen verzichte und alles zurückgebe, was er besitze. Weil aber Franziskus die Armut aufrichtig liebte, war er gern zu diesem Verzicht bereit. Und vor dem Bischof zeigte er kein Zögern, sondern zog seine Kleider aus und gab sie seinem Vater. Und das wunderbare Feuer seines Geistes machte ihn so trunken, daß er auch seine Unterkleider zurückgab, vor allen Leuten ganz entblößt stand und zu seinem Vater sagte: ‚Bis heute habe ich dich auf Erden meinen Vater genannt, jetzt aber kann ich voll Vertrauen sprechen: Unser Vater, der du bist im Himmel, bei dem ich alle meine Schätze hinterlegt und auf dem meine Hoffnung und Zuversicht ruht.' Als der Bischof erkannte, wie der Gottesmann Franziskus vor übergroßer Liebe zum Herrn glühte, schloß er Franziskus weinend in seine Arme, schlug den Mantel den er trug, um ihn und befahl seinen Dienern, Kleider zu bringen, um die Blöße seines Leibes zu bedecken. So also wurde der Diener des allerhöchsten Königs von allem entblößt, um dem entblößten Herrn am Kreuz nachzufolgen."
Mit den Augen der Zeitgenossen betrachtet, war Franziskus seit der Loslösung vom Vater zum Gammler des dreizehnten Jahrhunderts geworden. Er kam in einem von Mörtel bespritzten Gewand einher und hatte ein verwildertes Aussehen. Die Leute schauten sich nach ihm um, glaubten, er sei wahnsinnig geworden, und die Kinder bewarfen ihn mit Straßenkot. So sah Franziskus in der zeitgenössischen Wirklichkeit aus. Die Menschen haben damals oft über ihn den Kopf geschüttelt und haben mit ihm nur Schabernack getrieben. Selbst für manche Priester war er ein Ärgernis, da sie nicht wußten, was sie über ihn denken sollten. Wer kann diese Wirklichkeit aushalten? Wer sie nachvollziehen?
Walter Nigg (aus: Walter Nigg / Toni Schneiders, Der Mann aus Assisi, Herder Verlag, Freiburg 1975)

M 3   *Alte Frau*

Sie fegt die Steinplatten
ihres kleinen Gartens.
Sie sammelt die Zwiebeln ein,
die der Wind getrocknet hat.
Dann steht sie am Zaun,
ihrer Nachbarin zuhörend, der Not,
während sie einige verblühte Astern
zwischen den Fingern zerreibt.
(aus: Walter Helmut Fritz, Gesammelte Gedichte, Hoffmann und Campe Verlag, Hamburg 1979)

M 4   *Vom Sterben*

Heute fragt Ursel, unsere Sechsjährige, mitten aus dem Spiel heraus, ob ich gerne sterbe.

„Alle Leute müssen sterben" sage ich hinter meiner Zeitung:
„Aber gern stirbt niemand."
Sie besinnt sich.
„Ich sterbe gerne!"
„Jetzt?" sage ich: „Wirklich?"
„Jetzt nicht, nein, jetzt nicht —."
Ich lasse die Zeitung etwas sinken, um sie zu sehen, sie sitzt
am Tisch, mischt Wasserfarben.
„Aber später", sagt sie und malt mit stiller Lust: „später
sterbe ich gerne."
(aus: Max Frisch, Tagebuch 1946—1949. © Suhrkamp Verlag, Frank-
furt am Main 1950)

M 5   *Wenn es dunkel wird . . .*

Da war ein Junge von etwa 8 Jahren. Beim Spielen fiel er in einen
tiefen Schacht von noch nicht 40 cm Durchmesser. Verwirrung überall
und überall Panik. Menschen laufen hin und her. Die einen rufen dies,
die anderen das: Man müsse dies oder jenes tun! Männer hasten heran,
schleppen Leitern, Schüppen und Seile. Sie beugen sich über den
Schacht und lauschen, ob das Kind noch lebt. Einer will sogar eine
Erdbohrmaschine holen, um einen 2. Schacht zu graben, direkt neben
dem Unglücksschacht. Das ist die einzige Möglichkeit, um das Kind
zu retten, sagt er.
Die einzigen, welche ruhig bleiben in diesem Durcheinander von
Rufen und Hasten, sind die Eltern des kleinen Jungen. Als sie am
Schacht ankommen, wird es still. — Jeder sieht, wie der Vater sich über
die Öffnung beugt. Aber in diesem Augenblick, indem er das tut, hört
man plötzlich von ganz tief aus dem Schacht ein herzzereißendes
Geschrei. Sein Söhnchen lebt also noch, aber weil der Vater sich über
die Öffnung beugt, wird es dunkel im Schacht. Dadurch gerät der
Junge dann noch mehr in Angst und schreit.
Da sagt der Vater ganz ruhig: Sei nicht bang! Wenn es dunkel wird,
dann *bin ich es!*"
Das Geschrei verstummt sofort. — Der Vater gab seinem Söhnchen
ganz genaue Anweisungen, was er zu tun und zu lassen habe. Er ließ
ein langes Seil zu ihm hinab, und befahl dem Jungen, das Seil unter
den Armen um die Brust zu knoten. Dann begann er langsam zu
ziehen. Kurze Zeit später schon war der Junge gerettet.
Keinen Augenblick lang hatte er noch Angst gehabt, auch dann nicht,
als es noch dunkler im Schacht wurde. — Denn wenn das geschah,
hatte er jedes Mal an das Wort seines Vaters gedacht:
„Wenn es dunkel wird, bin ich es!"

3.2 Unterrichtsprojekt „Geborgenheit und Sexualität"

Ein Unterrichtsprojekt zu den Themenfeldern II.1.9 und II.1.10 des Zielfelderplans für die Sekundarstufe I[1] auf der didaktischen Basis der Sakramente

Durchgeführt in einer 10. Hauptschulklasse

1. Intention der Unterrichtsreihe — didaktisch-methodischer Kommentar

Der Formulierung und Auswahl des Themenfeldes „Geborgenheit und Sexualität" gehen folgende Überlegungen voraus[2]:
Die notwendige Zielsetzung des Religionsunterrichts im Themenfeld Ehe und Partnerschaft besteht darin, den Schüler auf der Grundlage christlicher Tradition zu einer tendenziell lebenslangen repressionsfreien ehelichen Partnerschaft zu befähigen. Dazu gehört, daß der Mensch Zuneigung, Achtung und Toleranz als Werte sieht und bejaht. Noch eher kann eheliche Gemeinschaft gelingen, wenn

---

[1] Vgl. Zielfelderplan für die Sekundarstufe I
— Themenfeld II. 1.9 Formen der Sexualität
1. Wozu Mann und Frau — der „sexuelle Mensch"
2. Sexualität als eigenes Erleben — persönliche Beziehung
3. Was ist weiblich — was ist männlich?
4. Zärtlichkeit und Liebe — contra Sex
5. Was dürfen wir schon — Lust ohne Risiko
— Themenfeld II. 1.10 Entwicklung zur Liebesfähigkeit
1. Sex und Liebe
2. Zur „Liebe" gezwungen oder verpflichtet?
3. Liebe und Glauben
4. Zielcharakter der Ehe
[2] Die Überlegungen orientieren sich an:
Georg Baudler, Thesen zur notwendigen religionspädagogischen Arbeit im Themenfeld Ehe und Partnerschaft innerhalb des erfahrungs- und problemorientierten Religionsunterrichts (vorgetragen auf einer Pastoralsynode in Würzburg).

die Ehepartner in ihrer Beziehung einen absoluten, Leben und Tod übergreifenden Anspruch empfinden können, also für die im Tillichschen Sinne religiöse Dimension dieses Lebensbereiches aufgeschlossen sind. Diese Empfindung findet ihren Ausdruck und ihre Bestätigung in der christlich-katholischen Tradition, in der Ehe als einer lebenslangen intimen Partnerschaft eine Symbolhandlung zu sehen, die Gottesreich im Sinne Jesu antizipiert (Ehe als Sakrament).

Die neuen Lehrpläne und Lehrbücher für den katholischen Religionsunterricht (Zielfelderpläne mit den dazugehörigen Lehrbüchern) sind prinzipiell nach diesen Grundsätzen aufgebaut: Einerseits fehlt zwar in ihnen ein ausdrückliches Zielfeld „Ehe" (weil es ja noch keine Erfahrungsgrundlage dafür gibt; Schüler sind nicht verheiratet); andererseits finden sich jedoch schon von den ersten Jahrgangsstufen an viele Zielfelder, welche die in der These 2 genannten Qualifikationen (in altersspezifischer Weise) anstreben. Sie finden sich hauptsächlich als Teilziele der Qualifikation „Fähigkeit, mit anderen zusammenzuleben". Es fehlen jedoch Ziele, welche die Qualifikation zu (ehelicher) Partnerschaft einüben und internalisieren. Außerdem kommt in den Zielen die Beziehung des Themenfeldes zur christlichen Tradition zu wenig zum Ausdruck.

Die größte Gefahr der religionsunterrichtlichen Behandlung von Ehe und Partnerschaft sehe ich darin, daß dieser Lebensbereich zu stark idealisiert wird, indem als maßgebende Wirklichkeit dargestellt wird, wofür Ehe als lebenslange intime Partnerschaft ein sakramentales und *eschatologisches Zeichen* (Hoffnungszeichen) sein soll: unauflösliche (und in diesem Sinne ins Transzendente weisende) Liebe und Verbundenheit.

In der hier erzählten Unterrichtsreihe wurde versucht, mit diesem religionspädagogischen und theologischen Vorverständnis von Ehe und Eheerziehung in einer 10. Hauptschulklasse zu arbeiten. Die Reihe wurde von Studenten im Rahmen eines fachdidaktischen Praktikums, unter dem Thema „Geborgenheit und Sexualität" mitgeplant und durchgeführt. Die Reihe knüpft an die vorherige Unterrichtsreihe an, indem sie die Überwindung von Angst (auch) durch Geborgenheitserfahrung bei Eltern und Freunden miteinbezieht.

Damit geht es in dieser Unterrichtsreihe besonders darum, den Schülern erfahrbar zu machen, daß Geborgenheit eine existentielle Grunderfahrung menschlichen Lebens (ihres Lebens!) darstellt, die vor allem im Lebensbereich Partnerschaft und Sexualität gemacht werden kann.

Die einzelnen Ziele und Inhalte der Reihe wurden wieder mit Hilfe des Frageraster aus dem sakramentendidaktischen Strukturgitter erarbeitet.

Die *Frage 1* des Frageraster fragt wieder nach den sakramental gestaltbaren Lebensvollzügen, die im betreffenden Ziel- und Themenfeld vorwiegend gelebt werden können. Dabei ergibt sich hier:

— Das Stichwort „Geborgenheit" verweist auf den zweiten Teil des sakramentendidaktischen Strukturgitters, auf die Sakramente und Sakramentalien zum Lebensvollzug Gemeinschaft, Hingabe, Geborgenheit. Alle in der Spalte 1 dieses Komplexes menschlicher Lebensfiguren aufgeführten menschlichen Grunderfahrungen sind damit angesprochen: das menschliche Miteinander-Sein im gemeinsamen Essen und Trinken, in der gemeinsam bestandenen und akzeptierten Daseinsgrenze, in der leiblichen Zuwendung (Sexualität) und im Miteinander-Sprechen.

— Das Stichwort „Sexualität" ist dabei durch das Thema des Unterrichtsprojekts in besonderer Weise herausgehoben. Wie sich aus der entsprechenden Spalte (Ehe) aus dem sakramentendidaktischen Strukturgitter ergibt, verweist dieser Komplex (ebenso wie das Sakrament der Buße) in besonderer Weise auch hin auf das Grundsakrament Taufe und damit auf die Sakramente und Sakramentalien zum Lebensvollzug „Aufbruch", „Neubeginn", „Begeistertsein". Sexualität wird in christlichem Sinn nicht allein als unverbindliches Spiel, sondern auch als in Verantwortung zu übernehmende Aufgabe gesehen, die menschliches Leben lebenslang prägen und es in Richtung eines offenen und zugewandten menschlichen Zusammenlebens in Frieden, Freiheit und Gerechtigkeit (Leben nach Art des Gottesreiches) führen soll. Der Problemkomplex „Sexualität" kann also auf der Basis christlicher Tradition nur dann zureichend behandelt werden, wenn dabei auch die menschlichen Grunderfahrungen Neubeginn, Aufbruch, Begeistertwerden (Taufe) und Mündigsein, Verantwortung übernehmen (Firmung) mit einbezogen werden.

Die *Frage 2* des Frageraster fragt wieder nach den spezifischen Elementen, die nach christlicher Überlieferung die aufgezeigten Lebensvollzüge qualifizieren müssen, damit in ihnen erlösend und befreiend die Lebensgestalt des Messias Jesus aufgeht und gegenwärtig erscheint (sie werden so zu christlichen Bewältigungsmustern des Lebens im Sinne des Synodenbeschlusses).

Hier ist die Spalte 2 des sakramentendidaktischen Strukturgitters zu befragen. Entsprechend der umfassenden Themenstellung „Geborgenheit" gilt es die in Spalte 2 dieses Komplexes aufgeführten qualifizierenden Elemente dahingehend zusammenzufassen, daß in der Beziehung zu anderen Menschen die Sehnsucht nach Geborgenheit und Friede die grundlegende Lebensfigur sein sollte, eine Geborgenheit und ein Friede freilich, der die vorhandenen Mißverständnisse und Lebensdunkelheiten nicht verdrängt, sondern in Offenheit, Versöhnungsbereitschaft, Vertrauen und „langem Atem" einbezieht und aufarbeitet. Der Lebensvollzug Sexualität ist dabei besonders durch den „langen Atem" (pneuma) bestimmt, der sich auf eine tendenziell lebenslange gegenseitig prägende Beziehung einläßt und dadurch einen Raum unbedingter und rückhaltlos sich schenkender Geborgenheit erschließt.

Aus den qualifizierenden Elementen des Komplexes „Sakramente und Sakramentalien zum Lebensvollzug Aufbruch, Neubeginn, Begeistertsein" ergibt sich, daß, christlich gesehen, sexuell zu erschließende Geborgenheitserfahrung eine Aufgabe darstellt, die entsprechend der allgemeinen Reifung der menschlichen Persönlichkeit lebensgeschichtlich anzugehen und zu verwirklichen ist. Dabei ist entsprechend dem Grundsakrament des Messias Jesus das Ziel dieser Entwicklung das offene zugewandte menschliche Zusammenleben in Frieden, Freiheit und Gerechtigkeit (entsprechend der Art menschlichen Lebens im Gottesreich). Das der Taufe benachbarte Handlungssymbol der Firmung läßt dabei erkennen, daß diese Zielbestimmung menschlicher Sexualität ein hohes Maß an Verantwortung, Engagement und Mündigkeit voraussetzt.

Nimmt man die notwendige Phänomenerhellung zu dem zu gestaltenden Unterrichtsprojekt hinzu, so ergeben sich zusammenfassend folgende Zielsetzungen des Projekts: (wobei die Ziele bei der durchgeführten Stundenfolge die hier angegebene alphabetische und numerierte Reihenfolge nicht immer einhalten)

A. Zum Phänomen: Die Schüler sollen sich ihrer
    vorgegebenen Einstellung zum Lebensbereich Partnerschaft
    und Sexualität klar werden (3. und 4. Stunde)

B. Erschließung der christlich qualifizierten religiösen
   Dimension des Phänomenbereichs:

1. (Zu Spalte 2 Teil b) des sakramentendidaktischen Strukturgit-
   ters „Gemeinschaft, Hingabe, Geborgenheit"):
   Die Schüler sollen darauf aufmerksam werden, daß in der
   Beziehung zu einem anderen Menschen die Sehnsucht des
   Menschen nach Geborgenheit eine existentielle Triebfeder
   bildet.
   (Besonders in der 1. und 2. Stunde, dabei aber noch unter
   Ausklammerung der sexuellen Partnerschaft, die in der
   3. Stunde miteinbezogen wird.)

2. (speziell zu Ehe):
   Die Schüler sollen sich mit dem „christlichen Bewältigungs-
   muster" zum Lebensbereich Sexualität auseinandersetzen:
   transzendente Geborgenheit durch eine lebenslange sexuelle
   Partnerschaft.
   (Besonders in der 6. und 7. Stunde)

3. (Zum mit einzubeziehenden Teil a) des sakramentendidaktischen Strukturgitters „Aufbruch, Neubeginn, Begeistertsein"):
   Die Schüler sollen
   a) darauf aufmerksam werden, daß die sexuelle Entwicklung
   ein Teil der Persönlichkeitsentwicklung des Menschen ist
   und ihre verschiedenen Phasen von der frühen Kindheit bis
   ins hohe Alter reichen. (Notwendige Aufbrüche und Neuan-
   sätze)
   (5. Stunde, Doppelstunde)
   b) sich damit auseinandersetzen, daß nach christlicher *und*
   humanwissenschaftlicher (tiefenpsychologischer) Sicht diese
   Entwicklung in Richtung eines offenen zugewandten
   menschlichen Zusammenlebens vor allem unter dem Aspekt
   des Friedens (der Ausgeglichenheit und Versöhntheit des
   Menschen mit sich selbst und seinen Mitmenschen) gehen
   soll.
   (7. Stunde, klingt in der 5. und 6. Stunde schon mit an)

4. (speziell zu Firmung):
   Die Schüler sollen darüber nachdenken, daß diese Zielbestimmung menschlicher Sexualität ein hohes Maß an

Verantwortung, Engagement und Offenheit gegenüber dem Partner verlangt.
(5., 6. und 7. Stunde)

Die *Frage 3* fragt nach den profanen Medien, mit deren Hilfe die genannten christlichen Qualifikationen unterrichtlich erschlossen werden können. Mit Hilfe dieser so gefundenen Medien lassen sich drei Unterrichtseinheiten strukturieren:

I. UNTERRICHTSEINHEIT: GEBORGENHEITSERFAHRUNG
(zu Ziel B 1)

1. Stunde

Thema: **Geborgenheit in der Gruppe**

M 1: Geschichte „Der neue Stürmer" von Markus Buschkotte

2. Stunde

Thema: **Hände als Zeichen von Geborgenheit und Vertrauen**

M 2: Zur Selbsterfahrung von Geborgenheit und Vertrauen: Einsatz des Spiels „blind führen" mit dazugehörigem Arbeitsblatt

II. UNTERRICHTSEINHEIT:
LEBENSBEREICH PARTNERSCHAFT UND SEXUALITÄT
(zu Ziel A, geht schon auf Ziele B 3 und 4 zu)

3. Stunde

Thema: **Vorstellungen von Geborgenheit in der Familie**

M 3: Film: Die Großen und die Kleinen
(im Medienteil 3.1 mit kurzer Inhaltsangabe)

4. Stunde

Thema: **Schülervorstellungen:
Was erwarte ich von meinem Partner?**

M 4: Arbeitsfragebogen zum Thema

III. UNTERRICHTSEINHEIT:
SEXUALITÄT ALS TEIL DER PERSÖNLICHKEITS-
ENTWICKLUNG – SEXUALITÄT IM RAHMEN VON
VERANTWORTUNG, ENGAGEMENT UND OFFENHEIT
ZUM PARTNER
(zu den Zielen B. 3 a und B. 4)

5. Stunde (Doppelstunde)

Thema: **Entwicklung, Geborgenheit und Verantwortung
in der Partnerschaft**

M 5:   Tonbildserie „Liebe" ohne Liebe?
(im Medienteil mit Inhaltsangabe)

Die *Frage 4* fragt nach Überlieferungskomplexen, die geeignet sind,
den Schülern aufzudecken, daß die Thematik „Geborgenheit und
Sexualität" in den vorausgegangenen Unterrichtsstunden unter
christlichem Blickwinkel und im Vorverständnis christlicher Tradition erörtert wurde und also spezifisch christliche Bewältigungsmuster des Lebens aufgezeigt wurden. Dabei wurde aus der Spalte 5
zum Sakrament der Ehe der für diesen Komplex zentrale Text aus
Genesis 2, 18–25 genommen, den Jesus in seinem Streitgespräch mit
den Pharisäern über die mosaische Ehegesetzgebung ins Zentrum
seiner Argumentation stellt (Mt 19, 1–9 par Mk 10, 2–12). Der
allgemeine Aspekt „Geborgenheit", der das menschliche Miteinander-Sein im ganzen beinhaltet, wurde durch das „Hohelied der
Liebe" aus dem 1. Korintherbrief (1 Kor 13) in seiner christlichen
Ausprägung beleuchtet. So ergab sich folgende

IV. UNTERRICHTSEINHEIT:
CHRISTLICHE BEWÄLTIGUNGSMUSTER
ZUM LEBENSBEREICH GEBORGENHEIT
UND SEXUALITÄT
(zu Ziel B. 2, – in Verbindung zu den Zielen B. 3 b [Aspekt des
Friedens] und 4 [Verantwortung])

6. Stunde

Thema: **Das Hohelied der Liebe ...**

M 6:   Bibeltext 1 Kor 13 (mit Textblatt für die Schüler)
M 7:   Arbeitsblatt zum Thema

7. Stunde

Thema: **... Ein Fleisch werden ...**

M 8:   Bibeltext Gen 2, 18–25:
        Gott erschafft dem ersten Menschen eine Gefährtin

Aus den der Reihe zugrunde liegenden sakramentalen Lebensvollzügen ergibt sich die Verbindungslinie zu einem möglichen Anschluß-
thema an die Reihe:
„Kirche" in Zusammenhang mit Familie, Hausgemeinde als kleinster
Form von Kirche, (Zielfelderplan IV, 4) für die Klassen 9 und 10.

2. Protokoll der durchgeführten Unterrichtsreihe

2.1   Zur Entstehung der Reihe

Nachdem die Ziele zur Unterrichtsreihe bereits aufgestellt waren,
ergab sich, wie schon erwähnt, die Situation, daß zum Zeitpunkt der
Durchführung ein fachdidaktisches Praktikum in der Klasse stattfinden sollte. Dabei wurde von jedem Studenten zum Thema eine
Stunde mitgeplant und durchgeführt.
Es trat dabei das Problem auf, daß ein sofortiger Einstieg in die
Thematik „Sexuelle Partnerschaft" zu persönlich angelegt ist, um
von den Studenten, (denen die Schüler noch fremd waren und
umgekehrt), als erstes durchgeführt zu werden. – Um der Fremdheitssituation „Schüler-Studenten" entgegenzukommen, wurde
nicht, wie vorher geplant, sofort das Thema „Sexualität" angegangen,
sondern erst die Geborgenheit im *weiteren* Sinne, wie sie Schüler
dieser Altersstufe in Gruppen oder Vereinen erfahren, angesprochen.
– Um zwischen Schülern und Studenten Kontakt herzustellen, die
Beziehung aufzulockern, wurde in der 2. Stunde das Interaktionsspiel
„blind führen" eingesetzt mit dem Erfahrungsgehalt: Ich kann mich
auf den anderen einlassen, ihm vertrauen, in seinen Händen geborgen sein. Diese Einführung steht im Grunde nicht im Widerspruch
zur geplanten Thematik, sondern gibt Raum zur Weiterführung.

Nach diesen beiden Stunden erst wurde jene spezifische Geborgenheit, wie sie in der sexuellen Partnerschaft erfahren werden kann, angesprochen.

Zur Durchführung der Reihe standen innerhalb des Praktikums nur 8 Stunden zur Verfügung. Die Reihe konnte in dieser Zeit gehalten werden, hätte aber mit ein paar zusätzlichen Stunden hinsichtlich ihrer Zielsetzung noch wesentlich vertieft werden können.

Einige der vorhandenen Medien waren mehr für Realschulen und Gymnasien geeignet, konnten hier also nicht eingesetzt werden, werden aber im Kap. 3.2 als zusätzlich mögliche Medien angegeben.

Die Reihe bleibt in ihrem Versuchscharakter offen, frei für Alternativen. Sie ist nach dem Stand der jeweiligen Klasse veränderbar und soll zu neuen Ideen anregen!

2.2 Zur Durchführung der Unterrichtsstunden

I. UNTERRICHTSEINHEIT: GEBORGENHEITSERFAHRUNG

1. Stunde: Geborgenheit in der Gruppe

In dieser einführenden Stunde ging es um Geborgenheit im weiteren Sinne, wie sie Jugendliche in Gruppen oder Vereinen erfahren. Um dies zu verdeutlichen, wurde, nachdem die Schüler von ihren eigenen Vereinen und Cliquen erzählt hatten, die Geschichte „Der neue Stürmer" (M 1) eingesetzt. Die Geschichte brachte für die Schüler zum Ausdruck, mit welcher Erwartungshaltung man sich einer Gruppe anschließt, daß sich dort Geborgenheit und Vertrauen, Kameradschaft und Freundschaft entwickeln kann, daß in diese Entwicklung aber auch Enttäuschungen miteinbezogen werden müssen.

Die Schüler stellten heraus, wodurch sich Kameradschaft und Freundschaft auszeichnen, daß sich eine Freundschaft zumeist aus einer Kameradschaft entwickelt.

Im Rückblick auf diese Stunde kann gesagt werden, daß sich die Schüler (auch die Mädchen) von der Geschichte angesprochen fühlten, da sie ihrem Erfahrungsbereich entsprach. —

Sie nannten als Attribute von Freundschaft:
— engen Zusammenhalt,
— gemeinsame Freizeitgestaltung,

- *sich in der Gemeinschaft stark fühlen,*
- *sich Rückendeckung geben,*
- *sich für ein gemeinsames Ziel einsetzen usw.*

Zu dem, was Freundschaft ausmacht, nannten sie vor allem:
- *Über alles reden können,*
- *Konflikte austragen,*
- *mit dem Freund (der Freundin) durch dick und dünn gehen,*
- *fester gebunden sein als in der Kameradschaft,*
- *sich für den Freund (die Freundin) einsetzen und umgekehrt,*
- *Vor allem aber: Viel Vertrauen entgegenbringen*

2. Stunde: Hände als Zeichen von Geborgenheit und Vertrauen

Während in der ersten Stunde eher kognitiv erarbeitet wurde, was Freundschaft auszeichnet, wurde in dieser Stunde mehr der Emotionalbereich der Schüler angesprochen. — Sie sollten die Erfahrung machen, daß Geborgenheit (und das dazu nötige Vertrauen zu einem anderen Menschen) eine existentielle Triebfeder ihres Lebens bildet. — Durch das Vertrauensspiel „blind führen" konnten sie dies in der Spielsituation erfassen: In der ersten Phase des Spiels bewegte sich jeder mit geschlossenen Augen allein im Raum; in der zweiten Spielphase wurde ein „blinder" Schüler von einem „sehenden" Mitschüler geführt. — Nach dieser Unterrichtsphase erhielten die Schüler als Arbeitsblatt eine gemalte Hand (M 2), mit dem Auftrag, ihre Gefühle während der 1. Phase des Spiels in die Außenumrandung der Hand und die Gefühle während der 2. Phase des Spiels in die Innenfläche der Hand zu schreiben.

Es fiel einigen Schülern in der ersten Spielphase schwer, die Augen geschlossen zu lassen und sich aufs Spiel zu konzentrieren. Die zweite Phase, das Geführt-Werden durch den Partner, fiel den meisten leichter. Es wurde ruhiger, die Schüler waren weniger gehemmt.
Die Erfahrungen, die im Spiel gewonnen werden konnten, wurden, soweit ich es überblicken kann, von jedem Schüler gemacht. —
In der Außenumrandung der Hand auf dem Arbeitsblatt (M 2) standen Begriffe wie: Angst, Unsicherheit, Einsamkeit, ungewisser Weg, Dunkelheit, Blindheit, sich wehrlos fühlen usw.
In der Innenfläche der Hand: Vertrauen, Geborgenheit, Sicherheit, Halt, der andere ist für mich da, der andere zeigt mir den Weg, die Richtung, nicht mehr einsam sein . . .

II. UNTERRICHTSEINHEIT:
LEBENSBEREICH PARTNERSCHAFT UND SEXUALITÄT

3. Stunde: Wie wir uns Geborgenheit in der Familie vorstellen

Das Thema „Geborgenheit" wurde jetzt in den engeren Erfahrungsbereich der Schüler gebracht: Geborgenheit, wie sie in der Familie
erlebt werden kann. — Der Film „Die Großen und die Kleinen" (M 3
mit Inhaltsangabe) gab ein Beispiel negativen Familienlebens (Kinder spielen, wie ein betrunkener Mann seine Frau und sein Kind
bedroht.) — Dazu brachten die Schüler zum Ausdruck, wie sie sich,
auch wenn sie es selbst nicht im vollen Maße erfahren, ein gutes
Familienleben in Geborgenheit und Vertrauen vorstellen. — Anschließend wurden die elementarsten Grunderfahrungen genannt,
die zu einem „heilen" Leben in der Familie gehören.

Beispiel eines ausgefüllten Arbeitsblattes, M 2 zur 2. Stunde

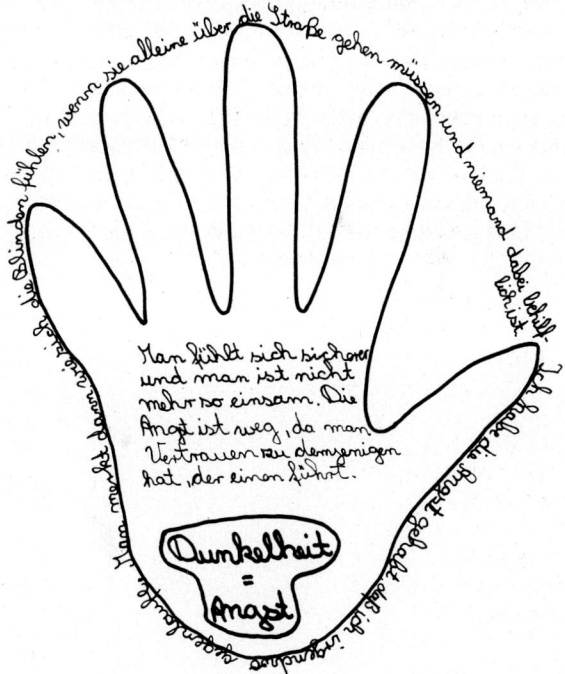

Es war in der Klasse zu bemerken, daß die Schüler durch den Film betroffen waren. Aus dem Film entwickelte sich ein lebhaftes Gespräch, in dem die Schüler jedoch (verständlicherweise) nicht die konkreten Probleme in ihren Familien ansprachen. — Die Schüler nannten als Voraussetzung für ein gutes Familienleben vor allem, daß die Eltern Arbeit haben, daß viel Verständnis füreinander gezeigt wird, daß die Partner gleichberechtigt sein sollen und keiner über den anderen Gewalt ausüben darf, daß Konflikte im Gespräch ausgetragen und nicht wie im Film mit Alkohol verdrängt werden.

Als wichtigste Grunderfahrungen im Familienleben wurden genannt: Vertrauen, Nähe, Geborgenheit, Schutz und Trost.

4. Stunde: Was erwarte ich von meinem Partner?

Nachdem die Schüler sich dazu geäußert hatten, wie sie sich ein gutes Familienleben vorstellen, wurde in dieser Stunde herausgestellt, welche Vorstellungen sie von einem Freund, einer Freundin haben und welche Eigenschaften ihr (möglicher) Partner haben soll. Die Klasse bildete eine Jungen- und eine Mädchengruppe (wobei in größeren Klassen mehrere Gruppen gebildet werden müssen), jede Gruppe sammelte in Stichworten die Eigenschaften, die den Partner des anderen Geschlechts auszeichnen. (Arbeitsblatt M 4). Den Eigenschaften wurde durch Numerierung eine Rangfolge zugesprochen. — Die Ergebnisse wurden vorgetragen, miteinander verglichen und zur Diskussion gestellt.

Die Gruppenarbeit zeigte ein Ergebnis mit folgender Rangfolge:

Jungen	Mädchen
Meine Freundin soll:	Mein Freund soll:
1. einen guten Charakter haben, −	1. einen guten Charakter haben, −
2. treu sein, −	2. zärtlich sein, −
3. verständnisvoll sein, −	3. über Probleme reden können, −
4. gut aussehen, −	4. natürlich sein, −
5. zärtlich sein, −	5. romantisch sein, −
6. anständig sein, −	6. nicht eifersüchtig sein, −
7. keine großen Ansprüche stellen, −	7. nicht brutal sein, −
8. Geld haben, −	8. kein Trinker sein, −
9. kinderfreundlich sein, −	9. unternehmungslustig sein, −
10. −	10. modebewußt sein, −
11. −	11. sportlich sein, −

Die Schüler waren beim Herausstellen der Gemeinsamkeiten und Unterschiede ihrer Vorstellungen überrascht, daß beide Gruppen in den ersten drei Punkten fast übereinstimmten. Beide Gruppen hielten ihre Aussagen bis zum 5. Punkt für die wichtigsten. − Es wurde in der Diskussion herausgestellt, daß diese Liste nicht als Schema zur Hilfe bei einer Partnersuche zu verstehen ist, sondern lediglich hier und jetzt Anstoß gibt, über die eigenen Sehnsüchte und Wünsche nachzudenken. Dabei wurde für wichtig befunden, den Partner auch anzunehmen, wenn er nicht allen Vorstellungen entspricht.

III. UNTERRICHTSEINHEIT: SEXUALITÄT ALS TEIL DER PERSÖNLICHKEITSENTWICKLUNG − SEXUALITÄT IM RAHMEN VON VERANTWORTUNG, ENGAGEMENT UND OFFENHEIT ZUM PARTNER

5. Stunde: Entwicklung, Geborgenheit und Verantwortung in der sexuellen Partnerschaft

Das Thema Freundschaft/Partnerschaft zwischen Jungen und Mädchen (Mann und Frau) wurde in dieser Stunde vertieft. Die Tonbildserie „Liebe ohne Liebe?" (M 5 mit kurzer Inhaltsangabe) sollte den Schülern nahebringen, daß die sexuelle Entwicklung mit all ihren Erlebnissen von Neugier, Glück, Geborgenheit, aber auch mit den in ihr auftretenden Problemen eine ganz wichtige Erfahrung im menschlichen Reifungsprozeß darstellt und darüber hinaus ein hohes Maß an Offenheit und Verantwortung erfordert. Die Schüler beschrieben, wie sich die Freundschaft des Paares in der Serie langsam entwickelt, stellten heraus, wodurch es zum Konflikt kam und suchten nach Möglichkeiten, die hier geschilderten Probleme anzugehen.

Beim Ablauf der Tonbildserie erfolgten einige spontane Äußerungen wie: „Genau so war das bei mir auch!" In den Unterrichtsgesprächen redeten die Schüler aber nicht von sich selbst, sondern nur über die Situation im Tonbild. Ich glaube aber, daß dennoch viele Identifikationsprozesse abliefen, die nicht im Klassenbereich ausgesprochen wurden.
Die Schüler zählten als Gründe für die Schwierigkeiten des Paares auf, daß sie z. B. zu wenig über ihre Beziehung nachgedacht hatten, sich nicht genügend kannten, um miteinander zu schlafen, sich auch vor ihren Eltern unsicher fühlten. — Es wurde vorgeschlagen, daß sie sich für eine kurze Zeit trennen sollten, um über sich nachzudenken, daß sie mit einem Erwachsenen ihres Vertrauens reden sollten, daß sie sich gegenseitig etwas schenken sollten, um zu zeigen, daß noch Liebe besteht.
Als Stundenüberschrift wurde genannt: Liebe braucht Zeit — Liebe muß wachsen.

IV. UNTERRICHTSEINHEIT: CHRISTLICHE BEWÄLTIGUNGSMUSTER ZUM LEBENSBEREICH PARTNERSCHAFT UND SEXUALITÄT

6. Stunde: Das Hohelied der Liebe (1 Kor 13)

Nachdem in der vorhergegangenen Stunde auf die Probleme in einer Liebesbeziehung eingegangen wurde, sollte jetzt der Bibeltext „Das Hohelied der Liebe", 1 Kor 13 (M 6) dazu in Beziehung gebracht werden.
Die Schüler unterstrichen im Bibeltext, was ihnen besonders wichtig erschien, um sich dann über die Aussagen von Vers 1—13 zu äußern. Daran anschließend erhielten sie ein Arbeitsblatt (M 7) und zählten (im Wissen um den Bibeltext, die Erfahrungen des Paares im Tonbild und nach ihren eigenen Erfahrungen) auf, um was sich die Liebe zum Partner bemüht. — Anhand der Kreisdarstellung auf dem Arbeitsblatt wurde herausgestellt, daß die Liebe zum Partner auch die Liebe zu den Mitmenschen und zu Gott miteinbezieht, daß im

Erleben von Freude und Geborgenheit in der sexuellen Partnerschaft, die Erfahrung von Transzendenz (Gotteserfahrung) aufkom-
men kann.

*Das „Hohelied der Liebe" war den Schülern noch nicht bekannt. Es erschien
vielen wie ein in der heutigen Zeit entstandenes Gedicht über die Liebe. Die
Schüler fühlten sich vor allem von Vers 4—13 angesprochen. Als Aussage,
was alles zur Liebe gehört, wurde vor allem genannt: Sich für den Partner
verantwortlich fühlen, Zärtlichkeiten austauschen, Sexualität, gemeinsam
Probleme lösen, sich Geborgenheit geben, sich gegenseitig helfen, miteinander
alt werden, gemeinsame Interessen aufbauen, einander zuhören, Rücksicht
nehmen usw. — Es wurde von den Schülern erfaßt und mitangesprochen,
daß diese Liebe sich auf das Verhalten zu den Mitmenschen überträgt und
Gott miteinbezieht.*

7. Stunde: . . . Ein Fleisch werden . . .

In dieser abschließenden Stunde wurde der Bibeltext Gen 2, 18—25
besprochen (M 8), in dem den Schülern verdeutlicht wird, daß der
Mensch sogar in der Vollkommenheit des Paradieses nach einem
Partner sucht, der ihm entspricht und dabei die Tiere als ihm nicht
ebenbürtige Partner erkennt. Weiter wurde aus dem Text herausgestellt, daß Gott die Frau aus dem Manne schafft, daß der Mann diese
ihm vollkommen entsprechende Gefährtin („zweite Hälfte") freudig
annimmt! („. . . Das ist endlich Gebein von meinem Gebein . . ."). —
Es sollte betont werden, warum dieser Text für uns heute wichtig ist:
Wie in der Bibel erzählt, verläßt auch heute der Mann (wie die Frau)
die Eltern und bricht in der Verbundenheit mit dem Partner zu
einem neuen Lebensabschnitt auf; Mann und Frau werden *ein*
Fleisch, erfahren innige Gemeinschaft (aus der sogar neues Leben
entsteht) und haben die Möglichkeit, an einer friedvollen Schöpfung
in Harmonie mit sich selbst, den Mitmenschen und der Natur
mitzuwirken.

Nach dem Gespräch zum Bibeltext wurden die einzelnen Abschnitte
der Unterrichtsreihe noch einmal überdacht. Die Schüler gaben der
Reihe eine Überschrift und äußerten sich abschließend zu ihrem
Verlauf.

*Der Genesistext, der die Schüler anfangs in seiner bildhaften Sprache etwas
befremdete, wurde im Lauf des Gesprächs voll erfaßt. — Besonders der letzte
Abschnitt (sie verlassen Vater und Mutter . . . werden ein Fleisch) wurde
von ihnen in Bezug zu ihrer eigenen Entwicklung positiv aufgegriffen.*

Zusammen mit den in der Stunde vorher genannten qualifizierenden Elementen von Liebe (besonders: „gemeinsame Interessen aufbauen", „miteinander alt werden") kam hier die spezifisch christliche Dimension einer „Liebe bis ans Ende" (Joh 13, 1) in den Blick (vgl. Lernziel B, Pkt. 2). Sie ist jedoch von den Schülern in ihrer transzendierenden, erlösend-befreienden Bedeutung für das Zusammenleben von Mann und Frau nicht voll erfaßt worden. Dies lag zum größten Teil wohl am Verstehenshorizont der 15–16jährigen Schüler, die in der Frage Partnerschaft–Sexualität sehr stark auf ihre je individuell gegebene aktuelle Problematik fixiert sind und deshalb kaum über die gegenwärtig gegebene Situation hinaus auf das Leben im Ganzen vorblicken können. Eine ganz andere Situation wäre hier z. B. in Ehevorbereitungsseminaren gegeben. Vielleicht hätte allerdings auch die Hinzunahme des Gedichtes „Stationen" von Kurt Tucholsky den Verstehenshorizont für dieses christliche Element von Sexualität und Partnerschaft weiter erschlossen, sofern hier von einem profanen Medium, nicht von einem Bibeltext aus die Dimension einer das ganze Leben umfassenden sexuellen Partnerschaft artikuliert wird. Infolge der strengen zeitlichen Begrenzung, wie sie durch das fachdidaktische Praktikum gegeben war, blieb für die Einbeziehung dieses Mediums jedoch kein Raum mehr (vgl. M 6, S. 310). Zur biblischen Aussage: „Sie werden ein Fleisch" wurde von den Schülern herausgestellt: Sie sind nicht mehr einsam, sie haben Freude an ihren Körpern, sie sind sich ganz nahe. — Es wurde ebenfalls gesagt, daß diese Nähe für ein friedvolles Zusammenleben von größter Wichtigkeit ist und daß Friede in einer partnerschaftlichen Beziehung den Frieden in der Welt mitbestimmt.

Zum gemeinsamen Rückblick auf die behandelte Unterrichtsreihe gaben die Schüler dem Projekt folgende Überschriften:
— Vertrauen — Kameradschaft — Freundschaft — Liebe
— Der Weg zur Partnerschaft
— Zufrieden sein in der Partnerschaft
— Geborgenheit und Glück in der Partnerschaft

Im abschließenden Gespräch wurde von den Schülern hervorgehoben, daß sie es gut fanden, im Religionsunterricht Themen, die mit ihnen selbst zu tun haben, anzugehen. Einige Schüler fanden das Thema „Sexualität" zu persönlich, um in der Schule darüber zu reden. — Alle Schüler äußerten sich positiv zur Verbindung von Bibeltexten mit modernen Texten, Filmen usw. und ihren eigenen Beiträgen.

3. Medienmaterial zur Unterrichtsreihe

3.1 Eingesetzte Medien

M 1   Der neue Stürmer

Endlich war der große Tag da! Heute würde der neue Mittelstürmer zum erstenmal dabeisein. Er sollte den Verein noch einmal vor dem Abstieg retten, und alle setzten ihre Hoffnung auf den jungen Mann, der, wie es hieß, außerordentlich gut dribbeln konnte. So stand es jedenfalls in der Zeitung.

Trotzdem waren die meisten Zuschauer eher skeptisch, als am Sonntag die beiden Mannschaften den Rasen betraten. Das kleine Stadion war trotz des schlechten Wetters ausverkauft, und die Stimmung war hervorragend, als das Spiel gegen 15.30 angepfiffen wurde. Und tatsächlich zeigte sich sofort, daß der Neue ein wirklich guter Spieler war. Immer wieder konnte er sich freilaufen und war vom Gegner kaum zu stoppen. So kam es, daß es nach Ende der ersten Halbzeit sogar 2:0 stand.

Die Zuschauer waren zufrieden. Der Neue war in Ordnung.

In der zweiten Hälfte änderte sich jedoch das Spiel. Der Druck des Gegners wurde immer größer und nach 75 Minuten stand es für ihn sogar schon 3:2. Konnte der Neue das Spiel noch retten? Tatsächlich gelang es ihm, sich in der vorletzten Minute noch einmal frei zu spielen. Das war die Chance. Nun galt es nur noch den Torwart zu umspielen, der dem Neuen schon entgegengeeilt kam. Als die beiden aufeinander prallten, konnte keiner so genau sehen was geschah. Plötzlich lagen sie auf dem Boden, und nur der Neue erhob sich sofort wieder, während der Torwart, offenbar bewußtlos, liegenblieb. Ohne zu zögern kniete sich der Neue neben dem Verwundeten nieder, um nach seiner Verletzung zu sehen, während der Ball, keine zehn Meter vom Tor entfernt, vom Gegner in Sicherheit gebracht wurde. So etwas hatte es noch nie gegeben! Alle waren außer sich, denn die Mannschaft hatte nun doch 3:2 verloren!

Als man den Neuen nachher unter heftigen Vorwürfen zur Rede stellte, sagte er bloß: „Ach so ist das. Ich dachte es ginge hier um das faire Spiel und um den Sport. Aber hier geht es wohl nur ums Gewinnen um jeden Preis. Ich glaube, ich werde diese Mannschaft besser wieder verlassen.“

(von Markus Buschkotte, einem der studentischen Praktikanten verfaßt)

M 2   Arbeitsblatt

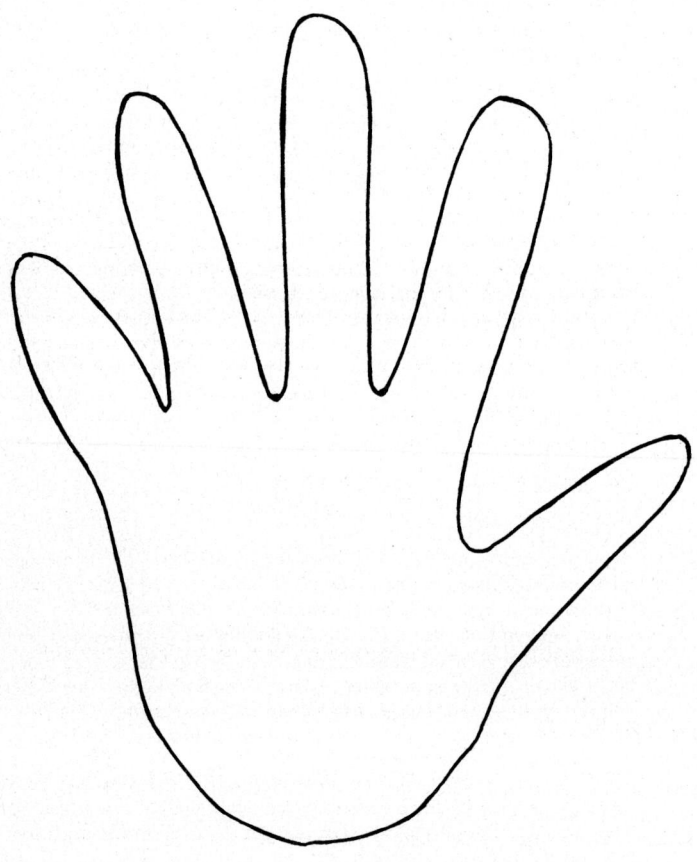

M 3   Die Großen und die Kleinen

Tonfilm, 16 mm / 12 Min. / fbg. / Realfilm

Herausgeber: LZB, 1972
(Der Film ist im Katechetischen Institut Aachen ausleihbar unter der Nummer KF 57)

Inhalt:
Ein kleiner Junge und ein Mädchen spielen auf dem Spielplatz vor einem neuen modernen Hochhaus. Auf dem Boden zeichnen sie sich „ihre Wohnung" und spielen das alte Kinderspiel: Vater, Mutter und Kind. Sie ahmen die Erwachsenen nach und das Spiel wird immer realistischer. Der Vater kommt betrunken nach Hause, nachdem er — wie schon oft — in einer Kneipe seinen Lohn vertrunken hat. Die Mutter hört ihn kommen, ist voller Angst. Sie will ihr Kind vor dem wütenden, grölenden Betrunkenen schützen.
Gleichgültig gehen die Passanten vorbei. Keiner von ihnen achtet auf die Kinder und ihr Spiel. Nur der Zuschauer weiß, daß die erschreckende Parodie der Kinder aus persönlichen Erlebnissen in ihren Familien resultiert.

M 4   Arbeitsfragebogen:

Was erwarte ich von meinem Partner?

Mein Partner soll:

_____

_____

_____

_____

_____

M 5   „Liebe" ohne Liebe? — Tonbildserie

Die Serie beinhaltet: 49 Farbdias, eine Kassette (24 Min.), ein Textheft mit dem Kassettentext

Herausgeber: Steyl München, 1979
(Die Serie ist im Katechetischen Institut Aachen ausleihbar unter: TBS 193)

Das Tonbild in Stichworten:

1. der Konflikt
Wir verstehen uns immer weniger!

2. die Rückblende
— *Wie hat alles angefangen?*
Unsicherheit, Fragen, Werbung, Befangensein

— *erste Meinungsverschiedenheiten*
Sexualität — abgespalten von der Person?

— *Vertiefung der Beziehung*
Zeichen von Zuneigung und Vertrauen, Besuch in der Wohnung des anderen, Austausch persönlicher Interessen, Wünsche und Erwartungen, das erste Wort der Liebe, Freude und Glück miteinander, Geborgenheitserfahrung

— *Konflikte mit den Eltern*
zu spät nach Hause kommen, zu jung, um zu lieben, Warnungen und Drohungen

3. Bewußtwerden des Konfliktes
— *die eigene Unsicherheit*
Fragen und Probleme. — Wie soll es weitergehen?

— *Wahrhaftigkeit der Liebeszeichen*

— *Was ist Liebe?*

— *Mißtrauen*
gegen den Rat der Erwachsenen und der Kirche

4. Verantwortungsbewußtsein
— *Empfängnisverhütung?*

— *Verantwortung*
sie übernehmen oder sich ihr entziehen?

5. der erste Geschlechtsverkehr
— Enttäuschungen
— schlechtes Gewissen
— Angst vor den Folgen

6. Ratlosigkeit
— enttäuschte Hoffnungen
— „Was haben wir falsch gemacht?"

M 6   Das Hohelied der Liebe

1 Wenn ich in den Sprachen der Menschen und Engel redete,
aber die Liebe nicht hätte,
wäre ich tönendes Blech oder lärmendes Schlagzeug.

2 Und wenn ich prophetisch reden könnte
und alle Geheimnisse wüßte
und alle Einsicht hätte;
wenn ich alle Glaubenskraft besäße
und Berge versetzen könnte,
aber die Liebe nicht hätte,
wäre ich nichts.

3 Und wenn ich meine ganze Habe verschenkte,
und wenn ich meinen Leib dem Feuer übergäbe,
aber die Liebe nicht hätte,
nützte es mir nichts.

4 Die Liebe ist langmütig,
die Liebe ist gütig.
Sie ist nicht eifersüchtig,
sie prahlt nicht
und bläht sich nicht auf.

5 Sie handelt nicht unschicklich,
sucht nicht ihren Vorteil,
sie läßt sich nicht herausfordern
und trägt das Böse nicht nach.

6 Sie freut sich nicht über das Unrecht,
sondern freut sich mit der Wahrheit.

7 Sie erträgt alles,
glaubt alles,
hofft alles,
hält allem Stand.

8 Die Liebe hört niemals auf.

13 Also bleiben Glaube, Hoffnung, Liebe
diese drei;
am größten unter ihnen ist die Liebe.
(1 Kor 13)

M 7   Arbeitsblatt

Liebe zum Partner (Freund / Freundin) . . .

_____   _____

_____   _____

_____   _____

_____   _____

_____   _____

_____   _____

_____   _____

_____   _____

_____   _____

Partner · Eltern · Geschwister · Bekannte · Nächstenliebe · Feinde · Eigen- Gottesliebe · Freundlin)

bemüht sich um alles !

M 8 Gott erschafft dem ersten Menschen eine Gefährtin
Genesis 2, 18—25

Dann sprach Gott der Herr: Es ist nicht gut, daß der Mensch allein
bleibe. Ich will ihm eine Gefährtin machen, die ihm entspricht. Gott
der Herr formte aus dem Ackerboden alle Tiere des Feldes und alle
Vögel des Himmels und führte sie dem Menschen zu, daß er sie
benenne. Und wie der Mensch jedes lebendige Wesen benannte, so
sollte es heißen. Der Mensch gab Namen allem Vieh, den Vögeln des
Himmels und allen Tieren des Feldes. Aber eine Hilfe, die dem
Menschen entsprach, fand er nicht. Da ließ Gott der Herr eine
Ohnmacht auf den Menschen fallen, so daß er einschlief, nahm eine
seiner Rippen und verschloß ihre Stelle mit Fleisch. Gott der Herr
baute aus der Rippe, die er vom Menschen genommen hatte, eine Frau
und führte sie dem Menschen zu.
Und der Mensch sprach: Das endlich ist ein Gebein von meinem
Gebein und Fleisch von meinem Fleisch. Frau soll sie heißen, vom
Manne ist sie genommen. Darum verläßt der Mann Vater und Mutter
und bindet sich an seine Frau, und sie werden ein Fleisch.

3.2 Alternative Medien

Die alternativen Medien orientieren sich am sakramentendidaktischen Frageraster und sind nach den in Frage 2 entwickelten Zielen
zugeordnet.

Zu A 1: (Lebensbereich Partnerschaft und Sexualität als Phänomen)
      M 1: Arbeitsfragebogen zur Sexualität
      M 2: Arbeitsblatt „10 Gebote für Sex"
      M 3: Partnerwünsche aus Annoncen reflektieren und mit
             eigenen Vorstellungen in Verbindung bringen.
             (evtl. selbst aus Annoncen ausschneiden lassen.)

Zu B 1: (Geborgenheitsmotiv)
      M 4: Text von Wolfgang Borchert, Das Brot
             (Zur Lebensfigur „Hingabe", „Sich ergeben")
             (evtl. Geborgenheitsmotiv aus Annoncen erheben)

Zu B 2: (Christliche Bewältigungsmuster zum Lebensbereich Part-
             nerschaft und Sexualität)
      M 5: Arbeitsblatt mit wichtigen Texten christlicher
             Überlieferung, besonders:
             Das Hohe Lied Salomons (viele Geborgenheits-
             motive!) Mt 19, 3—12 (wo Jesus die Verhältnisse
             von Gen 2, 18—25 wiederherstellt)

Eph 5, 21—32 Verhältnis Mann-Frau parallel zum Verhältnis Jahwe-Israel (Vgl. Jes 49, 15: Wenn eine Mutter ihren Sohn vergäße, ich, dein Gott, vergesse dich [Israel] nicht) und Christus-Kirche (vgl. Mt 28, 19 . . . ich bin bei euch alle Tage bis zum Ende der Welt): absolute Geborgenheit durch (tendenzielle) „Liebe bis ans Ende" (Joh 13, 1)

Zu B 3:   (Sexualität und Persönlichkeitsentwicklung; Sexualität unter dem Aspekt des Friedens)

M 6:   Gedicht „Stationen" (Tucholsky)
Dazu — 1 Kor 7, 6—16; besonders V. 15 b, wo als letztes Ziel genannt wird: „. . . denn zu einem Leben in Frieden hat Gott euch berufen." — Dazu Grundtext Gen 2, 18—25 (. . . ein Fleisch)

Zu B 4:   (Sexualität — Verantwortung, Engagement, Offenheit)

M 7:   Arbeitspapiere von Brecht, Schnurre, Ost
Brecht: Sich eine Konzeption vom Partner machen
Schnurre: Sich eine faire *verantwortbare* Konzeption vom Partner machen (eine, die ihm entspricht)
Ost: Offenheit, Aufmerksamkeit auf Atmosphäre und symbolische Kommunikation

M 8:   Partnerschaftsspruch von Frederick Perls (M 8 a) (vgl. dazu die spezifisch christliche Übertextung einer Gymnasiastin (M 8 b): Engagement für den Partner als bei Perls zu wenig gesehen)

M 1   Arbeitsfragebogen aus: Herbert Kümmel, Lernziel Partnerwahl und Ehevorbereitung, F. Schöningh, Paderborn 1976

Das Problem der Sexualität

1. Was halte ich von Sexfilmen, Sexbüchern und Sexbildern?
   Ich sehe sie mir sehr gern an   O
   ich finde sie abstoßend   O
   ab und zu mag ich sie ganz gern   O
2. Was halte ich von vorehelichem Geschlechtsverkehr?
   Ich bejahe ihn   O
   ich lehne ihn grundsätzlich ab   O
   es kann dazu kommen, obwohl man es eigentlich nicht will   O

3. Was halte ich von sexuellen Beziehungen ohne seelische Liebe?
Ich halte sie durchaus für möglich   ○
sie wären für mich unmöglich   ○
sie sind für mich nur als Vergewaltigung denkbar   ○

4. Was halte ich von der Treue in der Ehe?
Es könnte schon einmal zur Untreue kommen   ○
Sie ist unbedingt notwendig   ○
ich würde sie nicht tierisch ernst nehmen   ○
ich bin mir nicht im klaren   ○

5. Gibt es einen Unterschied zwischen körperlicher und seelischer Treue?
Ich kann es mir nicht vorstellen   ○
es gibt sicherlich einen Unterschied   ○

6. Sehe ich einen Unterschied zwischen der sexuellen Untreue eines Mannes und einer Frau?
Ich sehe keinen Unterschied   ○
der Mann könnte eher untreu sein   ○
die Frau könnte eher untreu sein   ○

7. Würde sexuelle Untreue meines Partners (meiner Partnerin) unsere Ehe beenden?
Nicht unbedingt   ○
bestimmt   ○
nein   ○

8. Wie beurteile ich überhaupt mein Interesse an der Sexualität?
Ich halte es für normal   ○
Ich halte es für gering   ○
Ich halte es für sehr intensiv   ○
ich halte es für zeitlich verschieden stark   ○

9. Gibt es in der Ehe für mich wichtigeres als die Sexualität?
die seelisch/geistige Harmonie mit dem Partner   ○
meine Hobbys / die familiäre Harmonie   ○
es gibt für mich nichts Wichtigeres   ○

M 2   Arbeitsblatt

ZEHN GEBOTE FÜR SEX
Aufgestellt von dem Berliner Arzt und Pädagogen Klaus Thomas

1. Laß dich nicht verführen!
   D. h.: Du sollst nichts tun, was einer der Beteiligten später wahrscheinlich bedauern wird, denn das Ausnutzen eines flüchtigen Liebesrausches — womöglich unter Alkoholeinfluß — hat nichts mit wahrer Liebe zu tun, sondern schafft meist mehr Leid als Freude.

2. Du darfst nie Gewalt anwenden!
   D. h.: Wer den Willen des anderen verachtet, erstickt die Liebe.

3. Du darfst dem Partner nicht schaden!
   D. h.: Wer mutwillig den anderen kränkt, enttäuscht, seelisch oder körperlich verletzt (ansteckt!), tötet die Zuneigung.

4. Du darfst kein unerwünschtes Kind riskieren!
   D. h.: Ohne genaue Kenntnis und Anwendung wirksamer Empfängnisverhütung ist ein Verkehr, der nicht der Kindererzeugung dienen soll, unverantwortlich.

5. Du darfst nicht abtreiben!
   D. h.: Das Unglück eines unerwünschten Kindes kann nicht durch ein größeres Unglück, die Tötung ungeborenen Lebens, beseitigt werden.

6. Du sollst warten lernen!
   D. h.: Nur der Geduldige kann die schönsten, nämlich die reifen Früchte der Liebe ernten.

7. Du sollst die Hemmungen achten!
   D. h.: Gesunde Hemmungen haben guten Sinn, krankhafte weichen nur ärztlicher Behandlung, aber nie dem gewaltsamen Drängen.

8. Du sollst Zurückhaltung mit Zärtlichkeit verbinden!
   D. h.: Verantwortung, Rücksicht und Zartheit bestimmen das Maß der vorsichtigen und leidenschaftlichen Liebesbezeigungen, die der Partner sich wünscht.

9. Du sollst soviel Freude schenken wie möglich!
   D. h.: Maßstab für die Liebe ist die wachsende und bleibende Freude des Partners.

10. Du sollst ehrlich sein in der Liebe!
    D. h.: Das Vortäuschen oder künstliche Verbergen der Liebe zerstört das Vertrauen (auch Frauen dürfen und sollen aktiv sein!).

Mögliche Arbeitsaufträge:
1. Wähle bitte 2 Gebote aus, die Dir besonders wichtig erscheinen. — Begründe Deine Auswahl!
2. Welche Gebote würdest Du ablehnen? Begründe bitte die Ablehnung!
3. Welchen Geboten kann ein Christ voll und ganz zustimmen? Begründe bitte Deine Entscheidung!
4. Was müßte Deiner Meinung nach einem Christen (über das hier genannte hinaus) bei der Gestaltung seiner Sexualität besonders wichtig sein?

M 3   Partnerwünsche aus Annoncen reflektieren und mit eigenen Vorstellungen in Verbindung bringen

Darf ich hoffen?
In soliden Verhältnissen lebender Facharbeiter, 35 J., ledig, kath., 1,70 groß, durch Unfall leicht gehbehindert, sucht ein nettes, ehrliches Mädchen zwecks Heirat. Bitte nur ernstgemeinte Zuschriften unter Nr. . . .

Junger Mann, 26 J., Elektroinstallateur, kath., 1,80 gr., dunkle Haare, Eigentum vorhanden, wünscht die Bekanntschaft eines netten, häuslichen Mädchens zwecks spät. Heirat. Bildzuschriften (garantiert zurück) erbeten unter Nr. . . .

Wo finde ich nettes Mädchen oder Witwe (Raum Sauerland), das bzw. die mit mir eine harmonische Ehe eingehen möchte? Bin 36 Jahre alt, 1,70 groß, kath., dunkelblond, Arbeiter, Nichtraucher und Nichttrinker. Habe eine gute Vergangenheit. Haus u. Garten vorhanden. Nur ernstgemeinte Bildzuschriften erbeten unter Nr. . . .

Pädagoge (Doktorand) 26, sucht hübsche, kleine (von Wuchs, nicht von Geist) Studentin, Lehrerin, Sozialpädagogin, o. ä., die mit ihm redet, schweigt, blödelt, das Leben ernst nimmt, träumt, wenn nötig, auch streitet. − All das ein Leben lang. Raum HD − MA KA. Nur ernstgemeinte Bildzuschriften unter . . .

Naturwissenschaftler im Staatsdienst, 27/1,85, will nicht länger auf den Zufall warten. Ich bin interessiert an Politik (SPD-Symp.), Musik außer Beat, Kunst, Wandern und Reisen. Sonstige Eigenschaften: naturliebend, unromantisch, manch-

mal langweilig, Dickschädel. Suche Frau bis 30 zum Heiraten, bevorzugt PLZ 6/7. Sie sollte unkompliziert sein, vielseitig interessiert, vorurteilsfrei, musikalisch, um Emanzipation bemüht, gern Lehrerin oder sozialer Beruf. Bildzuschriften bitte an . . .

Miteinander . . .
Freudenlichter anzünden, sich öffnen, zuhören, sprechen, entdecken, wachsen, lachen, selber machen, inniger leben, Mitmenschlichkeit üben . . . Wenn auch Sie dies und noch mehr in einer ehelichen Gemeinschaft verwirklichen möchten, wenn Sie ein wenig Humor haben und nicht jünger als Anfang 20 sind, dann würde ich mich auf ihre Bildzuschrift (zurück) freuen. Ich bin 37 Jahre alt (doch jung geblieben), 183 cm groß, schlank, Jurist und interessiere mich u. a. für Musik, Natur und Landschaften (Wandern), Schwimmen und jedes gute Gespräch . . .

Pfeifenraucher, Künstler, Weinkenner, Hessefan und ähnliche romantische Attribute kennzeichnen mich nicht, auch sitze ich nicht ständig am Kamin und trinke Rotwein zu Klängen von Bach.
Vielmehr esse ich eine Paella, weil sie mir schmeckt, und nicht, weil sie „in" ist. Überhaupt gefallen mir manche alten Tugenden wie Ehrlichkeit, Zuverlässigkeit, Hingabe und Häuslichkeit und glaube, daß sie eine brauchbare Basis für eine Ehe abgeben, ohne daß die Individualität verlorengeht und man des Partners Sklave wird. Ansonsten sehe ich nüchterner aus, als ich bin.

Ich: Junger Unternehmer, Dipl.-Ing. 33/1,69, suche ein Weib zum Liebhaben auf Lebenszeit, möglichst schlank, unter 29 Jahren, im Raum 2 wohnend und vor allem fraulich, selbständig und neugierig . . .

Was ich suche: musisch veranlagtes Mädchen oder junge Frau mit viel Gemüt, Phantasie un doch auch kritischem Verstand.

Was ich möchte: viel, fast alles gemeinsam mit einem Partner unternehmen, im Sommer unterm Kirschbaum schlafen, im Winter neben dem Feuer, viel sehen, hören, miteinander erleben, miteinander planen. Zu was? zum Liebhaben, immer beieinander bleiben, Kinder kriegen, eine große, jetzt noch stille Höhle mit vielen Bäumen drum herum, mit Leben füllen. Sender: Arch. selbst. gegen 49, 1,85 m. Südbaden. Bildzuschrift erbeten unter . . .

M 4   Zur Lebensfigur „Hingabe", „Sich-Ergeben"

Wolfgang Borchert, Das Brot

Plötzlich wachte sie auf. Es war halb drei. Sie überlegte, warum sie aufgewacht war. Ach so! In der Küche hatte jemand gegen einen Stuhl gestoßen. Sie horchte nach der Küche. Es war still. Es war zu still, und als sie mit der Hand über das Bett neben sich fuhr, fand sie es leer. Das war es, was es so besonders still gemacht hatte: sein Atem fehlte. Sie stand auf und tappte durch die dunkle Wohnung zur Küche. In der Küche trafen sie sich. Die Uhr war halb drei. Sie sah etwas Weißes am Küchenschrank stehen. Sie machte Licht. Sie standen sich im Hemd gegenüber. Nachts. Um halb drei. In der Küche.

Auf dem Küchentisch stand der Brotteller. Sie sah, daß er sich Brot abgeschnitten hatte. Das Messer lag noch neben dem Teller. Und auf der Decke lagen Brotkrümel. Wenn sie abends zu Bett gingen, machte sie immer das Tischtuch sauber. Jeden Abend. Aber nun lagen Krümel auf dem Tuch. Und das Messer lag da. Sie fühlte, wie die Kälte der Fliesen langsam an ihr hoch kroch. Und sie sah von dem Teller weg.

„Ich dachte, hier wäre was", sagte er und sah in der Küche umher. „Ich habe auch was gehört", antwortete sie, und dabei fand sie, daß er nachts im Hemd doch schon recht alt aussah. So alt wie er war. Dreiundsechzig. Tagsüber sah er manchmal jünger aus. Sie sieht doch schon alt aus, dachte er, im Hemd sieht sie doch ziemlich alt aus. Aber das liegt vielleicht an den Haaren. Bei den Frauen liegt das nachts immer an den Haaren. Die machen dann auf einmal so alt. „Du hättest Schuhe anziehen sollen. So barfuß auf den kalten Fliesen. Du erkältest dich noch."

Sie sah ihn nicht an, weil sie nicht ertragen konnte, daß er log. Daß er log, nachdem sie neununddreißig Jahre verheiratet waren. „Ich dachte, hier wäre was", sagte er noch einmal und sah wieder so sinnlos von einer Ecke in die andere, „ich hörte hier was. Da dachte ich, hier wäre was".

„Ich habe auch was gehört. Aber es war wohl nichts." Sie stellte den Teller vom Tisch und schnippte die Krümel von der Decke.

„Nein, es war wohl nichts", echote er unsicher.

Sie kam ihm zu Hilfe: „Komm man. Das war wohl draußen. Komm man zu Bett. Du erkältest dich noch. Auf den kalten Fliesen."

Er sah zum Fenster hin. „Ja, das muß wohl draußen gewesen sein. Ich dachte, es wäre hier."

Sie hob die Hand zum Lichtschalter. Ich muß das Licht jetzt ausmachen, sonst muß ich nach dem Teller sehen, dachte sie. Ich darf doch nicht nach dem Teller sehen. „Komm man", sagte sie und machte das Licht aus, „das war wohl draußen. Die Dachrinne schlägt immer bei Wind gegen die Wand. Es war sicher die Dachrinne. Bei Wind klappert sie immer." Sie tappten sich beide über den dunklen Korridor zum Schlafzimmer. Ihre nackten Füße platschten auf den Fußboden.

„Wind ist ja", meinte er. „Wind war schon die ganze Nacht."

Als sie im Bett lagen, sagte sie: „Ja, Wind war schon die ganze Nacht. Es war wohl die Dachrinne."

„Ja, ich dachte, es wäre in der Küche. Es war wohl die Dachrinne." Er sagte das, als ob er schon halb im Schlaf wäre.

Aber sie merkte, wie unecht seine Stimme klang, wenn er log. „Es ist kalt", sagte sie und gähnte leise, „ich krieche unter die Decke. Gute Nacht."

„Nacht", antwortete er und noch: „ja, kalt ist es schon ganz schön." Dann war es still. Nach vielen Minuten hörte sie, daß er leise und vorsichtig kaute. Sie atmete absichtlich tief und gleichmäßig, damit er nicht merken sollte, daß sie noch wach war. Aber sein Kauen war so regelmäßig, daß sie davon langsam einschlief.

Als er am nächsten Abend nach Hause kam, schob sie ihm vier Scheiben Brot hin. Sonst hatte er immer nur drei essen können.

„Du kannst ruhig vier essen", sagte sie und ging von der Lampe weg. „Ich kann dieses Brot nicht so recht vertragen. Iß du man eine mehr. Ich vertrage es nicht so gut."

Sie sah, wie er sich tief über den Teller beugte. Er sah nicht auf. In diesem Augenblick tat er ihr leid.

„Du kannst doch nich nur zwei Scheiben essen", sagte er auf seinem Teller.

„Doch. Abends vertrag ich das Brot nicht gut. Iß man. Iß man." Erst nach einer Weile setzte sie sich unter die Lampe an den Tisch.

(aus: Wolfgang Borchert, Das Gesamtwerk, Copyright © 1949 by Rowohlt Verlag GmbH, Hamburg)

M 5   Wichtige Texte der christlichen Überlieferung zu Ehe und Partnerschaft

  – Gen 2, 18–25 (Bildung der Frau und gegenseitiges „Anhängen")
  – Salomons Hohes Lied (positive Sicht von Liebe und Sexualität)

- Mt 19, 3—12 (par Mk 10, 2—12)
  (Streitgespräch über „Entlassung" des Partners)
- Mk 12, 18—27 (par Mt, Lk)
  (Streitgespräch über „Sadduzäerfrage")
- Kor 7, 6—10 (Ehe, Ehelosigkeit, keine Verstoßung, aber einvernehmliche Trennung zwischen Christen und Heiden)
- Eph 5, 21—32 (Verhältnis Mann — Frau parallel zu Christus — Kirche)

Inhaltlich wichtige Aussagen dieser Texte

1. Das Verhältnis von Mann und Frau ist existentiell; deshalb in seinem Kern nicht „gesetzlich" zu fassen. (Mt 19, 3—12 par Mk 10, 2—12)
2. Letztes Ziel von Liebe und Sexualität ist der (innere und äußere) Friede des Menschen (1 Kor, 15 b)
3. Wo in dieser Zielsetzung eine lebenslange Bindung gelingt, vollzieht sich eine jesuanisch-messianische Lebensfigur (Offenbarung Gottes, Sakrament): vgl. Joh 13, 1: „Da er die Seinen in der Welt liebte, liebte er sie bis ans Ende"
   Verhältnis Christus — Kirche: Eph 5, 21—32; analog dem Verhältnis Jahwe — Israel

M 6   Kurt Tucholsky: Stationen

Erst gehst du umher und suchst an der Frau
das, was man anfassen kann.
Wollknäul, Spielzeug und Kätzchen-Miau —
du bist noch kein richtiger Mann.
    Du willst eine lustige bewegte Ruh:
    sie soll anders sein, aber sonst wie du . . .
        Dein Herz sagt:
            Max und Moritz!

Das verwächst du. Dann langts nicht mit dem Verstand.
Die Karriere! Es ist Zeit . . .!
Eine kluge Frau nimmt dich an die Hand
in tyrannischer Mütterlichkeit.
    Sie paßt auf dich auf. Sie wartet zu Haus.
    Du weinst dich an ihren Brüsten aus . . .
        Dein Herz sagt:
            Mutter.

Das verwächst du. Nun bist du ein reifer Mann.
Dir wird etwas sanft im Gemüt.
Du möchtest, daß im Bett nebenan
eine fremde Jugend glüht.
    Dumm kann sie sein. Du willst: junges Tier,
    ein Reh, eine Wilde, ein Elixier.
        Dein Herz sagt:
            Erde.

Und dann bist du alt. Und es ist so weit,
daß ihr an der Verdauung leidet:
dann sitzt ihr auf einem Bänkchen zu zweit,
als Philemon und Baucis verkleidet.
  Sie sagt nichts, Du sagst nichts, denn ihr wißt,
  wie es im menschlichen Leben ist ...
  Dein Herz, das so viele Frauen besang,
  dein Herz sagt: „Na, Alte ...?"

Dein Herz sagt: Dank.

(aus: Kurt Tucholsky, Gruß nach vorn. Eine Auswahl aus seinen Schriften und Gedichten. hrsg. v. Erich Kästner, Rowohlt Verlag, Reinbek)

M 7   Impuls-Texte zum Problemfeld „Erziehung zu Ehe und Partnerschaft"

B. Brecht: Wenn Herr K. einen Menschen liebte

„Was tun Sie", wurde Herr K. gefragt, „wenn Sie einen Menschen lieben?"
„Ich mache einen Entwurf von ihm", sagte Herr K., „und sorge, daß er ihm ähnlich wird".
„Wer? Der Entwurf?"
„Nein", sagte Herr K., „der Mensch".

(aus: Bertolt Brecht, Gesammelte Werke © Suhrkamp Verlag. Frankfurt am Main 1967)

W. D. Schnurre: Die Kaulquappe und der Weißfisch

Eine Kaulquappe hatte einen Weißfisch geehelicht. Als ihre Beine wuchsen und sie ein Frosch zu werden begann, sagte sie eines Mörgens zu ihm: „Martha, ich werde jetzt bald einer Berufung aufs Festland nachkommen müssen; es wird angebracht sein, daß du dich beizeiten daran gewöhnst, auf dem Lande zu leben." — „Aber um Himmels willen!" rief der Weißfisch verstört, „bedenke doch, Lieber: meine Flossen! Die Kiemen"? Die Kaulquappe sah seufzend zur Decke empor. „Liebst du mich, oder liebst du mich nicht?" — „Ei, aber ja", hauchte der Weißfisch ergeben. „Na also", sagte die Kaulquappe.

(aus: Wolfdietrich Schnurre, Protest im Parterre, © by Albert Langen, Georg Müller Verlag GmbH, München)

Heinrich Ost: Zimmertür, mittags

Meine Frau
öffnet die Tür mit dem Ellenbogen,
Küchendunst dringt herein.

Unwillig,
lesend von
Vietnam, Müll, Polizei,
stoße ich sie zu
mit dem Fuß.

(aus: Aussichten — Junge Lyriker des deutschen Sprachraums, vorgestellt von Peter Hamm, Biederstein Verlag, München 1966)

M 8   a) „Gestaltspruch" von F. Perls:

Ich tu das Meine, Du tust das Deine
Ich bin nicht auf der Welt, um Deine Erwartungen zu erfüllen,
und Du nicht, um Dich den meinen anzupassen.

Du bist Du und Ich bin Ich;
und wenn wir einander zufällig finden sollten, ist das
wunderbar;
wenn nicht, kann man es nicht ändern.

(aus: Ann Faraday, Die positive Kraft der Träume © by Scherz Verlag
Bern und München)

M 8   b) Übertextung des Partnerschaftsspruchs von F. Perls durch eine
       18jährige Schülerin (Gymnasium)

„Ich versuche herauszufinden, wie ich bin, was ich bin,
damit ich das Meine tun kann.
Du versuchst herauszufinden, wie Du bist, was Du bist,
damit Du das Deine tun kannst.
Wenn wir uns dann finden würden, wäre das wunderbar,
denn dann weiß ich, daß ich nicht auf der Welt bin,
um Deine Erwartungen zu erfüllen.
Und Du nicht, um Dich den meinen anzupassen.
Du bist Du, und es wäre schön, wenn Du mir helfen würdest Dich zu
verstehen
Ich bin ich, und ich werde Dir helfen, mich zu verstehen.
So sind wir zwei und zugleich eins.
In meiner Liebe zu Dir kann ich alle Menschen lieben lernen,
genauso wie Du durch Deine Liebe zu mir alle Menschen lieben lernen
kannst.
Wenn wir diesen Weg zu Ende gehen, werden wir Gott ähnlich,
so wie Jesus auf diesem Wege als Gott offenbar geworden ist."

Literatur

Ahlhaus, O. / Boldt, G. / Klein, K. (Hg.), Taschenlexikon Umweltschutz, Düsseldorf ⁶1982

Barth, H. / Schramm, T., Selbsterfahrung mit der Bibel, München 1977
Baudler, G. u. a., Schulischer Religionsunterricht und kirchliche Katechese, Düsseldorf 1973 (a)
– Religionsunterricht im Primarbereich, Zürich-Einsiedeln-Köln 1973 (b)
– Wie sollen Lebenssituationen und Glaubensinhalt miteinander verbunden werden?, in: Kat. Bl. 6 / 1973, 365–372 (c)
– (Hg.), Erneuerung der Kirche durch Katechese, Düsseldorf 1975
– Die didaktische Funktion der Theologie als Bezugswissenschaft des Religionsunterrichts, in: R. Ott / G. Miller, Zielfelderplan. Dialog mit den Wissenschaften, München 1976, 324–347
– Wahrer Gott ALS wahrer Mensch. Entwürfe zu einer narrativen Christologie, München 1977
– Religiöse Erziehung heute. Grundelemente einer Didaktik religiösen Lernens in der weltanschaulich pluralen Gesellschaft, Paderborn-München-Wien-Zürich 1979 (a)
– Göttliche Gnade und menschliches Leben. Religionspädagogische Aspekte der Offenbarungs- und Gnadentheologie K. Rahners, in: H. Vorgrimler (Hg.), Wagnis Theologie, Freiburg 1979, 35–50 (b)
– Wieder Katechismen im Religionsunterricht?, in: „ru", Heft 2/1981, 77–82
– Einführung in symbolisch-erzählende Theologie. Der Messias Jesus als Zentrum der christlichen Glaubenssymbole, Paderborn 1982
Ben-Chorin, Sch., Bruder Jesus, München 1967
Beschorner, G., Geist, der tröstet (Unterrichtsmodell), Katechetisches Institut Aachen, 1978
Betz, F., Die Geschichte von der Unke – Signale aus unbeachteten Bereichen, in: Betz / Becker / Kettler (Hg.), Religiöse Elemente in der Vorschulerziehung, München 1973
– Märchen als Schlüssel zur Welt, Lahr 1977
Berger, P. L., Auf den Spuren der Engel, Frankfurt 1970
Biemer, G. / Biesinger, A., Theologie im Religionsunterricht. Zur Begründung der Inhalte des Religionsunterrichts aus der Theologie, München 1976
Biemer, G., Katechetik der Sakramente. Kleines Handbuch der Sakramentenpädagogik, Freiburg-Basel-Wien 1983
Biser, E., Theologische Sprachtheorie und Hermeneutik, München 1970
– Religiöse Sprachbarrieren, München 1980
Bitter, G., Was ist Korrelation?, in: Kat. Bl. 5/81, 343–345
– Feiern des neuen Lebens, in: Kat. Bl. 7/82, 482–496

318   Literatur

Blankertz, H. (Hg.), Curriculumforschung. Strategien — Strukturierung —
Konstruktion, Essen 1971
— Analyse von Lebenssituationen unter besonderer Berücksichtigung erzie-
hungswissenschaftlich begründeter Modelle: Didaktisches Strukturgitter,
in: K. Frey (Hg.), Curriculum-Handbuch Bd. II, München 1975, 202—214
Boff, L., Kleine Sakramentenlehre, Düsseldorf 1979
Borchert, W., Draußen vor der Tür und ausgewählte Erzählungen, Hamburg
1962
Brecht, B., Geschichten vom Herrn Keuner, Frankfurt [6]1975
Burk, K. / Sievers, E., Religionsunterricht für Grundschüler, Düsseldorf 1981

Camelod, P.-Thomas, „Symbola", in: Herders theologisches Taschenlexikon
Bd. 7, Freiburg 1973
Cassirer, E., Philosophie der symbolischen Formen Bd. I—IV, Darmstadt
1953

Deutsche Bischofskonferenz (Hg.), Schulbibel, München 1979
Dillmann, A., Kurzgefaßtes exegetisches Handbuch zum AT, 1. Lieferung:
Die Genesis, Leipzig [6]1892

Eicher, P., Offenbarung, München 1977
Eliade, M., Die Religionen und das Heilige, Salzburg 1954
Esser, W. G. (Hg.), Zum Religionsunterricht morgen I, München 1970
— (Hg.), Zum Religionsunterricht morgen II, München 1971
— Religionsunterricht — Positionsanalyse — Grundlegung — Grundrißent-
wurf, Düsseldorf 1973
Ewers, M., Zur Begründung und Entwicklung eines Strukturgitters der
Biologie-Didaktik, in: Blankertz (Hg.), Fachdidaktische Curriculumfor-
schung — Strukturansätze für Geschichte, Deutsch und Biologie, Essen
1973, 155—230

Faber, W., Religion und Glaube als Erfahrungsprozeß, Aachen [4]1980
Fabry, J., Das Ringen um Sinn, Freiburg [2]1980
Feifel, E., Die Bedeutung von Erfahrung für religiöse Bildung und Erziehung,
in: Handbuch der Religionspädagogik Bd. 1, Zürich — Einsiedeln — Köln
1973, 86
— Glaube und Erfahrung, in: Handbuch der Religionspädagogik Bd. I, 1973,
98—101
— (Hg.), Welterfahrung und christliche Hoffnung, Donauwörth, 1977
Feifel, E. / Leuenberger, R. / Stachel, G. / Wegenast, K. (Hg.), Handbuch der
Religionspädagogik Bd. 1, Zürich-Einsiedeln-Köln 1973
— Symbolerfassung als Weg zur Glaubenserfahrung, in: ders., Welterfahrung
und christliche Hoffnung, Donauwörth 1977, 11—43
Fink, E., Oase des Glücks. Gedanken zur einer Ontologie des Spiels, Frei-
burg-München 1975
Fischer, E., Den Glauben verständlich verkündigen, Düsseldorf 1980
Forstner, D., Die Welt der Symbole, Innsbruck [3]1977

Frey, K. (Hg.), Curriculum-Handbuch Bd. I, München 1975
Fuchs, G., Glaubhaft ist nur Liebe. Theologische Anmerkung zu Ansatz und Perspektive des Zielfelderplans für die Primarstufe, in: Kat. Bl. 5/77, 371—373

Ganoczy, A., Einführung in die katholische Sakramentenlehre, Darmstadt 1979
Gemeinsame Synode. Offizielle Gesamtausgabe Bd. I, Freiburg-Basel-Wien 1976, Bd II (Ergänzungsbd.) 1977
Gonda, J., Die Religionen Indiens, Stuttgart 1960
Goppelt, L., Typos. Die typologische Deutung des Alten Testaments im Neuen, Gütersloh 1939, unveränd. Nachdr. Gütersloh 1966
Gunkel, H., Genesis HK I, 1, Göttingen [6]1964

Halbfas, Th. (Hg.), Das Menschenhaus. Lesebuch für den Religionsunterricht. Düsseldorf 1972
Hamann, J., Sämtliche Werke, hg. von J. Nadler, Wien 1949 ff., Bd. II, Hausmann, M., Martin, Gütersloh 1953
Hemmerle, K., Die Wahrheit Jesu, in: Jesus, Ort der Erfahrung Gottes, Mit Beiträgen von B. Casper u. a. Freiburg-Basel-Wien 1979
Hermann, I., Heiliger Geist, in: Fries (Hg.), Handbuch theologischer Grundbegriffe, München 1962
Hesse, H., Siddharta, Frankfurt [12]1979
Höffner, H. / Rahner, K. (Hg.), Lexikon für Theologie und Kirche Bd. 8, Freiburg 1965

Jansen, P., Erfahrung und Glaube, Zürich-Einsiedeln-Köln 1971
Janson-Michl, C., „Integratives Drama" als Methode der Bibelinterpretation in der Jugendarbeit, in: Kat. Bl. 9/78, 708—713
Johannes Paul II. „Über Katechese heute". Zur Freude des Glaubens hinführen (mit einem Kommentar von A. Exeler), Freiburg-Basel-Wien 1980
Jung, C. G., Der Mensch und seine Symbole, Freiburg [13]1981
Jungmann, J., Symbolik der katholischen Kirche, Stuttgart 1960

Kafka, F., Sämtliche Erzählungen Frankfurt a. M. [16]1975
Kirchhoff, H. (Hg.), Ursymbole. Mit Beiträgen von Charlotte Foos u. a., München 1982
Koch, G., Religionsunterricht — Last oder Chance?, in: Herder Korrespondenz 9/1977, 433—436
Konukiewitz, W., Entwurf einer Strategie zur Entwicklung des Curriculum für Religionsunterricht (Grundschule), in: ders. (Hg.), Curriculumentwicklung für den Religionsunterricht in der Grundschule, Essen 1973, 76—93
Kümmel, H., Lernziel Partnerwahl und Ehevorbereitung, Paderborn 1976

Lang, H., Religiöse Dimension der Alltagserfahrung, in: Kat. Bl. 4/82, 274—281

320   Literatur

Lange, G., Zwischenbilanz zum Korrelationsprinzip, in: Kat. Bl. 2/80,
  151–155
– Religion und Glaube, in: Kat. Bl. 12/1974, 733–750
Langer, S. K., Philosophie auf neuem Wege, Berlin [4]1965

Maringer, J., Symbol und Symbolgestalten des Wassers, in: Zeitschrift für
  Religions- und Geistesgeschichte, Köln 1974
Metz, J. B., Zur Theologie der Welt, Mainz 1968
– Glaube in Geschichte und Gesellschaft, Mainz 1977
Meyers großes Taschenlexikon Bd. 23, Mannheim 1981
Moser, T., Gottesvergiftung, Frankfurt 1976

Nastainczyk, W., Religiös erziehen, Freiburg 1981
– Katechese: Grundfragen und Grundformen, Paderborn 1983
Neuner, J. / Roos, H., Der Glaube der Kirche in den Urkunden der Lehrver-
  kündigung, Ravensburg [10]1971
Nigg, W. / Schneiders, T., Der Mann aus Assisi, Freiburg 1975

Quadflieg, J., Die wechselseitige Beziehung von Erfahrung und Glaube im
  Religionsunterricht der Grundschule, aufgezeigt am Beispiel des Rahmenthemas: „Ich bin im Recht" im neuen Zielfelderplan für die Primarstufe,
  in: E. Feifel (Hg.), Welterfahrung und christliche Hoffnung, Donauwörth
  1977, 109–151

Rad, G. von, Das Alte Testament Deutsch. Das 1. Buch Mose (Genesis),
  Göttingen 1956
Rahner, K., Geist in Welt, München [2]1954
– Hörer des Wortes, München [2]1963 ([1]1940)
– Schriften zur Theologie Bd 9, Einsiedeln-Zürich-Köln, 1970
– Grundkurs des Glaubens, Freiburg i. Br. 1976
– Erfahrung des Geistes – Meditation auf Pfingsten, Freiburg i. Br. 1977
Rahner, K. / Vorgrimler, H., Kleines Konzilskompendium, Freiburg 1968
Ramsey, I. T., Religious Language, New York [2]1963
Raske, M., in: G. Lange, Zwischenbilanz zum Korrelationsprinzip, in: Kat.
  Bl. 2/80, 154
– Glaubenserfahrung – Gesellschaftskritik – Schöpferische Aneignung, in:
  Kat. Bl. 5/1981, 346–350
Rauert, A., Der Schritt zurück, in: L. Graf u. a. (Hg), Geschichten zum
  Nachdenken, München 1977
Rech, Ph., Inbild des Kosmos Bd. I und II, Salzburg 1966
Richter, H. E., Der Gotteskomplex, Reinbek 1979
Ricoeur, P., Symbolik des Bösen, Freiburg 1971
Robinson, S. B., Bildungsreform als Revision des Curriculum, Neuwied 1967

Saint-Exupéry, A. de, Der kleine Prinz, Düsseldorf 1952
– Wind, Sand und Sterne, Düsseldorf 1979

Sanders, W. / Wegenast, K. (Hg.) Erzählen für Kinder — Erzählen von Gott, Stuttgart 1983

Schaeffler, R. / Hünermann, P., Ankunft Gottes und des Menschen, Freiburg 1977

Scharfenberg, J. / Kämpfer, H., Mit Symbolen leben, Olten 1980

Schillebeeckx, E., Glaubensinterpretation, Mainz 1971

— Offenbarung, Glaube und Erfahrung, in: Kat. Bl. 2/1980, 84—95

Schilson, A., Vom privaten Gnadenmittel zur kommunikativen Handlung, in: „ru", Heft 3/1982, 90

Schmidt, W. H., Der Schöpfungsbericht der Priesterschrift, Neukirchen-Vluyn ³1973

Schnackenburg, R., Das Johannesevangelium Bd. II, Freiburg 1971

— Das Johannesevangelium Bd. III, Freiburg 1975

Schneider, J., Wasser, in: Kirchhoff, H. (Hg.), Ursymbole, München 1982

Schneider, Th., Zeichen der Nähe Gottes, Mainz 1979

Simon, W., Inhaltsstrukturen des Religionsunterrichts, Zürich-Einsiedeln-Köln 1983

Schlesinger, M., Geschichte des Symbols, Hildesheim 1967

Stachel, G., Die Religionsstunde — beobachtet und analysiert, Zürich-Einsiedeln-Köln 1976

Tanzberg, K., Epiphanien, Darmstadt 1975

Thoma, G. Anwendung eines didaktischen Strukturgitters in der Entwicklung von Lehrplänen als Ausgansbasis u. Rahmen bei der Konzeption von Curriculumprozessen in: K. Frey (Hg.) Curriculum-Handbuch Bd. I, München 1975, 463 ff.

Tillich, P., Gesammelte Werke Bd. VIII, Stuttgart 1970

— Gesammelte Werke Bd. V, Stuttgart ²1978

Trutwin, W., Theologisches Forum 6, Düsseldorf 1975

Weber, G., Wie wir Menschen leben, Freiburg i. Br. 1973

Wegenast, K., Das Problem der Probleme in der Religionspädagogik, in: Der Evangelische Erzieher 3/1972, 102—125

Wehrle, P., Die Bedeutung des Symbols für die religiöse Erziehung, München 1980

Willms, W., Roter Faden Glück, Kevelaer 1974

Wink, W., Bibelauslegung als Interaktion. Über die Grenzen historisch-kritischer Methode, Stuttgart-Berlin-Köln-Mainz ²1976

Wisse, S., Das religiöse Symbol, Essen 1963

Ziegler, K. /Sontheimer, W. (Hg.), Der kleine Pauly. Lexikon der Antike in 5 Bänden, Bd. IV, München 1975

Zielfelderplan für die Sekundarstufe I (Grundlegung), München 1973

Zielfelderplan für die Grundschule (Grundlegung), München 1977

Personen- und Sachregister